U0802932

桥梁设计美学

林长川　林　琳　著

中国建筑工业出版社

图书在版编目(CIP)数据

桥梁设计美学/林长川，林琳著．—北京：中国建筑工业出版社，2014.5（2022.8重印）
ISBN 978-7-112-16881-1

Ⅰ.①桥… Ⅱ.①林… ②林… Ⅲ.①桥梁设计-艺术美学 Ⅳ.①U442.5

中国版本图书馆CIP数据核字(2014)第103383号

本书把桥梁美学纳入技术美学的体系，全面、系统地讲述了桥梁设计美学。依照比较公认的美学体系，认为桥梁美学应包括桥梁美、桥梁美感和桥梁美的创造三个部分。把桥梁设计美学纳入桥梁美的创造，从而确立起桥梁设计美学学科体系，具有创新性。全书共10章，分上下两篇，上篇5章为基础篇，论述美学、技术美学和桥梁美学的基础知识；下篇5章为设计篇，论述桥梁设计美学的理论和实践。

本书是同济大学林长川教授级高级工程师的力作。他曾率先在国内桥梁专业中开设桥梁美学课，用半个职业生涯从事桥梁美学的理论和实践工作，对桥梁美学有较深的理论造诣和丰富的实践经验。

桥梁设计美学是桥梁、美学和设计三个学科的交叉。本书除作为桥梁专业本科和研究生的教材外，还可作为桥梁工程设计和管理人员、美学工作者以及设计专业人员的参考书。

责任编辑：郭　栋　张　磊
责任设计：张　虹
责任校对：陈晶晶　党　蕾

桥梁设计美学
林长川　林　琳　著
*
中国建筑工业出版社出版、发行（北京西郊百万庄）
各地新华书店、建筑书店经销
北京科地亚盟排版公司制版
北京凌奇印刷有限责任公司印刷
*
开本：787×1092毫米　1/16　印张：20½　字数：496千字
2014年12月第一版　2022年8月第三次印刷
定价：**58.00**元
ISBN 978-7-112-16881-1
(25670)

序
——技术美与结构美

桥梁美学是技术美学的组成部分，技术美学又可以称之为“工程美学”、“技术美的美学”等。《美学百科全书》关于技术美学的定义是“研究物质生产和器物文化中有关美学问题的应用美学学科。这一名称的确立与这一学科研究的中心范畴——技术美具有直接的关系”。由此也可以看出，技术美学与设计的关系是技术美学的核心问题。

技术美学的研究对象是建筑、结构、公共工程和市政工程等的审美性及其设计艺术。正如美学是“对美的思考的艺术”一样，技术美学是探讨工程技术中的美学问题和艺术思考的一门学科。建筑和工程受到使用功能和技术经济条件的极大制约，美的要素和文化内涵因而不能得到随心所欲的表现。然而，美与文化内涵并非外在因素，而是建筑和工程的内在本质。

技术美学属于交叉学科，是社会科学和技术科学相互渗透、相互融合的产物。技术美学不仅涉及美学、社会学和心理学问题，而且涉及建筑学、文化学、符号学以及各种技术科学。作为大地景观和城市景观的重要组成部分，桥梁也是技术和艺术的结合。

第二次世界大战以后，在现代科学革命的基础上，形成了以信息技术为标志的第三次技术革命。这场信息革命带来了科学技术的进步，加强了人的智力可能性，使科学技术更为人性化，带来了生态美学。生态美学要求人们从根本上将技术作为设计的对象，使技术更好地服务于它的创造者。信息社会中最普遍的是日常生活的审美化，审美进入了社会的各个领域，而工程则不再是模仿，更多的是创造。一切原先非审美的东西都变成审美对象，或理解为美，美学思考不再忽略工程的技术问题。技术美学则贯穿始终，并随之发生很大变化，更为重视人与技术的创造性，人类社会最终使技术成为文化的范畴，确立了技术的文化特征，体现了特定的工业文明的价值。

现代美学的基本法则是现代性和适宜性，推崇功能美和技术美。在机器美学时代，体系化、巨型建筑、安全、复杂的运作体系是被人们所推崇的，追求绝对的技术完美。机器时代的建筑美学信奉“装饰就是罪恶”，“少就是多”，“形式追随功能”。追求绝对的技术经济指标，以最少的投入获得最大的效益。而在生态美学时代，人们注重的是文化、生态、工程与环境的关系，注重人性化、节能和可持续发展。

技术进步对建筑和工程的影响显而易见，技术不仅带来了新的审美观念、新的形式和新的材料，技术更以其对社会生活的影响带来新的功能需求，又推动了技术的进步。意大利工程师和建筑师奈尔维曾经指出：“一个技术上完善的作品，有可能在艺术上效果甚差，但是，无论是古代还是现代，却没有一个从美学观点上公认的杰作而在技术上却不是一个优秀的作品的。看来，良好的技术对于良好的建筑说来，虽不是充分的，但却是一个必要的条件。”

就建筑和工程结构而言，完满地实现造型与力的协调关系，创造合乎理性的美至关重要，结构技术的首要作用就是确保结构的安全性。建筑、桥梁和工程结构与人的生命安全息息相关，建筑、桥梁和工程结构又处处面对进步和创新。建筑师和工程师需要通力合作，英国结构工程师彼得·赖斯曾经指出，当建筑师的工作具有创造性的时候，工程师的工作在本质上也是有创造性的。

未来的建筑师和工程师必然会面临日趋复杂的技术问题，除了解决具体问题外，建筑师和工程师还必须保持和发展自己的美学观念，为实现结构、施工和经济的综合任务寻找它们的相互关系，将技术上正确的工程变成一项建筑和工程结构艺术。德国建筑师、结构工程师弗赖·奥托是悬挂结构的先驱，他曾经说过：“一个工程结构物的技术成就推动新创造是不多的。唯一可贵而使人精神鼓舞和意气风发的东西乃是包含在其中的美。”

结构与形式的关系在设计程序上表现为三种方式：一是从造型到结构的方式，也就是从所构思的空间出发，在建构、构成、材料和细部处理等方面追求结构上的合理性与美感；二是从结构到造型的方式，由于结构本身的美学潜力，以最佳的结构体系创造出建筑空间与结构完美地结合在一起的造型；三是从技术到造型的方式，利用材料及施工方法的特定技术条件，创造出蕴含美学表现的结构体系。其中，既有带普遍性的创造，也有充满个性的建筑师和工程师的创造。

西班牙结构工程师爱德华多·特罗哈曾经说过：“可以看到的结构体必须是美的。即使是结构体被隐藏起来，作品整体美的价值也在某种程度上由内部结构的承载力、经济性体现出来。骨架本身虽然没有什么魅力，但是它是用自身所具有的间接的表现形式来提高整体建筑的诗意。”设计就是创造现实中尚不存在的事物，在这个意义上可以说，设计是“无中生有”。当然不是主张设计的虚无主义，而是建立在前人基础上的创造。设计中经常会遇到未知的东西，在材料和受力方面也有未知的部分，制作和施工条件也未必与设计师的专长相符。同时，这方面的技术也总是在不断地进步。创造就是去面临挑战，解决人类面临的工程难题，设计师和工程师的综合各方面的能力往往就是一种创造。

林长川教授从事桥梁事业 60 年，亲身经历了我国桥梁事业大发展的时代，亲身参与了许多重要桥梁的设计，从事过桥梁的施工、科研、教学和设计工作，参与创建同济大学桥梁设计室，以后又长期从事桥梁设计，直至退休。更为难能可贵的是，作为工程技术人员和学者，不仅积累了丰富的实践经验，他还长期钻研桥梁美学，把创新作为审美追求。《桥梁设计美学》一书就是他毕生从事研究的心血，也是他在我国首创的桥梁美学课的总结。

我第一次认识林长川教授还是 20 世纪 80 年代末在设计上海南浦大桥的时候，我当时负责大桥的建筑设计，他是同济大学桥梁工程系的高级工程师，我们的合作十分有效，我也从他的结构技术和审美思想中获益良多。

林教授关于桥梁设计美学学科的基本思想是从作为工程技术的桥梁工程学，到作为技术美学的桥梁美学，确立起作为桥梁美学核心的桥梁设计美学的新学科体系。他力图说清桥梁美的本质，力图理清技术美学与设计美学的关系，同时也力图分清建筑美学、建筑艺术、桥梁美学、桥梁建筑艺术的共同点及区别。我国已经成为世界上重要的桥梁工程大国，我们从林教授的这本著作中可以得到许多启示，这本著作对于推动我国的桥梁工程艺术必将具有重要的意义。

郑时龄

2013 年 7 月 8 日

中国科学院院士
同济大学学术委员会主任，同济大学教授
同济大学建筑设计研究院（集团）有限公司董事长
上海市规划委员会城市发展战略委员会主任委员
法国建筑科学院院士

前　言

在笔者这一代，中国桥梁事业经历了从无到有、从小到大的发展过程。笔者参加工作的时候，所参与建造的第一座桥梁，南平大桥是一座9孔，跨度仅仅33m的钢筋混凝土悬臂梁桥。那时候，这样一座桥梁在新建桥梁中也是国内首屈一指，还是苏联专家设计的，《福建日报》头版头条报道了这件事。可是，到了笔者退休前参与建造的江阴大桥，跨度突破了千米，在世界上都是屈指可数的悬索桥。在笔者退休后的十多年间，发展的速度和规模更为出色。

今天正好是笔者77周岁生日，也是笔者从事桥梁事业60周年。77年前，笔者诞生在闽江边的一个古老村庄，那里山明水秀、人杰地灵。童年时期，每当节假日总跟随父亲遍游附近村野山川，自幼铸就了热爱祖国河山，酷爱美、追求美的心灵。17年后中专毕业，与福建省支前公路修建指挥部的一批施工人员一起从福州乘汽船来到工地，筹备南平大桥施工，开始了笔者的桥梁生涯。在这整整一个甲子的桥梁生涯中，做过桥梁的施工、科研、教学和设计。1984年从国外回来，正值国内掀起美学热，于是着手开设桥梁美学课，开始涉足桥梁美学领域。此后一直魂牵梦绕，做了桥梁美学的学习、研究和实践工作。当时开这门课，在国内桥梁专业中还是第一次。出于职业习惯，教学中总是追求理论能够联系实际，在实践中把创新作为重要的审美追求。这时正好系里要设立桥梁设计室，于是参加设计室的筹建工作，有机会结合设计进行桥梁美学的实践。由于桥梁美学还很年轻，尚未成熟，缺乏比较全面的书籍。出于教学需要，从相关领域收集到一些资料作为讲稿，想尽快将其整理成一本比较完整的桥梁美学专著，由于琐事缠身总未如愿。到了20世纪90年代初，我国开始了桥梁建设的高潮，笔者被深深地卷入了这个潮流中，“下海”专职从事桥梁设计工作，去开拓我国现代悬索桥设计。大跨度桥梁周期长，一去就是10多年，从汕头海湾大桥到江阴大桥，再到润扬大桥，直到退休也没能够再上讲台。不过，出于未了的心愿，笔者对美学的钟情并没有因此而减退，还是不断关注着桥梁美学在设计中的应用，退休后还做了许多桥梁结构的创新工作。自从接触桥梁美学以后，笔者对桥梁结构的理解和追求也随之进入了更高一层的境界。设计变成了自觉的美的创造，不再是枯燥、劳累的劳动，而是理想、追求的满足，是一种美的享受。所设计的桥梁从不照搬别人的成果，也不重复自己做过的设计，每次设计必定有所创新。每当设计作品成为现实时，从中享受到极大的成功愉悦和精神陶冶，深深感受到美的功效，美可以塑造人类的美好心灵。

自从走上桥梁美学的讲台至今已近30年，占了笔者桥梁生涯的一半。退休后，一方面，时间更多了，可以排除公务的干扰，静下心来把过去所积累的资料和研究成果加以整理；另一方面，由于互联网的普及，不用出门就可以纵横古今、驰骋天下，使知识得到补充和完善。幸运的是，现在还有余力把它写成这本书，通过它把自己的认识和体验以及设计成果分享给读者。在桥梁美学的教学中深深感到不是先打好美学基础，特别是视野扩展到人生所有领域后，所产生的技术美学基础，是很难全面理解桥梁美学的；不是先了解审美观念的演变，特别是工业革命以来那段由于经济基础的根本改变所引发的思想观念的深刻变化，是很难把握当今桥梁美学的发展脉搏的；不是研究桥梁美的创造，桥梁美学不能联系桥梁设计，是空洞无用、脱离实际的。这本书的特色是在充分探讨美学、技术美学、桥梁美学和设计美学相关知识的基础上，把桥梁美学的理论应用到桥梁设计的实际中去，从而克服了上述三个“不是”的缺陷。在这本书中，笔者参照现代美学，特别是建筑美学的发展脉络，把桥梁美学纳入技术美学的体系，全面、系统地讲述了桥梁设计美学；依照比较公认的美学体系，认为桥梁美学应包括桥梁美、桥梁美感和桥梁美的创造三个部分；把桥梁设计美学作为桥梁美学的核心部分，纳入桥梁美的创造，从而确立起桥梁设计美学学科体系。由于桥梁美学是一门新兴学科，至今还不完善，本书遵循一个原则，就是紧紧把握桥梁设计美学这一主题，旁通侧达，充分吸取横向学科，特别是建筑设计和工业设计方面的最新成果作为养分，加以充实。

俗话说：隔行如隔山，从作为工程技术的桥梁工程学，到作为技术美学的桥梁美学；从作为美学的技术美学，到作为桥梁美学的桥梁设计美学，中间隔着一座座大山。但愿这本书能够与笔者的同行们一道翻越这些山，共同努力使桥梁美的设计从必然王国走向自由王国，从自发的创作走向自觉的桥梁美的创造，确立起作为桥梁美学核心的桥梁设计美学的新学科体系，把我国的桥梁造得更美，一起承担起使人类之城向天堂迈进合作的神圣历史使命。这就是笔者写这本书的目的。

本书第一章、第三至九章由林长川编写；第二、十章由林琳编写；全书由林长川定稿。

限于作者知识水平和掌握资料有限，不足之处还望谅解。由于积累的时段较长，有些资料难以一一注明出处，在此一并敬请原作者谅解。

2012年12月19日于同济大学

目　　录

上篇　基　础　篇

下篇　设　计　篇

上篇　基　础　篇

第一章 绪　论

第一节 中国桥梁建设的空前发展

桥梁是线路跨越障碍物的重要建筑物。它随着社会经济的发展，科学技术的进步而发展。反过来，桥梁的又促进了经济的发展和技术的进步。因此，它往往成为国家和社会发展的标志。

20 世纪 80 年代以来，改革开放的东风吹遍了中华大地，在这片古老又辽阔的土地上，“要致富，先修路”的口号响彻大江南北，高等级公路、高速铁路在神州大地迅速伸延，从沿海、平原到内陆、高原，从河口、海湾到高山、峻岭。这些道路、铁路需要跨越大江、大河、深谷和海湾，促使桥梁事业以空前的速度和规模发展。在短短的十几年间，中国桥梁走过了欧美发达国家一百多年的发展道路。

据不完全统计，21 世纪 10 年代末，中国拥有公路桥梁近 66 万座，总长超过 3 万公里。其中，特大桥超过 2000 座，总长约 3500 多公里。中国有一句形容对比悬殊的俗语：我走过的桥比你走过的路还多。那是非常夸张的比喻，而在中国桥梁发展中却成为现实。目前，在全球 224 个国家和地区中，只有 95 个国家的公路里程超过 3 万公里。也就是说，现在中国人可以自豪地说：我们所造的桥梁总长度比 119 个国家的道路总里程还要多。

目前，世界上已建成的主跨跨径最大的前 10 座斜拉桥、悬索桥、拱桥和梁式桥中，我国分别占有 7 座、5 座、8 座和 5 座。最大跨度的斜拉桥、拱桥和梁式桥，第二大跨度的悬索桥，总长最长的跨海大桥都在中国。江苏苏通长江大桥（图 1-1-1）主跨 1088m，

图 1-1-1
苏通长江大桥

位居世界斜拉桥之首；浙江舟山西堠门大桥主跨1650m，位居世界悬索桥第二；重庆朝天门大桥（图1-1-2）主跨552米，位居世界拱桥第一位；重庆石板坡长江大桥复线桥主跨330m，位居世界梁桥之首；杭州湾跨海大桥（图1-1-3）全长36km，中国又一次建成“天下无桥长此桥”。这些桥梁都是中国最近十多年间建成的。

图1-1-2
朝天门大桥

图1-1-3
杭州湾跨海大桥

第二节　当前中国桥梁的审美问题

一、中国桥梁与发达国家的差距

中国桥梁空前的发展速度和规模也暴露出不少弊病，主要有：粗制滥造的施工质量问题、追求浮夸的经济浪费问题、不知所措的设计美学问题以及生搬照套的设计创新问题。这些问题表现出中国桥梁与发达国家相比存在着差距，主要表现在技术、管理和设计思想上。

在技术上，欧洲从17世纪中叶至今约350年间，随着土木工程的发展经历了一个系统的积累过程。从伽利略提出材料力学性质和强度概念、牛顿力学三大定律和虎克定律开始。接着的工业革命引发空前的技术和经济增长，给土木工程带来新的资金、技术、材料和设备，从而完成了近代土木工程的大发展。这时，英国出现铸铁拱桥和近代悬索桥，德国建造桁架桥。20世纪30年代欧美各国大兴土木，钢材、钢筋混凝土、预应力混凝土和气压沉箱技术开始在桥梁上使用。美国建成钢丝主缆的现代钢悬索桥并应用挠度理论，1931年桥梁的跨度突破千米。第二次世界大战结束后，世界各国纷纷开展战后恢复建设工作，桥梁也进入一个崭新的历史时期。计算机和信息技术的应用，开始了高速公路建设和城市现代化的计划。预应力技术、斜拉桥的复兴以及流线形扁平钢箱梁悬索桥的问世，是现代桥梁工程三项最重要的标志性成就。桥梁新结构、新材料、新技术、新设备在这个阶段层出不穷。特别是有限元分析理论和设计软件，使桥梁发展如虎添翼。

就在欧美桥梁发展的黄金时代，中国大部分时间遭受着内忧外患。上半段，饱受列强掠夺，陷入半封建半殖民地社会；后半段，饱受战乱和一个接着一个的政治运动。直到20世纪中期，才步入高速发展时期。

在管理上，中国步入高速发展时期后，虽然引进许多先进的管理模式，但是还是缺乏直接的经验，在资金的使用上存在不少浪费。桥梁的投资额都是以万亿元为单位的，开始时是为了支持经济发展，后来变成拉动内需增长。投资还与政绩挂钩，因此更加滋长了追求浮夸的经济浪费问题。这个问题在建筑和桥梁往往表现出暴发户富贵病，有些可以节省的投资浪费了；有些可以采用小跨的，采用了大跨；有些可以使用造价低的桥型，使用了造价贵的桥型；有些可以不加的多余装饰，施加了。

还有的浪费是工程质量和交通管理造成的。据一家媒体不完全统计，自2007年算起的5年间，全国共有37座桥梁垮塌，其中13座在建桥梁发生事故，共致使182人丧生、177人受伤。平均每年有7.4座“夺命桥”，即平均不到两个月就会有一起桥梁事故发生。由于投资与国民经济产值、与政绩挂钩，因此浪费现象严重。

设计思想上，在欧洲，传统的西方文化最发达。那里有古希腊、古罗马的传统；有文艺复兴的光辉；受工业革命的洗礼，技术美学思想扎根人心；直至近代仍然是新科学技术发源地，这就形成了现代桥梁审美设计思想的中心。特别是工业革命，欧洲工业革命一方面引发空前的技术和经济增长，给桥梁发展创造了物质条件；另一方面，社会存在决定社会意识，社会意识对社会存在具有能动的反作用。社会存在是社会的物质生活条件的总和，其核心是物质资料的生产方式，包括生产力和生产关系，生产方式是社会历史发展的决定力量。社会意识是社会的精神生活过程，是人的一切意识要素和观念形态。大机器生产引起人的审美观念彻底变革，工业产品和城市建设，使得工业技术深入到生活的每一个角落，每一个人都受到潜移默化的影响，使得人们彻底改变了过去的审美观念，引起了对桥梁审美的变革，形成了所谓欧美桥梁的设计思想，造就了一代代桥梁设计的新队伍。他们用最新的技术美学的思想来进行桥梁设计和管理。可是，那个时期，中国正处在慈禧太后垂帘听政时代，政府忙于与列强签订割地赔款条约，自由思想与光绪皇帝一起被软禁在中南海瀛台中，根本不可能有现代科学技术带给人们的思想影响。

20世纪80年代以后，随着中国改革开放的深入发展，桥梁建设进入了一个空前发展的时期。中国有了充足的建设桥梁的资金和物质条件，但是突如其来的造桥高潮也使得建设者们感到措手不及。特别是在对桥梁美学上，有人认为桥梁美就是形式美；有人认为桥梁美就是功能美；有人认为桥梁美就是结构美，有的把桥梁美学称为桥梁建筑艺术、桥梁艺术的哲学等等。更主要的是在桥梁设计方案选择上有不少争议，对一些已建成桥梁的美观问题也有许多不同看法。在一次桥梁学会的年会上，有两位桥梁院士对桥梁美学问题发表了不一样的观点，引发了一场对桥梁美学问题的讨论。这个讨论很有代表性，值得中国当前桥梁界的深思。在这阶段桥梁的实践中，的确暴露了许多问题，引起了许多不同的看法。对这些问题到底什么是正确的，应该贯彻到实践中？什么是应该避免的？桥梁美到底有多少价值？该不该为桥梁美付出代价？如果这些问题能要取得比较一致的共识，将会对中国桥梁的发展做出贡献。要做到这一点，需要我们从根本上提高桥梁的审美观，培育审美主体的正确意识，提高审美思想。

二、思想差距的填补

20 世纪 80 年代以后，中国迎来改革和发展的春天，物质和思想建设都得以高速发展。固然，物质生产是经济基础，思想素质只是上层建筑，上层建筑是由经济基础决定的，但有滞后性，有一个时间的积累过程。工程技术上的差距还是比较容易弥补的，可以引进、拿来，并不构成发展的大碍。目前，中国造桥的硬件，技术、材料和设备并不落后多少。可是，在软件方面，思想意识的形成需要有一个长期潜移默化的积累过程，不是一朝一夕说改就能改的。所谓“十年树木，百年树人”，培养人才是长久之计。从工业革命算起，中国的现代审美思想被耽搁了三个半世纪。这个欠债不是那么容易偿还的。也许，这就注定了我们今天的建设需要付出额外的代价。

墨子说过：食必常饱，而后求美。衣必常暖，而后求丽。目前，我国经济基础也已经发展到了这一阶段，可以满足文化等上层建筑调整的要求。因此，从业主到设计方，从市长到市民，主观上都想把桥造得美观些、牢固些，桥梁美成为社会的普遍要求。但是，目前的思想素质往往难以满足这个要求，以致事与愿违，效果不够理想。用了许多努力和资金做出的桥梁，结果有的像锦袍上面套西装；有的生搬仿生丑态；有的把本来很简洁的结构变得笨重不堪；还有的给本来已够烦恼的城市环境添乱。因此，提高思想素质是中国桥梁的当务之急，也是百年大计。从业主到设计方，从市长到市民都需要提高。要达到这个目的，一方面靠实践；另一方面靠教育。

马克思主义哲学首要的、基本的观点就是实践。马克思主义实践观认为，人类能动地改造客观世界的实践是社会发展的源泉，也是认识的来源，是认识发展的根本动力，认识随着实践的发展而不断进步。中国大量的桥梁建造，为思想素质的提高创造了充裕的实践机会。

教育可以加快思想的形成，缩短实践获得认识的进程。经过 20 多年的发展，中国美学的发展掀起一个中外古今所没有过热潮，这个热潮至今还在持续着。已经有更多的人认识到了技术美学，接受了设计美学思想，设计美学也进入了新的发展阶段。在桥梁领域，桥梁美学也随着门类美学的发展，在中国兴起。桥梁之美在于技术美、功能美、结构美和环境美，桥梁美学属于技术美学的体系，因此，桥梁美的创造应该应用技术美学的思想，设计美学的理论和方法。现代欧美桥梁设计思想就是在技术美学和设计美学思想的直接熏陶下产生的。

因此，要想快速跨越思想上的差距，最为有效的手段就是加强技术美学和设计美学的教育。

中国桥梁经过空前发展后，已成为桥梁大国。桥梁界纷纷思考如何从桥梁大国走向桥梁强国的问题。这个问题有思想意识和物质基础两个方面。桥梁是一种科学技术，它的思想是通过设计来实现的。在思想意识方面，当前，中国桥梁与发达国家的差距主要是桥梁审美设计思想上的差距。这种差距是由于中国错过了工业革命所引发的技术美学的思想影响造成的，因此，也就是技术美学思想的差距。要填补这个差距就必须加强技术美学，特别是作为技术美学核心的设计美学在桥梁领域的普及。随着中国的崛起，经济和科学技术的发展，在改造客观世界的同时，引起审美观念变革和思想素质的提高，加上教育，加上中国深厚的儒道互补哲学基础和深入人心的天人合一设计思想，不用很久，桥梁设计思想的中心必将移向中国。而且，事物的发展总是螺旋式前进，后来居上的。可以预期，中国桥梁审美设计思想必将以全新的面貌屹立于世界桥梁之林。

第三节　桥梁审美设计师的演变

一、工匠、艺术家与桥梁审美设计

历史上从事桥梁审美设计工作的有工匠、艺术家、结构设计工程师、建筑师、造型设计师以及他们之间的合作（图 1-3-1）。

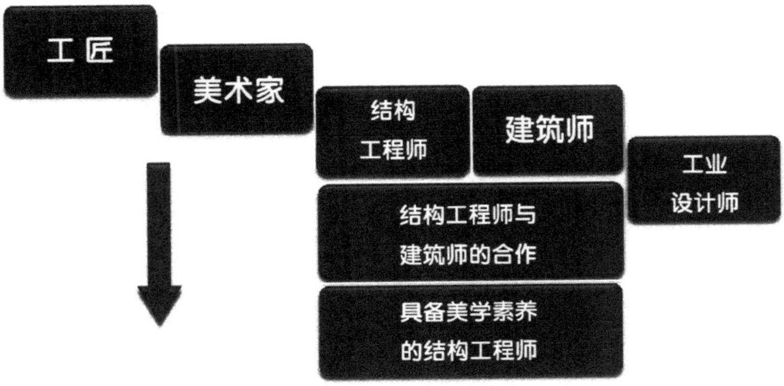

图 1-3-1
桥梁审美设计师的演变

在古代，桥梁设计没有设计理论，完全凭借经验，而且，没有技术与艺术之分。“技术”一词含技艺、技巧之意；艺术一词包含技艺的意思，两者是相通的。当时的桥梁建造者融技术与艺术于一身，既是设计者也是施工者；既是工程师又是艺术家。因此，许多能工巧匠和一些艺术家都可从事桥梁设计。达·芬奇、米开朗基罗·博那罗蒂等都既是画家、艺术家，又是科学家、工程师。达·芬奇还设计过桥梁。据说，虎克定律的发现者虎克也是一位建筑师，被誉为“英国的达·芬奇”。中国桥梁史上有不少桥都是工匠主持建造的。著名的安济桥就是李春造的；元代陕西西安灞水上的灞陵桥也是石匠负责建造的。传说的鲁班就是建筑工匠的代表人物。当时，专业的匠师往往被封地统治者编为世袭的户籍，子子孙孙代代相传，不得转业。

二、建筑师、设计师与桥梁审美设计

在 1750 年以前，没有人会对委托建筑师去设计桥梁是否适当产生疑问，或者提出桥梁设计的职责应该属于建筑师、艺术家甚至工匠。帕拉第奥在他的《建筑四书》中也包括了桥梁设计。自然，此后的转变也是逐渐的。不仅在许多年里，建筑师们还在继续设计土木工程项目。这种情况甚至延续到 19 世纪初，在 1716 年，被委任为法国桥梁公路工程局总工程师的是一位建筑师——雅克·加布里埃尔。他在任上，曾在布卢瓦的罗亚尔河上造了一座桥梁。他的继任杰曼·博弗兰德，虽然主要以其洛可可室内装修的漂亮著名，同时也以设计诸如在南特和桑斯等地的重要桥梁而显得超群。建筑师们能胜任主要工程师官职的原因在于：1750 年以前，桥梁设计被看作不过是砌筑拱券或石头切割的扩展而已。因此，当时桥梁与建筑之间除了在装配上的一些次要问题，和偶尔由于稍稍增加跨度而引起的一些不大的困难以外，看不出有很大的区别。当然，桥梁设计经常会有普通拱券设计碰不到的复杂性，诸如重的活荷载效应以及水力学所产生的各种问题。但是，在桥梁跨度很少需要超过 80 英尺的年代，石头切割以及安装和移动模板的问题，与出现在普通公共建筑中的那些问题非常相近。到了工业革命初期，追随新潮流的第一代建筑师，多数是画家或制图员，因而他们的本领除了装饰，没有别的。因为，建筑的这个部分，比起桥梁和结构来，对他们更为志趣相投，而桥梁和结构需要更多的专业知识。

随着桥梁科学技术的发展，桥梁跨度和难度的增大，这种情况发生了根本性的改变。建筑师习惯于布置抽象、符号化的视觉形象。他们很少有能力处理对荷载、平衡和内力的明确、有意义的视觉表达。当他们对桥梁的主要构件进行布置的时候，往往会为了富有表现力的视觉形象，而使力流迂回曲折，走错了路；而对于结构工程师，这些却是他们的看家本领，他们能在桥梁设计中，展现对于力流明确和富有表现力的形式。因此，人们就感叹："人是天生的建筑师，但不是天生的工程师。"时至今日，桥梁技术的发展使这种现象更甚。在某特大桥设计竞赛的 27 个参赛作品中，有一个由英国著名建筑师，香港汇丰银行大厦设计者呈交的方案，向外弯曲的不对称羊角形桥塔的斜拉桥方案（图 1-3-2）。专家们都认为在跨径比较小、造价不太高时，有可能实施，但对于超千米跨度的斜拉桥，这种结构形式极不合乎经济效益，并对其结构设计及可建性有所保留。

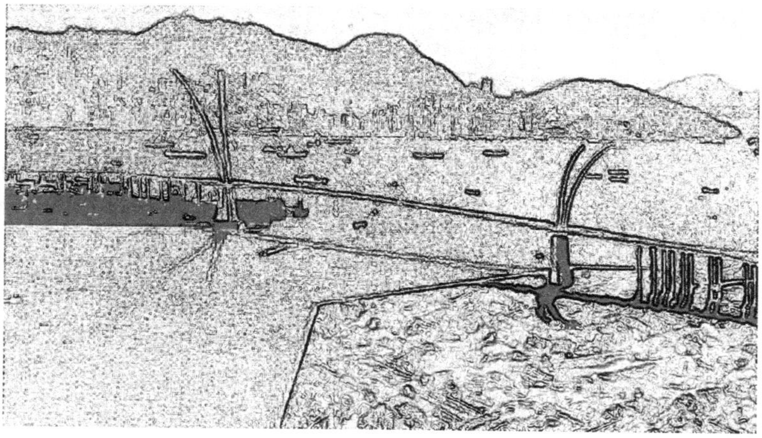

图 1-3-2
羊角形桥塔的斜拉桥方案

但是，也有人认为工程师的美学与建筑师的美学是两码事，他们截然不同。就工程师来说，他受经济法则的支配，仅仅达到适应而已；而建筑师以其对形体的安排，却实行一种纯粹精神创造的形式，也就是说，只有建筑师在创作真正的美。实际上，在当代，建筑师越来越多地在桥梁设计中发挥着卓越的作用。尤其是在一些中、小跨度桥梁设计中，建筑师的作用更加明显，甚至占据主导地位。贝聿铭先生是世界著名的建筑师，其主持设计的日本美秀美术馆入口的斜拉桥（图 1-3-3）可称为桥梁美的典范。人们在穿过长长隧道后，突然被技术和艺术完美结合的桥梁所征服。山谷之间，交叉着的钢索经过一个大半的椭圆框架，再紧扣于跨中。钢索的一端连着一座非对称的吊桥；另一端向空中展开而去。该桥利用隧道的摩擦力，通过椭圆形的钢框架形成一个绝妙的悬挂结构体系，纤细的桥体完全融入了山水之间。据贝聿铭说，设计该桥的灵感来自于中国的“世外桃源”、“豁然开朗”的典故。上世纪末，世界兴起一股建设千禧桥热潮。很多建筑师参与其中。如英国建筑师诺曼·福斯特的高技派风格的伦敦千禧桥；威尔金森·艾尔事务所设计的英国盖茨黑德千禧桥等。这些桥梁由建筑师主导设计，其造型紧跟时代技术和风格，形式更加人性化和多样化。

图 1-3-3
美秀美术馆斜拉桥

现在有许多城市小桥由景观设计师，甚至工业设计师主持设计。他们运用创意的手法，像设计雕塑或商品包装那样来设计桥梁。他们设计的作品比建筑师离真实桥梁更远。作为像雕塑作品那样点缀城市环境也未尝不可，但不可太多。多了不但失去桥梁美，还会显得繁乱，妨碍环境安宁。

三、结构工程师与桥梁审美设计

18 世纪下半叶，以英国技术革新为标志的工业革命改变了整个物质生产领域的面貌。随着出现了以自然物质规律为研究对象的各种学科以及相应的教育体系。科学的明细分工以及追求结构上的纯理性主义，使科学和艺术、专业技术和艺术脱了节，或许说科学技术本身成了艺术。科学家、工程师注重于科学实验、发明创造，且分工愈来愈细，对传统所说的艺术已无力兼顾。这时，严格意义上的工程科学开始形成。随之俱来的是将设计建立在科学计算基础上的现代结构工程师。在18世纪50年代前后，设计与施工两种职业产生了区分。1747年，巴黎建立了一所“桥梁公路学校”，1748年，在梅济耶尔建立了一所军事工程学校开始培养现代土木工程师。直到法国大革命，由于创建综合工科学校而改变了整个教育体系，法国的土木工程科的学生已实际上不按建筑师来训练，而开始作为工程师来培养。工业的发展造就了一种新的职业，工程设计。它是一种类似建筑学却又不同于建筑学的工作。很多工程师正在当时的世界上创造着自己的作品。塞纳河流出巴黎市区时穿过一座“纳伊桥”，桥有5个拱孔，孔长各为39m，于1773年建成。这是在科学原理上设计并根据荷载计算出桥墩尺寸的第一座桥梁。它不同于早先的桥梁，那些桥梁根本就不计算拱券的厚度或者桥墩的尺寸，桥墩的宽度只是简单地估算为拱跨的五分之一左右。而纳伊大桥的桥墩通过计算，以至能减小到只有拱跨的1/10。不过，直到下个世纪，铁桥发展以前，这种精确性还没有真正变得重要。因为，对于小跨度的圬工桥梁，设计者可以采用看起来最美丽或实用的任意曲线，也可以将最大压力加到他认为最有利于结构强度的任意方向上。但是当设计非常大或平缓的跨度，并且使用了更能承受拉力的材料以后，再仅仅根据经验来估算就不够了，而基于数学和力学以及材料强度原理的应力分析就变得越来越重要了。以科学的方法取代传统的经验，将重点放在技术上，而不是放在所谓的“建筑的装饰”上。因此，可以毫不夸张地说，土木工程所采用的科学设计与传统的建筑设计之间的主要不同，基本上在于尺度上的悬殊。尺寸的合理带来了现代结构的美感。这种美感的创造就非结构工程师莫属了。结构成了与建筑不同的艺术形式。埃菲尔铁塔、布鲁克林桥等新颖形式就直接出于技术理论与结构工程师个人的经验和设想。形式主要来自美学思想，这种美学思想又只能来自工程师的想象力，是工程师而不是建筑师为结构工程设计出新形式。1941年，英国工程师学会正式通过一项决议：“美学处理，必须是土木工程师的职能范围”。

四、结构工程师与建筑师的合作

古代，建筑师和结构工程师是合一的，建筑设计包含结构在内，结构的安全由经验保证。数学和力学以及材料科学的发展，促使了结构科学计算的发展，加之设计媒介的发展，建筑师和结构工程师开始分工。随着19世纪科学进步与发展，建筑师的传统观念不时被工程师采用新材料、新结构、新技术所打破。新的建筑思想促使设计观念完全更新，形成了包括建筑师、工程师、工业设计师、工艺美术师在内的设计大军，把审美设计领域扩展到整个人造世界。人们在物质生活水平提高的同时，也需要更完美、更完善的建筑结构，以满足精神上的需求。因而，技术与审美必须完美地结合成为建筑发展的必然趋势，这就促使建筑师要学结构，工程师要懂审美。只有这样，他们之间才可能有共同语言，合作得更好。1944年，英国剑桥大学有个课题，即工程师和建筑师的联合：“建筑师必须有工程师的头脑，工程师必须有建筑师的头脑”。设计活动是一种综合性的创造活动，它要把社会、经济和文化的进步有机地结合起来，凝结在物质形态的产品之中。一个成功的建筑物的设计和建造，离不开建筑师和结构工程师的密切配合，建筑物的美是由建筑师和结构工程师共同创造的。把建筑的美仅仅归结于建筑师的创造，至少是一种片面性的误解；而结构工程师自己把自己排除在美的创造行列之外，则更是一种误解。当建筑师和结构工程师配合默契，共同致力于美的创造时，建筑的美才能更完好、更动人、更符合时代的发展。有时，工程师们与建筑师们一起工作，正如他们与机械工程师和电气工程师一起工作一样，最终结果却出自结构工程的构思。特别是桥梁，由于结构的特殊性和重要性，注定桥梁结构工程师在桥梁的设计、建造过程中起着主导作用。起主导作用的桥梁工程师更应具备一定的设计美学素养，并能对建筑师的意见采取积极的配合。德国著名物理学家马克思·普朗克在《世界物理图像的统一性》一书中曾经说过："科学是内在的统一体，它被分解为单独的部门不是由于事物的本质，而是由于人类认识能力的局限性，实际上存在着从物理到化学，通过生物学、人类学到社会科学的连续链条"❶。这段话确切地说明了自然科学各学科之间、自然科学与人文科学、社会科学之间的有机联系。在日本土木建筑方面的造型艺术设计公司随处可见，特别是在长大桥的修建规划时，还成立由著名桥梁专家、建筑师、艺术家、环境工作者、当地民众代表及政府官员组成的专门景现设计委员会，对拟建大桥从造桥宗旨、方针、桥位、桥型选择到材质、色彩、夜间照明等等进行全面的景观评价与研究，并在建桥自始至终进行贯彻与监督，以确保所建大桥能满足景观上的要求。

桥梁结构工程师与建筑师应通力合作。建筑师与结构工程师进行桥梁审美设计合作，既有早期并行进行结构选型，也有中期参与设计，这样的合作成果有时质量很高，曾经做出过不少成功的作品。例如，南京长江大桥那独具匠心，体现了那个时代特征的桥头堡就是建筑师参与的杰作，让普通的钢桁架桥使人过目难忘（图 1-3-4）。但是，由于桥梁结构上的特殊性，不像一般建筑那样能够发挥建筑师的主动性。在这种情况下，工程师的思想往往占着统治地位，而合作的另一方，建筑师只能采用这些思想作为基本思路，以致有时建筑师会有"带着镣铐而舞蹈"的感觉。

图 1-3-4
南京长江大桥桥头堡

五、具有审美设计素质的结构工程师

较之结构工程师与建筑师的合作，更为理想的是使两者结合于一身。著名的苏联科幻小说作家，斯特鲁伽茨基兄弟说，在文学中，"身兼科学家的作家"比"'普通作家'更能高瞻远瞩，准确地预测未来"，在我们这个"人类让科学的爆炸性发展搞得惊慌失措"的

---

❶ 转引自陈波等.《社会科学方法论》. 北京：中国人民大学出版社，1989

时代里尤其如此。文学领域如此，桥梁领域也是如此。在法国，至今还可以见到许多设计良好的城市桥梁。这种成就应归功于公路桥梁系里设有建筑学教授的职位，使建筑学教育对工程学教育产生影响。20 世纪初，出现了不少杰出的结构工程师具有很高的审美设计素养。其中，著名的有瑞士的罗伯特·梅拉尔持和法国的弗兰西涅，他们都是钢筋混凝土桥的先驱者，前者是整体结构的创始人，后者是预应力混凝土成功的创始者，为世界桥梁开辟了广阔的道路。建于 1930 年的世界名桥，瑞士的萨尔基那桥是梅拉尔特式空箱截面三铰拱桥的代表，也是少见的桥梁审美设计杰作。弗兰西涅毕生致力于发展预应力混凝土，第二次世界大战以后需要重建被破坏的桥梁，他在马恩河上建成了一系列双铰拱、预制节段预应力混凝土桥，简洁美丽、柔和空透，取得了极大成功。意大利著名的现代建筑师奈维特别强调现代建筑中的艺术与技术的统一性。他原来是一位结构工程师，但他深感建筑艺术的伟大魅力而转研建筑学。他能成为一名杰出的现代建筑师，正是由于他对结构技术的娴熟和运用。德国的弗瑞兹·莱昂哈特在桥梁设计美学方面造诣很深。他 1963 年设计的德国的费曼思海峡桥是一座既均衡稳定又充满了动感的“提篮式”拱桥，已被许多桥梁设计者所效仿。1987 年，西班牙巴塞罗那为迎接第 25 届奥运会，建成了菲利普Ⅱ桥与阿拉米罗桥。这些桥梁是由西班牙圣地亚哥·卡拉特拉瓦设计的。卡拉特拉瓦的设计超越了工程学的局限，他的作品通常简洁、高雅，形似雕塑。他说“人们希望它与众不同，我也希望在技术上有独到的东西。”如果不是有工程师兼建筑师的背景，很难做出这样的设计。这些例子的共同特点是设计者不仅具备超凡的结构工程能力，而且具有高深的审美设计技巧和自觉的社会与历史使命感，使得他们能够进行前所未有的设计创新，这些创新对结构和审美都是那样恰如其分，令人叹为观止。这种兼具结构与审美素养的桥梁设计者才是真正的桥梁设计师。

第四节　桥梁设计师的素质与历史使命

一、当代桥梁设计师的技能与素养

（一）桥梁设计师的素养

《论语·八佾》说：“人而不仁，如礼何？人而不仁，如乐何？”为人如此，做事也一样，任何美的创造都与创作者的素质密切相关。《礼记·乐记》说：“德者，性之端也，乐者，德之华也。金石丝竹，乐之器也。诗，言其志也，歌，咏其声也，舞，动其容也，三者本于心，然后乐器从之。是故情深而文明，气盛而化神。和顺积中而英华发外，唯乐不可伪。”在文艺复兴时期颇有影响的马可·维特鲁威《建筑十书》第一书开头就论及“建筑师的培养”问题。在建筑师的教育方法修养方面，特别强调建筑师不仅要重视才更要重视德，还要求：“建筑师必须擅长文笔，熟悉绘图，精通几何学，深悉历史，勤听哲学，理解音乐，对于医学亦非无知，通晓法律学家的论述，具有天文学的知识”[1]。对科技工

---

[1] 高履泰译.《建筑十书》. 北京：知识产权出版社，2001

作，知识是主要的；对工艺工作，技能是主要的；而对于审美设计，则素养是主要的。桥梁设计师要使自己的作品达到美的标准，就必须自觉掌握艺术规律、具有美学素养。应该由有高度美学素养的桥梁设计师去创造具有高度文化的工程。优秀建筑风格的形成，和其相应的文化背景总是密切相关的。提高设计师和整个社会的美学素养，是摆在当今桥梁界面前的首要任务。智力比知识重要，而素质比智力更重要。在人才的素质构成中，心理素质则又同创造力的培养与发挥紧密相关。恩格斯把人的心理活动誉为“地球上的最美的花朵”❶。在人的认识活动中，感觉、知觉、记忆、想象、思维等心理活动所体现出来的各种心理倾向性或能动性，如逆反、好奇、注意、兴趣、动机、情感、意志等，便构成了心理素质的总体。从心理学的观点来看，每一个设计师的每一项设计创作活动，都是在一定的心理活动调节下完成的，而这种心理活动调节的效能与水平，又取决于他本人所具有的心理素质。社会职能和职业特点使得一个优秀的设计师的心理活动范围常常扩大地表现出哲学家、工程师和艺术家所各自具备的特有心理能力和心理倾向，如对抽象思维的敏捷，对数量概念的兴趣，对形象表达的情感等等。类似这样一些稳定、积极的心理能动性，既有先天的因素，又有更多的经后天精心训练而得到的因素。素质来自潜移默化，无形无影，因此，遵循设计师在其实践中的心理活动规律，自觉地加强这方面的心理素质训练，对于实际培养和充分发挥设计师的创造力，有着极其微妙而深刻的影响。

心理素质的培养要从多方面努力。首先，要引发最为宝贵的不甘循规蹈矩的强烈意识。列宁说：“人的意识不仅反映客观世界，并且创造客观世界。”“世界不会满足人，人决心以自己的行动来改变世界”❷。可见，“不甘循规蹈矩”的意识——或者说，“永不满足已有成就”的心理，是人类社会发展的需要。每个人都有两种世界；一个是现实世界；一个是幻想世界。每个民族也有两种生活：现实的生活和理想的生活。当这些理想长期地渗入人们的心里深处，就成为幻想世界的丰富、细腻、深情的灵魂。有些人将它深深地埋在心里，或者转化在行为之中；而有些人就把这些美丽的灵魂，这些神秘的精神物化在可视的形象上。路易斯·康说过：“当你建造一座建筑时，你就是创造一个生命。它会跟你谈天。”这种拟人化的表达虽不免夸张，但这的确是每一个优秀的设计师在其创作实践活动中应当具有的一种宝贵的情感。基于这种情感，我们就能在平凡与艰难中去思考、去探索、去创新。正如爱因斯坦指出的那样：“真正有价值的东西并非从野心或仅从责任感产生，而是从对客观事物的爱与热诚中产生。”只有情真才会意切，只有意切才能心巧，只有心巧才得艺美。

桥梁设计师对自然，对社会应该无比热爱，对万物应该有强烈的情感和丰富的审美想象力，应该“登山则情满于山，观海则情溢于海”。

桥梁设计师不但要有一般从事设计的知识和技能，而且要保持对周围事物的新鲜感，具有广泛的知识，诸如对城市、对社会文化的研究，对社会发展以及相关的社会行为心理的知识以及桥梁发展的趋势，不断扩大自己的知识领域。马蒂斯曾向艺术家大声疾呼，一辈子都要像孩子那样去看世界，“因为丧失这种视觉能力就意味着同时丧失每一个独创性

---

❶ 《马克思恩格斯选集》第 3 卷第 462 页. 北京：人民出版社，1972

❷ 《列宁全集》第 38 卷

的表现”[1]。早在一百多年前，英国浪漫主义诗人柯勒律治也说：“保持儿时的感情，把它带进壮年才力中去；把儿童的惊奇感、新奇感和 40 年来也许天天都惯常见的事物……。结合起来，这个就是天才和才能所以有区别的一点。因此，天才有首要价值，它最明白不过的表现形式，就是他能把见惯的事物如此表达出来，使它们能够在人们心目中唤起同样的感觉——即一种经常伴随着肉体与精神健康的恢复而来的那样清新的感觉”[2]。桥梁设计师除了要不断提高自己的素养外，还要不断使自己的主观审美意识和设计理念与时代同步。要统观历史、研究现状，去研究、探讨当今人们的审美观念，了解他们腻烦、厌倦的是什么，发现人们渴望追求的是什么。敏锐地反映和表达时代的思想、情感和愿望，创作出能够唤醒当今审美意识的作品。这是桥梁设计师永无止境的发挥才干的天地。只有这样才能站在时代的高峰，设计出具有时代特点、表现时代精神、反映当代美学价值的桥梁。

（二）桥梁设计师的设计美学才能和技巧

设计美学与科学不同，科学可以不断积累和进步，可以“站在巨人的肩膀上”；而设计美学却只承认才能，没有才能就没有设计创造。设计美学才能包括审美感受能力和设计表现能力，诸如对客观世界，对社会，对生活敏锐的洞察能力、丰富的想象力、灵活的构思能力，以及对设计美学方面所体现出来的对于一定物质传达手段的表现能力等等。审美设计师应具备特别强的审美感受能力，这首先表现在生活实践中对他所接触的各种事物的具体特征有一种强烈的兴趣和敏锐的感觉。不是这样，就不可能去深刻地体察创作中的各种矛盾，更不可能根据事物发展的客观规律提出解决矛盾的独到见解。对主观追求的表达能力就是在创作中构思表达和实施表达的能力。没有这一条，主观的追求再正确、再美好，也无法实现。只有当他将深刻的洞察能力同熟练的表达能力密切结合时，才能爆发出丰富的创造能力。

设计美学也与纯艺术不同，纯艺术靠的是灵感；设计美学却需要经验。桥梁设计师的理想往往需要时间才能变为现实。他们在创造出最佳的工程前，都长期从事过设计和施工工作。他们需要相当的经验和时间来发展自己的思想。他们早期全都显示出才华，但成熟得很慢，都是在中后期职业生涯中才取得了最丰硕的成果，大都大器晚成。例如：托马斯·泰尔福特 53 岁才设计出他的第一座现代铁拱桥，69 岁时才完成摩斯桥；古斯塔夫·埃菲尔设计的加拉比特铁路桥完工时，他已 52 岁，建成铁塔时已经 57 岁；约翰·罗布林在 61 岁时才设计了布鲁克林桥；罗伯特·马拉尔 58 岁时设计他的萨尔基那山谷桥；普卢加斯特尔桥出现时尤金·弗莱西奈已年逾 50；奥斯玛·安曼在 52 岁时，华盛顿桥才开通使用；克里斯汀·梅恩、艾斯勒和坎代拉都在 40 岁以后才设计出最出名的工程；内尔维在 41 岁前毫无建树。

桥梁设计美学需要不同学科的支持。作为桥梁审美设计师，不可能同时是各种不同学科的专家，不可能门门精通，但也要掌握一些与设计密切相关的科技与社会学方面的技能和知识，包括自然与社会学科的物理学、材料学、人机工程学、人类行为学、经济学、思维学、创造学、美学、历史、哲学等等。审美设计师的世界观同他所掌握的知识深度和广

[1] 《世界美术》1980 年 3 期

[2] ［英］柯勒律治《文学传记》. 伍蠡甫.《西方文论选》下卷第 32 页. 上海：上海译文出版社，1979

度分不开，合格的审美设计师都应具备较广、较深的知识。只有这样，他们审美设计创造的本领才能有较高的见解。在信息高度发达的年代，现代社会信息高速传播，创作总是处在多种多样文化交汇渗透的立体空间中。如何结合具体环境来从事创作，在自己特定的土壤中产生特定的风格，是创作者需要特别关切的问题。桥梁设计师还应注意主观审美与大众审美之间的碰撞，培育从民间出发的思考能力，消除与公众想象之间的隔阂，多征求民众的意见，多些民意参与，纳入更多"草根文化"。

二、当代桥梁设计师的社会职责与历史使命

回顾人类的文明历史，人类始终未曾在严酷的自然面前停止过自己进行造物的脚步。由于一个又一个的造物活动，使自己从一个以赤条条之身来到这个星球，脆弱、无援地面对严酷自然的上古时代，一步一步走向今日，"可上九天揽月、可下五洋捉鳖"的高度的现代文明，今后仍将周而复始、造物不已。正是由于这种造物活动，正是由于对这种造物所展开的规划和设计活动，创造了人类辉煌的物质文明，也创造了人类一切精神文明的根基。这实际上就是现实美的创造。现实美充满于整个人类生活，关联着每一个社会成员。人们的生活不能没有美的形象、美的色彩、美的音乐，不能没有美的追求和美的理想。生活在现实世界中，人们有时可能是不自觉、无意识的，但确确实实每时每刻都在欣赏着现实美，创造着现实美。从事重大的发明创造，投入惊心动魄的革命斗争，都是为了改造自然、改造社会，使其符合人类的理想和愿望，但这种活动本身也是一种美的创造，是为了使世界变得更美好。每一个平凡的人，在自己平凡的岗位上做平凡的工作，这种平凡的工作中都包含有美的创造。在人迹罕至的边卡守卫领土的哨兵，在马达轰鸣的工厂勤奋生产的工人，在山冈原野播下种子的农民，在三尺讲台教书育人的教师，……这无数普普通通的人们，他们或许很少去欣赏艺术美，更没有创造过严格意义上的艺术美，但他们却无时无刻不在追求着现实美、创造着现实美。

在这普普通通的人群中，也包括创造桥梁美的桥梁设计师。桥梁作为文化的组成部分，它对社会意识有很大影响。桥梁设计师应站在社会生活组织者的高度，使自己的作品具有高度的精神境界和美感，为人类创造和谐的劳动、生活和休息环境。桥梁设计师手中的笔，乃是文化杠杆、经济杠杆、社会杠杆、生态杠杆……，应当在大地上画出最新、最美的图画。我们笔下的一点一线，不仅仅是意味着亿万元的投资，意味着众多人的辛勤劳动，决定着人类的生存环境、生活方式等一系列重大、深远的问题。我们应当有强烈的时代意识和历史责任感，精心地从事设计和创作。邓文中认为"一位桥梁工程师如果不试图在每项设计中尽可能地进行改进，那么他就没有尽到工程师应尽的义务。"设计安全适用、经济、美观、耐久和环保的桥梁是桥梁设计师的职责所在，在这个问题上应该有科学的判断，并以此来影响决策者。要把桥造得美观，需要业主、设计者和使用者共同来实现。当务之急应该提高全民的审美水平，这也是桥梁设计师的社会职责。

当代桥梁设计师应认识到审美设计是一项艰苦的职业，而设计最美观的工程往往给他们带来的经济效益最少，应该学习前辈工程师的奉献精神，对社会应有高度的责任感。罗伯特·马拉尔希望把他设计的美丽的萨尔基那山谷桥献给一个叫作舒德斯的极小的社区，即使他所得到的手续费还不够支付图纸和计算的费用。罗布林为了能够造桥一直从事制造

业，为了建造第一座现代悬索桥，父、子、儿媳一家三人前仆后继，不屈不挠地坚持建成布鲁克林大桥。这些工程师都认为，他们并非只是为了一己之私。古斯塔夫·埃菲尔为了建造埃菲尔铁塔，甚至将自己所有的财产和公司抵押给银行，才凑足超出预算四倍的费用，使这座建筑瑰宝得以实现。如果他只是一个听命行事的执行者，放弃其梦想和对美的执着追求，如今的法国将失去多少魅力和光彩！

创造美好的生存环境，环境又培养和启发着人类的智慧和才华，激发人类对未来充满信心的情感。因此，设计师不是单纯的工程师，也是一个文化工程师。以促进人类社会物质文明与精神文明为己任的设计师，必须不断地深入考虑和解决人类生存的环境问题、社会发展问题及文化延续问题。在人生的这个“终极存在”层面上，设计美学把设计、伦理价值、审美价值统一了起来。开发出更新、更感人、更有创造性的视觉环境和使用环境，从而使设计由服从使用提高到创造使用，使桥梁的使用者在心态和情趣上感受到一种未曾有过、明显的调整，一种高级的陶冶，一种崭新的升华。让我们一起承担起使人类之城向天堂迈进合作的神圣历史使命！

第五节 本书导读

一、全书思路和内容编排

本书共 10 章，分上、下两篇，上篇 5 章为基础篇。按照本书体系，桥梁设计美学属于桥梁美的创造，是桥梁美学的核心；桥梁美学是技术美学的分支；技术美学是美学的一支。作为桥梁设计美学的基础知识的基础篇，编写的思路是依循美学——技术美学——桥梁美学的美学体系以及美、美感和美的创造的美学结构。内容的编排是以前者为横轴，用前三章分别叙述绪论、相关的美学知识和技术美学要点；以后者为竖轴，用后两章分别叙述桥梁美学和桥梁美、桥梁美感和桥梁美的欣赏。作为桥梁美创造的桥梁设计美学，在下篇专题讨论（图 1-5-1）。

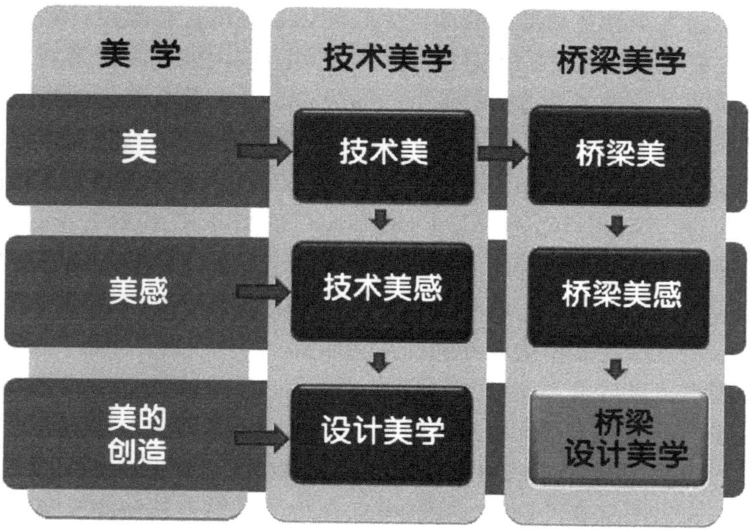

图 1-5-1
基础篇内容编排

下篇 5 章为设计篇，专篇论述桥梁设计美学的理论和实践，在充分阐述基本原理原理的基础上，结合桥梁实际，特别是作者自己做过的实践进行探讨。本书认为，桥梁美是技术美的一种，结合桥梁美的具体情况，前 1 章叙述桥梁设计美学概述。后四章分别论述桥梁美的四种形态，环境美、结构美、功能美以及形式美及其创造。由于，在后工业时代讨论桥梁设计美学，因此，把与人类生存关系最为密切的桥梁环境的创造列于首位。桥梁本身的美主要在结构，因此，接着的 1 章讨论桥梁结构美的创造。桥梁美属于技术美，技术美离不开功能和形式，最后两章分别叙述桥梁的功能美和形式美的创造。内容编排如图 1-5-2 所示。

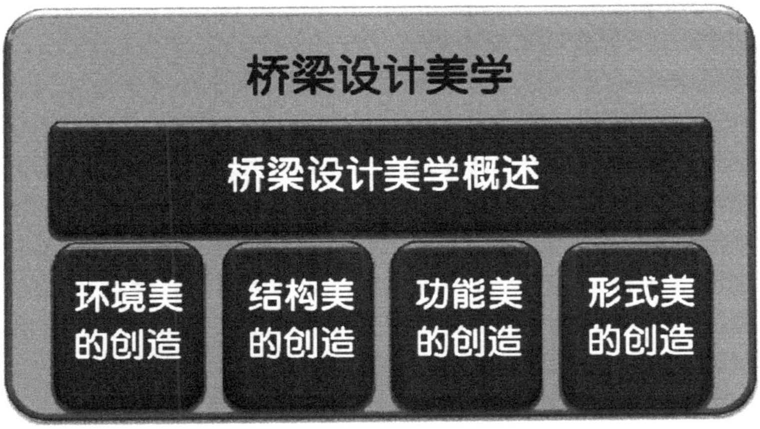

图 1-5-2
设计篇内容编排

二、本书论点

技术美学、设计美学、桥梁美学和桥梁设计美学都是新兴的年轻学科，至今对它们的探索和解释还存在不少的局限性和模糊性。特别是桥梁美学和桥梁设计美学，许多地方还是比较片面和不完整的。本书对这些问题做了新的探讨：

- **桥梁美是人类本质力量在桥梁这个对象世界中的感性显现**

按照马克思主义劳动实践的观点，认为美的本质是人的本质力量在对象世界的感性显现。桥梁美是人类在征服天堑阻隔中，自身的本质力量在桥梁这个对象世界中的感性显现。桥梁美感是通过造桥实践活动，直观到自己的聪明和才智，是对天堑变通途成果的肯定和确证。是否显现人心本质力量是区分桥梁美丑的金标准。

- **设计美学是研究现代意义的审美设计的科学，是技术美学的核心**

通常使用的 design 与设计美学中的概念是有区别的。“design”在技术美学中使用时，有特别的内涵。自古这个词汇就包含有审美的含义，“包豪斯”运动之后，使设计得到技术美学的滋养。在语言发展中，“design”这个词也就有了进一步发展，注入技术美的内涵，扩展了美学方面的含义。“design”已经成为国际上通用的技术美学的核心概念和主要研究对象，成为技术美学的专有名词。因此，本书也从广义的“设计”中划分出与美学相交叉的领域，把这个领域的 design 定义为设计美学。

设计美学是研究审美设计的科学，是从审美的角度来研究和探讨纯艺术以外，在人类生产和生活中存在的审美设计问题，寻找其规律性，使其能够满足人类的审美需要。它是把美学运用于设计之中而产生的一门应用美学。审美设计自古就有，但是，设计美学是20世纪的产物。它的产生是与大规模的工业生产相联系的，是在工业技术发展的基础上，美学直接介入设计的结果。以技术为核心的工业文明直接导致了设计美学的产生，促成其基本理论的形成。因此，设计美学是研究现代意义的审美设计的科学。同样，桥梁设计美学是研究现代意义的桥梁审美设计的科学。

从历史发展、美学体系、实际工作、事物本质和学科发展等五个方面看技术美学与设计美学的关系，设计美学不等于技术美学，而是技术美学的一部分，研究技术美创造中的技术成果的审美设计问题，是技术美学的核心。出于同样道理，桥梁设计美学是研究桥梁美的创造，是桥梁美学的核心。

- **美学和艺术所涉及的对象随着历史的发展而变化**

在手工业时代，建筑和桥梁都带有手工艺痕迹和浓重的装饰，加上韵律等形式美感，因此，把建筑列为艺术之首，就有了“建筑艺术”、“桥梁建筑艺术”、“桥梁艺术的哲学”等说法。工业革命所引发的现代建筑运动不再承认建筑是艺术品，但又承认建筑具有审美价值。传统美学忽视现实美的创造，随着现代科学技术的进步，美学开始关注现实应用中的审美问题，逐渐发展出各个部门的美学，出现技术美学、桥梁美学等。现代美学的视野大大扩展了，而艺术的范围不但没有随之扩大，反而缩小了。艺术创造美，但创造美的不只限于艺术。就现代美学而言，美学与艺术所涉及的领域是不一致的，美学除了研究艺术美之外，还包括现实美。

- **随着人的本质力量的发展，各个历史时期桥梁美的形态有所侧重**

从历史发展看，人对桥梁的审美观是随着自身的本质力量的发展而变化的。由于人的“本质力量”发展的程度不同，桥梁美的形态也有所侧重。过去，在相当长时间内，人们认为建筑美学就是研究形式美的法则的；在当代，这种表现形态在人们的审美观念中，已经越来越被其他表现形态所弱化。当今的桥梁美应该是环境美、结构美、功能美和形式美的统一，只不过更加侧重结构美和环境美，特别是环境美。由于结构美和环境美是伴随着现代工业文明而产生的，因此它们就成为当代桥梁美的时代特征。当今，桥梁设计美学极其重视桥梁的环境对人类身心的影响，环境美成了桥梁设计美学的核心。现代主义对结构美的理解与后现代主义是有区别的，前者更偏重于从桥梁本身结构功能的角度来理解结构美，追求绝对的技术经济指标；后者除了桥梁本身结构需要外，还从人的角度，从为人类创造能够塑造美好心灵的生存环境，这一高度来理解结构美。结构创新是桥梁美的灵魂。但是，结构创新应该与异化结构相区别。异化结构桥梁的共同特点是不能表现出人的本质力量，缺乏美的本质，因此不美。功能美是实用、经济、美观的全面实现。现代主义往往从功能主义的角度片面理解功能美。当今，桥梁提倡以人为本，追求“情”和“理”并重，人、桥梁、环境的和谐统一。

- **中国桥梁将实现传统文化与工业文化的“重组”**

中国桥梁经过空前发展后，已成为桥梁大国。桥梁界纷纷思考如何从桥梁大国走向桥梁强国的问题。这个问题有思想意识和物质基础两个方面。桥梁是一种科学技术，它的思想是通过设计来实现的。在思想意识方面，当前，中国桥梁与发达国家的差距主要是设计思想上的差距。这种差距是由于中国错过了工业革命所引发的技术美学的思想影响造成的，因此，也就是技术美学思想的差距。要填补这个差距就必须加强技术美学，特别是作为技术美学核心的设计美学在桥梁领域的普及。在后现代思想多元文化的历史背景下，由于中国有着卓越的古代文明和深厚的传统文化，通过空前规模的桥梁建造实践，中国桥梁将实现传统文化与工业文化的“重组”。在实现我国桥梁强国梦的过程中，应当发扬自己的优秀传统，用东方的哲学思想和智慧来重新反映现代工业文明。其结果将形成既具有中国特色，又能适应现代社会发展的现代中国桥梁风格。可以预期，中国桥梁设计思想必将以全新的面貌屹立于世界桥梁之林。

三、本书要点

1. 美及桥梁美的本质

美的本质是人的力量、智慧、勇敢和毅力等本质力量在对象世界的感性显现。美感则是欣赏者从中实行自我观照所得到的精神愉悦。桥的美是桥梁建设者在征服天堑中所表现出的人类聪明才智、勇气和毅力的显现，是人对天堑自由的肯定和确证。桥梁美感则是人类观照到自身心灵的对象化时所得到的精神上的愉悦。人对桥梁的审美观是随着人的本质力量的发展而变化的。是否显现人的本质力量是区分桥梁美丑的金标准。（第二章第三节、第四节、第四章第三节、第五章第一节、第四节、第八章第四节）。

2. 设计美学、桥梁设计美学及其归属

通常使用的 design 与设计美学中的概念是有区别的。“design”在技术美学中使用时，有特别的内涵。自古这个词汇就包含有审美的含义，“包豪斯”运动之后，使设计得到技术美学的滋养。在语言发展中，“design”这个词也就有了进一步发展，注入技术美的内涵，扩展了美学方面的含义。现在“design”已经成为国际上通用的技术美学的核心概念和主要研究对象，成为技术美学的专有名词。因此，本书也从广义的“设计”中划分出与美学相交叉的领域，把这个领域的 design 定义为设计美学。

设计美学是研究审美设计的科学，是从审美的角度来研究和探讨纯艺术以外，在人类生产和生活中存在的审美设计问题，寻找其规律性，使其能够满足人类的审美需要。它是综合着工程师、设计师和美学家等各个方面的活动，探讨审美规律在设计中的应用，为设计活动提供美学支持，解决设计中的美学问题而产生的一门应用美学，是美学在设计领域中的具体运用。设计美学是科学技术与美学的交叉和融合。它的成果不但功能合理，也具有审美价值。审美设计自古就有，但是，设计美学是 20 世纪的产物。它的产生是与大规模的工业生产相联系的，是在工业技术发展的基础上，美学直接介入技术的结果。因此，设计美学是研究现代意义的审美设计的科学。

从历史发展、美学体系、实际工作、事物本质和学科发展等五个方面可以看出技术美学与设计美学既区分又亲密的关系。从历史发展来看，作为真正技术美学实践开端的“包豪斯”，所进行的活动，就是审美设计。在发展过程中，两者相辅相成，密不可分，总是纠缠在一起；从实际工作来看，设计工作是技术工作的开端，是技术工作的重要组成部分，但不是全部。设计美学与技术美学的关系也是这样；从美学体系来看，按照比较公认的美学体系，美学研究的内容应包括美、美感、美的创造三个部分。美的创造又包括客体美的创造和主体美的创造（即美育）两个方面。技术客体美的创造还涉及技术成果的审美设计和劳动过程审美化两个方面的问题。设计美学研究技术美创造中的技术成果的审美设计问题，是技术美学的一部分；从事物本质上讲，设计是一种创造性活动，是人类为改变客观世界所进行的创造性活动，是一种美的创造活动。因此，设计美学应该属于技术美学中技术美创造的部分，是技术美学的核心；从学科发展看，设计美学与技术美学发展到今日，两者都已逐渐成熟，研究的领域也不断扩大。作为学科准确的定义，还是把它们区分开来比较严密，也有利于各自学科的发展。

出于同样道理，桥梁设计美学是研究现代意义的桥梁审美设计的科学。它研究桥梁客体美的创造中，桥梁审美设计的问题，是桥梁美学的核心部分。它把理论美学、技术美学和桥梁美学的理论和原则应用于桥梁设计领域，主要研究桥梁的环境美、结构美、功能美和形式美的创造，特别是环境美和结构美的创造，追求桥梁以及人类生活环境的审美化。（第二章第二节、第三章第三节、第五节、第四章第二节、第六章第一节）

3. 艺术和美学范围随着社会发展的变化

在人类社会的原始阶段，由于生产力低下，一切活动都只是为了生存，精神劳动和物质劳动没有分工，“技”与“艺”是不分开的。“艺术”和“技术”的分家是社会发展的结果。人类历史上艺术和技术的“分家”，是指纯艺术活动及其作品从生产劳动及其成果中分离出来，出现了专门从事艺术活动的艺术家和脱离实用功能的艺术品。人类的劳动及其成果从此分为两类：艺术创作及艺术品；实用品生产及实用品。艺术品只具有审美功能；而实用品主要是为了实用功能，但也兼具审美价值。

在手工业时代，手工制品留着手工的痕迹，物化着人的个性。一切人工制品，包括建筑的美都带有艺术的性质，实质上也是一种艺术美，因此技术和艺术成为人工制品的两个方面，结合在同一产品中。大机器生产消除了制品的手工的痕迹以及物化着的人的个性，原有的艺术成分也随之消失。但是，机器生产不仅效率大大提高，产品的形式也令人耳目一新，所显示的人的本质力量有增无减，审美价值更加丰富，已非艺术美所能包容，于是就用“技术美”加以界定。实用品不再是艺术品，但它们具有审美价值，成为美学研究的对象。现代美学的视野大大扩展了，而艺术的范围不但没有随之扩大，反而缩小了，艺术创造美，但创造美的不只限于艺术。因此，就现代美学而言，美学与艺术所涉及的领域是不一致的。美学除了研究艺术美之外，还包括现实美，现实美是大量的。“艺术”这个词汇，在古代、在现代都有不同的含义。当今，应该按照变化了的含义使用“艺术”这个词汇，把艺术和美的概念区别对待（第二章第六节）。

4. 建筑和桥梁从艺术美到技术美的转变

古代，建筑匠人以精湛的手工技艺使经典建筑具有不朽的艺术价值。建筑既是实用又是观赏的，是技术与艺术的交叉点。由于，黑格尔生活在手工艺时代，他所能看到的建筑都带有手工艺痕迹和浓重的装饰，艺术意味浓郁，因此，他把建筑列为艺术之首。那时，建筑美主要体现为工艺美、造型美和形式美。随着大工业的发展，建筑的实用要求和建造手段发生了根本的变革，从而开始了现代建筑潮流。这种潮流，首先冲击着古典美学，使得建筑美学大师们不得不重新思考建筑艺术的问题。现代建筑技术直接参与了建筑的美和审美，把外在目的乃至由建筑技术所反映出来的形式外化，都直接掺入了审美。建筑由艺术美、形式美转向技术美，环境、功能、结构以及文化受到关注。20 世纪上半个世纪兴起的现代建筑运动，基本理论就是不再承认建筑是艺术品，直接否定建筑艺术的存在。但同时又承认建筑具有审美价值。功能主义虽然很快就受到异议，但是接着的不是恢复建筑艺术的名誉，而是向更高层次的技术美投靠，把建筑美归入了技术美的范围。桥梁同样受到这一潮流的影响。桥梁美学与建筑美学并列，同属于技术美学。由于桥梁和建筑同是土木工程，有不少共同点。特别是，当代环境问题的提出，成了全人类共同关心的问题。桥梁与建筑都更加关注环境美，提倡以人为本。桥梁美与建筑美有许多共同语言，可以互相借鉴。

古典美学只研究艺术，哲学是探索世界和人生的总的规律，因此美学被称为“艺术的哲学”。那时，把建筑也作为一种艺术，因此，建筑美学可称为“建筑艺术的哲学”，有人也把桥梁美学也称为“桥梁艺术的哲学”。自从美学视野扩展到了整个人生后，针对各种物质生产和文化、生活领域中的大量审美问题，逐渐发展出各种门类的美学，桥梁美学就是其中一门。桥梁美不是艺术美，而是一种技术美。既然桥梁不算“艺术”；美学也不只是研究艺术问题，桥梁美学自然也就不应是“桥梁建筑艺术”、“桥梁艺术的哲学”。现在所谓“桥梁建筑艺术”主要存在于古典桥梁中（第二章第六节、第三章第一节、第四章第七节）。

5. 桥梁美的民族、地方风格和时代特征及东西文化的“重组”

桥梁美具有民族、地方风格和时代特征。工业文明的兴起使古代文化全面解体，一方面，这是以先进的生产力为背景，代表社会发展的主流；另一方面，也造成风格的淡化。东、西文化的“重组”是一次最大的文化重组。工业文明是以西方为中心的，对中国来说还伴随着军事入侵和经济掠夺，是被迫、没有思想准备、带有半殖民地色彩和断代的。这次文化重组的特点注定了这场重组是旷日持久和反反复复的，至今都还没有结束。历史的发展总是要遵循一定规律的，尽管有时走过一段曲折、崎岖的道路，最终还是要异路同归的。文化是一个积淀的过程，它的更新是扬弃而不是抛弃，对文化的发展来说就是应该在继承中发展，西方是这样；中国也是一样。过去，由于一些复杂的因素，使得西方文化特别为世人瞩目，中国文化因力量对比过于悬殊而几乎全面被“西化”，但是，当那些因素发生改变后又会出现新的境况。中国有着卓越的古代文明和深厚的传统文化，加上空前规模的桥梁建造实践，在后现代思想的多元文化的历史背景下，在现实我国桥梁强国梦的过程中，中国桥梁将在公平、平等、合理的基础上，最终完成传统文化与工业文化的“重组”，用东方的哲学思想和智慧来重新反映现代文明，形成既具有中国特色，又能适应现代社会发展的现代中国桥梁风格。可以预期，中国桥梁设计思想必将以全新的面貌屹立于世界桥梁之林（第四章第六节、第六章第四节）。

6. 提高我国桥梁设计美学水平的途径

提高我国桥梁设计美学水平的一个有效途径就是重组现有桥梁设计机构，把设计院的工作重心转移到概念设计上来，而把施工图的设计那套繁琐的工作转到施工单位去做。这样不仅可以让熟悉施工的单位做好施工图设计，使得施工更加多快好省；而且，还会大大解除设计院繁琐的施工图设计工作，而把精力集中到方案的创作上来。采用设计竞赛的办法征集桥型方案和选择设计单位是一个很好的办法。这个工作宜采取分阶段进行，开始时只要求递交比较简单的文件，通过评审逐步缩小范围，加深深度要求，这样既节省人力、物力，又能够大范围地征集方案。

艺术批评对创作有指导作用，能促进欣赏水平的提高。开展美桥和丑桥评选和设计方案竞赛有助于桥梁美的创造和鉴赏能力的提高，也是提高我国桥梁设计美学水平的有效途径，应该大力提倡。（第六章第七节、第五章第五节）

7. 当代桥梁美的时代特征

从历史发展看，人对桥梁的审美观是随着人本质力量的发展而变化的。由于人的“本质力量”发展的程度不同，各个历史时期桥梁美的形态也就有所侧重。桥梁审美设计思想经历过从原始桥梁纯朴美到古代桥梁工艺装饰美；从古典桥梁工艺装饰美到现代桥梁结构美；再从现代桥梁结构美到后现代桥梁以人为本的变化。由于，这种变化是发展，是继承，而不是淘汰，不是取代，除了以手工生产为基础的装饰美由于基础结构的改变而消失，只留下形式美的痕迹外，都只有补充，没有消除。后现代桥梁以人为本的设计思想实际上就是建造人类理想的生存环境。因此，当今的桥梁美应该是环境美、结构美、功能美和形式美的统一，是多种形态的统一。只不过更加侧重结构美和环境美，特别是环境美。功能美是实用、经济、美观的全面实现。现代主义往往从功能主义的角度片面理解功能美。社会发展到今日，人们已感到现代主义思想存在千篇一律、缺乏人情味、缺乏历史和民族地方风格等是一种弊病。那种不愿意瞻顾地方的既有风格及环境特点，简单追求“时尚性”、“功能美”的思想已是明日黄花，为当今桥梁审美观所不齿。过去，在相当长时间内，人们认为建筑美学就是研究形式美法则的。在当代，这种表现形态在人们的审美观念中，已经越来越被其他表现形态所弱化。在现代桥梁美学中，形式美只是桥梁美创造中一种非主要的表现形态。

由于结构美和环境美是伴随着工业文明而产生的，因此它们就成为当代桥梁美的时代特征。桥梁的结构美本为现代主义所倡导。但是，现代主义思潮的出现是人类建筑史上一次全面、剧烈的革命性变化的产物，而后现代主义只是现代建筑在形式和艺术风格方面的一次演变。因此，结构美仍是当前桥梁设计美学所关注的重点。只不过现代主义对结构美的理解与后现代主义是有区别的，其区别在于前者更偏重于从桥梁本身结构功能的角度来理解结构美；而后者除了桥梁本身结构需要外，还从人的角度，从为人类创造美好的生存环境，这一高度来理解结构美。作为桥梁设计美学重要手段的桥梁结构美的本质在于创新。结构创新是桥梁美的灵魂。创新可以克服审美疲劳。桥梁的结构美就是在桥梁中以结构为手段来表现人类的本质力量。创新最能表现人的本质力量，给人强烈的感染、鼓舞和鞭策，从而对人类的心灵产生潜移默化的作用。但是，结构创新应该与异化结构相区别，异化结构桥梁的共同特点是不能表现出人的本质力量，缺乏美的本质，因此不美。当今，桥梁设计美学极其重视桥梁的环境对人类身心的影响。环境美是当今桥梁设计美学的核心，其他都是手段，都是为了建造人类理想的生存环境这个崇高目标服务的。环境改造的每一次进展，都是实现人类崇高目标与理想的一部分；都成为人类文明进步的一个标志；也是对人类创造力的一次检验。从中人们享受着在他所创造的对象世界中直观自身的无限喜悦。我们直接创造了物质世界，又间接塑造着人类的心灵。今天我们从自己的创作中，因看到自己的力量而豪情满怀；明天人们在享用我们成果中，使心态和情趣得到了调整，从而引导他们的行为、孕育他们的气质。一种情操的陶冶、一种灵性的升华，将在生活在我们今天所建造的环境中的下一代得到实现。这就是我们的成就，这个成就大大超过了几座桥梁的价值，它远非一个工程可以比拟，也不是一座城市所能包容。这就是当今环境工程的全部价值，就是各行各业为人类之城向天堂迈进而进行的文明合作的根本目的所在。（第五章第四节、第五节、第六章第六节、第七章、第八章）

8. 中国桥梁设计思想差距及其填补

中国桥梁经过空前发展后，已成为桥梁大国。桥梁界纷纷思考如何从桥梁大国走向桥梁强国的问题。这个问题有思想意识和物质基础两个方面。桥梁是一种科学技术，它的思想是通过设计来实现的。在思想意识方面，当前，中国桥梁与发达国家的差距主要是设计思想上的差距。这种差距是由于中国错过了工业革命所引发的技术美学的思想影响造成的，因此，也就是技术美学思想的差距。要填补这个差距就必须加强技术美学，特别是作为技术美学核心的设计美学在桥梁领域的普及。随着中国的崛起，经济和科学技术的发展，在改造客观世界的同时，引起审美观念变革和思想素质的提高，加上教育，加上中国深厚的儒道互补哲学基础和深入人心的天人合一设计思想，不用很久，桥梁设计思想的中心必将移向中国。而且，事物的发展总是螺旋式前进，后来居上的。可以预期，中国桥梁审美设计思想必将以全新的面貌屹立于世界桥梁之林。（第一章第二节）

9. 当今桥梁设计师的历史使命

由于结构的特殊性和重要性，注定桥梁结构工程师在桥梁的设计、建造过程中起着主导作用。起主导作用的桥梁工程师对自然，对社会应该无比热爱，对万物应该有强烈的情感和丰富的审美想象力，应该“登山则情满于山，观海则情溢于海”。桥梁设计师更应具备一定的设计美学素养，并能对建筑师的意见采取积极的配合。但是，由于桥梁不像一般建筑那样能够发挥建筑师的主动性，工程师的思想往往占着主导地位，建筑师只能采用这些思想作为基本思路，以致有时建筑师会有“带着镣铐而舞蹈”的感觉。较之结构工程师与建筑师的合作，更为理想的是使两者结合于一身。不少杰出的结构工程师具有很高的设计美学素养，设计出许多优秀作品。这些作品的共同特点是设计者不仅具备超凡的结构工程能力，而且具有高深的设计美学技巧和自觉的社会与历史使命感，使得他们能够进行前所未有的设计创新，这些创新对结构和审美都是那样恰如其分，令人叹为观止。这种兼具结构与审美素养的设计者才是真正的桥梁设计师。任何美的创造都与创作者的素质密切相关。提高桥梁工程师的美学素养，特别是桥梁设计美学修养是当务之急。当今桥梁设计师应该认识到审美设计是一种艰苦的职业，应该学习前辈工程师的奉献精神，担负起人类之城向天堂迈进文明合作的历史使命。（第一章第三节）

第二章　相关的美学知识

第一节　美学的产生与发展

一、古代美学思想先驱

美学思想，是以人类文明为基础伴随着哲学而产生的。

东方的古代美学思想以中国为代表。中国古代美学思想是在和西方不同的历史条件下起源的。中国古代文明产生较早，原始氏族社会延续了很长时期，那时美学思想就已发展到了相当的程度。

在进入奴隶社会之后，由于生产力发展水平的限制，不可能像希腊、罗马那样获得充分发展，未能完全冲破原始氏族社会的传统，风尚习俗、意识形态大量地，长期地保留着。社会中人与人的关系虽产生了阶级对立，但仍然和血缘宗法关系结合在一起，表现为对上下尊卑和讲求伦理秩序。使奴隶社会直接地继承和保留了氏族社会中素朴的、人道的和民主的精神，个体与社会，人与自然的对立也表现得不十分尖锐。

从春秋时代开始，理性精神显著高涨。到春秋末年和战国时期已基本形成比较系统的中国古代美学思想。先秦诸子对美学问题有诸多论述，他们结合社会伦理和个体品质问题，把美与善、善与真联系起来。不少思想家提倡以个体与社会、人与自然的和谐统一的理想。这种基本观念，深刻地影响着中国美学的发展。中国美学长期坚持个体与社会、人与自然的和谐统一，认为审美和艺术的价值就在于它们能从精神上有力地促进这种统一的实现，从而把具有深刻哲理性的和谐和道德精神的美提到了首要位置。

先秦时期产生了不少美学派别，其中最重要的是儒家和道家。它们互相对立又互相补充，奠定了整个中国古代美学思想的根基。中国受封建社会宗法观念的制约和儒道思想意识的影响，表现出一种超稳定的思维模式。

儒家美学思想以其入世哲学为指导，追求人与社会的和谐统一。坚持效用为美，讲求目观之美，看重社会伦理，追求精神愉悦。儒家美学的创始者和重要代表是孔子。孔子以礼乐立教，礼不但指各种宗教仪式，也包括政治，法律和典章制度，乐是各门艺术的总称。中国最早的美学专著“乐记”载在13经的礼记一经中。《礼记·乐记》中说“乐者天地之和也，礼者天地之序也，和故百物皆化，序故群物皆别。乐由天作，礼以地制。过制则乱，过作则暴，明于天地，然后能兴礼乐也”。儒家认为乐所表现的是天地间的和谐；礼所表现的是天地间的秩序。因为和谐，万物能化育生长；因为秩序，万物能显现出差别。礼和乐成为儒家治国安邦的支柱，他们从礼、乐这两个概念推演出他们的王道。特别强调礼与乐相辅相成、不可分割的关系。不但把乐看作艺术，实际上也把礼看作艺术，是王道必备的秩序与和谐两个方面。因为乐求和谐，礼求秩序，秩序与和谐都是艺术所不可少的。

和儒家的“入世”不同，道家强调“出世”，看重人的自然本性和人所处的自然环境，在审美方面追求一种人与自然和谐统一的境界。道家美学的真正代表者是庄子及其学派。道家美学的全部思想建立在关于“道”的理论基础之上。认为现实生活中大量存在着美与善、美与真的分裂和对立以及以丑为美和以骄奢淫逸、伤身害生的感官享乐为美的社会现象。所以，它在消极虚无的形态下，含有朴素的辩证法和深刻的批判精神。在道家看来，真正的美不是世俗人们所追求的感官声色的愉快享受或权势欲望的满足，也不是儒家虚伪的仁义道德的实现，而是一种同自然无为的“道”合为一体、超越人世的利害得失、在精神上不为任何外物所奴役的绝对自由的境界。主张美在于超功利的自然无为。

道家美学的优点所在，正是儒家美学的弱点所在，反之亦然。这种相互对立而又相互补充的儒道两家美学构成了延续数千年中国古代美学的理论基础。

西方古代美学思想的重要发源地在古希腊，近、现代西方的美学在很多方面都受到了古希腊文化的影响。据文献记载，在西方，毕达哥拉斯学派在公元前六世纪末最早论及美学的问题。他们从哲学和艺术学的角度系统地探讨了美学问题，提出了“美是数的和谐”这样一个美学命题，开创了以大宇宙为中心的美学思想。他认为美在于“对立因素的和谐的统一，把杂多导致统一，把不协调导致协调”❶。这一观念，对后世美学产生了深远的影响。而柏拉图和亚里士多德，或是立足于哲学，从哲学的高度，对美的问题进行了深入的探讨或是立足于艺术学，肯定了现实生活中美的客观存在；肯定了艺术美对生活的依存关系；肯定了艺术作品中塑造的人物形象可以而且应该“比原来的人更美”❷。他们都加深了早期美学思想的理论色彩，对欧洲美学思想的发展做出了杰出的贡献。

毕达哥拉斯、赫拉克里特、苏格拉底、柏拉图、亚里士多德等大哲学家都参与了美的探讨和争论。但他们关于美的观点、见解常常和他们关于真、善的认识混在一起，成为他们哲学思想、道德思想、神学思想以及政治思想和文艺思想的附庸。思想家们的美学观点夹杂在政治、哲学、宗教、道德、艺术甚至史传、书札、批注等论著中。

欧洲进入中世纪后，哲学成了“宗教的婢女”，美学研究也就处于停滞状态。直到文艺复兴运动兴起后，才又进入了新的繁荣时期。

二、近代美学学科的建立

无论在东方或是在西方，科学、哲学、美学都是先有其实而后得其名的。美学成名最晚，美学思想的发展已经有两千多年的历史，而美学作为一门独立学科却是在近代才形成的，迄今不过两百多年。美学由于晚出，就连特性也不明显，甚至研究对象也不易划界，存在许多模糊和争议。

18世纪以后，伴随着欧洲工业革命的发展，自然科学、哲学、伦理学、心理学和文艺理论等近代科学，步入了逐步形成和全面发展的黄金时期。在社会物质和精神生活快速

---

❶ 《西方美学家论美和美感》. 北京：商务印书馆，1980，第14页

❷ 《诗学》，《〈诗学〉〈诗艺〉》. 北京：人民文学出版社，1962，第101页

发展的历史条件下，德国古典哲学也进入了一个新的发展阶段。

德国启蒙运动时期的哲学家，普鲁士哈列大学哲学教授鲍姆嘉通在哲学上是一个理性主义者，但同时他十分重视对感性的研究。他认为，人类的理性认识是高级的认识能力，感性认识是低级的认识能力。在人类知识体系中既然有研究理性知识的逻辑学，研究意志行为的伦理学，就理应有一种独立的学科去研究感性知识。他把专门研究感性认识的学科叫做“埃期特惕克”（Aesthetica）。他在 1735 年写的《关于诗的哲学沉思录》中，首次使用了这个概念。在 1750 年写的《美学》第一卷又正式以感性认识方面的问题来命题，认为感性认识的完善就是美，把美学作为一门独立学科提出来。从此，美学便作为研究感性认识的科学，走上了独立发展的道路。真、善、美都有对应的学科——逻辑学、伦理学和美学，在美学发展历史上，具有划时代的意义，鲍姆加通也因此被尊为“美学之父”。

严格地说，鲍姆加通所谓的“Aesthetica”还不是我们今天意义上的“美学”，这个词希腊文的本意是“感觉学”或“感性学”。按照鲍姆加通的定义，“Aesthetica”是“感性认识的科学”，它的对象和范围比“审美”要广泛得多。但是，由于鲍姆加通把“感性认识的完善”和“美”联系了起来，并且用相当篇幅讨论了审美问题，才使后人把“Aesthetica”和“美学”等同起来。而且，鲍姆加通所定义的“美学的对象就是感性认识的完善”，把理性认识排斥在外，具有很大的局限性。

马克思主义哲学的诞生，为美学科学提供了一个科学的方法论基础。马克思和恩格斯结合哲学、经济学和科学社会主义的研究，提出并确立了实践和“人化的自然”为核心的美学观点，提出了“劳动创造了美”，“按照美的规律来创造”的美学命题，提出了主体审美能力，审美感官基于人类实践而产生、形成并发展的思想。

西方美学渊源于古希腊哲学，是西方知识体系下对审美意识源流所熔铸而成的逻辑思维范畴。西方美学与艺术理论从古希腊起一直到 19 世纪末，始终是以哲学为主导，围绕抽象的哲学理论而展开的，作为哲学的附庸。即使到了 1928 年，法国哲学家丹纳在所著的《艺术哲学》中，对美学所下的定义还有“关于艺术的哲学就是所谓美学”的说法。因此，长期以来，美学只局限于对艺术美的研究，属于哲学的分支，研究美学的学者都是哲学家。这使得美学的发展得到许多哲理上的滋养，但是，由于哲学家本身并没有艺术创作的实践经验，他们的理论即使对指导艺术美的创作与欣赏也存在不少局限，更不用说对于人类生活美的其他领域了，这不能不说是这个时期美学研究的一桩憾事。

在中国悠久的历史文化传承中，虽有丰富的哲学思想、文学批评、艺术理论，但是，中国的美学和科学、哲学一样是引进的外来语。首先把西文“Aesthetics”一词翻译为“美学”的是日本学者，后来我国也引用了这个名称。“Aesthetica”按原意直译应为《感觉学》或《感性认识的科学》，按其含义是研究认识美、感知美的学科，也宜译为“审美学”，不过现在这个名称已经过许多理论家和实际工作者的认可，约定俗成，为人们广泛接受和应用了。

三、现代美学视野的扩展

19 世纪下半叶以前，美学研究大部分局限于艺术，而忽略了人类日常生活和劳动中的大量审美问题。美学主要是哲学研究，尽管这种研究很重要，可以在理论上取得突破。但是，暂且不说这种研究相当抽象和枯燥，因而常常使人不耐烦，甚至讨厌。从学术方面看，仅有哲学的研究也是不够的，而且，就是哲学的研究本身也还得建立在一定的实际的观察、思考的基础之上。随着历史的发展，人们越来越认识到，这种局限应该突破。

20世纪初，现代科学技术的进步，大机器生产的影响渗透到了人生的各个角落，扩大了人类社会实践和审美实践活动的领域，使人们越来越认识到自然科学、工程技术、物质生产和艺术一样，也存在着美、审美和美的创作的问题，审美也随着工业产品对人生的全面影响而扩大，不再局限于艺术品，作为人对物的心理要求融化在一切事物中。欣赏美、创造美已引起全社会的普遍关注，成为各行各业的热门话题。科学家、工程师和艺术家正进行着空前广泛的大合作，使得人的视野所至、感官所及，一切“对象世界”都成了审美对象。美学发展逐渐成熟，开始关注现实应用中的审美问题，针对各种物质生产和文化、生活领域中的大量审美问题，逐渐发展出各个门类的美学。美学经历了前所未有的变革，向着人生的一切领域扩展，把美学视野扩展到了整个人生，出现了古今中外从来没有过的美学热潮。

被传统的美学忽略了的现实美的创造，恰恰是最基本、最重要的美的创造活动。人工环境中的建筑物和日用物品无时不在，它们以巨大的体量和数量、亲近的距离，形成一种氛围、情调，强迫人去感受、体验，时刻影响着人的思想、情感和行为。人可以不关心艺术，隔离自然，却一刻也不能脱离人工环境。现代美学首先把人与人工环境之间的审美关系作为一个重要课题加以研究，把审美视野扩展到所有的人工环境中，依据自己的理想来设计自身的生存环境，使审美构成人类生活中不可缺少的一部分，使人类能够生活在一个优美、宜人的现实世界中。

经历了两次世界大战浩劫，经过战火焚烧后疲惫不堪，也松了一口气的人们，开始重新思考生活的意义，筹划自己生存的世界。他们意识到，要彻底改变人的灵魂，必须通过文化的途径把人道还给人类。因此，文化心理问题越来越显得重要，日益成为人类需要思考的课题。哲学除了研究物质文明中的课题外，还要探讨文化心理问题。把艺术和审美与陶冶性情、塑造文化心理结构联系起来。在艺术上，他们追求的不是超人的自我表现，而是如何使艺术成为人类之间相互沟通的桥梁。联邦德国艺术家、教育家约瑟夫·博伊于斯被认为是战后欧洲艺术领域最具影响的人物。他企望把整个社会活动都变为艺术创造活动，变为一种“社会雕塑”，从而使人在自觉的创造行为中获得自由与人性的复归。他的座右铭“艺术即创造即人”和“人人皆是艺术家”道出了我们时代艺术，乃至整个文化的实质，生活成为艺术，艺术即是生活进程中人的创造性活动。艺术冲出博物馆，走向社会，直面人生，生活环境就是艺术天地，每个人都有权利和义务参与创造属于全人类的艺术。美学成为研究人对现实审美关系的科学。美学研究的对象是整个的现实世界，凡是和人发生审美关系的事物，都在研究之列。

美学视野扩大带来了人类职业分工的重组。一方面，原来从事纯艺术创作的工作者参与到实用品的创作行列。由于，个人计算机的普及，人人都会像玩游戏一样进行“绘画”制作，使纯绘画越来越不受关注。以致使一些画家告别了绘画，去从事园林、服装、工业、建筑等设计。美术的真正前途已不在于纯绘画，而在于人的全部生活。另一方面，大批劳动者开始关心和参与现实美的创造。建筑师、工程师和设计师都开始注重自己工作的美学效果，把他们的设计作为“艺术品”进行创作，真正实现了高尔基说过的：“照天性来说，人人都是艺术家，他无论在什么地方，总是希望把美带到他的生活中去。他希望自己不再是一个只会吃喝，只知道很愚蠢、半机械地生孩子的动物。他已经在自己周围创造了被称为文化的第二自然”。美学走出哲学家的殿堂，步入人生、步入“寻常百姓家”后，从根本上改变了哲学家美学的冷清和局限，全人类一起关心美、创造美。普及了美学知识，提高了美学学术水平，为美学发展开拓出一条新路；改善了人类的生存环境；反过来，又培育了人类的审美意识、陶冶了人类的心灵，使美学与人类发展进入良性循环。

第二节　美学及其研究体系

美学是研究人对现实的审美关系的一门科学，是研究美的事物，人对世界的审美认识的特点和按照美的规律进行创造的一般原则的科学。研究“美”必须从人入手。而人总是通过审美感受来认识美的，所以研究美又不能脱离美感，脱离人的审美经验。近代美学的主要特征之一，就是以审美经验为出发点，特别重视对美感的研究。人可以从现实中获得的审美感受，并按照美的规律进行创造；也可以将审美感受化为某种具体的形式，把精神状态转化为某种物质状态，成为艺术。艺术就是人对现实审美关系集中化、物态化的表现，是人的审美经验在具体外化形式中的结晶，是人根据自己对于美的规律的认识、领悟，有意识地进行的美的创造。

美学作为一门社会科学，是在社会的物质生活与精神生活的基础上产生和发展起来的，是研究美、美感、美的创造及美育规律的一门科学。著名美学家蔡仪认为，“美学就是关于研究现实的美、人对它的美感和艺术美的创造有关规律的学科”。“美的存在——现实美、美的认识——美感、美的创造——艺术美，就是美学所要研究的范围。研究客观现实的美，是研究人的美德和美的创造的基础，而艺术则是美学研究的重点和主要内容。美学作为一门独立的学科，应当包括美的领域中的三个方面，或者说，应当具有三个主要的部分，这三者缺一不可。而最后由这三者结合而发挥的社会效益——美感教育作用，自然也是它应有的重要内容。美学研究应该包括构成审美关系的客体和主体，即客体的美和主体的美感。同时，人类的实践活动不仅仅局限于认识世界，更重要的还在于能动地改造世界，以适应人类发展的需要。因此，美学研究还应包括美的创造问题。这样，围绕着审美关系的轴心，美、美感和美的创造便构成了完整的美学研究体系”[1]。在客体方面，美学要研究美的本质与特性、美的内容与形式、美的形态、美的范畴等。在主体方面，美学要研究美感的本质、美感产生和发展规律、美感的心理要素、审美标准等问题。美的创造是美学研究中的一个极为重要的领域。在这方面，美学历史上存在过许多不同的看法。现代比较普遍认同，美的创造不仅包括艺术美，还应包括现实美的创造。例如，环境的美化、劳动产品的美化、社会生活的美化等等。此外，人自身的心灵美化问题，即美育也应该是美的创造研究内容。“美学既然要研究人与现实的审美关系，它的研究范围自然首先要包括

---

[1] 蔡仪主编.《美学原理》. 长沙：湖南人民出版社，1985

构成这一关系的客体（美）和主体（美感）这两大方面。同时，人类的实践活动绝不仅仅局限于认识世界，更重要的还在于改造世界，以适应人类发展的需要。人类的审美活动当然也不能例外。因此，美学研究的范围，势必还应包括美的创造的问题。这样，围绕着审美关系这一轴心而出现的美、美感、美的创造三大方面，便构成了美学研究的三大领域”[❶]。总之，美学是研究客观事物的美、人对美的感受、美的创造的一般规律的学科（图 2-2-1）。

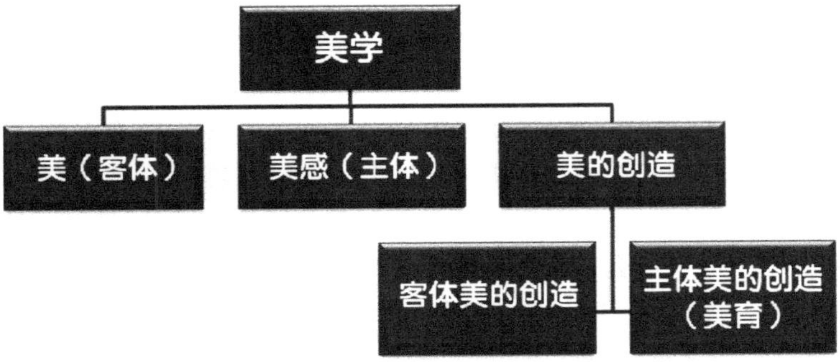

图 2-2-1
美学研究体系

第三节　美的本质

人们很早就在探索美是什么的问题，对美的探索形成不同的理论和流派，得出许多美的定义。多少世纪以来，“美是什么”的问题一直作为哲学家们的哥德巴赫猜想。中国古代诸子百家，孔子、老子、墨子、孟子、庄子和荀子等；西方古代哲学家，赫拉克利特、毕达哥拉斯、德谟克利特、苏格拉底等都曾经直接或间接地谈到美，涉及过美的本质，提出了美与善、美与恶以及美与自然或人工等种种与美的本质有关的问题。《孟子》记载：浩生不害问曰：“乐正子，何人也?”孟子曰：“善人也，信人也。”“何谓善？何谓信?”答曰：“可欲之谓善，有诸已之谓信。充实之谓美，充实而有光辉之谓大，大而化之谓圣，圣而不可知之谓神。乐正子，二之中，四之下也”[❷]。这是孟子所区分的人格六境：善、信、美、大、圣、神。

“美”字有两种解释：东汉文字学家许慎《说文解字》说：“美，甘也，从羊从大，羊在六畜，主给膳也。”康殷《文字源流浅析》：美字乃是象征头上载羽毛装饰物和雉尾之类的舞人之形。在古代，“美”和“善”经常混在一起，是一个意思。《论语》讲“里仁为美”，又讲：子张问“何谓五美?”孔子回答说“君子惠而不费，劳而不怨，欲而不贪，泰而不骄，威而不猛。”这里讲的“五美”都是“善”。据有人统计，《论语》中讲“美”字十四次，其中十次是“善”、“好”的意思。在古希腊，美与善也是一个字。

美和真、善既相互联系又相互区别。美是人类实践的产物，只有按照客观事物的规律去从事实践，才能取得成功，才能创造美。美就其历史发生和起源来看，是以对于“真”的认识和掌握为前提的，因此美包含了真，但真不等于美。真作为客观世界的规律性是科

---

❶ 刘叔成等著.《美学基本原理》(修订版). 上海：上海人民出版社，1988

❷ 《孟子・尽心下》

学研究的对象本身，无所谓美丑，只有当这个规律为人所认识、掌握并运用它，创造出积极的成果时，才具有美的意义。善是在实践上符合人的目的的东西。凡是对人有利的东西就是善的。一件东西就它满足人的需要来说是善，就它是人的创造性辛勤劳动成果，体现人的本质力量来说是美。美以善为前提，但善直接与人的功利相联系；美则不一定与人的功利直接相联系。美所表现出来的，往往是观赏价值，而不是功利价值。

美还应该与美的东西相区别。一朵花、一只鸟、一首诗、一曲乐是美；穿的衣服、坐的汽车，人们都会用审美的眼光说它美。但是不能混淆美和美的东西，把美的东西当成美。因为，前者是普遍规律；后者是具体实例。美的规律是从具体实例中概括出来的概念。

古希腊柏拉图的《大希庇阿斯篇》是西方最早谈论美的专著。书中有一段在美学史上具有重要价值的讨论：苏格拉底问希庇阿斯“什么是美?”希庇阿斯回答是一位漂亮的小姐、一批漂亮的母马、一只漂亮的汤罐等等，这就混淆了美和美的东西。苏格拉底坚决反对这一回答，说他所要探讨的，不是“什么东西是最美的”，而是“什么是美”。“我问的是美本身，这美本身，加到任何一件事物上面，就使那件事物成为美”。苏格拉底与希庇阿斯探讨了许久也得不到答案，最后不得不感叹地说：“美是难的”。

任何美的东西都只能说明它本身的美，而不能说明其他东西的美。漂亮的小姐，就只能说明小姐的美，而不能说明母马的美、汤罐的美。美的东西千千万万，但它们都各有其美，不能相互说明，更不能相互等同。桃花的美不同于梅花的美，《红楼梦》、《儒林外史》或是唐诗、宋词的美，也是其趣各异的。美是构成美的东西之所以美的根本性质，是从各种各样的东西当中抽象出来的普遍规律，它从现象上升到本质，它能说明任何美的东西之所以美的道理，但它本身并不就是美的东西。美所要研究的是作为普遍规律的美，也就是美的本质，而不是美的现象。我们要透过美的现象去探讨美的本质，从千千万万美的东西中去寻找美的普遍规律。

美的本质自古就是美学王国里的大难题。美是什么？美有很多的定义，人们对美的探索，形成不同的理论和流派。在美学历史上，对美的研究曾经出现过各种学说，概括起来有：美在客观说、美在主观说、美在主客观统一说、美是形式说、美是理念说、美是完善说、美是愉快说、美是关系说、美是生活说，还有心理距离说、欲望升华说、移情说以及内模仿说等等。

在古希腊的德尔斐圣地有一块石碑，上面铭刻着一句话：“认识你自己”。这句谚语来自古代希腊神话“斯芬克斯之谜”。黑格尔曾说过：“……这个象征谜语的解释就在于显示一种自在自为的意义，在于向精神呼吁说：‘认识你自己！’就像著名的希腊谚语向人呼吁的一样。意识的光辉就是这样一种明亮的光，它使自己的具体内容，通过属于自己而且适合于自己的形象，透明地显现出来，而且在它的这种客观存在里所显现出来的就只是它自己”❶。人的神奇和伟大，正在于他能够把自己脱离开来认识自己，并且还更大范围地认识包括自己在内的社会乃至整个世界。客观世界的美，不外乎是主体美的物化形态，是作为主体的人的自由本质的表现。

对美的研究做出重大贡献的是黑格尔。他的客观唯心主义的哲学观点，在美的本质问

---

❶ 黑格尔.《美学》卷二，77 页

题上是贯彻始终的。他强调了人的主观能动性和创造活动与美的深刻联系，提出了美的本质与“自然的人化”联系的思想，强调了人的主观能动性和创造活动与美的深刻联系。他看到人与自然的对立统一的辩证关系，认为在这一关系中，人不是消极而是积极、能动地对待世界，改造世界，以实现自己的目的。于是，人在外在世界中打下了自己的意志和心灵的印记，从而认识自己。

黑格尔猜测到了美是人们劳动创造的结果。美的对象是人们能够从其中看到自己，看到自己的意志和心灵的对象，美的对象是人“自己的外在现实”。黑格尔在《美学》中，曾举了一个耐人寻味的例子：“……人有一种冲动，要在直接呈现于他面前的外在事物之中实现他自己，而且就在这实践过程中认识他自己。人通过改变外在事物来达到这个目的，在这些外在事物上面刻下他自己内心生活的烙印，而且发现他自己的性格在这些外在事物中复现了。……儿童最早的冲动就有，要以这种实践活动去改变外在事物的意味。例如，一个小男孩把石头抛在河水里，以惊奇的神色去看水中所现的圆圈，觉得这是一个作品，在这作品中他看出他自己活动的结果。这种需要贯穿在各种各样的现象里，一直到艺术作品里的那种样式的在外在事物中进行自我创造（或创造自己）”❶。黑格尔认识到了美是人在外界世界中打下了自己的意志和心灵的印记，从而认识自己。

马克思主义关于社会现象的基本观点就是社会存在决定社会意识。马克思主义的“实践的唯物主义”是历史唯物主义的基础和核心。它认为，人类物质生产活动是一切历史现象，一切现实生活的最终根源，也是美的最原始的根源。在马克思主义看来，人类在改造客观世界的实践中造成客观方面的人化，即人化的自然。人类通过制造和使用工具的生产实践活动，使自然人化，产生了美的世界。

马克思在《1844年经济学哲学手稿》中指出，人类劳动是一种自由自觉的活动。人类通过这种活动，把自己的本质力量（创造力）表现出来，物化在对象之中，这就是所谓“本质力量的对象化”。具体地说，就是人类通过创造性的劳动，在改造客观世界的过程中实现自己的目的、体现自己的意志，使自然界打上自己的印记，成为“人化的自然界”。自然的人化说，是马克思主义实践哲学在美学上的一种具体表达或落实。就是说，美的本质、根源来自实践，因此才使得一些客观事物的性能、形式具有审美性质，最终成为审美对象。客观事物的美，就是人的本质力量对象化的产物，是人化自然的一种属性。因此，劳动的对象是人“类生活”的对象化。人不仅像在意识中那样理智地复现自己，而且能动、现实地复现自己，从而在他所创造的世界中直观自身。只有当人类的本质力量在实践过程及其成果中感性地显现出来，得到人们的观照，引起人们感情上的愉悦，人与客观对象之间的审美关系才能形成。

美是人的对象世界的现象，那么，它的产生必然有赖于对象世界的形成，而客观自然界成为人的对象世界，则是人类劳动活动的结果。人在生产过程中，把自己的创造才能和智慧乃至整个生命活动（即“能动的类生活”），包括意志、情感、品格等等，物化在对象之中，以求得在对象世界中“复现自己”和“直观自身”。所谓“复现自己”和“直观自身”，实际上包括了人类创造美和欣赏美的全过程。美就是人的本质力量在对象世界的感性显现。人们看到了自己的理想向现实的转化，看到了自己的无限创造的能动性，看到了

---

❶ 黑格尔.《美学》第1卷. 商务印书馆，1982，第39页

自己的实践，生活在现实中获得了积极的肯定，从而产生无比的热爱、喜悦和快慰。马克思在《经济学——哲学手稿》中论“疏远化了的劳动”时说：“劳动产生了美”。劳动是主体对客体进行作用的过程。在这个过程中，人获得了信息、物质、能量。并使人的价值得以实现。“我的劳动是生活的自由表现，因而我享受了生活的愉快”❶。这时，生产活动就不仅是人们改造自然的手段和过程，而且也成为人们的一种精神享受的对象——美的对象。

人遵循美的规律进行劳动，按照一定的目的改造世界，不仅创造了物质财富，同时也创造了美。人类按照美的规律进行劳动，在劳动实践过程中创造了美。劳动对象化，就是人按照他的目的、预想的蓝图，去积极地改造自然界。在这个劳动过程中，体现人的智慧、热情和力量，在生产物上打上了人的意志的烙印。用马克思的话来说，就是：“劳动和劳动对象结合在一起。劳动物化了，而对象被加工了”。美不仅是人类在物质生产劳动的实践中所产生，而且人的生产劳动按照美的规律来进行。人类的劳动是自觉、有目的的一种社会实践。正如马克思在《资本论》中所说，人在劳动中不仅造成自然物的一种形态改变，同时还在自然物中实现了他们意识到的目的。人建造自己的环境通过思维和意识，而动物却是本能的。马克思说：“蜜蜂建筑蜂房的本领使人间的许多建筑师感到惭愧。但是，最蹩脚的建筑师从一开始就比最灵巧的蜜蜂高明的地方，是他在用蜂蜡建筑蜂房以前，已经在自己的头脑中把它建成了”❷。这种信息结构的不同，具有质的差异。正因为这种质的差异，人类能沿着自己的历史道路突飞猛进。这条道路，我们称为人类文明。

美是人自己的外在现实（人化自然），是人在外在世界中复现和观照自己，是人的本质力量在对象世界中的感性显现。美的事物就像镜子，使人们从中看到自己的形象，看到自己的本质力量。美作为对象世界的一种属性，是人类劳动活动的产物。这包括三个方面的含义：一是，人类的劳动使劳动过程和劳动动作成为人的审美对象。劳动的美只能在于劳动形式本身。劳动形式之所以是美，就因为在劳动形式中，人的主观目的和客观规律达到了和谐、一致。劳动成为自由的劳动，劳动的形式成为自由的形式。人们从这种劳动形式中体验到的，是人摆脱了对象盲目必然性的支配，成为统治支配对象的主人的自由感。因此，劳动的美就在于劳动形式中体现出来的人的自由创造的本质，在于人的自由创造本质的具体实现；二是，人类劳动使劳动工具从使用价值逐步演化为带有审美价值，成为人的审美对象；三是，人类劳动使劳动成果由实用向审美演化，成为人的审美对象。此外，人除了通过劳动使自己的本质力量对象化，也可以通过意识活动来实现本质力量的对象化。未经人类实践直接改造、加工过的自然物，之所以能够成为人类的审美对象，就是人的本质力量通过认识活动对象化的结果。这类自然物的“人化”，并非是通过改变其自然形态来实现的，而是指打上了人类情感和意识的标记，与人类建立了精神性的联系。

在人类劳动成果中，凝聚着人的创造力和智慧，表现着人的理想和情趣。这里所表现出的真（合规律性）和善（合社会目的性）的统一，正是审美价值的源泉。凡是在历史上真正能够获得社会普遍承认的美的事物都有这样的特点：它符合于客观事物的发展规律，蕴含着“真”；它有利于丰富人们的物质生活和精神生活，具有普遍而广泛的社会功利性，

---

❶ 参看《十九世纪四十年代马克思恩格斯经济学说发展概论》. 北京：三联书店，1958 年版，第 90 页

❷ 《马克恐恩格斯全集》第二十三卷，201 页

暗含着“善”；它有利于人们通过感性形式直接观照到自身的本质力量，即具有鲜明的独创性的形式且和谐、统一地体现着它的内容，包含着“美”。总之，凡是以感性形式启迪人们智慧、促使人们热爱生活、愉悦人的身心的事物就是美的，在这方面所达到的程度越高就越美。

美是人类劳动的产物。人类发展的过程就是不断地从自然界和社会中争得自由的过程，因而也是美不断创造的过程。人类在劳动中创造了美，在创造美的过程中又逐步提高和发展了自己的审美能力和审美需要。人类凭着这种提高了的审美能力，又创造出更新、更美的事物。如此循环推进，使人类社会的美不断从低级向高级发展，美的领域也由部分向整体不断扩大。在这个过程中，人的劳动、人的社会实践起着决定性的作用。

第四节　美　　感

研究“美”必须从人入手。而人总通过审美感受来认识美，所以研究美又不能脱离美感，脱离人的审美经验。美存在于客体；美感发生在主体，美感和美是主体和客体两个方面。近代美学的主要特征之一，就是以审美经验为出发点，特别重视对美感的研究。美感与快感不同，前者是精神上的满足；后者是生理上的满足。生理需要的满足，得到的感觉是快感；不只是生理上的满足，而更有精神上的愉悦所得的感觉是美感。动物也有快感，在快感的基础上追求美感，是人类对动物的进化，也是人类按照美的规律改造世界的动力。

人类的美感本质是一种审美认识，它具有人类认识的一般特点。美感与人的处境有很大关系，随着人们对现实的审美关系的变化而变化，同一个人对同一件东西，所处的环境不同，美感就会不一样。同样是杜甫、同样是雨，可以是“好雨知时节，当春乃发生。随风潜入夜，润物细无声”；也可以是“床头屋漏无干处，雨脚如麻未断绝。自经丧乱少睡眠，长夜沾湿何由彻!”。处在惊涛骇浪之中的船舶上，当旅客感到狂澜欲倒、惊恐万状的时候，艺术家正沉潜于对大好美景的欣赏中。一般人都畏惧风暴；有一位艺术家却把自己捆在桅杆上，以便长时间观赏惊骇、壮丽的风暴美景。艺术家看到美的地方，纵欲的人只看到引诱或恐怖。古希腊、罗马崇尚人体美，与他们处于奴隶社会，经常有军事征伐的社会状况有关，因为只有体魄强健，才能成为一个勇猛的战士。到中世纪宗教占统治地位，人的地位很低，只有神才是伟大的，所以不讲人体美。直到文艺复兴，人格得到提升，人体美又获得重视。一般人都觉得花很美，但是，布什门人和澳洲土人从不用花装饰自己，虽然他们住在遍地是花的地方，也熟视无睹。因为，布什门人澳洲土人还处在狩猎阶段，食物来源是动物，植物对他们没有审美意义。一般人都认为，牙齿整齐美，而赤道非洲巴托克族人却认为拔掉上门牙才是美的，而具有上门牙的人是丑的。这是因为，牛对游牧民族是很贵重的，巴托克族人把牛当作神来崇拜，拔掉门牙就能像牛。美感具有很强的个体差异，虽然美感不是快感，但是美感是快感在心理上的积淀，所经历的积淀过程不同，就会有不同的美感。

马克思认为，美是人的本质力量在对象世界的感性显现。而人对美的欣赏，本质上就是对复现于对象世界的人的本质力量的观照（直观），美感则是欣赏者从中实行自我观照所得到的精神愉悦。当人在他所创造的世界中直观自身，看到了合规律性与合目的性的一致，看到了凝结在劳动对象中的“人的本质力量”，看到了表现人的智慧、才能、意志和理想的自由创造劳动成果时，不仅在自己的劳动成果中体验到这种创造活动的自由，而且也在别人的劳动成果中体验到创造活动的自由。因而，在精神上体验到一种愉悦和满足，获得一种审美享受。这时，美感就开始产生了，这就是审美感受的萌芽。

恰恰是人对自然的改造，而不是自然本身，才是人类思维的基础。人类理性是“按照人如何学会改造自己”——劳动去发展的，人类活动的全部历史就是人对自然的改造史。人类改造自然所取得的成果，在摆脱了直接物质需求的条件下，人对这种成果的愉悦体验就是审美的快感，即审美经验。人通过社会实践创造了美，并在社会实践中培养了人对于形式和美的感受能力。马克思主义美学理论主要从人类社会历史和劳动实践中，考察审美意识的产生和发展，以及审美意识和审美创造及主客体间的辩证关系。正是在实践中，人的意识才得以产生、形成和逐步发展。马克思说：“艺术对象创造出懂得艺术和能够欣赏美的大众——任何其他产品都是这样。因此，生产不仅为主体生产对象，而且也为对象生产主体”❶。马克思主义为我们提供了一种全新的世界观，它通过社会实践说明了社会存在与社会意识的联系。“意识在任何时候都只能是被意识到了的存在”❷。美感作为一种特殊的意识形态，和所有的社会意识现象一样，是对社会存在的一种能动的反映。人通过生产劳动，不仅改变了人与自然界的关系，使自然成为人的改造的对象和生存的现实环境；同时，人也改造和培养了自己的感觉能力。人类在改造客观世界的实践中，造成主体方面的升华，产生“感受”“音乐的耳朵”，“感受形式美的眼睛”。劳动产生了审美主体的心理结构，使主体具备审美条件。

第五节　美的作用

审美和美感是人类的一种高级形式的欲望，是在人类的基本欲望的基础上形成和发展起来的。人对于美的追求，是人生各种欲望的集中体现，它能把人的自我精神从沉睡中唤醒。美也是一种精神力量。美的力量表现为情感的力量、给人前进的动力和战胜困难的勇气，是毅力和智慧的来源，因此，对美的追求是一切创造性劳动的动力。荀子强调乐的作用，认为乐激起美感，美感使人快乐，乐在教化中有巨大的作用。荀子说：“夫乐者，乐也，人情之所必不免也，故人不能无乐。乐则必发于声音，形于动静，而人之道，声音动静，性术之变尽是矣。故人不能不乐，乐则不能无形，形而不为道，则不能无乱。先王恶其乱也，故制《雅》、《颂》之声以道之，使其声足以乐而不流，使其文足以辨而不諰，使其曲直、繁省、廉肉、节奏足以感动人之善心，使夫邪污之气无由得接焉。是先王立乐之方也，而墨子非之，奈何！故乐在宗庙之中，群臣上下同听之，则莫不和敬；闺门之内，父子兄弟同听之，则莫不和亲；乡里族长之中，长少同听之，则莫不和顺。故乐者，审一以定和者也，比物以饰节者也，合奏以成文者也，足以率一道，足以治万变。是先王立乐之术也”。荀子认为，乐还能齐民、治乱、御敌。“夫声乐之入人也深，其化人也速，故先王谨为之文。乐中平则民和而不流，乐肃庄则民齐而不乱。民和齐则兵劲城固，敌国不敢

❶ 《马克思恩格斯全集》第 12 卷. 第 742 页. 北京：人民出版社

❷ 马克思、恩格斯.《费尔巴哈》.《马克思恩格斯选集》第 1 卷. 第 30 页

婴也。如是，则百姓莫不安其处，乐其乡，以至足其上矣。然后，名声于是白，光辉于是大，四海之民莫不愿得以为师。是王者之始也”。“故听其《雅》、《颂》之声，而志意得广焉；执其干戚，习其俯仰屈伸，而容貌得庄焉；行其缀兆，要其节奏，而行列得正焉，进退得齐焉。故乐者，出所以征诛也，入所以揖让也。征诛揖让，其义一也。出所以征诛，则莫不听从；入所以揖让，则莫不从服。故乐者，天下之大齐也，中和之纪也，人情之所必不免也”❶。

美，无论是现实美还是艺术美，都是人类文明的表现和组成部分，都依附、受制于一定社会的文明程度，又都对人类文明的发展具有不容忽视的反作用。社会的文明程度越高，美的地位越突出，这种反作用就越大。到了物质极大丰富、人的觉悟极大提高的共产主义社会，如同高尔基所说，就“只有美学，而没有伦理学”了。那时候，高度发展的美可以涵括一切的善了。美的发生史和发展史告诉我们，人类的审美生活总是受到物质生产或经济条件的制约和支持。美的创造是促进人类进步不可忽视的动力。艺术家是人类灵魂的工程师。其实，从技术美的角度上，工程师同样担负着塑造人类的心灵、建设精神文明的艰巨任务。塑造心灵用中国的古话说，就是“陶冶性情”，也即是培育人性。人类改造自然，使自然人化。“自然的人化”包括两个方面：一方面是外在自然的人化，即山河大地、日月星空的人化，是指人类通过劳动直接或间接地改造自然，在外在自然的人化中创造了物质文明，使自然与人在客观关系上发生了改变；另一方面是内在自然的升华，是指人本身的情感、需要、感知、欲望、心灵以至感官的升华，是心理和生理的内在自然的升华，也就是人性的塑造。如同人类创造了日益发达的外在物质文明的世界一样，人类的内在文明也在不断丰富、前进、成长和发展。内在自然的升华，也是文化心理结构，也是心理本体，有诸异名而同实。它又可分为三大领域：一是认识的领域，即人的逻辑能力、思维模式；二是伦理领域，即人的道德品质、意志能力；三是情感领域，即人的美感趣味、审美能力。可见，审美不过是这个人性总结构中有关人性情感的某种子结构。

人类面对身心的劳累和苦难若强力抗争，人就会死，暴死、气死、愁死，因为人类能力极为有限，无法一下子消除那许多痛苦。人类发展进程中，找到许多解除苦难的办法：一种是宗教。宗教从原始社会的巫术发展出来。在人们遭受自然和阶级压迫时，可以得到一定的精神安慰。西方宗教比较普及，有教会、有各种宗教团体，学校有宗教系，还有各种研究宗教的中心。有人以为宗教是鸦片，其实宗教并不那么简单，宗教常常又是维系社会生存、安定人心非常有用的东西。但是，在我国宗教常常和迷信混在一起，有不少糟粕；另一种是美。美可以帮助社会成员提高素质修养、完善人格个性、净化心灵，从而推动社会，提高认识水平和文明程度。蔡元培曾提出“以美育代宗教”的口号，即不是通过宗教而是通过审美达到对人生最高境界的追求。虽然他没做深入的理论研究，但这个思想很有意义，很符合中国的国情。中国传统审美文化在提倡美善合一的同时，还提出“反（返）情以和其志”的思想，即提倡将情感升华到高尚的道德境域。孔子说：“兴于《诗》，立于礼，成于乐。”他十分重视用艺术的形象教育使人们确定道德规范，最后在审美与艺术中使人获得人生的快乐。在物欲横流的时代，审美文化的主要职责不在于满足人们宣泄感官的消遣娱乐作用上，而在于引导人们超越自身的感性存在，上升到自由的人生境界。

---

❶ 荀子.《乐论》

中国古代文艺理论家盛赞文艺具有“经夫妇、成孝敬、厚人伦、美教化、程风格”的神妙力量。文艺有责任且完全可以净化人们的灵魂，培养良好的国民素质。人有想象力、有情感，能虚妄，于是人就不自觉、自然而然地利用了这种人性，创造出一种以虚妄体验的方式来解除精神痛苦的文化，这就是艺术。艺术美可以用精神方式平衡人同现实的关系，以精神文化方式缓和人与人、人与自然的不和谐，解除人的精神痛苦。以虚幻的刺激娱悦感官，引发情感，满足欲望，解除意识痛苦，从而平衡心理、鼓舞精神，发展人的各种能力。为了适应文化发展的需要，尽管艺术的形态在不停地流动变化，但是艺术解除精神痛苦、平衡心理，这个核心作用从原始艺术到现代艺术却始终不渝。《乐记》的作者是从宇宙整体着眼，从中见出同与异、和与序、情与理、天与地、尊与卑这一系列的对立面，认为“乐者为同，礼者为异。同则相亲，异则相敬。乐胜则流，礼胜则离。合情饰貌者，礼乐之事也。”礼的作用在辨异、达理和巩固秩序，乐的作用在统同、通情和促成和谐。这两方面都各尽其职，恰如其分，就会达到国泰民安、万物各得其所。

第六节　艺术及现代美学分类

一、艺术与技术的合和分

《辞海》把艺术定义为：艺术是通过塑造形象具体地反映社会生活，表现作者思想感情的一种社会意识形态。“就认识论的观点说，艺术是现实在人头脑里的‘反映’，是一种意识形态，现实是艺术的对象；就实践论的观点说，艺术是人对现实的加工改造，……所以，艺术有‘第二自然’之称”[1]。艺术的目的是创造可以满足我们的美感，具有愉悦性、有意味的形式的东西。艺术从我们的生活中汲取情感的养料，通过时空来揭示某一情感的意义，揭开各种生活情感在心灵上所打下的烙印，从而使我们在没有经验局限和特定导向的情况下，产生一种情感共鸣。艺术可以唤起现实生活中特定的情感。

在人类文化发展的历史长河中，有一种现象看得很清楚。在人类社会的原始阶段，由于生产力低下，一切活动都只是为了生存，美的价值就是物质功利的价值，技术与艺术，审美与实用结合在一起，精神劳动和物质劳动简单统一、没有分工，技术生产与艺术创作结合在一起，“技”与“艺”是不分开的。《史记》上说：“天下熙熙，皆为利来。天下攘攘，皆为利去”。最初，人类的物质实用对象与审美对象是不分开的。

在这时，高度熟练的劳动技能作为人支配、征服自然能力的一种创造性的活动，同时也具有艺术的意义。无论中国还是西方，在古代社会中，“艺术”和“技术”的含义都是相同的，工匠就是艺术家，技艺者即技术和艺术的结合。我们从“艺术”这个词的含义的历史演变中，就可以从一个侧面看出这种现象。由于艺术起源于劳动，中国的“艺术”的篆文字型就是一个人用手栽种植物，表示正在劳动的姿态。“艺”这个词在古汉语里有“艺术”和“技艺”两个含义。诗人、艺术家和手工业者都一样是操“技艺”的。《论语》说“求也艺”；《礼记·乐记》说“艺成而下”；《史记·儒林传》说“能通一艺以上”。其

[1] 朱光潜.《谈美书简》

中的“艺”字都指才能或技巧而言。中国古代职业分为礼、乐、射、御、书、数，称为“六艺”；西方语言中的“艺术”原来也都是技术的意思。在古代希腊，艺术一词往往是指一种技术，指制造者制作任何一件产品所需要掌握的技艺。无论是一幅画、一件衣服、一只木船，甚至一次演讲所使用的技巧，都可称为艺术，与医术、演讲术、耕作术、练身术无大区别，都属于技术，其制成品称为艺术品。古拉丁语中的 Ars，类似希腊语中的“技艺”，指的也是诸如木工、铁工、外科手术之类的技艺或专门形式的技能。“Art”这个词在西文里本义就是“人为”或“人工造作”的意思。这表明，古代“艺术”和“技术”是不分家的，技术与艺术是融为一体的，“技”就是“艺”，“艺”也就是“技”。科学创作和艺术创作并没有分开，而且在人类认识的统一轨道中发展着。从历史的角度出发，艺术包含着技能和技艺的含义。

“艺术”和“技术”的分家是社会发展的结果。随着生产力的发展，人们不必为维持生命去倾注全部精力，有可能更多地考虑精神需要，可以腾出一部分人专门从事为满足精神审美需要的物品的制作，专供欣赏的审美对象逐渐从物质实用对象中分化出来，才有一些艺术的样式脱离实用而独立，出现“艺术”和“技术”分家，出现“纯艺术品”和制作艺术品的“艺术家”。原始舞蹈是区别于物质生产的精神活动，即物态化的活动。它们既是巫术礼仪又是舞蹈。后来，两者都逐渐分化，前者成为“礼”，即政典；后者便是“乐”，即艺术。与物质劳动与精神劳动的分离相适应，出现了最初的思想家——巫师，成为社会的精神领袖。

如上所述，人类历史上艺术和技术的“分家”，是指纯艺术活动及其作品从生产劳动及其成果中分离出来，出现了专门从事艺术活动的艺术家和脱离实用功能的艺术品。人类的劳动及其成果从此分为两类：艺术创作及艺术品；实用品生产及实用品。艺术品只具有审美功能；而实用品主要是为了实用功能，但也兼具审美价值。为求生存和发展，必有物质的需求和追求功利的活动，追求实用价值，合乎人的生存目的，合乎自然规律。在实用价值功能外，还存在着非实用的价值功能，这种非实用性即是审美，是人的另一种需求，是对实用功利的超越。它维系着造物活动与人的精神生活。生产劳动首先为人类提供了物质的实用对象，同时也为人类提供了审美对象，人类从自己的创造活动及其结果中观赏其自身。

在手工业时代，物质生产过程所形成的各种形式感受早就已经在这些实用品的形式中存在着。手工制品留着手工的痕迹，物化着人的个性，获得了艺术的表现力。熟练的劳动技能作为一种获得自由的创造性劳动，本身就带有美和艺术的含义。技术和艺术没有明确的分界。一切人工制品，包括建筑的美都带有艺术的性质，实质上也是一种艺术美，因此技术和艺术成为人工制品的两个方面，结合在同一产品中。从这个意义上说，技术和艺术仍然结合在一起，没有分开。还有些实用品随着时间的变化，会转化为艺术品。这些艺术品原来并不是作为审美对象，而是作为物质功利而获得价值的，作为其他对象而存在的，其功能原非审美，不是为了给人鉴赏的。之所以成为艺术品，是在其原有的实用功能逐渐消退后才开始的。当还没有成为专门、“纯粹”的观赏对象时，它们负载着各自的实用功能。后来，逐渐脱离物质功利性，成为艺术品。这些东西获得独立的审美价值后，人们就忘掉了审美价值的渊源。殷周的青铜器、中国的长城、埃及的金字塔、欧洲中世纪教堂建筑、中国与印度的佛像雕塑、壁画、非洲的原始面具等等，它们当年的创造并不是为了审美观赏，而有其宗教、伦理、政治、社会功利的实用目的的价值和意义。今天的长城，它的物质功能行将消失殆尽，但这一伟大的建筑文化遗产，对今天来说之所以可贵，恐怕都在于它的精神功能了吧。华表在古代是有具体功能的。远在我国的文字成形时期，就已经出现华表了。不过当时只是用作指路的。后来又增加了它的功能，一面指路，一面又在它的上面设一木箱，作为“意见箱”，有“纳谏”之用。这时的华表也名为“诽谤木”。后来，历经许多朝代，它的功能屡经变迁，终于失去了它的本来的功能，净化为纯象征或装饰的对象了。在宫殿、陵墓、桥梁等处常用华表一对，作为空间轴线的开端和装饰物。新中国成立后，天安门作为国徽的主要图案，天安门前的华表也就成了中华民族的象征了。必须指出，实用品之所以有可能转化为艺术品，是因为那些实用品的形式已经存在建构审美心理结构或情感本体的因素，只是这种因素还处于从属于实用功利的或不自觉的状态之下。后来，这种审美心理结构或情感本体从与其他结构的交会中得以发展、独立和分化，使那种形式结构日渐丰满，成为独立的审美对象，实用功能日渐褪色。于是，最终完成实用品向“艺术品”的转化。还有一些实用品一直不脱离物质的功利性，始终兼具艺术品的属性。例如，紫砂茶壶、艺术花瓶、鼻烟壶等。一件作品，当包含有精神审美内涵时，就不再是一个单纯的实用品，而成为一个将工艺美、功能美和形式美相结合的“用”与“美”的统一体。这种实用品的艺术性，被称为实用艺术。从这个意义上说，实用艺术比纯艺术更古老、更本源。

历史发展到了现代，大机器生产消除了制品的手工的痕迹以及物化着的人的个性，原有的艺术成分也随之消失。但是，机器生产不仅效率大大提高，产品的形式也令人耳目一新。生产过程美的创造及成果中的审美属性无可厚非。其中所显示的人的本质力量有增无减，审美价值更加丰富，已非艺术美所能包容，于是就用“技术美”加以界定。这时，技术与艺术才真正、彻底分开，一刀两断。实用品不再是艺术品，但它们具有审美价值，成为美学研究的对象。现代美学的视野大大扩展了，而艺术的范围不但没有随之扩大，反而缩小了。艺术创造美，但创造美的不只限于艺术。艺术是一种社会意识形态，具有审美性质，但审美在其他活动领域中也有表现。因此，就现代美学而言，美学与艺术所涉及的领域不一致。美学除了研究艺术美外，还包括现实美，现实美是大量的。

但是，语言词汇一经形成就没有那么容易改变。尽管，随着历史的进程含义改变了，而词汇依旧。直到今天在某些词汇中，还保留着原始的统一性，如把工业生产中的加工方法，称为“工艺”；把种植、绿化、花卉、果树等的技术，称作“农艺”、“园艺”等。再由于艺术这个词的多义性，艺术的旁义可以有行为、方法等含义。加上在一段很长的历史时段，美学所研究的就是艺术，艺术与美学长期捆绑在一起，因此人们就形成一种习惯观念，把美与艺术相混同，把美的创造都称为“艺术”，认为人类的一切活动都是艺术创作。因此，出现了“演讲艺术”、“交际艺术”、“烹调艺术”、“生活艺术”、“军事艺术”、“结构艺术”等。甚至有人认为现在出现了技术与艺术的“再结合”，“技艺再合”。就连包豪斯也提出“艺术跟当代技术新的统一”的口号。其实，那些所谓“艺术”都指的是美。当今，在人类生产和生活领域的确存在美，但是美和艺术是不等价的。美学视野扩大后，美学超越了艺术的范围，美分为艺术美和现实美，大量技术美的创造不是艺术。“艺术”这个词汇，在古代和现代有着不同的内涵。但是，由于历史原因，对于那种习惯观念也只好约定俗成了。

二、建筑与艺术的同和异

建筑早就已脚踩技术和艺术两条船，它夹在技术和艺术的中间，或者说两者兼而有之，因此，上述现象就表现得特别典型。英文 Architecture 这个词来源于拉丁文 architectura，这个字就是由艺术和技术两部分的字根组成。在希腊、罗马和哥特建筑早已存在的年代，“art”一词还没有美的含义，指的还是“技艺、技巧和人工之物”。在“technology”含义演变的过程中，“art”也在演变，逐渐有了美的含义。建筑是人类社会最早出现的艺术门类之一，建筑中的美学问题也是人们最早探讨的美学课题之一。建筑原先被称为伟大的艺术，是因为它们是匠人们精湛的技艺和技巧的产物。古代，建筑匠人以精湛的手工技艺，使经典建筑具有不朽的艺术价值。当建筑还处于手工业生产的时代，无论是建筑师自觉的创作或是工匠们不太自觉的劳作，他们都把建筑作为艺术品对待，我们今天欣赏古代建筑，从巍峨的宫殿、教堂到简朴的民居、作坊，总能从其个感觉到醇厚的艺术风味。在欧洲，罗马建筑，特别是哥特建筑，曾经被人们誉为是建筑美的典范。建筑既是实用的，又是观赏的；既是物质产品，又是精神财富，因此曾经被认为既是技术的，又是艺术的，是技术与艺术的交叉点。建筑的这种两重性或两面性，一直困扰着建筑师、艺术评论家和语言理论家。对建筑的评价仁者见仁，智者见智。在所有的艺术部类中，对建筑的审美特征争论最大。建筑艺术是古老的艺术部类之一，与雕刻、绘画合称为造型艺术、空间艺术，或美术。秉承古典美学观点的人就认为建筑美，或建筑艺术，与适用、经济、技术等无关，从而建筑美或艺术被看成是仅仅作为立面或体量构图法则、装饰、色彩之类的内容。黑格尔就认为，建筑艺术与建筑的外在目的没有多大联系。古典美学虽然承认建筑的实用性、技术性和物质性，但只把它们看作是建筑作为艺术的某些特殊性质或特殊条件，而根本定性仍是艺术。从黑格尔开始，西方几乎所有的艺术史都将建筑列为艺术的首位，奉为“艺术之母”。不久后，“建筑术”这个字眼又进而被德国实业家们用作所谓“纯粹实用艺术”的同义语了。由于，黑格尔生活在手工艺时代，他所能看到的建筑都是带有手工艺痕迹和浓重的装饰，要么是在手工业基础上，以其结构技巧充分发挥了砖石材料的性能特点，获得了极大的象征性精神功能的古典建筑；要么就是贴金包银、富丽堂皇，艺术意味浓郁的巴洛克、洛可可建筑，因此，他把建筑列为艺术之首。古典美学家、艺术理论家都毫无例外地对建筑进行艺术方面的美学探讨。那时，建筑美主要体现为工艺美、造型美和形式美，是用视觉和触觉来审美的形体，与雕塑有相似之处，故有“抽象的雕塑”之称；建筑造型给人们以韵律和节奏的感觉，故有“凝固的音乐”之称。在法国大革命前，建筑教学本来完全独立于绘画和雕刻学院以外，仅仅由建筑学院开设理论和教学讲座，并由学院本身的院士将学生收为徒弟。但是，在大革命以后，这三个学科被合并组成了单一的美术学院，而这也正是早期意大利文艺复兴的特点，并且受到了文艺复兴式复古主义的赞赏。

然而即使当时，建筑也是耗费了巨大的资财，为了满足实用的要求，在严格的技术条件限制下创造的物质实体，并没有单纯作为艺术品的建筑。许多审美范畴，也完全不能在建筑中得到体现。建筑是实用和审美的统一，技术和艺术的统一。建筑与绘画、雕刻的不同就在于，前者应用了物理、数学的科学推演方法，而绘画和雕刻却依靠对自然界最美丽产物的忠实和巧妙的模仿。一位建筑师完成他的作品，并不像一位科学家那样，单纯靠合理化程序；他也不像一位音乐家或画家那样，靠无拘无束的直觉。他是通过时代精神的作用，直觉地想到形式，而后理性地试着去判断它们。理论家们已觉察到，在技术与艺术之间进行严格比拟是错误的。因为，早就公认艺术不像技术，它不服从于累积的进步法则。雨果曾经宣称，艺术并不像科学那样逐渐前进，而是可能极快地达到完美的境界。建筑却与他所说的艺术不同，既是科学又是艺术。因此，评论家们哀叹，建筑是人类创造的艺术中唯一逍遥在这个普遍规律之外的部门。

19世纪末叶以后，随着大工业的发展，建筑的实用要求和建造手段发生了根本的变革，功能、技术、材料、经济被提到建筑的主导地位，从而开始了现代建筑潮流。这种潮流首先冲击着古典美学，使得建筑美学大师们不得不重新思考建筑艺术的问题。工业革命的时代要求把美与经济和效能结合起来。古代的建筑艺术大部分失去了存在的物质基础，新的科学技术的发展带动了建筑材料、设备、结构方式、施工技术等日新月异的发展，并为建筑形象的创造提供了各种可能性，建筑生产成了机械化工业生产的一部分，于是人们对建筑还能不能算得上是艺术，或者说还有没有艺术性，就发生了根本的分歧。由于功能、材料、结构、设备都发生了巨大的变化，不能再用古典建筑的审美标准来衡量现代的建筑。现代建筑技术直接参与了建筑的美和审美，把外在目的乃至由建筑技术所反映出来的形式外化，都直接掺入了审美，建筑由艺术美、形式美转向技术美，环境、功能、结构以及文化受到关注。由于，建筑是技术与艺术交叉最紧密的部门，在历史上，凡是优秀的建筑作品都既是建筑技术的产物，又是建筑艺术的产物。技术美学兴起后，它最先显示出工业发展给人们美学观上带来的变革，因此成为技术美学诞生的摇篮。从20世纪20年代起，“现代建筑”运动潮流席卷欧美工业发达国家，理论上最鲜明的一点就是不再承认建筑是艺术品，直接否定建筑艺术的存在，而被称为现代主义或功能主义的实用构筑物所取代。反对建筑在实用功能和建造技术以外的一切“附加物”。然而，却又大谈建筑美学，大力宣扬现代建筑的美学价值。他们主张的建筑审美价值主要表现在两方面：一是用与传统形式完全不同的崭新形象，象征与传统彻底决裂，呼唤人们对工业时代的情感，表达现代生活的节奏感和现代审美趣味的新奇感；二是大力宣扬美的客观性，尽量表现数学、力学的逻辑性和材料性能的刚韧性。这实际上是把建筑美归入了技术美的范围。在建筑上有人感叹：“饶有趣味的是，现代建筑家韪言建筑艺术，却又大谈建筑美学，但他们所谈的建筑美学与古典美学却大相径庭，认为建筑只有构造合理、使用方便、材料简朴，外形符合力学公式，内部适应人体工程，才能称为美。建筑之美在于技术美、功能美和结构美，建筑美学是技术的美学、科学的美学；而全面排斥带有情感显示、象征表现、工艺精美、趣味欣赏等属于艺术创作的内容。”❶ 现代建筑大师有的说：“住房是居住的机器”；也有的说：“我们宁可使用‘房屋’这两个字而不用‘建筑’那两个字”。功能主义虽然很快就受到异议，但是接着的不是恢复建筑艺术的名誉，而是向更高层次的技术美投靠，把建筑美归入了技术美的范围，投入了技术美学的怀抱。

三、艺术分类

艺术的分类是相对的，因为艺术分类是处于不断发展的历史过程中，因而它不可能一成不变。

第一个对艺术作了系统分析的是黑格尔。黑格尔在《美学》中，根据理念的内容与物质形式相统一的观点，曾从历史与逻辑相结合的角度，详细考察了各种艺术的特殊本质和历史发展。在关于艺术分类问题上，他把艺术分为三种类型：首先，象征型，以印度、埃及和波

❶ 曹利华主编、王世仁等编著.《建筑美学》. 北京：科学普及出版社

斯等东方民族的建筑为代表，其特点是物质压倒精神，理念被十分勉强地纳入具体事物里，理念和形象外观相分离；其次，古典型，以古希腊雕刻为代表，其特点是理性内容和感性形象达到了完满的和谐一致，物质与精神的和谐统一，理念作为精神的个性很完满地纳入实际存在里；最后，浪漫型，以绘画、音乐和诗歌为代表，其特点是理念和现实的统一破坏了，精神超越物质，它的自主的精神性内容意蕴所要求的超过了用外在形体的表达方式所能提供的，这就给浪漫艺术的内容和形式带来一种新的分裂，不过与象征型的分裂情况相反，精神成了主体，超越了物质。这三种类型，对于美的理想，始而追求，继而到达，终于超越。❶黑格尔对于各种艺术的研究有其独到的贡献，但是他的观点受着社会发展和认识上的局限。

现代美学认为，人在自己的活动领域中利用客观规律，自觉地进行艺术创作，按照目的可分为两类：一类是为审美目的的创作活动，创造出反映客观审美属性的成果；另一类是以功利目的，"按照美的规律"，创造的结果是具有实际功利效用的成果。以美为目的就是纯艺术，可以分为：表演艺术、综合艺术、造型艺术和语言艺术等；以功利，非美为目的就是实用艺术，包括由实用产品转化的和一直不脱离功利性的艺术品，前者主要是文物、古建、宫殿、教堂和寺庙等。它们体现了一定社会审美意识，具有独立的审美价值；后者主要是工艺美术品以及艺术性较高的园林、陵墓和纪念性建筑等。当人们对于实用物质产品的美化，达到能够体现一定的审美意识（趣味、观念、理想），从而使该产品的外部形态成为可以供人观赏的艺术形象时，我们就把这类产品称为实用艺术品或工艺美术品。

现代艺术分类，见图 2-6-1。

图 2-6-1
现代艺术分类

❶ 参阅黑格尔《美学》第 1 卷序论第四部分及第 2 卷序论

四、美和美学分类

美可以分为现实美和艺术美。现实美是属于社会存在范畴，是第一性的美；艺术美相对于现实美来说却是属于社会意识范畴，是第二性的美。当现实事物作为被反映的主题，经过选择、提炼、琢磨变成精巧纯熟的艺术形式，成为一种更集中、更典型、更高的美，这就是艺术美。艺术美来源于社会实践，只能是现实美的反映，现实美高于艺术美，从艺术美对现实美的能动关系来看，它比现实美更高、更强烈、更集中、更典型和更理想，艺术美又高于现实美。

现实美包括社会美与自然美。

所谓社会美是相对于自然美而言。它是直接表现现实生活中社会事物的美。社会美既包括波澜壮阔、慷慨悲歌的英雄壮举；也包括富有诗情画意，典雅优美的日常生活；还包括人类生产实践活动过程的美和成果的美以及社会实践主体，人本身的美。

自然美可分为两种形态：一种是经过人直接加工改造过的自然；一种是没经过人直接加工，改造过的自然。自然美的这两种形态都是与人的实践活动有关的，其对象都是经过“人化”了的。

美的分类，见图 2-6-2。

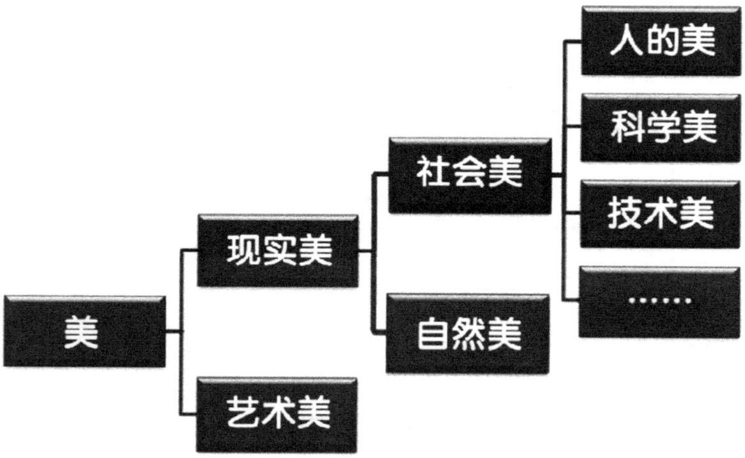

图 2-6-2
美的分类

美学曾经被认为是艺术的哲学，因此，先期的美学分类是与艺术对应的。当构筑现代美学分类的时候，应该注意到当代美学发展的一个极为明显的事实，就是美学发展逐渐成熟，开始关注现实应用中的问题。当代美学已经和正在不断地发生着新的分化和新的综合，针对各部类的审美活动，逐渐发展出各领域的部门美学，这个事实是我们构筑现代美学分类的重要依据和出发点。从一个方面看，传统美学那种包罗万象的综合知识，已被更加具体、更加专门化的研究所取代。在美学内部，出现了一系列相对独立的研究课题和研究领域，形成了一系列相对独立的分支学科或分支研究。美学研究的专门性大大加强了，各门类美学之间彼此渗透，相互交融成为当今美学的一个突出倾向。

现代美学分类，见图 2-6-3。

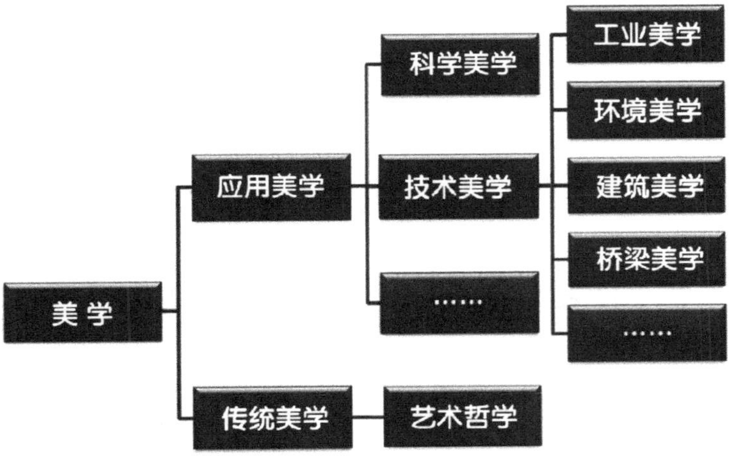

图 2-6-3
现代美学分类

第三章 技术美学要点

第一节 技术美学的产生与发展

一、技术美学思想的萌芽

技术美学也是先有其实，后有其名；先有物质基础，再产生社会意识，最后出现名称，建立学科。

人类为了生存，以自己的智慧改造自然，产生了科学技术；为了得到愉悦，以自己的智慧使生存环境变得更和谐，产生了艺术。在手工业生产的年代，技术是建立在生产的直接经验和直观感受的基础上，任何技术的发挥靠得都是双手的技巧，因此，艺术的想象和技术的发明可以互相转化。而由于手工制品物化了人的个性，也就使它获得了艺术表现力。在那时，技术和艺术并没有明确的分界。一切人工制品，不论是建筑还是工艺制品的美，都可以看作是艺术美。因为，当时人们就是把艺术看作按一定规则创造事物的本领。

近代科学兴起后，科学成果逐渐转化为技术，促成了科学与技术的结合，引发出工业革命。机器生产迅速取代了手工业生产，机器产品不再带有工艺的痕迹。在工业技术发展初期，技术与人类社会生活还没有取得和谐的关系。不仅工业产品缺乏精神价值，而且生产环境和过程本身也往往杂乱不堪。为克服被现代工业文明所打破的技术与艺术之间的平衡，人类需要另谋出路。

19 世纪中叶，正当第一次工业革命的成果已充分显现之时，英国空想社会主义思想家威廉·莫里斯发表了一部乌托邦幻想小说《乌有乡消息》，描写主人公做梦时所见到的理想社会。在一个海岛上，那里已经消灭了私有制，不存在人剥削人的现象。每个人都把劳动看作一种快乐，人人不计报酬，争先劳动。在那里的人们通过劳动，将技术与审美结合起来，从而使得每一件产品对制造者和使用者都是一种乐趣，消费者的愉快就是生产者的快乐。威廉·莫里斯在作品里所表达的想法，被认为是技术美学思想的萌芽。

到了 20 世纪初，德国出现了一个称为“维尔克探德”（德意志艺术工业联盟）的团体。试图把威廉·莫里斯的梦想变成现实。这个组织集合了很多工程师、艺术家、建筑师，要从艺术上改进工艺品的设计。他们的活动对提高工业品的质量，特别是在改进产品的外观上做出了显著的成效，使德国的工业品在国际上畅销，这又带动了其他欧洲国家的某些工业资本家群起效法。接着，德国在萨克森造型艺术学院和魏玛市装饰艺术学校合并的基础上建立了一个新的组织“包豪斯”（建筑之家），包豪斯（BauHaus）一词由德语的“建造（Bau)”和“房屋（Haus)”两个词的词根构成，后来经过扩大、改组，被官方正式命名为国立包豪斯技术学校。这使得技术美学思想的贯彻有了一个实体工作组织。他们提出的产品经济、实用和美观三结合的设想对技术美学思想的发展产生过重大的影响。希特勒上台后，这个组织被解体，一部分人逃往苏联，成了那里的技术美学创始人；另一部分人逃往美国，成了抽象艺术的先驱。这些都无形中促进了技术美学思想的传播。苏联十月革命后，注意到技术美学的问题。1918 年，俄罗斯人民委员会造型艺术部附设了艺术工业局；1919 年，成立了艺术工业委员会；1920 年 11 月 20 日，由列宁签署批准建立莫斯科国立高等工业艺术学校，后改为莫斯科高等工艺艺术学院。但是，由于第二次世界大战爆发，欧美中断了对技术美学的研究。

二、技术美学学科的诞生与发展

从实用价值的非美动机出发制成的技术产品所具有的美，已难于概括在艺术美或自然美的范围之内，于是就以另一种美，即“技术美”加以定义。

最早提出技术美这一概念的，是法国美学家保·苏里奥。他在 1904 年发表的《合理美》一书中指出，完善的实用品也存在真正的美，美存在于完善性之中。因为任何事物总是在适合其目的的时候，本身才是完善的。如果对象的形态鲜明地表现出它的功能，它就具有美。美和效用应该吻合，这是科学技术时代美的形态的新发展❶。

技术美学成为一门独立的新兴学科并得到迅速发展，是在第二次世界大战战后开始的。这时，欧美各国由于战争破坏和经济危机，千方百计为工业产品寻找出路，要求把美学运用于工业生产，促使技术设计的革新。20 世纪 50 年代，捷克斯洛伐克的设计师佩特尔·图奇内正式使用“技术美学”的名称。尽管，他对技术美学的解释仅限于劳动工具的艺术设计。传入我国后，曾经出现过“生产美学”、“劳动美学”、“工艺美学”、“工业美学”、“实用美学”等名称。

技术美学是横向交叉学科，是社会科学和技术科学、自然科学的结合，是多学科相结合的科学。许多科学的创造者，科学家成了新兴学科的拥护者。我国著名的科学家钱学森指出：技术美学是一门把美学运用到技术领域中去的新兴科学。技术的突飞猛进时刻冲击着审美观念，使得美学不得不在科学技术的脚后紧追不舍，去变换新的形态。技术美学的产生，为美学在艺术宫殿之外开辟了一个广阔的新天地，使美学从哲学殿堂走向人间。于是，技术美学便蓬勃发展起来，使改善人类的生存质量成为美学的目标。技术美学一方面，从理论美学中吸取人类在这方面所积累的思想成果，作为自己的指导原则；另一方面，从实践中，努力探索提高纯艺术以外的物质生产和日常生活中的生存质量，使其具有自己的独特价值。技术美学在调解大工业生产和现代化社会中出现的人与机器、人与生产环境、人与生活环境、人与劳动效能、经济效益与产品设计等等矛盾方面，发挥着越来越重要的作用。

技术美学在学科理念、基础素质、应用技术、实际功效及涉及范围等方面，都是传统工艺美术所无法比拟的。技术美学 20 世纪初在德国萌芽，30 年代在欧美各国兴起并迅速发展，成为一种精神与物质联合的强大推动力，推进了大工业生产与全部社会生活的现代化、审美化，取得了令人钦佩的成果。

---

❶ 参见于斯曼《工业美学及其在法国的影响》见《技术美学与工业设计》丛刊. 天津：南开大学出版社

自物质产品生产与文艺创作发生分化以后，人类的活动分成了互相联系又相互区别的两大领域：物质生产和精神生活领域。原本，科学技术是理性的意识，美学则属感性意识，但理性领域中也存在感性意识。随着社会的进步和科学技术的发展，人民生活水平和审美观念的提高，理性领域中的感性意识引起了关注。科学技术与美学的结合，成为当今时代的潮流，促使这两个领域在更高的层次上融合。法国作家福楼拜尔曾经预言“越往前进、艺术越要科学化，同时科学也要艺术化，两者从基底分手，回头又在塔尖结合”❶。

20世纪以来，科学飞跃进步，新技术不断采用。这些技术的产物摩天大楼，跨越江、河、湖、海的千米大桥，风驰电掣的汽车、轮船、飞机、火箭、人造卫星。特别是电子计算机的出现，使人们耳目一新，无限神往，深刻地改变着现代社会，改变着人们的生活方式和价值观念。人们发现，在大自然和艺术之外，机器制品也具有神奇的魅力和审美价值。这些产品通过物质功能与结构形式的统一，表现了社会前进的目的性和深刻的历史内容。现代科学技术的发展对审美活动产生了巨大的影响。人类因机器生产带来工艺美的缺失，却在所有生产和生活领域里感受到更广泛的美。这种美比自然美、艺术美要重要和直接得多，而且越来越显示出它无限的生命力。这时，人类不再把自己的劳动成果当作艺术品，再用美学的眼光加以审视；而是直接从劳动成果中，看到自己本质力量的美。

第二节　技术美的本质

人类美的创造活动，首先从现实美的创造开始。现实美的创造活动，存在于一切创造性的实践活动之中。实践中最根本的活动就是劳动，从原始人磨制石片起，到今天的航天飞机，都是通过生产劳动实现的。人通过自己的劳动，在生产中去掌握客观自然规律。劳动创造了人自身，也创造了自身的美；劳动创造了整个世界，也创造了世界的美。任何时代、任何民族，物质生活领域中的造美与审美活动都是最基本、最重要的创造活动，它是决定或影响精神生活领域造美与审美活动的本源。美的本质是人的实践活动和客观自然的规律性的统一。就本质而言，技术美体现着人类改造自然的本质力量，标志着人类对自然规律的认识并运用对于规律的认识改造自然、实现自己的目的，以获得自由，因此，技术美是与美的本质直接相关的，技术美不是本来意义上的艺术美，而是突飞猛进发展的科学技术所显现出来的人的本质力量的美，是人的本质最为直接、最为明确的体现。

科学技术的迅猛发展冲击着社会生活的每一个角落，它打动经济、占领市场，从而影响人们的物质活动和精神生活，乃至审美心理。在现代生活中，优良的产品所传达的美感信息，比纯艺术要丰富得多。人们从使用和鉴赏这些物品所得到的审美愉悦，远胜于绘画和雕塑。过去一直不被美学所重视的现实美总是最普遍、最大量的美；现实美的创造也总是最普遍、最大量的美的创造。现实美充满于整个人类生活，关联着每一个社会成员。马克思说，人也按照美的规律来塑造物体。这里所说的“人”，决不仅仅是指艺术家，而是指一切具有劳动和审美能力的人；按照美的规律来塑造物体，也不仅仅是指艺术创作，而主要是指现实美的创造，特别是物质生产中美的创造。

❶ 转引自肖君和“我对美的奥秘的新探索”

第三节 技术美学及其研究对象和内容

技术美学是从美学和技术相结合的角度，把美学应用于技术领域的一门特殊学科。从字面上简单、直接地理解，技术美学可以通俗地被解释为是技术加美学。它着重从技术的角度和观点来探讨有关美的问题，把美学延伸到现代技术部门，特别是现代化的大规模的工业生产技术中，以满足人们对产品或商品的全面需要，特别是审美的需要。所以，在技术美学的研究范围中，无论是就劳动生产过程及其产品来说，还是就审美设计来说，都是技术与审美的结合，都存在着与生产技术相关的美学问题。

作为一种高级的生命，人的需要以及满足这种需要的手段是丰富多样的，这样才可能满足物质和精神方面的多种需要。因此，技术美学所涉及的范围极其宽广，工业生产不过是其中的一个组成部分。人类的审美创造活动也无限宽广，大机器生产只是人类创造美的一种手段。技术美学活动是以全方位满足生命需要为目的的综合性活动。技术美学的研究对象应该包括人类在创造生存所需的物质过程中涉及的所有技术领域的审美问题，小到一只玻璃杯、大到一座建筑物、一方环境，既包括日常生产、生活所需要的工业用品，也包括居住、交通所需要的建筑物和设施。包括这些技术领域的美、审美和美的创造问题。特别是创造适合于人生存的优美环境。作为美学的一个分支，技术美学也和其他美学一样，其研究内容应该包括技术美、技术美感以及技术美的创造。由于历史形成的原因，有关技术美学的专著往往把技术美的创造作为技术美的主要的，甚至是全部的研究内容。

物质的创造，首先是筹划、设计，然后是通过生产劳动获得成果。因此，技术美的创造主要涉及两个方面的问题：一是研究物质产品的设计艺术化，即审美设计问题；二是研究与物质生产劳动过程审美化，即劳动美学问题。关于第一个方面，审美设计问题是技术美学研究的核心内容。由于它是本书的主题，将在第五节详细论述；关于第二个方面，劳动美学也是很重要的问题。技术美学不应该只局限于“技术”与“美”的问题。因为，美是人在劳动过程中创造的，而不是技术、机器在没有人参与的情况下自行创造的。技术美学的主要对象是作为个人所具有的审美能力在劳动中的特殊表现。因此，技术美学涉及的问题和范围相当广泛，除了产品的实用功能和审美功能外，在劳动过程也有技术美学问题。技术美学不局限于研究产品中的美学问题，同时也研究劳动过程中的劳动工具、机器、车床、劳动环境、劳动者服装、厂房布置等的美学问题。今天，人类的文化已经深入到要求消除劳动痛苦的时期，技术美学从萌芽时期就带有这一方面的设想。在“乌有乡”的梦想中，就把劳动看作一种快乐，把人人不计报酬、争先劳动作为理想。人最多、最大的痛苦是在异化的劳动中，马克思说：“劳动创造了美，但是使工人变成了畸形”[1]。为解除痛苦，人类创造了艺术。但是，艺术只能从精神上解除痛苦；而技术美学承担起从物质和精神两个方面，双管齐下来消除劳动带给人类的精神和肉体上的苦难。劳动美的创造直接使生产条件、生产工具美化，使生产者自由创造力量得到充分发挥，使生产率大幅度提高。有关这方面的内容本书不做展开，可在技术美学相关专著中得到更详细的知识。

---

[1] 马克思.《1844年经济学哲学手稿》

第四节　审美观念的发展和演变

一、中国古代审美观念

• 天人合一，道法自然

中国美学和西方美学分属于两个不同的文化系统。这两个文化系统当然也有共同性，也有相通之处，但是更重要的是，这两个文化系统各自都有极大的特殊性。中国传统审美文化与它的社会形态相一致的。中国自古以来就是农业国度，古代文化属于农耕文化，其哲学思想的形成与此有很大关联。这就决定了它的文化精神重视天人合一，体现出天人和谐的思想。中国传统文化的一个重要特征，就是强调人与自然的和谐、统一。在中国的哲学体系中，历来提倡人与自然之间的和谐辩证关系。中国人对自然的尊重可以用“敬天思想”来加以概括，这是中国传统的宇宙观的核心，“天”在中国传统的含义中既有“自然”的意思，又有造物主和秩序的含义。因此，中国文化对自然的态度与西方有很显著的不同，就是崇拜自然和天人感应说。认为人不可与自然分离，更不可对立。“天人合一”是中国哲学所追求的终极理念。“天人合一说”最早由儒家提出，他们认为人与天相通，人的善性天赋，尽心知性便能知天，达到“上下与天地同流”。这里“天”与“人”之间的关系，就是自然与人之间的关系。儒家认为，人是宇宙大化的一部分，人同世间万物一样，从大自然中产生出来。整个大地是一个包含人类自身在内、充溢着勃勃生机、不断变化流动、生生不息的物体。作为道家代表人物的老子，也主张人应当与自然合为一体。从老子的时代开始，“自然”这个概念就成了中国哲学特别是美学的一个极其重要的范畴。他在《道德经》中说：人为宇宙之中“四大”之一：“故道大，天大，地大，人亦大。域中有四大，而人居其一焉”。他认为道可道，非常道，道常无为而无不为。所谓“无为”就是“道任其自然之意”。老子强调人为宇宙中“四大”之一，突出了人的行为活动要符合自然的规律。“人法地，地法天，天法道，道法自然”。世间一切真实的东西都具有这一特质。“道法自然”更是老子生态观的核心思想与根本规律。它要求“辅万物之自然，而不敢为也”，尊重万物的生存权利，遵循万物自身的本性和规律，予以辅助、促进，而不敢任意妄作。道家继承人庄子也认为“天地与我并生，而万物与我为一”，人与天本来就是合一的，只是人的主观区分才破坏了统一。他主张消除一切差别，天人混一。道即美，道即无为，无为即美，无为即自然，自然是天地的本性，因而“天地有大美而不言，夫天地者古之所大也。而黄帝尧舜之所共美也”。这就要求在感性世界中得到精神的超越，它不否定感性世界，而是肯定它们，包括外在的自然界和自己的自然生命，要求在感性世界中达到精神的高度超越。这与审美有关，因为审美永远和感性世界联系在一起，它不是纯粹的精神超脱，它要在感性世界中求得一种精神寄托或精神力量。中国人，不管是儒家、道家还是禅宗，都很正视生存。佛教本是要舍弃生命的，但经过中国改造后也变了很多。它对自然界的欣赏和愉悦便是一例。禅宗以前的宗教就喜欢游山玩水，观赏自然的美，而不只是面壁苦坐。中国对自然山水美的欣赏，比西方要早得多，就是在感性世界中去追求达到本体世界。自然既不是魔鬼，也不是神，应该把它与人际统一起来，取得人跟自然在生活中和精神中的和谐、愉快。歌德曾经用诗一般的语言称赞中国人："他们还有一个特点，人和大自然是生活在一起的。你经常听到金鱼在池子里跳跃，鸟儿在枝头歌唱不停，白天总是阳光灿烂，夜晚也是月白风清。月亮是经常谈到的，只是月亮不改变自然风景，它和太阳一样明亮。"

中国传统的审美设计思想，深受中国古代哲学思想的影响，产生了中国古代独特的设计观。这种设计观的核心就是从综合、整体的观点去看待设计和生产，强调从整个自然的大系统出发进行审美设计。工艺品的生产不是孤立的人的行为，把人所制造的各种工艺品，看作是整个自然这个大系统的产物，看作自然界这个大系统中各方面条件综合作用的结果。中国最早的一部工艺学著作《考工记》充分表现了这种深深植根于中国古代哲学思想中的工艺观和设计观。《考工记》说：天有时，地有气，材有美，工有巧，合此四者，然后可以为良。这是一种系统论的思想。"天有时"指的是季节变化；"地有气"是指地理条件的约束，不同地区形式不同，即"因地制宜"的意思；"材有美"是指材料的性能条件；"工有巧"是制作工艺条件。与自然相融合，顺从天的意旨在建筑文化上的表现，一方面是体现在建筑物或建筑群的形制充满着敬天的象征；另一方面则体现在人工物与天然环境的巧妙结合。

• 礼乐相和，美善一体

中国传统审美文化还强调礼乐相和，美善一体。礼不仅仅包含宗教仪式，而且包括各种典章制度；乐则是调和礼制内人与人之间的思想感情。朱光潜说："中国儒家从礼、乐这两个概念推演出他们的理想国，作者基本上是从政治观点来考虑美育的。"日本学者今道友信在《东方美学》中，把儒家的审美文化称作为典礼文化，也是从这个意义上说的。美善结合，以善统美，这是中国审美文化的基本特征。尽管后来的儒家把善的内容界定为封建仁义道德，反过来又束缚了文艺的发展。这一点，鲁迅在辛亥革命时期写就的《摩罗诗力说》曾予以全面的批判与审理。但是，强调美善一体，审美与文艺必须有特定的社会伦理内容，却是有其合理价值的。对于我们这样一个汪洋大海般的小农社会国家来说，审美文化如果不能成为国民精神的火花与前导，而只是某种娱乐工具，那就不但在现实上造成失误，而且也会人为地导致中国审美文化传统的断裂。

• 身心兼养，形神相亲

中国传统审美设计思想强调一切工艺产品都要使人的身体和精神两个方面都得到兼养，达到"体舒神怡"的双重效能。不论是道家还是儒家，都主张身与心兼养，美与善合璧。人是形和神的统一，即身体和精神的统一，人的身心是一个不可分割的整体。嵇康在《养生论》中曾精辟论述精神与身体的关系，他说："是以君子知形恃神以立，神须形以存。悟生理之易失，知一过之害生。故修性以保神，安心以全身。爱憎不栖于情，忧喜不留于意。泊然无感，而体气和平。又呼吸吐纳，服食养身；使形神相亲，表里俱济也"。这种"体舒神怡"、形神兼养的要求，对于我国古代工艺设计思想的影响很大，尽管也有人片面强调工艺品的实用功能而排斥审美功能，但是占主流的设计思想，还是要求把实用和审美结合起来。

• "大壮"与"便生"

中国传统审美设计思想一方面强调封建社会的礼制等级次序；另一方面又注意"便生"，也就是现代的"以人为本"。易经中有大壮卦，《易传·系辞下》中说："上古穴居而野处，后世圣人易之以宫室，上栋下宇，以待风雨，盖取诸大壮"，将大壮卦与建筑联系在一起。大壮卦一方面体现了：通过建筑的宏伟壮丽表现出建筑所代表的皇权的至高无上的威势；另一方面通过建筑严格的等级秩序，以表现封建社会君君、臣臣，父父，子子的礼制等级次序，体现了“礼”的一面。中国人不同于西方人，西方人将冥冥中的上帝奉为至高无上的造物主，把为侍奉上帝而建造的教堂，视为最高等级的建筑；在中国人的原始宗教思想中，则主要是自然崇拜与祖先崇拜。儒学的礼制规范又把祖先崇拜和现世的人事联系了起来。古代中国人认为，人是万物之灵，人世的君王至高无上，是上界与冥府在人间的主宰，称为“天子”。所以，为其建造的宫室是所有建筑中最高等级的，即使是佛寺、道观，也莫能与之比肩。

作为辩证统一的另一面，中国古代又提出了适形论。适形论的核心是和与适。和者，天地之和，阴阳之和也；适者，大小之适，高低之适也。以适而求和，不适则安能有和。这一点与中国古代的音乐思想如出一辙，古代乐论也提倡和与适，“声出于和，和出于适，和、适、先王定乐由此而生”。适形论的关键点是“便生”，是中国古代传统的现实理性原则的体现。“便生”思想认为即使最高等级的建筑，依然是为现世的人所使用的，是为人服务的，应当方便人的生活，因此，建筑的基本要义应当是“便生”的，建筑“宫室之制，本以便生人”。为着方便人的生活，就要求建筑物尺度适宜、阴阳谐和。体量不宜过于高大，室内空间不宜过于深广，而应当是“足以避寒暑而不高大也，夫高近阳，广室多阴，故室适形而正”，体现了“善”与“便生”的一面。

“大壮”给人以雄伟壮阔的美；“适形”则给人以绚烂而细腻的美，使建筑环境在雄大、壮丽的形势之下，渗透出适形、宜人的气氛。这种既对立又统一的艺术处理效果，相反相成的艺术韵味，在中国古代建筑中，竟结合得如此完美，不能不说是中国传统审美设计思想的伟大成就。它使中国古代建筑具有一种独特的艺术魅力，既不像埃及金字塔那样，以单纯而巨大的物质重压，使人感觉到自身的渺小；也不像欧洲洛可可建筑那样，以琐细而繁缛的小技，使人沉溺于奢靡的情调之中。中国古代建筑不强调突出自己，造成和自然的对立，使人领略到的是一种充满活力的端庄而和谐之美。

• 诗情画意，中庸之道

儒道互补的思想意识不仅塑造了中国古人的世界观、人生观、文化心理，还在艺术理想和审美观念上形成了形式严谨而题材多样的民族特色。他们把“无为而自然”作为人生哲学。主张酷爱自然，反对一切清规戒律，要在自然的无限空间中得以自我心灵的抒发和满足。这种“无为”渗透在艺术中，则表现为“神与物游，思与境谐”的审美意识。山水画充满诗情，山水诗富于画意，两者深刻统一。

虽然古代的中国人对茫茫宇宙基本上是无知的，却相信自己仿佛处在世界的“中心”。“天处手上，地处手下，居天地之中者曰中国，居天地之偏者曰四夷。四夷处，中国内也。”中国人认为天是圆的、地是方的，他们深信他们的国家就在地的中央。以为择“地中”（即国土之中）建“国”是天时、地利与人和三方面最有利的位置，不仅择国土之中建王都，且择都城之中建王宫。在观念中，“中央”这个方位最尊，被看成为一种有统治权威的象征。在儒学中，被发挥为“中庸”、“中和”的思想。

二、西方手工艺时代审美观念的演变

自从人类有了对美的自觉认识开始，实用与审美的关系问题就被明确地提出来了。而对实用与审美两者关系的不同认识，反映了人类造物的根本审美要求和终极目标，规范和制约着人们的审美观念和行为，也产生了自古希腊、古罗马时代至今的各种设计风格流派。西方审美观念的发展，可以以工业革命为界，划分为两个时代：手工业时代和工业时代。手工业时代一般是指从公元前26世纪到18世纪工业革命初期的一段历史时期。一般而言，工业革命前的时期都可以归结为手工业时期。这个时期西方审美设计经历了四个重要的历史时期，即：以古希腊、古罗马为代表的古风时期；中世纪时期；文艺复兴时期以及以巴洛克和洛可可为代表的古典时期。

（一）古风时期

古风时期从公元前8世纪至4世纪。这个时期，时代风气是实用重于审美。古希腊、古罗马时代审美意识的一个重要特点，就是把审美与实用功能结合起来。哲学家苏格拉底说过："凡是我们用的东西，如果它很好地实现它在功用方面的目的，它就同时是善的又是美的，否则它就同时是恶的又是丑的。"这可以说是审美设计的早期认识论。这种以实用为美的风气，是由当时社会生产力发展的水平决定的。

（二）中世纪时期

5～15世纪为中世纪时期。这个时期，欧洲处在严酷的神权统治之下，审美设计和其他文化一样进入漫长的黑暗时期。除了哥特式建筑靠着政教合一的契机遍及整个欧洲外，没有其他值得一提的成就。

哥特式建筑是中世纪黑暗中的一束亮光，因此显得格外耀眼。它是在罗马风格的基础上发展起来的，把技术、艺术和文化结合得淋漓尽致。哥特建筑最能表达宗教语言，但它却"有资格被叫作理性的建筑。"一些主要构件不仅作为装饰，而且也是有用的结构部件。成为砌筑结构中最科学的体系。以至于在长达三个多世纪中，影响遍及整个欧洲，乃至全世界。

（三）文艺复兴时期

15世纪和16世纪是文艺复兴时期。这个时期发生的文艺复兴运动把中世纪的严冬一扫而去，正像大自然生命万物迎来春天的阳光那样，人们欢欣鼓舞。德国诗人海涅在《论德国宗教和哲学的历史》中，用诗一般的哲学语言说："思想走在行动之前，就像闪电走在雷鸣之前一样"。文艺复兴、启蒙运动、人的力量、人的智慧、人的主体性在不断地加强。以人为中心的人类社会向以神为中心的神秘世界不断地进行挑战。由于文艺复兴运动的深入发展，不仅在文艺方面，而且也在教育和科学技术上出现了兴旺发达的局面。人类从对自然美、人力美的膜拜发展到对人的智慧的崇拜，这是科学的发展在思想中的必然反射，也是人类审美范围的扩大、审美层次的提高。在这许多文化领域中贯穿了一个思想，这个思想就叫人文主义。人文主义的诞生，是对人的力量的承认，提倡个性解放，用人道反对神道；用人权反对神权；歌颂世俗，藐视宗教"天堂"；推崇理性思想，否定宗教神启；反对禁欲主义，提倡对现实生活的追求，艺术开始回到世俗。在这里，建筑担当了一个启幕者的角色，这些基本精神都在建筑中体现了出来。宗教建筑如此，那些新兴贵族的府邸、别墅，以及为民众福利而建造的各类公共建筑更是如此。文艺复兴经历了两百年的变革和发展，艺术与普通人的关系，与人们的衣食住行、精神生活越来越不可分离了。艺术来自生活并服务于生活的主人，这是人类社会发展的必然。艺术从教堂、皇室走向世俗社会后，审美的要求也渗透到人们日常生活的各个领域，各种艺术形式和风格必然面临爱好、兴趣各异的人们的广泛选择，因此，出现了艺术形式及风格的多样化和个性化。

（四）古典时期

古典时期是17世纪和18世纪。文化和艺术的演变，始终是与社会结构形态同步的，这是因为它们起自同一个信息源，在一个因果链之中。历史的发展又把文艺复兴的一页翻了过去，随之而来的就是华贵与浮夸，追求过分装饰的倾向。由于手工业和商业的发展，诸侯贵族集聚的财富越来越多，追求宫室华丽之风兴盛。由于封建贵族阶级的鼓吹，这种倾向出现了畸形的发展。这种艺术风格同步于当时的宫廷贵族的时尚，因此，文化和艺术由社会民众转向宫廷和宗教。轻视实用、重视装饰、盲目追求时尚的风气，经过17世纪的“巴洛克”风格，在18世纪的“洛可可”风格中，达到了登峰造极的地步。

“巴洛克”原意是畸形的珍珠，宣扬荣华富贵、尊严伟大，但人们却贬它为虚伪浮夸、矫揉造作。巴洛克艺术的主要特征为：它用大量华贵的材料，珠光宝气的装饰，以形象的丰富性来象征财富；它运用变幻扭曲的形象，反映出热闹非凡的场面，用立体、运动、层次、曲线、光影等手法，使形象生动活泼；它在对称、均衡、节奏等造型法则下，显示出尊严雄伟的气氛，显示出新兴贵族们的有财有势。

18世纪初，路易十五亲政以后，法国的强大的绝对君权势力开始衰退了。在对外战争中屡遭惨败，丧失了欧洲领先的地位。在国内发生了经济危机，财政困难，通货膨胀，市场不景气。而皇族们却又沉溺于凡尔赛宫中过着荒淫奢靡的生活。于是，18世纪上半叶兴起了洛可可艺术，所以后来，也把洛可可风格称为“路易十五式”风格。“洛可可”的本意是贝壳的形态，后来把这种形态用于建筑、雕刻、绘画一类的造型艺术，乃至影响到音乐、文学、哲学诸领域。这种风格反映了法国上层社会的豪华、庸俗与繁琐风格，并以罗列堆砌为特点；形态柔媚而纤巧、华丽；喜欢用柔滑的曲线形或漩涡形；色彩比较淡雅、恬静，失去尊严、雄伟的气质，与巴洛克风格正好成为对照。

无休止的浪费、无边际的排场，把审美与实用对立起来，脱离了广大民众就不会有审美设计的生命，实际上断送了手工业时代审美设计的前程。这种贵族遗风一直延续到现代风格来临之际。就在新旧交替的时候，19世纪还出现过以科林斯柱装饰起来的蒸汽机，饰以繁缛的铁制常春藤支架的锯木机，以阿拉伯式的图案装饰的压榨机，从大城市博物馆的翅托到埃菲尔铁塔的基座都被饰以索然无味的花俏装饰。

包括审美设计在内的整个西方手工艺时代的文化有一个突出的特征，就是它明显地随着社会的演变而变更着自己的形态，但这种变更却是螺旋形重复的。古希腊时期的文化，古代罗马晚期的拜占庭文化有着某些重复性，然后中世纪哥特文化后出现了文艺复兴，这更是对古希腊、古罗马进步性的重复。在这里可以看到，文化与社会同属于上层建筑，它们都随着经济基础的改变而同步发展，而文化形态又受到思想和观念形态的左右，形成自身的许多特征。

三、工业时代审美观念的变革

人类的审美观念都在天天变，月月变，年年变。不过有时变得快、变得大，有时变得慢、变得小；有的国家和地区变得急，有的变得缓而已。当所“变”已经形成一种共同倾向后，就会形成一种“潮流”，就会出现支持其所以变的理论，为之推波助澜。结果，就成为具有相当大影响力的“风格”和“思想”。西方工业时代审美观念发展经历过维多利亚风格的短暂复古后，走过了现代设计的功能主义、后现代主义的多元论以及人性化的绿色设计等阶段。

（一）维多利亚风格和复古思潮

18 世纪的法国大革命和英国的工业革命震撼着整个欧洲，也波及整个世界，标志着资本主义社会的根本确立，导致了科学技术发展，引起了社会生产方式的变革，现代工业化生产方式代替了传统的手工生产，人类进入了工业文明时期。从 18 世纪 60 年代到 19 世纪末，在整个欧洲，也波及美国，建筑创作中的复古思潮盛极一时。这是与当时社会结构急速变化，资产阶级启蒙运动蓬勃发展的历史背景相联系的。最早兴起工业革命的英国靠着大机器迅速提高生产效率，积累了大量资本，再凭借船坚炮利的实力向外扩张，成为日不落帝国。使中国沦为半封建半殖民地的鸦片战争也正当此时。据统计，从 1842～1901 年的 60 年中，中国被掠夺的“赔款”总计 85519 万两，约合 700 多亿人民币。工业革命和海外掠夺造就出国强民富的大英帝国。到了维多利亚时代中期，英国达到强盛的顶峰。当时，它的工业生产能力比全世界其余国家的总和还要大，它的对外贸易额超过世界上其他任何一个国家。

到了维多利亚时代，英国的政治、经济、社会皆飞速变化，其最显著的结果就是富裕的中产阶级的剧增。财富的拥有及身份的提升唤起了中产阶级改变居住环境和室内装饰样式的意识。他们急于在住宅建筑上明确和标榜他们的成就。于是，以豪华装饰为主的“维多利亚风格”应运而生。其特点是：①由于新兴的富商、资产阶级渴望与贵族有同等的生活，他们对风格的准确性没有兴趣，因此经常随机地使用几种风格的元素：哥特式、文艺复兴式、罗曼式、都铎式、伊丽莎白式或意大利风格，对多种风格做了融合，是历史上各种建筑式样的复兴；②对那些风格的重新演绎并非只是简单的复制，而是加入了更多现代的元素，充分运用了工业生产的新材料和新技术。这个时期的复古与希腊式或罗马式复古的不同，就在于它虽然也使用表面看来同样形式的构件，但它确实创造出了一种追求与时代和谐的建筑。大量使用石膏制品、胶合板、铸铁与黄铜等材料制造出便于安装的构件，用机器复制装饰细部，便于对所有样式的装饰元素进行自由组合，使得装饰空前丰富起来，从某种意义上说，是对原有风格的完善；③不仅在英国，从贵族扩展至中产阶级，以当时英国在世界上的地位以及影响，美国以及当时的英国殖民地澳大利亚、新西兰、南非、印度等地也风行一时；④由于有强大财力、物力的支持，在富丽堂皇方面是其他风格所无法比拟的，视觉上的绝对华丽和对于装饰的唯美体现得到了最大限度的发挥。

历史的发展总是拖泥带水，而不是一刀两断的。审美观念是一种意识形态，在意识形态中，先进的思想并不是一夜之间就与传统决裂。上层建筑虽然由经济基础决定，但是有滞后性，往往是旧瓶装新酒。特别是在经济、政治发生急剧变革的时期，尤其会显露出这种倾向。维多利亚风格就是装在手工业时代的“旧瓶”里的维多利亚酒。追求的是表面的绚丽华美，而不注重结构的合理；虽然富丽，但缺乏创新，只是手工业时代设计古典风格的回光返照而已。作为维多利亚风格重要特色的豪华装饰更多地表现出暴发户的富贵病，带有浓厚的铜臭味，在现代工业文明的光辉下显得格格不入。

实际上，古典风格的死灰复燃除了从贵族到中产阶级生活上追求排场的刚性需求外，还与当时的复古思潮有关。在机械化的大工业时代，审美与实用这对矛盾仍然存在，并且不断地改变其形式。而设计美学理论也正是在审美与实用的矛盾运动中逐步走向成熟。在这个时期，封建贵族势力在经济和政治的双重打击下，已经行将退出统治舞台，唯有文化却还带有许多传统的色彩。从 18 世纪末开始，欧洲的审美文化反而更表现出热衷于古代文化形态的倾向。在工业制品方面，大机器生产带来了更加精细的分工，提高了劳动生产率。但是工业革命使得机器产品不如手工制品那样精美、耐用和富有艺术魅力。产品变得粗糙了，产品的各部分之间也失掉了有机、和谐的关系。这种现象引起了一些思想家、艺术家的关注。他们认为，机器化大生产降低了产品的设计标准，破坏了延续了千百年的田园牧歌式的情趣。他们主张回到传统的手工生产中去，于是掀起了一股复古的浪潮。复古浪潮严重刺激了机器制品的设计师和制造者们，但他们最初用来克服粗制滥造的武器只是当时十分流行的唯美主义，这就导致了维多利亚风格的产品充斥市面。

马克思曾说：“人们自己创造自己的历史，但是他们并不是随心所欲地创造，而是在直接碰到、既定、从过去承继下来的条件下创造。一切已死的先辈们的传统，像梦魇一样纠缠着活人的头脑。当人们好像只是在忙于改造自己和周围的事物并创造前所未闻的事物时，恰好在这种革命危机时代，他们战战兢兢地请出亡灵来给他们以帮助，借用它们的名字、战斗口号和衣服。以使穿着这种久受崇敬的服装，用这种借来的语言演出世界历史的新场面”❶。这一精辟的论断，恰切地佐证了当时的审美设计思潮。

耐人寻味的是，复古思潮最著名的代表人物竟然是发表过《乌有乡消息》的英国空想社会思想家、诗人威廉·莫里斯。由于当时的机器工业制品不能适应人们的审美观念，他钻了这个空子，因而掀起了一股复古的浪潮。1861 年，莫里斯和他的朋友开设了英国第一家在新的思想指导下的美术装饰公司，专门承办美术设计、室内装饰等业务，生产诸如染色玻璃、雕刻家具、刺绣、地毯等实用装饰品。莫里斯亲自担任设计。尽管莫里斯实际上是站在工业革命的对立面，他所追求的理想是过去手工业时代的古典风格，他企图以手工艺人的朴实和正直，以古典时代的既实用又形式美观的手工艺产品，来阻挡资本主义狂飙。他宣布公司的宗旨是：通过艺术来改变英国社会的趣味，使英国公众在生活上能享受到一些真正的美观而又实用的产品。但是，历史的发展不会以人的意志为转移，在这时它又呈现一次螺旋状的发展。势不可挡的工业革命风暴使得莫里斯等人不可能回到被巴洛克

❶ 马克思《路易·波拿巴的雾月十八日》.《马克思恩格斯选集》. 第一卷. 北京：人民出版社，1995，第 585 页

时代割断了的古典时期前的审美设计的原点。而是，在无意中为工业化时代设计思想的发展开辟了道路。他的既重实用又重审美的思想，为后来的设计家所发扬光大。因此，虽然莫里斯并没有为生产和设计中实用功能与审美如何结合的问题作过多少理论阐述，但他却不自觉地成了“现代运动的先驱”，成了近代公认的“第一位设计师”。莫里斯等人代表了工业化时代审美观念发展的第一阶段。

（二）现代设计思想和功能主义

美的历程和人类的历史不可分割，美的形态随着人类社会实践的发展而不断扩大。19世纪70年代的欧洲社会发生了一些影响深远的经济结构的重大变革。1865年马丁炉的发明，开始了钢筋混凝土、水力发电等新的科学技术的应用，导致这之后出现了“印象主义”画派。1873年，维也纳世界博览会以“空前的建筑设计”为主题。1876年，美国费城世界博览会以电话、打字机、缝纫机的发明为号召。1878年，巴黎世界博览会出现了新型的汽车和冰箱。1889年，巴黎埃菲尔铁塔的落成标志了现代工业的规模。同时，由于印刷出版、交通运输、贸易往来等的发展，东西方文化艺术有了进一步的交流和融合，这都促使了19世纪末20世纪初、30～40年之间审美思想的巨大变革。资本主义国家彻底告别手工业时代而进入机器工业时代。金属（铸铁、钢）结构的发展也为桥梁建设提供了更为可靠的材料，提供了不同的建设手段。随着20世纪的到来，新的思潮大量涌现，世界的物质现实和观念形态发生了巨大的变革。这种时代节奏是社会自身发展的结果，而不是某一个人的意志。科学技术日新月异，社会结构急剧变革，生活方式不断翻新，导致了人们包括审美情趣在内的理念形态的不断变化。在20世纪的头20年里，发生了许多有世界性影响的事件。相对论的问世，并由狭义走向广义，其影响不仅是物理领域，不但影响了科学观，而且也对社会意识形态和艺术观起作用，波及社会的变革和人们的思想、观念形态的变革，对思想、文化和艺术产生了巨大的影响。汽车的成批生产、万吨巨轮的下水、飞机的成功试飞，各种新技术产品使人们着了迷。随着科学技术的进步，西方一些发达国家逐渐兴起将工业技术向审美升华的热潮，不但在物质条件上大量应用各种新的技术，而且还在造型上将技术作为美的对象加以表现。把工业化时代审美观念推入第二阶段的是保尔·苏利约。1904年，他在《理性的美》一书中最先指出：美和实用应该吻合，实用物品的外观形式是其功能的表现，能够拥有一种“理性的美”。他说：“只有在工业产品、一部机器、一种用具、一件工具里，才找得到一件物品与其目的完全而严格地适合的某些例子。”又说：“机器是我们艺术的一种奇妙产品，人们始终没有对它的美给予正确的评价。一台机车、一辆汽车、一艘轮船直到飞行器，这是人的天才在发展。在唯美主义者们蔑视的这堆沉重的大块、自然力的明显成就里，与大师的一幅画或一座雕像相比有着同样的思想、智慧和目的性，一言以蔽之，即真正的艺术”[1]。苏利约的理论虽然粗糙，但是把机器制品与艺术大师的艺术精品相提并论，这种观念不能不说相当大胆和新颖，对于提高设计美学的社会地位有相当意义。然而，苏利约对现代审美观念的最大贡献还在于他实

---

[1] 转引自《技术美学与工业设计》第一辑. 德尼·于斯曼.《工业美学及其在法国的影响》. 天津：南开大学出版社

际创立了功能主义。他虽然没有明确提出“形式服从功能”的命题，但他关于外观形式是功能的明显表现的论述，实际上阐明了功能主义的基本主张。这完全是一种新的眼光，一种注视着机器的年代、动力的年代、大批量生产的年代的新眼光。从此，设计师的眼光才真正从装饰挪到实用功能上来，功能主义在西方迅速蔓延。

凡是谈论设计美学的人，无不称道包豪斯。它以建筑为主干，逐渐发展到工业品，围绕“技术与艺术重新统一”的中心思想，开始真正把与现代工业化生产方式相适应的审美思想推向实施，成为设计美学史上的一座丰碑。第一次世界大战后，欧美各国面临着垄断资本主义的极盛期。随着大工业占据统治地位，新的科学技术和新的材料的重要性迅速增长，机器生产的出现使物质生产过程的结构发生了根本性的变化，因此产生了实用产品的审美问题。对迅速壮大的资本主义壮汉，旧货店里贵族父老们的旧衣衫，不仅尺寸不合，而且式样也难以适应这一“超人”的精神需求。工业技术的发展引出了一个迫切需要解决的现实问题，即传统手工生产中的审美形式如何与现代工业生产相结合。也就是说，大批量、标准化的工业生产是否需要审美与艺术的参与？如确实需要，又如何体现出产品的审美与艺术特征？同时，现代工业产品的形态如何满足现代人审美的需要？就活动的过程来看，艺术创作包含构思和表达制作两个阶段，而技术创作包含设计和加工制造两个阶段。在手工业生产时代，造型艺术品和实用工艺品的制作过程完全相同；而在机器生产时代，艺术的构思和审美设计具有一定共同性，但艺术的表达制作和技术的加工制造就完全不同了，直接生产者的个性和想象力被排斥在生产成果之外。在相当长的历史时期内，工业产品出现了形式粗陋、失去生产者个性物化，物质功能与精神功能、使用价值与审美价值相脱节的状况。另一方面，科学技术的发展具有适应自然规律的理性特征，它的发展可能突破人的感性适应性，从而造成人的生理、心理和活动规律的不相协调。

1919 年兴起的包豪斯运动，在建筑和工业生产领域产生深远影响。包豪斯运动立足于工业化大生产，提倡技术美学，开创了设计美学的新时代。包豪斯主张：设计的主要目标就是要创造技术性能和审美性能最有效结合的工业产品。工业品的设计要建立在生产的统一化、标准化和合理化之上，提出了“面向工艺”、“艺术跟当代技术新的统一”等新口号，不仅为现代工业设计和生产奠定了理论的基础，也为建筑设计开创了新纪元。在两次世界大战的间隙中，出自包豪斯和其他建筑学派的一批富有革新精神的建筑师冲破学院派和复古主义的束缚，在建筑设计上把对美的追求与技术的合理性结合起来。他们以“艺术与技术重新统一”的理想为指导，以崭新的教育方式，强调自由创造的设计美学方针，培养了一大批杰出的设计师。他们宣称“机器，人类造物中的一个新的因素，已经唤起了一个新的时代精神。一个时代会创造出它自己的建筑艺术”❶。他们坚持“形式依随功能”的原则，主张从材料和结构内部去发现美的形式，设计手法力求简洁，把装饰减到最少的程度，认为功能之外的装饰是一种罪恶，甚至提出“少就是多”、“简洁就是丰富”等主张。格罗庇乌斯说：“新时代要有它自己的表现方式，现代建筑师一定能创造出自己的美学章法。通过精确、不含糊的形式，清新的对比，各种部件之间的秩序，形体和色彩的匀称与统一，来创造自己的美学章法。这是社会的力量与经济所需要的”，“这是在新的大生产的条件下，对于产品的美的一个全面要求”。格罗庇乌斯还进一步解释道：“正是在所有这些

---

❶ 勒·柯布西埃.《走向新建筑》. 北京：中国建筑工业出版社

方面的和谐一致上，才显示出产品的艺术价值。如果仅仅在产品的外观上加以装饰和美化，而不能更好地发挥产品的效能，那么，这种美化就有可能导致产品的形式上的破坏”。他进一步强调了新的工业产品的实用价值与审美价值的辩证关系，并且说明了产品的美不仅仅在于外观的美，而且在于它的功能美。设计的主要目标就是要创造技术性能和审美性能最有效结合的工业产品。由格罗庇乌斯亲自设计的包豪斯学校的校舍，后来成为建筑史上不朽的名作。1924 年，里特维尔德为他的朋友和合作者施罗德夫人设计的住宅，对包豪斯的教学方法发挥了重要影响。现在我们在市场上经常见到的各种各样的钢管帆布或尼龙布椅子，就是由当时还是包豪斯学校学生的马赛尔·布劳耶首先设计出来的。他利用了工业时代给人们带来的新的材料，不受任何传统观念的约束，特别在结构和形式上，注意结合人体形态的特点，在制作上又符合现代工业化的生产方式，创造出了一种具有和以往时代迥然不同、具有新时代风范的美的产品。

回顾一下人类的美学史便不难发现，造型美术与工艺美术在相当长的历史时期内互相融合在一起，造型艺术常常也是一种装饰品，包豪斯想恢复建筑、美术、工艺之间的综合体，打破它们之间的局限，让美术和人们的日常生活有更密切的关系。他们把人类衣、食、住、行一切需求的设计工作，统一到建筑总体项目内，创立了与建筑关联的壁画、室内陈设绘画、雕塑、家具、灯具、织物、陶瓷、工艺美术品、印刷品设计等等，使其在总体设计指导下，符合科学、实用与和谐的美学原则。1919 年，格罗佩斯起草的包豪斯宣言中说：“完整的建筑是视觉艺术的最终目标。艺术家最崇高的职责是美化建筑……建筑师、画家和雕塑家必须重新认识，一幢建筑是各种美感共同组合的实体。”在他们看来，设计椅子的能力就是具有建筑才能的重要证据。他们还主张建筑师、雕刻家和画家们“都应该转向应用艺术”。在他们的基本课程中，设有紧密配合上述教学原则、着重于形式美感研究和技巧训练的内容，如开设“造型、空间、运动和透视的研究”、“自然的分析与研究”、“结构练习”、“错觉练习”、“构成及绘画”、“不同材质的质感练习”等课程。对形式美的基本法则，也有十分严格的基础训练。

包豪斯的成立，导致设计与绘画成为一体，建筑师与画家都成为名副其实的艺术家。包豪斯的组织者雄心勃勃地要把艺术家从超脱自然的彼岸拉回来。格罗庇乌斯指出：“我们的雄心就是要把有创造力的艺术家，从超脱尘世的彼岸状态中唤醒过来，并使他与现实世界的平凡工作重新结合起来”。“艺术家和工艺技师在根本上没有任何区别，艺术家只是一个得意忘形的工艺技师”。参与包豪斯工作的画家们，在绘画中是昙花一现的，可他们的作品在包豪斯却随建筑装潢与工业产品造型和包装进入市场，发挥了他们在绘画中所达不到的作用。当手工业生产已经转化为机器大生产后，这些表达包豪斯理想的设计成为产品实用性与审美性完美结合的典范，为如何使日用品的设计和生产符合新的要求，开辟了一条新的道路。

工业革命的迅猛性和力度，使人们来不及作更多的思考，就迫使自己改变了文化的面貌。传统的手工艺审美思想在机器的隆隆声中被涤荡得体无完肤。工业时代要求大批量、程序化、符合成本利润法则的新型产品。在当时的生产条件下，功能主义可以最大限度地满足机器的批量化要求，同时又能符合美学的基本原理，而大众也从批量的廉价产品中得到了使用上的极大满足，各得其所。一时间，功能主义似乎成为万古不变的审美法则。市场充斥着一色的功能主义产品，其简洁、科学的设计原则风靡整个文明大陆，造就了工业时代的历史奇迹，这一时期的设计之美为现代主义风格所主宰。

风格成为流行时，它必然造就审美的异趣，自成体系。功能主义最具影响力的口号是“形式追随功能”，认为一件物品或建筑物的美和价值取决于它对于其目的的适应性。这一原则衍生出自己的一套审美体系——简约主义、极少主义……产生了许多功能形式完美统一的优良设计，并将日常用品引入到了工业化的大批量生产。科学、理性、物质的新观念席卷了包括建筑文化在内的整个西方传统文化。现代设计对产品的功能、内容、工业化、城市建设等与人民生存密切相关的基本问题十分重视，它有着丰富的社会学和自然科学内容与实践价值。英国伦敦的“水晶宫”和法国巴黎的埃菲尔铁塔及机械馆的出现，新型建筑像雨后春笋般地在欧美各地兴起，到 20 世纪 20 年代，逐渐形成许多新的建筑理论体系。人们兴高采烈地接受新的文化，谓之“时髦”，谓之“流行”。于是，不断地以科学、理性、物质、社会经济的原则翻新建筑形式。人们还感觉到随科学与文化的发展，商业性与艺术性的界限也在逐渐地消失，一架新型的钢琴在现代化的建筑空间里几乎使人难于区分它的商品性质与艺术价值，一个优美商标的艺术价值也难于用经济来衡量。

任何事物的发展过程，当其达到了谷底或顶峰时，都意味着转化的来临。历史就是这样一波接着一波地推进着。自 20 世纪 20 年代登上历史舞台的现代派，至 20 世纪 50 年代而达鼎盛，从此面临着种种严峻的挑战。20 世纪 50 年代末，现代派第一代大师先后谢世。纵然诸大师皆有弟子传人，但是他们本人原来占有的层次和空间如此广大，以至于仍然留下了巨大的空白。第二代现代派大师们，还出现了许多新观点、新思想，在实践中涌现了许多具有时代意义的新作。可是，再往后，由于现代设计的内在矛盾逐步激化，就导致了主义的改弦更张，产生新的设计美学思想。随各种新建筑的影响，出现了不少派别。继包豪斯为中心的现代建筑运动后，后现代建筑派的创作思想已在世界各地传播，形成了当代建筑界的一股思潮。这种思潮虽然尚有不同的争议，但已客观存在。

（三）后现代主义和多元论

社会心理总是把社会作为一个意志对象加以“思考”的。当急剧的风暴趋向平缓时，它必然要进行反思。当人们的工业化达到了相当的水平，物质生活水平有了相当的水准，人们就会抽出余暇来，重新审视自己时代文化的发展过程，发现其中的利弊和得失。民俗观念逐渐为人们所重视，历史的连续性，人类的未来模式，文化的动态结构等问题，势必引起人们的关注。这是当代设计美学中一个迫切的课题，也是一个难题。人类文明迈进工业化社会后，文化的更新比农业时代要迅速、频繁，而且深刻得多。在工业化的潮流中，人们从传统的束缚中挣脱出来，甩掉了一切旧有的包袱，进行了伟大的革命性尝试。由于使用机器和流水线进行大批量生产，各种产品都趋于标准化。现代设计在反对形式主义时，过分强调了使用功能及技术经济；现代设计理论在反对复古主义、折中主义设计理论与实践时，否定了历史传统，企图割断历史文化；在反对脱离实际时，过分强调了设计的客观性及时代的普遍性，于是形成了所谓超历史、超民族、超地域、超装饰的“国际式”风格，忽视地方民族特点，失却了地方风韵，泯灭了民族风采，铸成了“千篇一律”的新模式。在功能与技术上，推崇见物不见人的模式、反对装饰、不提倡运用色彩等缺点，使其内容欠缺、手法单调。它发展迅猛，全世界的大中城市随着金融资本的迅速集中，全都竖起了一群群摩天大楼。无数白色方盒子建筑，以及稍后的钢和玻璃方盒子建筑迅速普及。对于普通老百姓而言，它们看上去都一个模样。这不仅使得手工业时代工艺品所特有的个性风格和人情味逐渐丧失，还使建筑文化的民族、地域界限变得模糊了，整个世界笼罩在一片单一的国际式方盒子建筑的单调而乏味的气氛中。出现了很多光秃秃、冷冰冰的玻璃方盒子建筑，大城市里的摩天楼群造成了许多人工峡谷，阳光被它们遮挡，大风在其中呼啸，它们巨大的物的尺度压抑着人心。这些建筑又特别忽视人文因素，历史好像被折断了。现代主义追求的审美思想是因应时代思潮的，是亘古未有的，一句话，是断代的。这种断代文化，对于老百姓来说转向过于突然，自然有某种“异族文化”之感——好是好，然而不是自家土生土长的。建筑师们忽然发现，现代建筑运动中曾经高举起的旗帜，如“装饰就是罪恶”、“形式服从功能”、“少就是多”、“房屋是居住的机器”等等，似乎有些偏激了。千篇一律的国际式方盒子，使人的审美感到疲劳了。新的建筑、新的城市，割断了与历史的联系，使人感觉空虚、不充实。人们开始不满足于这种状况，称现代的城市是“文化的沙漠”。生理和心理功能、环境效益、人文传统等，往往不为重视。这样一来，一方面，千篇一律，缺乏差异及对比，也就窒息了美和艺术。那被抛弃了的折中主义无论是在建筑界中或是在其他生产领域中，都属明日黄花，其符号系统和社会约定都难被忘怀。人们从 20 世纪建筑、交通大发展中，醒悟到建筑、交通环境对自然和文化遗产的破坏已危及自身的生存；技术作为一把“双刃剑”，其建设力和破坏力在同时增加；设计方法的国际化，带来人与传统地域空间的分离，地域文化特色渐趋衰微；标准化的形式使建筑环境趋同，形式设计的创造力和多样化受到抑制。因此，现代主义建筑的负面影响逐渐显示出来。在我们的周围，从住宅到桌椅、从电视机到电冰箱，充斥着生硬、冰冷的几何造型。有如德国著名设计师柯拉尼所说：“所有的产品都变得千篇一律了。照相机、旅行皮箱、汽车等已不能适应人们的手形和体态，可以说全部类型化、极端化了。我认为，这对现代的设计家们来说，可以说是一种‘犯罪’行为”❶，柯拉尼的反省是深刻的。在高技术、高经济水平、高度物质文明的当代社会，就更加暴露出它的历史局限性。以“净化”为特征的现代主义运动，虽然提出了一系列工业化社会的新美学标准和法则，然而这些简化、净化、抽象、高雅的新标准和新法则，并未能为全社会的各文化层次，尤其是中、低文化层次所完全接受；或者说，这种高层次文化向低层次的渗透还没有来得及完成。丹麦著名家具设计家博杰森说过：“我们所制造的东西应该有生命，有心脏在其中跳动，……它们应该是人性化的，有生机和温暖的”❷。这段话触及了人对器物及环境的深层的审美需求。人们要求在充分利用新技术的基础上，既要创造“物”，也要创造“美”，注意反映传统、强调历史文化、体现文脉、强调建筑形式的语义，讲究产品的可用、可视、可思以及环境的个性和“人情味”。建筑仅仅反应或表现功能是不全面的，历史、民族、传统等都应受到重视。那些简明、净化、秩序、统一、反传统等方面的过激做法，引起人们的反思，失去人情味和个性风格、冰冷生硬的产品、“火柴盒”建筑开始不受欢迎，导致现代设计走到了尽头。尽管建筑在历史的发展过程中由于所面临的问题不同，一个时期会偏重于这一方面，另一个时期却偏重于另一面，但从整个过程来看，总是在不断寻找两者之间

---

❶ 柯拉尼.《在日本设计家座谈会上的讲演》. 技术美学. 1985，第 2 期，第 58 页

❷ 转引自胡景初、方海、彭亮.《世界现代家具发展史》. 第 263 页. 北京：中央编译出版社，2005

的结合点。19 世纪末至 20 世纪中叶的现代建筑运动，为了纠正当时的偏向，曾特别强调科学技术一面，但发展到极端，却引来后现代主义的思潮。

1972 年，美国圣路易斯市一片现代板式建筑居民区，由于过于严谨、冷漠的形式导致社会犯罪问题频发，被群众要求炸毁以后，不少人似乎如梦初醒。1977 年，美国建筑评论家詹克斯出版《后现代主义建筑语言》一书。书中，詹克斯说："现代建筑于 1972 年 7 月 15 日 3 时 32 分在美国密苏里州圣路易斯城死去……"。此后，"后现人主义建筑"的新旗号在历史舞台上拉开帷幕。国际化方盒子建筑的一统时代渐渐逝去，后现代主义应运而生。恰恰在这个时候，现代文艺对传统文艺的否定首先引起人们的思考。1975 年秋，纽约现代美术馆举办了一次巴黎美术学院 19 世纪作品展览。这个展览具有极不寻常的意义。它表明在刚刚过去的一些年里，人们在价值观上发生了许多转变。在 20 世纪初叶至中叶的一段时期，建筑界里颇具威名的现代主义大师一直在无情地批评着"情"，他们崇高"理"，信奉"纯粹的简洁"，"仇恨"装饰。"后现代主义"这个名词在建筑领域逐渐叫响了，并且在以后的几年里名噪一时，其倡导者们纷纷撰文著书介绍。詹克斯在 1977 年所出版的《后现代建筑的语言》影响甚广，成为后现代建筑的主要发言人。詹克斯在书中率先提出关于"后现代"的定义：后现代是一半现代，另一半是别的什么，最多见的是古典主义。所谓一半现代，所指是现代的社会现实，当代人的生活方式，技术、材料和经济特点等。所谓另一半的"别的什么"，是指艺术语言上与地方、人群、传统、历史等方面的感应。表现为芸芸众生有能力参与的艺术。他认为后现代建筑艺术的基本特征即是具有双重译码。换而言之，后现代建筑有一种混血的语言，它既古又新、既雅且俗，是一种他称之为"意识清醒的精神分裂"。他认为唯有这种"精神分裂"型的语言，才能为全社会各文化层次接受，而避免误解。此后，许多有影响的建筑杂志都以巨大的篇幅宣扬后现代主义。美国的《进步建筑》杂志连续几年，把它的年度奖授给了被认为是"后现代"的建筑设计。后现代主义在西方各国，包括日本都先后找到了知音，大有不可阻挡之势。詹克斯在这本书中还指出：建筑是一种语言，并试图建立以符号学为基础的建筑哲学。后现代文化发展趋向是对历史文化的保护、追求人情味和维护发扬地方特色。人们开始在新建筑中渐渐考虑到把传统形式作为符号来表述这种反思心理，后现代建筑也以历史文化为宗旨，并对它进行肢解、变形、重组，然后塑造出新的建筑形象。"后现代"无形中成为各种引用历史词汇或符号化、造型新奇、色彩鲜明，或者一切出乎常规的代表。后现代派视有意义的"符号"重于抽象的建筑形式，视历史文脉意义的"象征"重于单纯建筑形式美的创造。这种没有具体限定的后现代风格在一段时期内大大地流行起来，出现一些新苗头，成为一种新潮流、新时尚。因为这种时尚的确是对过去文化的重新审视，对现代主义的一种补充，改变其技术至上和缺乏人情的准则、普遍性和世界大同的追求。提倡满足心理要求，而不仅以单调的功能为中心。从大量采用各种传统建筑的符号语言，加以折中处理，达到既能容纳人的物质、功能需要，又能容纳精神要求，建筑的历史与文化传统重新予以承认，以多元理论代替现代主义单一理论。后现代建筑在某种意义上把使用建筑的主体——人，尤其是中下层群众摆到了重要的位置，着意于照顾大众化的审美标准，甚至进而引导使用者参与到建筑设计与施工中来，这无疑是一种有意义的进步。以后，现代派思潮为主流的室内设计派在探索的同时，不断做出大胆的实践。以各种艺术形式的混合运用，引用古典建筑作为典故，唤起人们对过去的回忆，主张历史的延续性，使今天与过去衔接，大自然、人与人造物的融合。追求空间、色彩、质感、光和运动，以简洁的设计语言作表达，以不断地为创造人、建筑与环境三位一体的和谐统一为目的。建筑师们反思得失，提出建筑学的发展方向和追求“人本”、“环保”、“技术”、“多样化”的要求。随后，西方造型艺术、表演艺术和工艺美术界也在探讨着本领域内的发展趋势。相比之下，造型艺术界虽然起步甚早，但进展却不快，而在工艺美术界，因其与建筑血缘甚近，又有共同的市场，因而步履如飞，走上了后现代道路。

“后现代”的掀起有两层原因：表层原因是受到20世纪50年代末，作为西方社会问题的反应，在社会科学理论及其他文艺领域已经掀起的“后现代”思潮在建筑界的移植；深层原因则是第二次世界大战以后的社会现实和观念形态的新动荡。后现代主义文化的根基是高度发达的工业文明。存在决定意识，社会物质现实发展到一定阶段，必然要产生相应的精神和文化形态。从建筑本身来说，最主要的一个因素就是现代主义建筑在客观上的确存在着不足和缺陷。许多建筑师正是因此而对现代主义原则产生怀疑，希望对之加以改造、提高和修正，以至于完全越出它的模式。其实，从20世纪40年代起，就已经有人开始对现代主义进行改进性的探索，出现了背离现代主义的倾向。二次大战后，西方经济飞速发展，人们的心理上已经不厌恶不再是丑陋的工业产品。尤其对待新发明、新产品，由于在人们的文化参考系中并无类比对象，比较容易接受其原无先例的内容和形式。但对于传统悠久的文化形态，人们对其内容和形式的演变，总要放到自己的文化参考系中去作一番比较，有时还往往十分苛刻。由此，我们不难理解，人们对汽车、冰箱、收录机之属的工业美造型很乐于接受，而对建筑的态度却普遍较为保守。即使某人的参考系中最熟悉的建筑形象充满弱点与不足，他往往仍以此为比较的标准。因此，后现代思潮的出现不全属怀旧与倒退。相对于两次世界大战之间现代派设计崇尚“偏理”的特点来看，这种要求较为“偏情”。这对于克服“理性主义”的单调与枯燥，丰富及充实现代设计的艺术表现力，确有积极意义。后现代沿着情感与理性平衡的要求，朝着既合“理”又合“情”的方向发展，不断充实、拓展、深化及完善，为人们提供空前丰富多彩的新环境，以满足人们日益增长的物质及精神的需要。它的重要特点是趋向于多流派共生的多元论。由于确立了多元主义的模式，今日的西方建筑界是多种创作思想并存，越来越多样化了。透过丰富多样的建筑表现，可以看到一种趋势，这就是运用多种不同、有时甚至是反常规的方法，努力在创作中达到理性与情感的平衡。亦即试图以理性分析的力量，用现代最新的技术满足人们对建筑、对环境多方面的要求，包括基本的使用要求和情感需要。有人这样描述后现代主义的多样性：各种审美口味在一座嘈杂繁华而又多有人情味儿的闹市里相遇，他们纠缠在一起，亲亲热热寒暄个没完。思想家、建筑师、工艺美术设计师们被一种怀旧情绪以及渴望从国际式清冷寡欲的桎梏中解脱出来的“邪念”所引导，来到这座闹市。这里是真正大众的天地，这里是丰富、多变、充满人性、最为宽容的生存处所。经纶满腹，名噪天下的大师们一旦来到这里，竟也一下子被感动了。当他们看到那些细心雕琢的装饰线脚、那些错落动人的节奏变化、那些巧妙分隔的空间，还有那些看上去漫不经心、实际上却又十分乖巧的陈设点缀的时候，他们把路德维希·密斯·凡·德·罗的“少就是多”的教诲和阿道夫·路斯的“装饰就是罪恶”的训诫完全抛到脑后去了。他们觉得自己的心被一种神奇的爱抚滋润着，被一种从未体验过的轻松自如感充实着，并且由衷地品味到一种责任，一种开创更合理、更美好的新的世界生活的崇高责任。

美国建筑师罗伯特·文丘里认为，后现代主义建筑是一种建筑美学观念，即在建筑中追求复杂性和矛盾性，而且与古典的建筑美学观念相违背；完整、统一、和谐不再被当作创作的最高原则和目标；相反，不完整、不统一和不和谐受到了推崇。这样，建筑的美学范畴扩大了，建筑的路径更加宽广多样了。1980 年，文丘里又说："就某种意义而言，我想我们自己是现代主义的一部分，是从中发展出来的一部分"。现在看来，可以认为后现代主义建筑的出现并不意味着现代主义建筑的"消亡"。后现代主义建筑只是对 20 年代现代主义建筑的部分修正和扩充，是现代主义建筑多样发展的又一种表现。

（四）人性化和绿色设计思想

20 世纪后半叶，西方掀起强烈的人道主义思潮，主张设计美学不再局限于工艺产品的设计，不再满足于对某个产品的功能和审美价值的追求，而是把视野扩张到了整个人生，注目于人与生存环境在总体上和谐、舒适、愉快的关系。从对工业产品的审美设计扩展到对人的活动的设计，对人的生存环境的设计，把设计的伦理价值、审美价值统一起来。美国设计师蒂格曾经设想：人类处于一个机器时代的世界中，只有把工业设计的前景扩展到所有的人造环境，才有希望生活在"一个优雅、宜人的美的地方"❶。人本能地热爱大自然，人人都向往着与大自然相聚在一起。产生这种心理特征的原因，除了人对大自然心理上的向往以外，也许还有人在环境中的地位问题。从观念形态来看，近现代建筑所反映出来的是从"为神"中解放出来的"为人"。这种"为人"的观点，表现在建筑构成的合理性上，即服从人的生活需求，并且对技术和经济作精细、科学的分析。回顾一下建筑历史，关于"为神"和"为人"，有着曲折的历程。早年的古希腊、罗马，在奴隶民主制的狭小的范围中。"为人"得到了明显的表述，但它仅仅限于非奴隶范畴。古代希腊、罗马的建筑环境，由于它的形象、尺度和布局等方面的处理，使人感受到自己与建筑的地位是融洽的。到了中世纪，"神"在建筑中却变得至高无上起来了，宗教建筑充斥着整个中世纪建筑，这一事实本身已说明了这种立场，况且哥特式建筑的高耸、升腾、飞向天国的势态，把"为神"推到了一个十分高的境界。中世纪建筑带着宗教的色彩，使人在其中感受到自己的渺小，乃至自我否定。人，若说是皈依于宗教，不如说是稽首于教堂。文艺复兴带来了人类的"春讯"，建筑文化和艺术从"为神"中解脱出来。文艺复兴的最大功劳，莫过于人从宗教禁欲中的解放，人得到了自己应有的地位，但不久却又被巴洛克等古典主义形式所篡改。欧洲资产阶级革命阶段，代表先进、上升的资产阶级反封建势力再次在"人道主义"旗帜下显示出"为人"的精神。可是，当时的建筑语言却软弱无力，因为当时正是处于整个古代文化的终结阶段。所以，在建筑文化中的一场新的革命，真正表现"为人"的精神的，还是近现代建筑。近代建筑的最大功劳，也莫过于人从古代传统的框架下的解放，重视功能。形式的解放，说到底就是"为人"二字，就是人与建筑环境之间的地位问题。近现代建筑的"为人"，是划时代的，它不同于古希腊、罗马、文艺复兴和资产阶级革命时期那样，只停留在建筑语言的表述上，而且具体地落实到为人们的许多物

---

❶ 转引自《技术美学与工业设计》第一辑．德尼·于斯曼．《工业美学及其在法国的影响》．天津：南开大学出版社

质和精神活动上。建筑要为人们生活得更舒适。然而，随着技术的进步，人与建筑环境却产生了新的危机。技术，从“为人”逐渐向着“控制人”的方向转变。技术将会成为新的上帝而受人尊敬，这将是一场危机。所以，近年来的建筑逐渐增加了人的感情色彩。

现代社会正向着信息社会过渡，人们的思维方式发生着根本的变化。以往的二介思维方式主要表现为人们的思想意识直接来源于社会实践，思维活动过程是由物质世界产生精神世界。到了现代，人们更多地是通过复制的信息，如语言、文字、无线电信号所载送的情报、消息、数据、信号等来认识事物，思维活动便以信息作为物质世界与精神世界的联系中介，这便是三介思维方式。面对着高信息量的社会，认识的主体正由个别的人向总体的人发展，人们思维的开展再也没有必要事必躬亲，“自给自足”，而主要是依靠获得大量信息。于是，社会的重点就由物质技术转向知识，从物质等具体价值开始转向人，心理及情感等抽象价值。在设计领域里，尊重人，尊重环境、时代、民族、地域，尊重历史及传统的观念正在为更多的人所理解。20 世纪 70 年代以来，世界建筑界发展变化节奏空前加速。由于世界性的城市化、信息化和科学技术革命浪潮滚滚向前的总趋势，建筑观念也在不断更新。最为耸人听闻的是两个“死亡”：一是，后现代建筑的代表人物所宣布的现代建筑死亡；二是，新精神的鼓吹者所宣布的“后现代主义已经死亡”。虽说这种说法不免夸张，作为建筑文化是一种历史现实，既有物质又有精神，它有更新、有代谢，而没有绝对的“死亡”，各个历史时期、各种风格的建筑都在今日的建筑上留下自己的烙印、身影，做出了自己的贡献，但也不是全无根据，它起码表明了观念更新的周期在加速度前进。

在后工业化社会中，西方社会在科学与人本主义严重对峙的文化背景之下，人们看到现代科学技术的高速发展，某些高科技的生产给人类的生存带来了威胁，厌恶技术发展所带来的副作用。设计的根本目的，就是处理人与物之间的关系，因此，力图克服这种副作用所带来的弊端。建筑也是如此，人对于建筑是有感情的，不是纯物质的，因此对那些只满足人的物质活动的“现代建筑”，对那些利用新技术解决人物质生活需求的人工设施，都产生感情上的某种抵触。尤其是随着时代的发展，随着人类对自然以及自我认识的越发深入，人类越来越认识到，自己是大自然中的一部分。社会发展使世界不仅表达科技文化，而且表现人，重视自然、人情和历史传统，运用自由、浪漫的手法，使建筑更接近人。这是一种反工业化的倾向，它们抓住工业化所带来的环境污染、艺术质量降低等苗头，以实际上反对派的立场，与之相辅相成，成为现代建筑的重要组成部分。建筑师遵从城市的文脉，尊重居民的建筑心理状态，他们把新建筑设计与古代的建筑风貌相近，给人以“似曾相识燕归来”的感觉。它体现了“把艺术还给人民”这一个大趋势。阿德里亚诺·奥利弗蒂在谈到工业设计的历史作用时，说：“我们不仅仅是为了显示一种艺术或一种科学，而且是为了显示一种基于使人类之城向天堂迈进的文明合作……”❶。设计家们更加重视从文化、艺术、历史以及人际关系等因素，考虑与研究环境问题。建筑师们已经认识到，一幢建筑物应是各种美感共同组合的实体，而传统的形式将融入整个活动的空间。人们不再满足对某种产品的功能和审美价值的追求，而是注目人与生存环境在总体上的和谐、舒适、愉快的关系，向往人与人、人与建筑、人与自然之间的感情。对于阳光、水、

---

❶ 转引自《技术美学与工业设计》第一辑. 德尼·于斯曼.《工业美学及其在法国的影响》. 天津：南开大学出版社

绿茵、鲜花、林石等，越来越留恋了。当今信息文明时代，由于人类发展不断受到自然力的制约，从而迫使人类不得不重新审视自身与自然的关系。环境不仅由机器、设备和产品构成，而且由人及人的活动构成，必须把环境作为一个整体来规划设计。从对工业产品的审美设计到对人的活动的设计、对人的生存环境的设计，这是一个飞跃。

在人的生存环境中，建筑师们想方设法来满足这种感情上的需求，在人工环境中保留大自然的连续性。研究人类文明的发展历史，我们可以发现，人与自然界之间的关系经历了“一体”、“独立”和“和谐”三个发展阶段。人类从制造工具并从事生产劳动改造自然开始，实现了人对自然的第一次超越。伴随人类生产力的提高，“以人为中心”的思想观念逐渐渗透人类的意识形态。工业文明使人类独立于自然的意识发展到了极致。为减缓生态急剧恶化带来的灾难性后果，人类顺应历史潮流，开始重视人与自然之间的关系，选择一种与地球的承载能力相适应的和谐生活方式，建立起绿色设计的理念。

绿色设计是 20 世纪 80 年代末出现的一股国际设计潮流，它反映了人们对于现代科技文化所引起的环境及生态破坏的反思——由于目前科技的飞速发展和人类物欲的膨胀，人类在向大自然无休止的索取过程中，正在遭受到大自然的无情惩罚。在科学技术威胁到人类生存的大背景下，“绿色设计”被提出来。它的核心是宣扬“3R”思想：即 Reduce、Recycle、Reuse，它要求不仅“节能减排”，减少物质和能源的消耗、减少有害物质的排放，而且要使产品及零部件能够方便地分类回收并循环再生、重新利用，倡导可持续发展的设计道德观念，在设计中强调人与自然的和谐共生。

第五节　设计美学

一、设计美学及其产生

设计美学是研究审美设计的科学。审美设计顾名思义是关于美的设计，因此，设计美学就是从审美的角度来研究和探讨纯艺术以外，在人类生产和生活中存在的审美设计问题，寻找其规律性，使其能够满足人类的审美需要。它是综合着工程师、设计师和美学家等各个方面的活动，探讨美学规律在设计中的应用，为设计活动提供美学支持，解决设计中的美学问题而产生的一门应用美学，是美学在设计领域中的具体运用。设计美学是科学技术与美学的交叉，既不是纯功能的创造发明；也不是纯精神的艺术创作，而是两者的融合。它的成果不但功能合理，也具有审美价值。审美设计自古就有，但是，设计美学是 20 世纪的产物。它的产生是与大规模的工业生产相联系的，是在工业技术发展的基础上，美学直接介入技术的结果。因此，设计美学是研究现代意义的审美设计的科学。由于设计与特定的物质生产与科学技术有关，使得设计本身具有科学技术的客观性特征，而设计又是人类的一项实践活动，因而与特定社会的政治、文化、艺术之间存在着显而易见的关系，这样又使得设计有着特殊的意识形态色彩。

如同美学及其分支那样，设计美学也是先有其实，后有其名。审美设计的历史可以追述至人类的产生之初，与设计同时产生。设计作为人类生物性与社会性的生存方式，其渊源伴随“制造工具的人”的产生而产生。人类制作石器、彩陶、青铜器就是最初的审美设计。人类经过长期探索，把石料磨制成石斧、石刀和石铲等工具，选择硬度、形状和纹理适宜的石材，并使器形更加规整、锋利、光洁。经过不断的观察、揣摩和实践，人类的审美意识也有了初步的萌芽和发展，发现并掌握了诸如对称、节律、均匀、光滑等形式美的规律，具有朴素的审美观念，产生最初的审美设计思想。人类有关设计的经验性总结，如中国古代的《考工记》和古罗马老普林尼的《博物志》等，都含有丰富的审美设计经验。然而，直至1969年，美国学者赫伯特·西蒙才提出建立设计学。设计美学作为新生学科的诞生，是伴随着技术美学的出现而产生的，是在工业化时代对现代审美设计做出的肯定，带有很强现代审美实践性。

设计美学不但是现代工业社会人类需要的产物，也是当代美学理论联系现实应用的必然。以技术为核心的工业文明，直接导致了设计美学的产生，促成其基本理论的形成。工业生产出现的现实问题，迫使美学家们不得不考虑现代工业生产的形态问题，不得不把审美的眼光投射到工业产品的生产上去。从理论上看，设计美学理论的产生是美学和艺术理论走向大众和现实应用的必然。所谓传统美学，实际上就是哲学家的美学、社会精英和贵族的美学。美学和艺术研究主要关注形而上的自我世界，很少顾及现实中人们的审美需要和审美发展。然而，对美和艺术的需求，是人们的基本需求之一。随着人们生活水平的提高，社会大众的消费逐渐由物质性的追求转向精神性、文化性的追求。而在精神性、文化性的追求中，审美无疑占有主导地位。这些社会观念的变化，社会大众的实际需要，就将美学从传统的艺术哲学领域转向物质生产和社会生活的广大领域。自然而然，关于这些实用领域内的美学和艺术问题，关于社会大众日常生活中的审美设计问题，必须要有一门相应的学科专门研究这些现象。这样，作为一门新兴学科，重点研究人们日常生活中的审美设计问题，符合现代人审美观念的设计美学就应运而生了。它把设计推向一个崭新的阶段，使设计发生了质的变化，由技术与艺术相分离的设计，到技术与审美重新统一的设计。它不仅表现了设计者的审美素质、审美理想和设计水平，也反映了社会的审美趣味和审美风尚，更表现了普通百姓的审美要求和生活需求。唯有设计美学，能够准确地阐释设计中的技术美、功能美、材料美和结构美等的范畴。

设计美学是技术美学的产物，与技术美学同时产生、一起发展，一开始就已蕴含在美学介入技术的过程中了。设计美学理论的产生，首先是社会生产方式发展的现实需要。工业革命后，审美设计的问题以崭新的面貌和空前的规模被提出。这是因为工业革命的产生为设计创造了新的用武之地。现代美学进入人类生活的广阔领域后，审美趣味的丰富，使人们对衣食住行的审美要求提高，把生活用品的审美设计问题提了出来；交通的发达，人类闲暇时间的增加，把景观的审美设计问题提了出来；环境污染、生态平衡的破坏，把环境的审美设计问题提了出来。总之，人类越来越意识到有必要依据自己的理想来设计自身的生存环境，便形成了设计美学。设计美学探索人类生存环境的美学规律，其最终目的是在科技文明高度发达的前提下，使人从生存的困扰、物质的重负下解放出来，不为外界环境所累、所困扰，能自由地生产、生活与生存。与技术美学一样，设计美学的思想是因工业革命而产生，它在工业革命的诞生地——欧洲萌芽，然后向世界各地传播。传播有快有慢，有先有后。我国接受设计美学的思想已经是20世纪70年代。那时，设计美学与技术美学一起，作为一门学科发展已经相当成熟和完善。我们既享受到现成的成果，又错过了洗礼和成长过程的锻炼。

从整个世界的范围来看，设计美学通过多种不同的途径发展起来，并且具有多种不同的模式和形态。从这种历史发展的观点来审视，也就不难理解，为什么直到目前为止，关于设计美学仍然还是众说纷纭、莫衷一是。这一学科在国际上还没有统一的名称。西方多称为“design”，中文有时音译为“迪扎因”或直译为“设计”，意译为“设计美学”、“审美设计”，有的还称为“美学设计”、“工业设计”、“艺术设计”、“设计艺术”、“造型”、“造型设计”、“现代设计”等等，虽然有时有范围大小之别，基本上都是同义词，指的是一回事。许多英语国家还把技术美学称为“design”。由于设计美学还是一门很年轻的科学，对各种基本概念之间的差别未能严格地加以界定，研究者们对这些概念的理解也不尽相同，有时甚至有很大的出入。在不同国家、不同著作中，对这个名称的使用相当混乱。

中文“设”本指预想、策划，筹划；“计”指特定的方法、策略、主意等。英语单词design是具有广泛意义的设计，其原意也是设计、筹划等。设计是根据一定的目的，把预先制定的计划、规划、设想和解决问题的方法，通过视觉语言传达出来的过程。人类所有物质性和社会性的原创活动都可以称为设计。这里我们讨论的是以成品为目的，具有功能性、审美性、相应的科学技术含量和确定的经济价值的设计，是有明确限定的设计。对于这类设计，其终极目标本来就具有功能与审美的双重性，设计的研究对象与审美性有着不可割裂的关系。自古“设计”这个词汇就包含有审美的含义。1786年初版的《大不列颠百科全书》对design的解释就是：“所谓design是指艺术作品的线条、形状，在比例、动态和审美方面的协调”。但是，通常使用的design与设计美学中的概念是有区别的。“design”在技术美学中使用时，有特别的内涵。“包豪斯”运动之后，使设计得到技术美学的滋养。在语言发展中，“design”这个词也就有了进一步发展，注入技术美的内涵，扩展了美学方面的含义。“design”已经成为国际上通用的技术美学的核心概念和主要研究对象，成为技术美学的专有名词。因此，本书也从广义的“设计”中划分出与美学相交叉的领域，把这个领域的design定义为设计美学。1964年，国际设计协会在比利时召开的会议上，受联合国教科文组织的委托，对“design”一词的含义做出如下解释：“‘design’是一种创造性活动，它的目的是决定工业产品的形式方面的性质，这些性质不但是外部特征，而且更主要的是结构和功能的互相联系，它使产品无论从生产者和使用者的观点来看，都是一个连贯、统一的整体。”设计美学是一门研究人类在从事创造性，运用活动中生产美学规律的学问。国际工业迪扎因组织理事会（即国际艺术设计协会理事），1969年在伦敦举行的第六届大会上指出：design是一种创造活动，它旨在形成和谐的实物环境，最充分地满足人的物质需要和精神需要。

二、设计美学与技术美学的关系

技术美学与设计美学的关系，目前存在有两种观点。一种观点认为设计美学是技术美学的主要构成部分，但不是全部内容；另一种观点则把技术美学完全等同于设计美学。本书基本上采纳前一种看法，认为设计美学不等于技术美学，只是技术美学的核心部分。

设计美学旨在将美学，融入设计，以美学来指导设计，力图使设计从“必然王国”走向“自由王国”，从自发的操作走向自觉的技术美的创造。设计美学的研究立足于技术美学理论，针对现代设计审美与技术结合，技术美的创造问题，提出合理的方式和途径。它所呈现的物化形态是人类使用技术手段，遵循审美的规律，以功能为目的所创造的实物世界。苏联美学家鲍列夫有过一段对于技术美学及其与设计美学关系的论述。他说，“作为迪扎因理论的技术美学，是用工业的手段按照美的规律掌握世界的理论，是设计和以工业方式成批生产对于人和社会来说既有益又精美的物品的理论，是关于这些物品的社会存在的理论。”从历史发展、美学体系、实际工作、事物本质和学科发展等五个方面可看出技术美学与设计美学既区分又亲密的关系。

从历史发展来看，设计美学与技术美学关系密切，作为真正技术美学实践开端的“包豪斯”，所进行的活动，就是审美设计。在发展过程中，两者相辅相成，密不可分，总是纠缠在一起；而且，审美设计总离不开技术美学，设计需要技术美学理论的指导；设计人员需要具备技术美学的知识，以至发展过程中，许多人把他看成一回事。特别是，在早期，在工业设计美学领域。

从实际工作来看，设计美学与技术美学的关系实际上就是设计工作与技术工作的关系。设计工作是技术工作的开端，是技术工作的重要组成部分，但不是全部。设计美学与技术美学的关系也是这样。

从美学体系来看，按照比较公认的美学体系，技术美学应该包括技术美、美感和美的创造。技术美的创造还包括客体美的创造和主体美的创造（即美育）两个方面。技术客体美的创造还有生产劳动过程中的美学问题和技术成果的审美设计问题。而设计美学只是研究其中技术客体美的创造中的技术成果的审美设计的部分，只是技术美学的一部分。

从事物本质上讲，设计是一种创造性活动，是人类为改变客观世界所进行的创造性活动，即根据特定的目标和任务，运用已知信息，展开能动的思维活动，形成新颖、独特、美观、有价值的产品策划的活动。它应该按照美的规律进行，是一种美的创造活动。因此，设计美学应该属于技术美学中技术美创造的部分。它与劳动美学是一对孪生兄弟，同属于技术美学，属于技术客体美的创造。由于设计是技术工作的开端，技术美往往要靠审美设计来实现；审美设计需要考虑技术美和技术美感的问题，因此，设计美学应该是技术美学的核心。

从学科发展看，设计美学与技术美学发展到今日，两者都已逐渐成熟，研究的领域也不断扩大，设计美学不再局限于工业产品的设计领域，已向着人类生存的各个领域发展。作为学科准确的定义，还是把它们区分开来比较严密，也有利于各自学科的发展。

三、设计美学的意义和作用

• 设计美学使产品的功能和审美得到统一

设计美学使产品的功能和审美得到统一。苏联美学家奥夫相尼柯夫主编的 1984 年新版《简明美学辞典》给设计美学的定义是：“迪扎因是一种创造性活动（包括这种活动的产品），它的目的是要形成和调整对象——空间环境，在这个过程中，使其职能和审美的方面达到统一”[1]。由于工业革命的到来，科学技术的快速发展，物质制造不再是作坊式的手工劳动，而是普遍实现机械化生产，形成了批量化、标准化的流水线生产方式，生产效

[1] 转引自涂途著.《现代科学之花——技术美学》. 沈阳：辽宁人民出版社，1986，第 106 页

率得到大幅度提高。但与此同时，由于机器生产取代了手工制作，机器生产的产品没有手工制作的物品精致、美观，出现了机器产品的非艺术化倾向和粗制滥造的特点。针对这种情况，机器制品在生产制作前，需要设计师的精心设计，既要满足人们物质生活的需求，又要满足人们精神生活的需求。伴随着现代技术的发展、社会生产方式的革命，人们的生活方式也发生了根本性的变化，人们对现实不断产生新的需要。工业化的大批量生产带来了产品的极大丰富，引起了人们生活方式的革命。现代社会人们生活方式的突出特点是对生活质量的重视，生活质量的核心可以说就是审美。随着产品的日渐丰富、生活水平的提高，人们对产品的消费由功能性走向了审美性，有的功能性需求甚至降低到次要地位，而审美的需求上升到首要地位。人们在重视功能质量的同时，也非常看重外观形式，有时甚至成为引起购买欲的主要因素。另外，与产品功能质量并无直接关系的商品包装也为人们所重视。显然，与这种需求相适应的产品设计也就应运而生了，所以，从这一层面看，设计美学的诞生，是人们生活方式发生革命的必然结果。

设计美学使产品无论对于制造者还是对于消费者，都成为一个统一、美好的整体。设计美学的运用对专业设计师来说，可在愉快的创作中获得美的享受；对于公众来说，也可以在得到物质满足的同时得到精神满足；对于美学家来说，可在有价值的实践中检验理论的正确性。设计美学应用现代科技文明成果美化人类生存环境；规划城市分布，设计构成城市的房屋、工厂、道路、桥梁及其他一切；设计建筑物内部组成、房间布置、灯光、色彩、家具，直到最小的刀、叉、杯、碟，甚至房门的拉手；除了设计居住系统，还要设计饮食系统、衣着系统等等。这一切都必须通过设计美学，使其最高的经济实用功能与最大的身心审美价值得到全面的实现。

• 设计美学对人类的未来和命运产生深远的影响

美，无论是现实美还是艺术美，都是人类文明、物质文明和精神文明的表现和组成部分，都依附、受制于一定社会的文明程度，又都对人类的未来和命运具有不容忽视的影响。社会的文明程度越高，这种影响就越大。美的创造是促进人类文明发展的不可忽视的动力之一。设计美学为人类的生存方式而设计，为人类获得生存环境的最大自由而设计，因而它将对人类的未来和命运产生深远的影响。它把审美活动扩展到所有的人造环境中，使人类有希望生活在一个优雅宜人的现代世界中。著名的美国工业设计师 D·蒂格曾经预言“一个为人类生活重新设计的世界”必将到来。设计美学就是为了这个理想、为了获得人类最大自由的环境而设计。

设计美学随着国家建设的发展、人们生活水平的提高而涉及更广的领域，不仅能更深刻地改变人们的生活、提高生活质量，而且对于发展经济、增强国力有不可替代的作用。

设计美学在工业生产、科学技术、环境建设、美学研究等领域，得到了广泛发展。设计美学已渗入人类现代生活的每个空间，对推动社会经济、美化人民生活、改变人类的生存方式、提高人们的生活质量，有着深刻的影响。人们可能无暇欣赏艺术，但是，正像不能脱离生存环境和文化圈子一样，不可能摆脱设计美学的影响。有人预言，设计美学也许会成为未来美学的主题，因为它使美学更广泛、更深入地走进人类的生活。它是精神文明与物质文明的会合点、交叉点。它将使美学在两个文明的建设中显现出更大的活力，把审美因素寓于实用产品和周围环境中，以其特有的方式、特有的魅力对人类施加审美影响，从而提高他们的素质、净化他们的心灵。

四、设计美学的特性和研究对象

设计美学研究内容范围、服务对象和具体创作等，都有别于传统的美学门类，它不但在学科定位、研究对象和研究范围上具有自身的特点，不能完全照搬传统的美学理论，而且在现实应用中也有自己的特性。传统的美学只研究艺术问题，艺术是排斥实用功利的，其审美是“无目的的合目的性”；而审美设计则与艺术不同，是直接的合目的性，始终不脱离实用功利，不脱离物质生产、生活和环境。它把审美精神活动完全寓于对象的物质实用功利性中，把实用、经济、美观的统一视为审美的必要条件。它研究具有使用功能的物质生产在设计阶段的美学问题，美的创造问题既是精神活动也是物质活动，解决人与物的关系，使物质功能与精神功能高度统一起来。艺术领域的审美主要诉诸想象、观照、感知等等，而审美设计的审美价值则在具体的使用中显示出来。工业产品需要美化，但它并不是艺术品，可是设计者却应该像完成艺术品那样，严格、认真地进行设计，才可能得到高水平的作品。艺术品是作者思想感情的直接表现；工业产品则是间接表现。艺术品不能重复，工业产品却可千遍万遍地由机器翻制出来。但是，在追求人的自由和解放上，艺术和审美设计有着相同的价值根源。艺术依靠摆脱实用功利的束缚，来追求精神上的人格自由；审美设计则是在不断满足人体对物质的需要，使物质不再成为精神束缚的基础上实现自由。它探寻人类的生存环境的美学规律，其最终目的是在科技文明高度发达的前提下，使人从生存的困扰、物质的重负下解放出来，不为外界环境所累、所困，能自由地生产、生活和生存。对于工业产品而言，设计美学与以往的产品设计也有很大不同。过去的产品设计是附加外部修饰于产品的；设计美学则由内部向外生长，最后显现出产品的外观。前者好像用颜色在斑鸠身上画彩羽；后者却是孔雀自身长出了彩屏。过去对一种产品来说，设计只是改进已定产品的外观形状、表面色彩和装饰，用绘画之类进行美化或者改进包装，提高商品的档次。现代设计美学已扩大到新产品的设想、酝酿和规划设计；考虑生产条件、材料、包装运输、广告等；甚至扩大到生态平衡，进而改进人类的生存环境。以人为出发点，是设计美学的重要特点。设计美学是建立在技术基础上的应用学科。现代工业技术的革命，引起了设计美学理论和应用的产生。技术因素不但是设计美学的基本因素、基础和依托，而且也决定了其审美风格的形成。工业文明使机器大生产代替了传统的手工艺生产，工艺美学也被现代设计美学取代。工业时代的大批量、标准化生产方式，使功能主义成为基本的审美法则，简洁、抽象、科学的设计审美原则风靡一时，现代主义设计审美风格的形成，主要是现代技术影响的结果。

现代美学赋予设计美学极为广泛的含义。设计美学虽然与物有关，但是并不仅仅以物作为研究对象。设计美学探讨的中心问题，是人与物之间的审美和谐。它的出发点是人，设计的目的是人而不是物。设计美学既是精神活动，又是物质活动。首先，要使人在生理上、物质上求得满足；然后，才能在精神上感到愉悦。一切产品都要兼顾人的生理和心理两个方面，达到“体舒”、“神怡”双重效能。设计美学把技术、艺术和使用原则和谐地组合在一个统一体中，使其不仅在技术上是完善的，而且在使用上是舒适的、在外形上是美观的。从本质意义上说，它就是伴随着高度发达的现代科技文明而产生的一门研究美化人类生存环境，使其更加宜人的新兴学科。设计美学是一门研究如何使自己的生存环境审美化，如何使人类生活和生产活动与客观世界变得更加和谐、愉快为目的，涉及自然科学与社会科学、物质文化与精神文化，以技术和艺术为基础并在应用中使两者相结合的边缘性、交叉性、综合性的学科，是在科学技术的基础上，综合社会、人类、经济、技术、心理、艺术等各种因素，以满足人类的全面的物质和精神需要所进行的创造性实践活动。它是设计学和美学交叉的结果，使得各行各业的技术设计提高到艺术的水平。设计美学关注的是人类的生存环境。人类的生存环境包括自然环境、社会环境和生活环境。因此，在自然生态环境，自然景观的利用、保护和改造，劳动生产条件以及衣食住行等产品和工程，这样一些国计民生问题都存在着大量设计美学研究的课题，它已成为人们在日常生活和生产中的一种崭新的审美活动。

苏联著名美学家莫·卡岗在《艺术形态学》中是这样阐述设计美学的：设计美学是在人的周围创造了一个封闭、实用的审美环境。它从人体本身的装饰开始；然后，为他的躯体设计了有艺术意义的外壳（服装）及同它结合在一起的各种各样装饰；继而，使人在自己日常生活活动中所利用的所有物品具有审美价值——从祭祀、日常使用、生产的用具（器具、用具、仪器）开始，直到他生活、劳动与同类人交往的处所的环境为止；设计美学赋予建筑物以艺术含义，人的整个一生都在这些建筑物中和它们之间度过（这些建筑物包括楼房、各种大小不等的专门客体：从桥、电视无线桅杆到售货亭和垃圾箱）；设计美学将其审美主动性扩及地上、地下、水上和空中交通工具的设计；最后，它进入到自然本身之中，对自然进行审美改造（所谓的“绿色建筑”）。

审美设计与艺术不同，艺术是为了创造审美意象，艺术品最终的功能在于重现美感经验；而审美设计除了捕捉美感，更注重实用与使用的功能。它是一种能动的创造性活动，创造具有使用功能的产品和环境，所以设计活动与设计作品，通常比起艺术品更加与生活密切结合。它处在一般发明和设计活动之间，与发明不同，发明和发现是创造未曾有过的客体，制定未知的原则，揭示事物和现象的新规律和新属性；与一般设计不同，一般设计主要是遵循一定的程序化条件，获得数量的效果。它是一种“别出心裁、不落俗套的设计”，“巧妙的设计”，“美的设计”。它的研究对象正如第 13 届国际技术美学讨论会的主题那样，“从小汤匙到大城市”无所不包，它渗入现代生活的所有领域，它的价值和意义普遍存在于当今的生活中。设计美学早先主要应用于工业生产，随着科学技术的社会化和社会的科学技术化，应用范围不断扩大，远远超出了工业的领域。目前，在城市建设、环境、建筑、交通、商业、农业、园艺以及医学、军事等部门，都已开始研究和应用。

五、设计美学三要素

（一）创新是设计美学的灵魂

创新通俗地说，就是运用智慧获得与以往不同、更为进步、创造性地解决问题的新方法。由此可见，创新需要具备三个要素：一是，运用智慧，带有人的本质力量；二是，比以往更加合理，含有进步性；三是，与以往不同，具有独创性。创新是设计美学的灵魂，独创性是设计美学区别于传统艺术创作的重要特征。设计美学的目标是传达时代精神，必须是创新的。设计的核心是一种创造行为，一种解决问题的过程。设计美学研究的就是一种创造性地解决问题的方法。缺少发明，设计就失去价值；缺少创造，产品就失去生命。ICSID前主席亚瑟·普洛斯说过：工业设计是满足人类物质需求和心理欲望的富于想象力的开发活动。设计师的任务不是保持现状，而是设法改变它。设计要求新、求异、求变、求不同，否则设计将不能称为设计。所谓设计的创新，包含着不同的层次，它可以是在原有基础上的改良，也可以是完全的创造。但无论如何，只有新颖的设计，才会在大浪淘沙中闪烁出与众不同的光芒，迈出走向成功的一步。

前面讨论美的本质时曾指出，美是人的本质力量在对象世界的感性显现，创新性活动最能显现这种本质力量，而模仿所缺乏的恰恰就是这一点。因此，设计忌讳不顾具体条件的生搬硬套、盲目模仿。苏州园林建造时反复揣摩，故能各有其长、各有其异、各具特色而独步天下。清代同治、道光以后，吴门画风崇尚摹似，造园也受其影响。此时修筑的怡园，意欲集中吴中诸园之长，遂将沧浪亭最精彩的复廊移来园中，留园的可亭照样搬了过来，假山是模仿环秀山庄，曲桥学狮子林，旱船仿拙政园的香洲。殊不知各园原有景物一处有一处的环境，其大小、比例、造型均有其自在的景观，想是集萃于一园，实难取得理想的效果。虽然怡园还是一座不错的园林，但这些名园的精彩到了这里，却也发挥不出来了。有些地方造花园常常照搬，更不好的是搬不像，建个亭子不是顶太大就是顶太小，比例不对，造不成美景而成败笔。

东施效颦的成语说的也是这个道理。庄周《庄子·天运》说："故西施病心而颦其里，其里之丑人见而美之，归亦捧心而颦其里。其里之富人见之，坚闭门而不出；贫人见之，挈妻子而去之走。彼知颦美而不知颦之所以美。"西施本来就美，她用手扶住胸口、皱着眉头的样子，大家都称赞她很美丽。而东施本来就长得丑，缺乏西施的基本素质，只模仿她的动作、装腔作势的怪样子，让人看到当然就更加厌恶了。

人的审美心理蕴含着求新、求异的特征，与人的感官容易疲劳有关。再美的东西天天看，也就不一定感到美了。缺少变迁会使感官迟钝、没精打采，这就是创新美感的心理根源。公元962年，日耳曼王奥托一世加冕，称为"神圣罗马帝国"，当时四分五裂的西欧被认为，由基督教形成了"世界帝国"。这虽然只是虚张声势，但却使当时的意大利经济和文化得到了一些发展。比萨是当时意大利重要的商业和文化城市。1063年，为纪念战胜阿拉伯人而建造了比萨大教堂。教堂对面加建了一座圆形的洗礼堂，后面又建造了一座钟塔。塔为8层，高56m。这样，教堂的十字形、洗礼堂的圆形和钟塔的垂直向上形象，三者产生了强烈的形式对比，但又风格统一，使这个建筑群既和谐、均整又不显呆板。一个偶然的原因，使得这个建筑群之中的钟塔名扬天下。这座钟塔于1173年开始建造，当它建了三层后，由于地基不均匀，塔身开始倾斜，不得不停工近两个世纪，直到1350年才完成。但是，最终还是未能矫正，成了"斜塔"，至今斜度已达5.1°。然而，这样一来却因祸得福，反而使这座钟塔意外幸运地出了名，成了中世纪七大奇迹之一。人们看惯了竖直的建筑物，对于倾斜的建筑就倍感新奇了。

（二）设计美学追求合理

- **设计美学追求功能完善**

古代中国，美与善同义。《说文》："美，从羊大，羊大则肥美。羊在六畜主给膳，膳之言善也。羊者，祥也，故美从羊。”从美的字源上可以看出，中国古代是从是否宜于生活的实用态度来看待美的，对于生活相宜的，称善、称美。美在于合善，善在于合宜，宜在于生活的美好。

实用与审美的辩证统一，是设计美学的本质特征之一，也是衡量设计优劣的准则。技术对象的主要作用是功能活动，技术美的中心因素是功能美。实用原则是设计美学最基本的原则，设计除了捕捉美感，更注重实用、注重使用功能。无论是生产工具、产品、日常生活器具，都必须对人有使用价值，能够为人所用，并且用起来感到方便、顺手、合适、舒畅，才能使人充满愉快、产生美感。欧阳修有一首咏砚的诗说：“砖瓦贱微物，得厕笔墨间，于物用有宜，不计丑与妍。金非不为宝，玉岂不为坚，用之以发墨，不及瓦砾顽。乃知物虽贱，当用价难攀。岂惟瓦砾尔，用人从古难”❶。在设计美学看来，一件实用产品的设计是否优化，首先要看它是否“当用”，它的构成材料、结构和形式，都必须服务于其自身的目的。在使用当中，符合自身目的的就是美的。

- **设计美学要求符合价值法则**

一个设计之所以被称为“设计”，是因为它解决了问题。德尼·于斯曼在论到工业美学的“经济原则”时说：“使用的手段和材料的经济（最低限度的成本），至少不损害相应制成品的功能价值和质量，这是实用美的起码条件”❷。设计的依托是市场规律和竞争的法则，设计不可能独立于社会和市场而存在，符合价值规律是设计存在的直接原因。早期设计美学，功能主义的审美风格就是工业时代追求经济效益的结果，现代主义风格就是市场作用的显著结果。市场的核心是消费者的基本需求，正是这种消费需求影响着消费者对设计风格的要求不断发生变化。所以，设计过程中的经济因素，设计与社会经济的互动关系，市场需求法则和规律是设计创造的基本原则和准则。准确把握市场需求、紧跟时代潮流，是对每一个设计师最起码的要求。

经济作为设计美学的优化标准之一，一方面是要求设计的产品非常简洁、灵巧、恰当和耐用，以最小的物质消耗获得最大的效益，尽可能避免一切不必要的浪费，在产品的形式和结构上排除一切多余的部分，以突出最能发挥实用效果的部分；另一方面是要求产品和环境的设计必须尽可能符合人体工程学的要求，使人在生产和生活中，以最小的能量消耗去解决最大的问题，尽量减少疲惫、增多舒适。

- **设计美学需要遵循科学规律**

设计美学是建立在技术基础上的应用学科，现代工业技术的革命引起了设计美学理论和应用的产生。技术因素不但是设计美学的基本因素、基础和依托，而且也决定了设计审美风格的形成。工业文明的发展，使机器化大生产代替了传统的手工艺生产，工艺美学中的一大部分也被现代设计美学所取代。工业时代的大批量、标准化生产方式，使功能主义成为基本的审美法则，简洁、抽象、科学化的设计审美原则曾风靡一时。可见，现代主义设计审美风格的形成，主要是现代技术影响的结果。科学技术与设计美学的互融，科技进步对设计的推动作用，设计成为科学技术的物化，设计需要遵循科学规律。

---

❶ 《古瓦砚》.《欧阳文忠公文集》. 卷五十二

❷ 转引自《技术美学与工业设计》第一辑. 德尼·于斯曼.《工业美学及其在法国的影响》天津：南开大学出版社

（三）设计美学的人本理念

• **设计美学的目的是人**

“以人为本”的概念源于西方的哲学思想，认为自然界中一切都要为人的利益服务，人是宇宙自然一切的中心。古希腊先哲普罗塔格拉斯认为“人是万物的尺度。是一切事物存在的尺度，是一切不存在的事物不存在的尺度”。培根也认为“人应当是世界的中心，整个世界万物都在协调一致地为人效劳”。“以人为本”的设计理念是指在设计中将人的利益和需求作为考虑一切问题的最基本的出发点。我们知道，作为主要的审美活动的艺术，在人类的精神生活中占有相当重要的地位。但是，从人的生存空间来看，艺术只是小部分，人更多地是生存在生产和生活活动里；从时间上看，人用于艺术的创造和欣赏的时间也是有限的，人一生有三分之二的时间是消耗在生产劳动和日常生活中。因此，从这个意义上说，生产劳动和日常生活的审美化，对于人生更具有重要性和迫切性。随着人类认识水平的逐渐提高、深化和上升，人类认识将由必然王国走向自由王国，这是认识发展的必然规律。而人类的设计也必将随着自身认识的提高走向更高的境界，即人类社会所孜孜以求的理想化、艺术化的造物方式和生活方式，由不自觉走向自觉，由设计的“必然王国”通向设计的自由王国。作为与人类生活息息相关的设计美学，虽然与物品，包括日常用品、衣饰、房屋、生产工具、产品等等直接相关，但是，它并不仅仅以物品作为研究对象。设计的核心是以“人”为中心，创造的成果要能充分适应、满足作为“人”的需求。设计美学探讨的中心问题是人与物之间的审美和谐。所以，它的出发点是人，人是设计美学的焦点，“以人为本”是其核心，归根结底设计是为人而设计的。包豪斯学派的纲领一针见血地指出：设计的目的是人，而不是产品。通过审美的手法服务于人类的物质和精神需要，是设计美学的最终目的。时代的进步和人们需求档次的提高，对以人为本的设计提出了新的要求。以人为本的设计超越了以往单一地满足消费者的物质需要和认知需要的传统模式。它还包含了文化、社会以及情感等因素，同时也是对经济和商业战略的深层次理解。它综合了如心理学、社会学、人类学、人机工程学、生命科学等不同学科的知识，来进行研究。

现代社会高科技的迅猛发展，正逐步改变着人类生产生活的方方面面，在展示人类伟大的征服力量和无与伦比的聪明才智的同时，也带给人类新的苦恼和忧虑，那便是人情的孤独、疏远和感情的失衡。在高科技的社会里，人们必然去追求一种平衡——高科技与高情感的平衡，一种高理性和高人性的平衡。技术越进步，这种平衡愿望就越强烈。所以，约翰·奈斯比特认为：无论何处都需要有补偿性的高情感。我们的社会里高技术越多，我们就越希望创造高情感的环境，用技术的软性一面，来平衡硬性的一面。这种情感和人性平衡的实现，作为以实现人类生产劳动和日常生活的审美化为己任的设计责无旁贷。

人类社会的一切都已打上了人类精神意识的烙印，设计也不例外。设计师的工作就是使人们从物的重负和奴役中解放出来，使人的生存环境和物品更适合人性，使人的心理更加健康发展，使人类感情更加丰富，人性更加完美，真正达到人物和谐，“物我相忘”的境界。现代工业化社会中的人们在享受物质生活的同时，更加注重消费品在方便、舒适、可靠、价值、安全和效率等方面的评价，也就是在产品设计中常提到的人性化设计问题。

美国设计师普罗斯说过："人们总以为设计有三维：美学、技术和经济，然而更重要的是第四维：人性。"所谓人性，是指人的秉性或本质特性，是所有人都具有的共性，尽管这种共性在不同的人身上反映的程度会有所不同。人性的共性一般有：求真、向善、爱美；追求新奇刺激，但又恋旧；有惰性；有情感需求；有自我约束与环境适应力；欲望无止境；自我表现和自我实现需求等。设计是物质性和精神性、理性和人性的结合，是人类生理感受、心理情感及伦理道德的映照。设计的目的在于满足人类自身的需要，因此，人性化设计应该满足生理、心理和伦理三个方面的要求：

- **满足人的生理特点**

第一个方面的含义以人机工程学的发展为前提和基础，是从满足人体生理特点方面考虑的。"人性化设计"依据人体力学及人机工程学原理设计了安全、舒适、构思独特、更适于人类使用的产品。一款成功的人性化设计作品的特征应该是设计简洁、流畅、紧凑，充分满足人机工程学的最适当的操作要求，形式和功能上处处为人着想，适合于人的特性，使人与物达到一种完美的和谐结合。它在保障产品功能的前提下，改进产品的外形，以达到符合人机工程的一般原理。美国设计师亨利·德雷夫斯认为：工业产品的设计首先应该考虑的是高度舒适的功能性，设计必须符合人体的基本要求即人机工程学。他在研究和应用的基础上发表了著名的《人体测量》，为设计界在人机工程学方面提供了主要的数据资料。"人性化设计"作为当今设计界与消费者孜孜追求的目标，带有明显的后工业时代特色，是工业文明发展的必然产物。仅从工业设计这一范畴来看，大至宇航系统、城市规划、建筑设施、自动化工厂、机械设备、交通工具，小至家具、服装、文具以及锅、碗、瓢、盆之类各种生产与生活所联系的物，在设计和制造时都必须把"人的因素"作为一个首要的条件来考虑。随着产品的结构和功能越来越复杂，提高操作的效率和使用的宜人性的要求，成为设计的重要任务之一。

- **满足人的心理情感**

人性化设计第二方面的含义是指在符合人们的物质需求的基础上，强调精神与情感的需求，以满足人的心理方面的情感。设计人性化的表达方式就在于以有形的"物质态"去反映和承载无形的"精神态"。作为人类生产方式的主要载体——设计物，它在满足人类高级的精神需要，协调、平衡情感方面的作用毋庸置疑。它综合了产品设计的安全性与社会性，就是要在设计中注重产品内环境的扩展和深化。设计师通过对设计形式和功能等方面的"人性化"因素的注入，赋予设计物以"人性化"的品格，使其具有情感、个性、情趣和生命。设计美学以人为出发点，首先要使人在生理上、物质上满意、满足，然后才能使人在精神上感到愉悦。设计承载了对人类精神和心灵慰藉的重任。产品不仅要满足人的功能需求，更要为人们提供情感、心理等多方面的享受。设计越来越重视对产品文化附加值的开发，努力把使用价值、文化价值和审美价值融为一体，突出产品中的人性化的含量。人对情感的追求不是凭空的，是要借助于物质手段来表达或实现的。中国古代诗词讲究"比、兴、赋"，常常是先引人物或景，以此为依托来抒发情怀。把人作为设计美学研究的出发点，从根本上讲，以人为本的设计是使科学技术更加人性化，是要使人的生存环境更加"合乎人性"，使人与物（环境）的关系成为一种和谐、审美的感性关系，把人从"囿于粗陋的感觉"中解放出来，实现马克思所说的"全面占有"。人与物的关系"不应当仅仅被理解为占有、拥有。人以一种全面的方式，也就是说，作为一个完整的人，占有自己的全面本质。人同世界的任何一种人的关系——视觉、听觉、味觉、触觉、思维、直观、感觉、愿望、活动、爱，——总之，他的个体的一切器官……通过自己的对象性关系，即通过自己同对象的关系而占有对象。对人的现实性的占有，它同对象的关系是人的现实性的实现”❶。马克思这段话有两个对设计美学来说异常重要的思想：一是，人对物的占有，本质上是人对自身现实性的占有，是这种现实性的实现。其核心是人自身，而不是使人异化为物的奴隶，使产品适合人，而不是让人去适应产品，人本身是一切产品形式存在的依据。这一思想在后工业社会更应引起高度的重视；二是，人对物的占有，不能只局限于“赤裸裸的有用性”，只求满足人的物质消费，而应该具有全面性和丰富性。除了物质上的满足以外，还必须满足精神的需求。这也就是说，人的社会本性客观上要求他的一切对象（器物、衣饰、住宅及他的产品）都能在审美上引起精神愉悦，使人的环境和活动过程都带有审美性质。这正是环境“合乎人性”的精髓所在。设计从过去对功能的满足，进一步上升到了对人的精神关怀，由追求物质需要为主到两者兼顾并以追求精神享受为主。这是在设计中融入文化、增加产品文化附加值的根本所在，这也是设计师的责任。

• **满足人的伦理道德**

人性化设计第三方面的含义，是指以饱含人道主义精神去打动人，是从满足人的伦理道德方面考虑的。通过对设计物功能的开发和挖掘，在日臻完善的功能中渗透人类伦理道德的优秀思想，如平等、正直、关爱等，使人感到亲切温馨，让人感受到人道主义的款款真情。设计师只有用心去关注人、关注人性，才能“以义感人”。设计师已在逐步转换自己的设计思维，消费者已成为设计师的“上帝”。“为人性而设计”不再只是泛泛而谈的口号，而是深深扎根于设计师心中。著名的丹麦建筑家和设计家艾里克·赫罗教授在瑞士环境研讨和行动基金会 1969～1970 年鉴中说：“设计的实施要求以道德观为纬线，辅之以人道生义伦理学指导下的渊博的知识为经线，……设计者本人已经成功地将工业设计转化为一种手段，用以大量生产、大量购买、大量消费，还大规模地毒害数不清的环境……如果这种断言适用，这就意味着‘设计’要么能作为自我破坏的手段，要么能成为在比我们熟悉的现状更为合理的世界中生存的手段”❷。这种伦理学色彩突出地表现在设计所承担的社会道德责任越来越大。生产力越发展、生产的社会化程度越高，设计所承担的社会责任便越大。大多数现代工业生产都涉及全社会的利益，有的工业生产甚至涉及全人类的利益，例如核工业。设计便不能不充分考虑社会责任和社会道德心，不能不考虑生态环境的平衡和社会环境的稳定。只有这样设计，才能对整个社会和人类的生存发挥积极的作用。

六、设计美学门类

设计美学属于技术美学领域。当前技术美学已涵盖人类生产和生活的所有领域，因此，设计美学的对象非常丰富，它的门类也非常多。1983 年 10 月，在意大利米兰召开的第 13 届国际技术美学大会把“从小匙到大城市”作为主题，足以窥见技术美学和设计美学包容之广。当中的种种门类自然也是模糊、动态的。对于设计美学的分类，不同的设计

---

❶ 《马克思恩格斯全集》（中文版）第 49 卷第 43 页。

❷ 同上

师和美学理论家根据各自不同的观点进行过不同的归类。既然设计美学是技术美的创造，一般来说，划分设计美学的门类应该以技术部门类并照顾设计行业的专业分工，才比较科学。设计行业因专业分工，大体上分成空间环境设计、工业产品设计以及视觉传达设计三大领域。设计美学也应按照行业的专业分工，分为三大类，如图 3-5-1 所示。

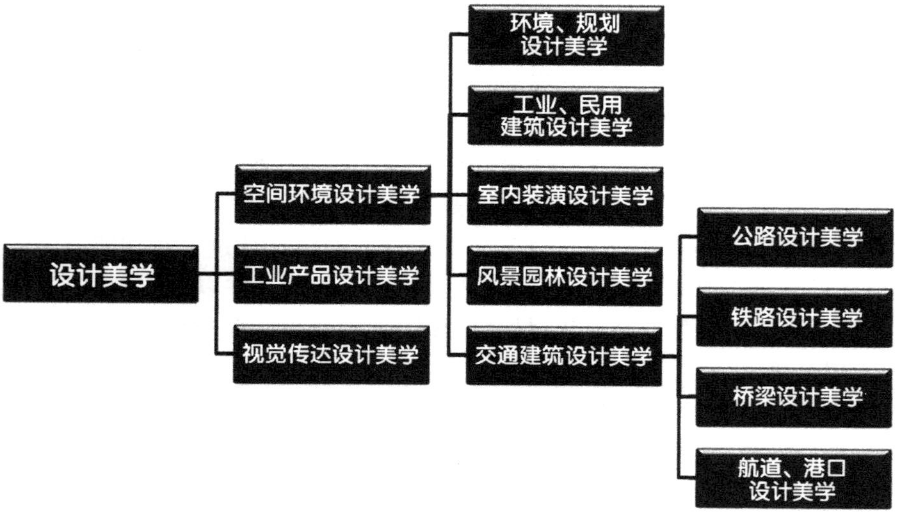

图 3-5-1
设计美学门类

图中表示出桥梁设计美学的主线及其横向相关的门类，对横向相关的门类不再展开。工业产品设计美学应包括：机械产品设计美学；纺织产品设计美学；交通工具设计美学（车辆、飞行器、船艇等）；仪器仪表设计美学（工业仪表、医疗设备及仪表、工程仪表等）；工具产品设计美学；生活用品设计美学（服饰、首饰、玩具、钟表、文具、灯具、餐具、陶艺等）；家具设计美学（桌子、椅子、床、橱柜、沙发等）；电子产品设计美学（数码类产品、电脑、电子手表、手机等）；以及家电设计美学（彩电、洗衣机、冰箱、微波炉、音响等）等等。视觉传达设计美学应包括：平面设计美学（产品包装、海报、宣传画、广告、展示、企业识别、书刊装帧、书画装裱、网页等）；动漫、影视设计美学；舞美设计美学；多媒体设计美学等等。

第四章　桥梁美学和桥梁美

第一节　桥梁美学的产生与发展

桥梁美学和美学、技术美学一样，是先有其实、后有其名的。桥梁是人类文化中的一颗灿烂明珠，是人类征服自然的一项丰硕成果，因此，桥梁美和桥梁文化早就被人们所重视。但是，桥梁美学作为一门学科，还是在第二次世界大战后，才逐渐为桥梁界所接受。

20 世纪 40 年代以来，现代科学技术有了迅猛的发展，一个新的技术革命的浪潮正在世界范围内兴起。在这种新形势下，科学技术一面在高度分化，同时又出现了高度综合的趋势，交叉学科、边缘学科不断产生。过去，自然科学和美学被认为是风马牛不相及的事，现在人们开始重视它们之间的联系。现代科学技术的进步，人类社会实践和审美实践活动领域的扩大，使人们越来越认识到：自然科学、工程技术、物质生产和艺术一样，也存在着美和审美的问题。就在这种历史背景下，桥梁美学也随着技术美学的产生和发展而诞生。

1936 年，德国卡尔・舍希特勒和弗瑞兹・莱昂哈特出版《桥梁造型》；同年，日本加藤诚平也出版《桥梁美学》；1942 年，日本鹰部屋福平出版了《桥的美学》，这些都是早期的有关桥梁美学的著作。1976 年，著名的桥梁专家弗瑞兹・莱昂哈特在第 10 次世界桥梁和结构会议上，倡导各国桥梁学会开设桥梁美学分会，得到了日本、美国等许多国家的响应。1978 年，根据他的提议，国际桥梁及结构工程协会（IABSE）创建了“结构工程美学”特别小组，并向全世界号召重视桥梁美学研究。1982 年，弗瑞兹・莱昂哈特出版了《桥梁美学和设计》。原文为德文，作者考虑到读者面广，出版时就以英、德两种文字出版。英文版书名为《Bridges Aesthetics and Design》。从书名和书中的内容可见，作者的本意就是把美学与设计紧密联系在一起，从美学的角度来探讨设计，实际上就是设计美学的思想。这本书的出版引起了世界各国的广泛注意，被译成数十种文字。1988 年中文本出版，把书名译为《桥梁建筑艺术和造型》。可见，当时中国桥梁界对“Bridges Aesthetics”，特别是“Design”的理解还不是很确切。

日本是比较重视技术美学的国家。早在 20 世纪 20 年代，就按包豪斯学院的精神和教育体制开办了建筑工艺学院、建筑工艺研究所等技术美学的教育和研究机构。从那时起，日本建筑教育一直坚持工程师与建筑师并重，培养全能的“建筑仕”。20 世纪 50 年代，英国建立“工业艺术设计中心”时，日本也在东京、大阪等地建立了“工业艺术设计之家”，出版了《工业艺术新闻》，同时在 200 多所院校里开设了工业艺术设计课程。到 20 世纪 80 年代，日本已拥有数万名“工业艺术设计师”，在日本土木建筑方面的造型艺术设计公司随处可见。这就给桥梁美学，特别是桥梁设计美学，打下了深厚的基础。1980 年，日本山本宏出版《桥梁美学》；1988 年，松村博出版的《桥梁景观的演进》；1989 年，日本土木学会构造工学委员会成立专门的分科委员会编辑出版《桥梁美学设计指南》；1990～1991年间，日本海洋架桥调查会出版《桥与景观》；1995年，伊藤学出版《桥梁造型》等专著。这些著作的相继出版，为桥梁美学理论和实践起了重要的推进作用。多年来，在土木学会主导下，在桥梁界大力推广技术美学及设计美学思想，并不断创新，形成了自己的独特的做法。"桥梁景观设计"频繁出现在建设规划和方案评审会以及各种文件、议案、论文中。在长大桥规划时期，都成立由著名桥梁专家、建筑师、艺术家、环境工作者、当地民众代表及政府官员组成的专门景观设计委员会，对拟建大桥从造桥宗旨、方针、桥位、桥型选择到材质、色彩、景观照明等等进行全面的评价与研究，明确提出了景观建设方针和方案，并在建桥的自始至终进行贯彻与监督，以确保所建大桥能满足景观和环境上的要求。

1986年，美国全国研究协会所属的国家运输协会召开世界桥梁美学会议，并于1991年汇总出版了《环球桥梁美学》(Bridge Aesthetics Around the World)，1992年获美国PES专家工程师协会特别奖。书中，集中了全球24位世界杰出的桥梁工程师与建筑师关于桥梁设计美学方面的经验。来自不同国家的桥梁工程师和建筑师，从16个国家选择的有代表性的桥梁，交流了他们关于桥梁美学方面的看法、意见和建议。《环球桥梁美学》一书出版，标志着桥梁美学走向成熟。作者们强调了桥梁与所在地环境的结合以及采用相互关联设计促进这一结合的重要性；强调同时存在结构功能和外观表现两个方面的重要性，并鼓励设计师要更多地应用自己的创造能力与直觉判断。

国内，也有不少专家和学者对桥梁文化和桥梁美学做出了许多贡献。茅以升虽然没有赶上桥梁美学发展的年代，但他一生致力于发掘、整理、总结中国古代桥梁艺术和科学文化成果，并做出了许多贡献。茅以升撰写了多篇有关论文并主编《中国古桥技术史》、《茅以升桥话》两部著作，从科学技术、艺术造型、使用功能、景观效果、桥梁施工、桥梁文学、社会影响等多方面，阐述了中国古代桥梁艺术成就和文化价值。在《中国古桥技术史》一书中，他专门写了"桥梁艺术与桥梁文学"一节。在《茅以升桥话》一书中，他用图画手段展示了中国古桥景观。唐寰澄长期致力于桥梁艺术和桥梁美学研究，1981年，出版《桥》；1987年，出版《中国古代桥梁》；1994年，出版《桥梁美的哲学》等介绍中国桥梁美学成就的专著，对中国桥梁美学的发展产生了广泛的影响。1985年，作者率先在桥梁专业开设桥梁美学课程并进行许多桥梁美学的研究和创作实践。在教学中，作者从桥梁美、桥梁美感和桥梁美的创造三个方面对桥梁美学进行全面、系统的梳理。人民交通出版社从20世纪70年代后期开始陆续出版了《中国桥梁》等大型桥梁画册，展示了中国桥梁建设成就。1987年，樊凡出版《桥梁美学》；1999年，盛洪飞出版《桥梁建筑美学》；同年，和丕壮出版《桥梁美学》，使桥梁美学在中国得到传播。

弗瑞兹·莱昂哈特在《桥梁美学和设计》引言中说："我的目标一直想建造美的桥梁，虽然并不经常如愿以偿，这是因为那些有决定权的人对美的价值与美的本质缺乏感情。这种美学意识在当前我们这个唯物主义的时代里已经逐渐衰退。有鉴于此，本书开始我就论述了美学的基本原理。"他在美学基础一章中又说："美学属于哲学、生理学和心理学范畴。于是你可能会问，作为工程师的我竟敢对美学发表在专家们看来似乎是外行的意见。不过我想试一试"[1]。这段话尽管是出于作者的谦虚，但是从各国的桥梁美学发展情况来

[1] (德) 弗瑞兹·莱昂哈特著，徐兴玉等译.《桥梁建筑艺术与造型》(中文版).北京：人民交通出版社，1988

看，目前从事桥梁美学研究的的确都是桥梁专业的专家和学者。这样就使得他们对桥梁专业非常熟悉，因此，有利于理论联系实际；但是，由于桥梁美学是一门边缘学科，除了桥梁专业外，还需美学，特别是技术美学的知识，这方面是他们的“软肋”。因此，就出现了对一些美学和技术美学的理解上的局限和模糊，有的还是以古典美学的思路来理解桥梁美学。由于桥梁美学还很年轻，至今尚未构筑起完整的理论体系。这种现象的改变还有待于美学、技术美学和设计美学在桥梁专业领域进一步的普及。

第二节　桥梁美学研究体系

仇春霖的《简明美学原理》认为“美学的研究领域，既包括构成人与现实审美关系的客体——美的存在和美的主体——美的认识，也包括美的创造。美学是一门研究美，美感和美的创造的科学”。美学家马奇为该书作序时指出：“全书也好像是按照被公认的体系，即美、美感、艺术这三个部分来安排；把美广义地理解为审美对象，把美感广义地理解为审美意识，把艺术作为艺术美来阐述”❶。既然美、美感和美的创造是公认的美学研究体系，桥梁美学的研究也应该像其他门类美学一样，包括桥梁美、桥梁美感和桥梁美的创造。桥梁美的创造包括设计和施工两个方面，即桥梁设计美学和桥梁施工美学。可是，目前这两个方面问题的研究都是空白。本书力图填补桥梁设计美学方面的空白，以期缩小我国桥梁审美思想上的差距，提高桥梁美创造的水平。至于，桥梁施工劳动过程审美化的问题直接关系着劳动者的工作环境、生产条件和生产工具，解除劳动痛苦，提高劳动的积极性和自觉性，从而提高生产效率和质量。这方面的研究也至关重要，有待来者开拓和研究。桥梁美的创造还应该包括桥梁的设计、施工、管理和使用人员主体美的创造，即人员美育。完整的桥梁美学研究体系如图 4-2-1 所示。

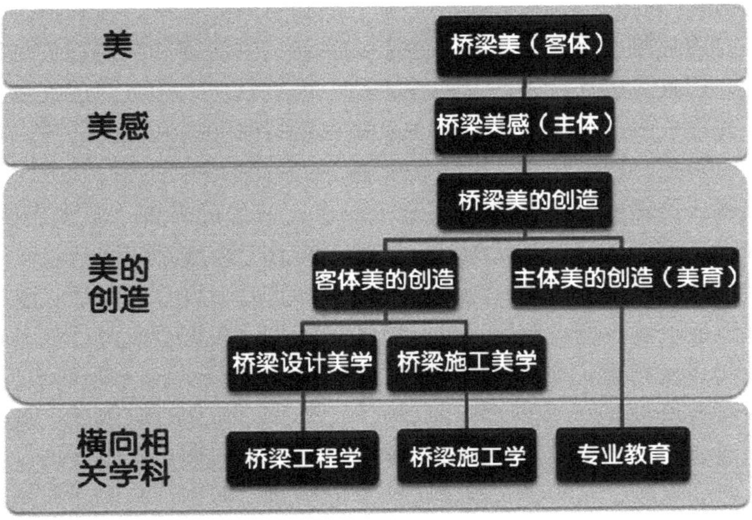

图 4-2-1
桥梁美学研究体系

❶ 仇春霖．《简明美学原理》．北京：高等教育出版社，1987

第三节 桥梁美的本质和特征

一、桥梁美的本质

- **人类本质力量的显现**

原始先民从远古拓荒、天地鸿蒙中走来，用自己的脚踩出了一条条道路。路在他们脚下延伸，却止于高山深壑、江河湖海。对于原始时期的人类而言，望洋兴叹是他们的宿命。可是在叹息之余，他们从来没有放弃过天堑变通途的梦想。那些用一条条原木，一根根藤条编起的桥的雏形，成为他们与自然界险恶环境抗争的有力佐证，也成为人类文明发展的源头的象征。人类择水而居，黄河、长江、恒河、印度河、底格里斯、幼发拉底、尼罗河，都曾经是人类的摇篮。当人类的视野随着脚步不断地拓展，江河便成了阻隔，跨越江河，探寻彼岸成为梦想。这种梦想伴随着人类走过数千年，从来没有泯灭。于是有了比舟楫樯帆更加安全、更加便捷的桥梁。桥梁是一种独特的构筑物，它驮着道路跨越河流和峡谷，使人对其产生了特别的情感，这种情感就是美感。每一座桥梁的建成，不仅交通得到满足，也是崇高的目标和理想的实现，是人们创造力的一次检阅。人们享受着一种"人类在他所创造的世界中直观自身"的喜悦，看到了人们的智慧与力量，为从自己的创作中发现自身的力量而豪情满怀。

按照马克思的实践观点，人类在改造自然中，与自然界建立的对象关系，使自然成为人的对象世界，在对象世界中人们观照到了自己的本质力量，这就是美。造桥是人类征服自然的一种活动。马克思所说的"对象世界"包括所有经过人类劳动加工过的万物，当然也包括桥梁。人在建造桥梁的劳动中，将自身的"本质力量"施之于自然，创造了"第二自然"，使自然被人的本质力量"对象化"。这"本质力量"既包含着视、听、嗅、味、触五种自然感官的力量，也包含着思维、观照、情感、意志、活动、生活等"所谓精神的感官，即实践的感官"的力量。因此，前述物质产品的社会性，也就是"人和自然的完善化的统一体，——自然的真正复活——人的彻底的自然主义和自然的彻底的人道主义"❶。桥梁就这样凝聚着人们的思想、观照、情感、意志、活动等等。

美国行为科学家马斯洛将人类需要从低到高分成五个层次，即生理需要、安全需要、社会需要、尊敬需要和自我实现需要。马斯洛认为，上述需要的五个层次逐级上升，当下级的需要获得相对满足以后，再要求上一级需要得到满足。五种需要可以分为两级，生理上的需要、安全上的需要和感情上的需要，都属于低一级的需要，这些需要通过外部条件就可以满足；而尊重和自我实现的需要，则是高级需要。吃自己的饭菜，穿自制的衣服，驱车通过自己参加建造的大桥都会获得"自我实现的需要"，会有不同凡响的感受。现代的桥梁已不纯粹以满足功能需要为目的。桥梁巨大的跨度和难度、强烈的形体表现力、超凡的尺度均反映出人类对自然的驾驭，是人类自我实现的高度反映。桥梁美是人类在改造自然的斗争中所表现的智慧和力量，这种本质力量对于亲身参与者来说则更直接、更强

---

❶ 朱光潜译注．《马克思〈手稿〉中的美学思想讨论集》．西安：陕西人民出版社

烈。对于每一个桥梁建设者来说，不论是享誉海内外的大师，还是默默无闻的一般工作者，甚至只是一个普通的工人，一座桥的建设都是一本书、一首歌、一场戏，一次人生。一座座雄伟的桥梁，不仅仅是建筑材料的堆砌，更有每一位参与的建桥人的酸、甜、苦、辣……，成功的喜悦、失败的痛苦，幸福、辛酸，温馨、孤独，所有建桥的故事都可以在那里演绎……。因此，桥梁美的本质就是这种演绎在对象世界中的显现，是桥梁工作者的创造能力在被自己的劳动物化（对象化）了，打上自己印记的桥梁中，感知，直观到自身的聪明、才智而获得感情上的愉悦。张或在《赵郡南石桥铭》中说："……虹舒电拖，虎步云驹，截险横包，乘流通透……力将岸争，势与空斗。"人们通过桥梁来认识自我，桥梁成了人类力量、智慧、勇敢和毅力的赞歌。桥梁可以用作检测人类创造力的途径，这条途径的终点是人类共享自身创造，并通过这种创造不断深入认识自身，达到真正的自由王国。这时，桥梁的物质功能早已让位给了审美功能，留下来的正是那种令人神往的人类自己的本性的外化。我们在桥梁这一伟大的形象上，看到了人自己的本质力量。桥梁正是人类认识自己的一个最可贵的对象。桥梁美的本质就在于桥梁以其特有的属性和形式体现着人类的本性，表明人的智慧、才能和力量。桥梁美是人类的本质力量在桥梁这个对象世界中的感性显现。通过桥梁跨越天堑的雄伟气魄，显现出人类征服自然气吞山河的本质力量。桥梁使人们有可能舒畅地坐在飞速行驶的车厢里，跨江河、越险阻。当看到脚下被征服的惊涛骇浪，感受到一种无比的快慰和自豪，这就是桥梁美的本质。

- **人类实现天堑自由的确证**

人类的生产劳动是一种有自觉意识和目的的活动。通过对自然规律的掌握和运用，使人类摆脱必然性的束缚，而取得改造客观世界的自由。无论在现实生活或艺术实践中，这种在行动上驾驭客观规律的主体实践所达到的自由形式，才是美的创造或境界。在这里，人的主观目的性和对象的客观规律性完全交融在一起。桥梁建设中克服各类困难和矛盾所体现出来的和谐团结精神；建桥中不畏艰险和险阻所表现出来的勇敢勤奋精神；桥梁工作者的创新开拓和科学精神；万众一心征服江河的英雄精神，都是创造这种自由中人类的意志。这种创造活动的产物就成了人用自己的意志取得自由的确证，它体现着自然的规律性和人类的社会目的性，这里所表现出的感性直观形式，就是桥梁美。这种美是合规律性与合社会目的性的辩证统一，是人类所取得的自由的确证。桥梁美正是美的本质的直接披露。

"逢山辟路，遇水搭桥"，发自把自然分隔连接起来这一人类的固有意志。桥梁具有使两岸的交通能够畅通，使被分隔在两岸的居民得以相互联系的功能，发挥着扩大生活空间的作用，使得人们能够超越其所处的限界，向外界推进。美之所以是自由的形式，不也正在于通过技术来消除目的性与规律性的对峙，以达到从心所欲。毛泽东在《游泳（长江）》诗写道："风樯动，龟蛇静，起宏图。一桥飞架南北，天堑变通途。更立西江石壁，截断巫山云雨，高峡出平湖。神女应无恙，当惊世界殊。"正是对天堑变通途所取得的自由的歌颂。

据《周易·说卦传》，乾为天，震为雷，为龙、震在乾上，则大壮卦的卦象为雷在天空轰鸣，龙在天空升腾，其势大且壮也。由于生产力的低下与科学知识的贫乏，古代的人们对于雷、电等自然现象并不理解，怀有一种恐惧的心理，他们把打雷看作是上天在发怒，把闪电看作是苍龙在飞腾。当狂风暴雨夹杂着电闪雷鸣，铺天盖地般袭来的时候，他们不知所措，颤颤巍巍，由恐惧而生敬畏，从中体验到了某种险厉、雄阔、崇高、宏放、威壮与伟大的审美感受。关于这方面的美学意义，按照普列汉诺夫的说法："伴着激烈的暴风雨和咆哮的奔流，伴着迅雷的威猛的鸣动和眩目似的电光的闪烁，伴着爬来爬去的大密云的大雷雨，正如在原始时代一样，至今也还使人类的想象力惊奇。……当人们为恐惧所拘，躲在角落里，在那里发抖之间，他自然不能从美学的见地来评价现象。但在，人们毫无恐怖地观察着狂暴的自然力的时候，则爽快和勇壮的活泼泼的感情，能够怎样的将人们捉住，岂还有不知道的人么?”❶ 河流里的惊涛骇浪与狂风暴雨、电闪雷鸣一样使人由恐惧而生敬畏。当人们战胜它，将它制伏，站在桥上“毫无恐怖的观察着”它们的时候，也就是人的自由得到切实确证的时候。人们从对大自然的敬畏转为对人类自身克服艰难险阻获得自由的赞赏，这就是桥梁美最根本的实质。桥梁美是人类在征服天堑阻隔中，对天堑变通途成果的肯定和确证。

• **历史所积淀的感情**

中国土地上既有大江大河的豪迈，又有小桥流水的恬静；既有北方开阔原野的慷慨气派，也有南方自然山水的秀丽丰姿。有水就有桥，在漫漫的历史长河中，无数桥梁沟通了交通，便利了生活，同时也留下了一笔宝贵的历史文化，诉说着动人的故事和昔日的辉煌。黄河浪以太平桥旁榕树为题材写的经典散文《故乡的榕树》说：“我怀念榕树下洁白的石桥，桥头兀立的刻字的石碑，桥栏杆上被人抚摸光滑了的小石狮子。那汩汩的溪水流走了我童年的岁月，那古老的石桥镌刻着我深深的记忆，记忆里的故事有榕树的叶子一样多……”。这些普普通通、不起眼的小石桥都会积淀着如此丰富、“有榕树的叶子一样多”的心灵感情，这就是桥梁美的本质所在。歌德说过：“凡是把许多灵魂团结在一起的就是神圣的”。黑格尔在他的《美学》一书中引用过这句话，认为建筑是这个“神圣的”最早内容。

桥梁凝聚着人类物质生产的巨大劳动，桥梁建造的物质手段，建筑材料及其结构技术的合理性与经济性，先进的施工方法，实际上都是人类自觉改造客观世界的“本质力量”，也会产生出前所未有的审美感染力。人的“本质力量”一旦形成，就必然具有相对独立的价值，这就是人“本身固有的（或内在的）标准”。在物质生产中，人们总是要把这种固有的标准运用到对象中去，也就是人能够摆脱产品（桥梁）单纯被动的实用功能而“自由地对待他的产品”，使人的本质力量得以充分发挥。我们通常所谓桥梁的民族特征、社会特征、文化特征等等人文因素，莫不都是人们本身固有的标准或“本质力量”的释放。在这“本身固有的标准”或“人的本质力量”中一个重要的组成部分就是审美判断或美感经验，所以在物质生产中，“人还按照美的规律来创造”。人的心理机制是人们在漫长的社会实践过程中，积淀、结晶而形成的，人的审美构成因素，就是它的“物化”结果。马克思说人类是“按照任何物种的尺度来建造”，即“依照美的尺度来建造的”，在创造桥梁美的过程中，人类又不断积淀着自身的审美心理感情。所谓“积淀”，正是指人类经过漫长的历史进程，所产生的人性——即人类独有的文化心理结构。桥梁还是人类日常生活不可或缺的建筑物。天长日久，人们与其朝夕相处、荣辱与共，在桥梁上积淀着丰富的情感、往事和记忆。

北宋汴京有一清一浊的潘杨二湖。后来，南宋皇族后裔逃到福建漳州建造一座“赵家堡”，府第前布置一个荷花池，也仿照潘杨二湖，用一条长堤分隔成内外两个水面，又在池上，架上一座石桥，称“汴派桥”（图 4-3-1），以寄托对往事的怀念。据说当时要嫁进赵家，必须走过这座石桥才能当赵家的媳妇，借这个机会给新人进行传统教育。

---

❶ 鲁迅译文集．《艺术论》．上海：上海光华书局出版，1930

图 4-3-1
汴派桥

作为文物建筑中的孤例而被国务院公布为全国重点文物保护的绍兴古纤道桥，把路、桥、水、船浑然一体，卓尔不群。这两面临水的古纤道桥，如长龙卧波，匍匐在西兴运河上，诉说着当年背纤人艰辛地牵荡出一个“鱼米之乡”的历史。当人们见到她那雄健的风姿，必定勾起许多历史积淀在桥上的情感。

武夷山有一座叠木悬臂梁桥——余庆桥。远眺，宛如长虹卧波，景观壮美，气势恢宏；近观，则有走进历史的感觉，扑面而来的是一缕缕浓郁的古风。余庆桥这种独特的叠木悬臂建筑法，这在全国现存的古桥中并不多见，堪称古代桥梁的“活化石”，具有很高的研究和保护价值。余庆桥是当地居民最引以为自豪的人文景观和历史建筑，承载着许许多多地方的历史、人文、传奇和故事，陪伴着小城居民走过了一代又一代。一场无情的大火摧毁了这座国宝级的古桥，小城的居民再也没有古桥的相伴。顿时，小城笼罩在一片忧伤悲凉的氛围中，小城的神经、小城的心灵就这样被紧紧地牵动着，四面八方的人流不停地涌向她，涌向小城最具灵魂、最具标志的百年古桥。那焦虑、惋惜、忧伤和痛苦的表情全写在一张张无奈而凝重的脸上，追思与怀念成为小城居民深深的寄托。人们在记忆的深处，搜寻着有关余庆桥的点点滴滴丝丝缕缕，那情那景无不令人动容，令人心碎。

桥梁常常成为送别的场所，因此寄托着许多思念故乡和亲人的感情。西安东郊有一座灞桥（图 4-3-2）。灞桥位于西安以东十多公里处的灞河上，西临浐水，东接骊山，东南为白鹿原，北面为渭河平川，是东出西安的必经之地。《雍录》中寥寥数语便点明了灞桥位置的重要：“此地最为长安冲要，凡自西东两方面入出峣、潼两关者，路必由之”。古时，灞水浩浩，垂柳依依，古柳婆娑，新柳披翠，风飘絮起，白烟垂野。清《西安府志》记载：“灞桥两岸，筑堤五里，栽柳万株，游人肩摩毂击，为长安之壮观”。因此，“灞桥柳雪”成为古都西安一景，自古就有“绝胜烟柳满皇都”的说法，所谓“古桥石路半倾欹，柳色青青近扫眉。浅水平沙深客恨，轻盈飞絮欲题诗”。其实，灞桥之柳的名气不在自然，而在人文，在于灞桥折柳而演绎成灞桥伤别，从而产生出影响千年的伤别文化。折柳赠别原是中国人最古老的习俗。据文献记载，从《诗经》起，古人就喜欢将离别同杨柳联系起来，因为，柳丝摇曳总给人以招手挽留的想象。“柳”与“留”谐音，既表达依依不舍的情感，也寓意人去他乡，宛如柳木随遇而安、发展壮大。这种习俗最早可见诸《诗经·小雅·采薇》中的“昔我往矣，杨柳依依；今我来思，雨雪霏霏”。到了隋、唐时期，经过文人墨客不断吟诗作赋，灞桥折柳赠别那种离愁别绪和深情厚谊就被定格了下来。在长安作为汉唐京都的漫长岁月里，灞桥更是众多外放官员离京饯别的理想之处。唐朝时，在这里设立驿站，凡送别亲人与好友东去，一般都要送到灞桥后才分手，并折下桥头柳枝相赠。日久天长，“灞桥折柳赠别”便成了特有的离别习俗。从此，灞桥上就有了“年年柳丝不堪折”、“送君灞陵亭，灞水流浩浩，上有无花之古树，下有伤心之春草”的伤感情怀。早在《三辅黄图》“灞桥”条下就有：“汉人送客至此，折柳赠别”。江淹的《别赋》其赋开篇曰：“黯然销魂者，唯别而已矣！”《开天遗事》还说：“来迎去送，至此黯然，故人呼为断魂桥。”此桥因此被人们称为“销魂桥”、“断肠桥”、“断魂桥”。三月柳絮不飞，那是送行人哭得的一片潮湿。别愁最动情，这座久负盛名的古桥，曾引起多少文人的咏叹；那桥边的垂柳，又让多少游子为之断肠；那桥下日夜东流的灞河水，又让多少离情别绪，变得绵绵无绝期。李白首创《忆秦娥》词牌，开篇写的就是灞桥送别：“箫声咽，秦娥梦断秦楼月。秦楼月，年年柳色，灞陵伤别。”唐代另一位诗人李益写有《途中寄李二》绝句：“杨柳含烟灞岸春，年年攀折为行人。好风若借低枝便，莫遣青丝扫路尘”。成为灞桥折柳送别的名作。岑参写道：“初程莫早发，且宿灞桥头”；刘禹锡唱道：“征徒出灞涘，回首伤如何”；李贺咏道：“灞水楼船渡，营门细柳开”；李商隐吟道：“山东今岁点行频，几处冤魂哭虏尘。灞水桥边倚华表，平时二月有东巡”，等等。据统计，仅《全唐诗》中直接描写或提及灞桥、灞水、灞陵的诗篇就达 114 首之多。到了宋、明，都城虽已东迁，这种情感还在延续。柳永《少年游》词里的描绘最为动情：“参差烟树灞陵桥，风物尽前朝。衰杨古柳，几经攀折，憔悴楚宫腰。夕阳闲淡秋光老，离思满蘅皋。一曲阳关，断肠声尽，独自凭兰桡”。贺铸的《连理枝》也有：“想灞桥春色老于人，恁江南梦杳。”明人徐复祚《红梨记·再错》也说：“则看他迎风袅袅，笼烟袅袅，肠断灞桥滨。”

图 4-3-2
古霸陵桥

桥头折柳赠别的“伤别文化”还不只灞桥一处。四川省简阳市西北有一座情尽桥。唐宣宗大中八年雍陶出任简州刺史，据说有一天他送客到城外情尽桥，写下一首七言绝句《题情尽桥》。宋，计有功《唐诗纪事·雍陶》记载：“陶典阳安，送客至情尽桥，问其故。左右曰：‘送迎之地止此，故桥名情尽。’陶命笔题其柱曰‘折柳桥’。自后送别，必吟其诗，曰：‘从来只有情难尽，何事名为情尽桥？自此改名为折柳，任他离恨一条条。’”

人们对桥梁所积淀的感情往往会以他们所习惯的方式加以纪念。例如，福建寿宁县是贯木拱廊桥的故乡。人们对这种桥梁怀有深厚的情感。每年的正月乡民们都会从四面八方汇聚到桥上，依次进行祭祀，摆上猪头，奉供茶、酒，添几盘菜肴，上几炷香，磕头作揖祷告祈福。虔诚的乡民既祷告廊桥的平安，又祈求来年的风调雨顺，合家团圆如意。平时，每月的初一、十五也常有人行祀。作者为浙江义乌设计的丹溪桥通车那天清晨，远远就见到桥上浓烟滚滚、火光熊熊。原来是桥上聚满远近百姓，点香、烧纸、诵经，祈求平安（图 4-3-3）。每当大桥开通，总是引来四方百姓，共同见证那久盼的历史时刻（图 4-3-4）。

图 4-3-3
民众对桥梁的感情

图 4-3-4
日本明石大桥开通场面

二、桥梁美的特征

• 实用与审美结合，物质与精神统一

每当人们谈到空间，总欢喜引用老子《道德经》的一段名言："三十辐，共一毂，当其无，有车之用。埏埴以为器，当其无，有器之用。凿户牖以为室，当其无，有室之用。故有之以为利，无之以为用。"以此来证实"空间"在车、器与室中的价值。其实老子的这段话具体地解释了"有"和"无"的关系，具有比说明空间的价值更加深刻的哲学思想。须知，在老子的哲学中"有"与"无"代表着宇宙中相对立的实体物质和非实体属性的两个方面，是统一体中对立又相互依存的两个方面。"有"之所以有用，说到头还是"无"在起作用。任何事物都不能只有"有"而没有"无"，或只有"无"而没有"有"，否则便失去了它的功能本质。即车之所以为车、器之所以为器、室之所以为室的本质了。王弼对老子这段话的注释说得很好，他说："木埴，壁之所以成，三者而皆以无为用也。言无者，有之所以有利，皆赖无以为用也"。一下点出了"有"与"无"相互依存的关系。老子这段话与其说是为了说明"空间"在容器中的作用，不如说是借用人们对普通事物的常识来说明"有"与"无"共存、相依与相生的关系。"空间"在车、器与室中的作用，只是老子用作说明的例子而已。这段名言更加本质的含义还在于"有无相生"，这一道家哲学的核心概念，它强烈地影响着中国传统的哲学观。人类在使自然的人化的同时，创造了精神文明。所以，自然的人化是物质文明与精神文明双向进展的历史成果。物质上的使用价值，在于物对人类的实际效用；精神上的审美价值，则在于物质所显示出来的人的本质力量。前者是有形的，实体的；后者是无形的，非实体的，两者的关系也符合老子"有无相生"、"对立互补"的思想。人的生活有物质和精神两方面的要求，既要满足"衣食住行"的物质环境；又要是一种思想、伦理、审美等方面的对象，满足人的精神需求。唐代越窑青瓷做成的茶具，普遍受到人们的珍爱，因为这种青瓷胎骨较薄，施釉均匀，釉色青翠莹润像玉，又像冰，衬托了茶色之绿，增加了人们的饮茶时的情趣。当时，诗人为它写下许多赞美的诗句：孟郊："蒙茗玉花尽，越瓯荷叶空"；陆龟蒙："九秋风露越窑开，夺得千峰翠色来"；韩偓："越瓯犀液发茶香"。这些诗句抒发了古人在饮茶时畅快的心情。它不单是茶叶清香带给人的生理上的舒适，而且由于青瓷茶具高雅的色泽、优美的造型、光润的手感，使人感到一种审美的陶醉。随着科技发展，可以有完善的物质文明。与此相适应，也应该有发达的精神文明，使我们的心灵变得更加丰富、细致和充实。人类文化包含物质文化和精神文化，两者也是共处于统一体中，相互依存的两个方面。它们属性不同，物质文化包括科学、技术，属于社会生产力的范畴，是社会经济基础的一部分，更多地属于物质文明；精神文化包括美学、艺术，则属于社会上层建筑的范畴，更多地属于精神文明。两者的对象不同，一个更多地针对自然现象；另一个更多地针对社会现象。两者的思维方式不同，一个使用逻辑思维，用理智来思考，来不得半点感情用事；另一个使用形象思维，总是带有感情成分，甚至主要是感情成分。

我们知道，任何美感都是借助于一定的物质而反映出特定的思想意识，成为观念形态。其实不仅实用品有物质问题，纯艺术品也有结构、材料、施工等物质问题。在艺术美中，国画要靠纸墨；油画要靠画布和油质颜料；雕塑要靠石、铜或黏土、石膏；音乐要靠

声音，声音也是一种物质。不以物质作载体，艺术的构想就无法形成作品。在技术美中，物质属性则更为明显。因此，实用品与艺术品的区别只是物质和精神所占比例不同而已。由于量变引起质变，才区分了实用品和艺术品。此外，更为重要的是同样借助于物质手段，会有两种不同的情况：一种是艺术的作品，它们虽借物质而构成形态，作者也利用特定的物质材料塑造出形象来交流思想，激发人的感情，但人们在欣赏的时候，并未意识到它所用的材料。譬如，看一幅油画很难想到它使用了什么布和什么颜料；欣赏一座雕塑或是听一首乐曲，都是由其形象而感受作品的主题，不会想到物质的作用；另一种是现实美的作品，它们虽也存在着形式的美丑、雅俗、文野、高下之分，并产生一种审美的魅力，使人们在精神上得到享受和鼓舞。但是，它的物质性能又会直接作用于人们的感官，甚至在直接的使用中，判断出质料的粗精、光涩、优劣、贵贱，有些物品甚至将“手感”的舒适与否作为评定质量的条件之一。这就清楚表明，前者是鉴赏性的，按其主要性质和倾向来说，是精神性的；后者是实用性的，按其性质说兼有精神和物质的双重性。桥梁美是一种现实美。就桥梁来说，物质文化和精神文化共处于统一体中，产生交叉、相互依存，具有双重性。

古人把诗词与散文的区别比作酒与饭的区别，虽同出于米，但饭给人以饱、酒则给人以醉。一首精妙的诗词，可使读者进入感奋、深思的境界，所谓诗的“醉人”即，“得之心而寓之酒也。”推广之，桥梁的物质功能与精神功能的关系也是米的饭与酒的关系。桥梁既由物质构成，是道路的延续，是沟通东西、连接南北、便利人行、车驶的通道，常被喻为“纽带”、“彩虹”，是人们生活的物质环境；又以其独有的特征，作为意识和信息的载体，涉及人们的思想、意识形态以及国家、民族、宗教、伦理等方面，带来了独特的审美魅力，对人的高级心理活动、感情、性格等各方面产生影响，成为人们的精神环境。由于桥梁具有不同的作用，可以满足人们不同的需要。作为合目的形式，可以满足人们的交通需要；作为合规律形式、可以满足人们的认识需要；作为人的自由本质的物化形式，则可以满足人们的审美需要，使人们获得非功利性的美的享受。正因为这样，所以人们既可以从结构学的角度去分析考证桥梁，从而形成学术性的认识；也可以从审美的角度去欣赏品味它们各呈异彩的美的特性，由此产生精神上的愉悦。因此，衡量桥梁的优劣应有三种尺度：现实功能、工程技术以及审美尺度。无疑，这三者是有机结合的，否则就不能构成完整的桥梁美。因此，桥梁如何在发挥物质功能的同时，充分发挥它的精神功能，这是社会主义物质文明和精神文明建设的一个实践问题，也是一个桥梁美学研究的课题。

- **结构与功能并举，技术与文化共存**

桥梁需要跨越河流等障碍，对结构的要求特别高，不仅要有美的形态与内涵，而且要表现出结构上的稳定连续、强劲稳固的力感和跨越能力，使结构和形式高度统一，才能显示出不朽的生命力。高耸云天的桥塔增加了桥梁的跨越能力，也把人的视线引向上空，把人的精神提升到超越于现世的存在。横跨江河的主梁把两岸连接起来，也使人可以跨越障碍、到达彼岸。在这些静止的直观形态上，展示出充满动势的活力和美的外观。

桥梁由于建造的难度高、对人们生活关系密切，常常引起社会的特殊关注，在建造和使用中会积淀许许多多文化因素，因此，不仅是技术的，而且是文化的，集技术和文化于一身。如果说，古代桥梁的杰出性在于它的文化魅力和社会历史的高度和谐，那么现代桥梁也同样要达到这样的境界，但还应当加上技术上的合理性。文化和技术紧密相关，科学技术本身也是美的因素之一，结构力学、钢材、混凝土的发展，各种现代化新型施工机械的应用，才能使各式轻巧、大跨度的桥梁得以出现。“人非草木，孰能无情”，桥梁是为人的生活服务的，如果弄得冷酷无情，人们就感到不能满足。从桥梁的审美特性来讲，与其他艺术有许多共同性，例如，同样属于上层建筑；同样具有时代性、民族性和阶级性；在创作中，同样遵循一些美学规律，如尺度、比例、权衡、韵律、节奏等。但桥梁的文化又不同于纯艺术，它必须从属于适用、经济方面的要求，受到材料和结构的制约，它的功能、结构、形式等，都会对独特的桥梁美感产生很大影响。桥梁虽然也反映生活，却不能再现生活，不能以形象来模拟人和事。它与音乐有些相似，只能运用比较抽象的几何形体，色彩以及装饰等等来表达一定的文化气氛，如庄严、雄伟、明朗、幽雅、沉郁、神秘等。这种既属于自然科学体系又属于社会科学体系的特性，构成了桥梁的理性和感性的综合特性，即技术与文化的结合。

就每座桥梁而论，技术与文化在其重要性上并不是等量齐观的，随着建桥目的和桥位环境等因素而有所差异；就人类最初建造的桥梁而言，技术与文化就是紧密结合在一起的。但是在桥梁发展的不同阶段和不同的桥梁上，对使用价值与文化价值却有着不同的要求，每座桥梁的技术性与文化性所占的比例是不一样的，这与人和桥梁的相关程度以及各方面的条件有关。有些桥只需满足技术上的条件，而获得“跨越”功能就可以了，对桥梁的文化则没有过多要求；而有些桥梁则对文化功能极其重视。这种文化性成分的改变，甚至会引起性质的改变，成为文化性的桥梁，如标志性桥梁、纪念性桥梁、宫苑桥梁、寺庙桥梁以及园林桥梁等。还必须指出：文化价值的显现有时并不都是刻意追求得到的，“有心栽花花不发，无心插柳柳成荫”也是常有的事。许多文化成分与偶然的突发事件有关，例如，卢沟桥因爆发抗日战争所积淀的文化价值，不是刻意追求所能得到的。但是，桥梁的文化成分也有动机和效果两种因素，可组合成四种情况：有动机，效果也好；有动机，效果不好；无动机，效果好；无动机和效果也不好。一般来说，效果是主要的，无论是否有动机，只要效果好就能成为文化品位高的桥梁。只是有动机更容易取得好的效果，这也是我们之所以要研究桥梁美学的原因。

在讨论技术与文化的关系时，还必须指出：桥梁作为一门文化，与纯艺术门类一个显著的不同正在于它的技术性，特别是现代桥梁更是如此。桥梁的外在目的（功能）不管是否与它的文化性有同一之处，总是首先通过技术实现的。但是，良好的技术性能只是构成桥梁美的必要条件，而不是充分条件。我们不妨借助意大利著名的现代建筑师奈维对建筑技术与艺术关系的看法来说明这个问题，他说：“一个技术上完善的作品，有可能在艺术上效果甚差；但是，无论是古代还是现代，却没有一个从美学观点上公认的杰作而在技术上却不是一个优秀的作品。看来，良好的技术对于良好的建筑来说，虽不是充分的，但却是一个必要的条件”❶。

• 体量大、时间久、观众多、观赏带有强制性

桥梁美是一种体积最巨大、时间最持久、最具有广泛群众性的美。在桥梁身上，高度的技术性和高度的审美特性结合在一起。有一位市长说：“走过一幅画的人或许成百上千，走过一座桥的人，又何止成千上万”。

---

❶ 奈维.《建筑的艺术与技术》. 第1页

南京长江大桥是六朝古都的北大门和窗口。它位于南京市下关宝塔桥和浦口林场之间，横跨长江，连接津浦和沪宁铁路，南京和浦口市区交通干道和公路，是我国特大规模桥梁之一。它于1968年12月29日全面通车，距今已经44年，每年的汽车流量已超过千万辆次，在其20周年时，被载入《吉尼斯世界之最大全》而闻名于世，吸引了许多中外旅游观光者，每年游客达10万多人次。随着改革开放的不断深入，这座具有民族特色的宏伟大桥，以它的名气“一花引得众蝶来”，一夜之间身价百倍。许多精明的商家瞄准南京长江大桥这块黄金宝地，争相前来购买大桥广告发布权。

桥梁不像绘画、音乐、戏剧、小说那样，可以由人们自由选择去进行观赏，可以收藏起来，可以不听、不看，而桥梁一旦建成，就形成人们生活环境的组成部分，以庞大的形体屹立于城市、原野，几十年、上百年地存在着，强迫你去看它，不想看也得看，对日常生活、环境气氛和人们审美能力的影响，有着不可低估的作用。

- **创作不是主要靠主观灵感，而是以客观实际为条件，从理性入手**

桥梁美的创作构思固然需要有艺术家的灵感和形象思维，但他还需要更多地考虑与功能、材料、结构等等相关技术和经济的因素，所以桥梁美的设计完全不同于一般艺术创作。桥梁美的创作过程，是由实物转化为美学形象的过程。一般艺术创作都是主观外化的过程；桥梁美的创作则是由客观引起主观的内省，再修改客观存在的过程，两者的构思走向恰好相反。因此，桥梁美创作更重视直觉，重视身临其境的体验，以激发创作的灵感。有时，人们会产生错觉，认为既然是美的创作就应该以美为目的来创造，从而错误地从美术作品的角度去认识桥梁美，并且参照美术作品，以表现美为生命的宗旨，导致产生了在桥梁中也必须体现以表现美为重要目的的错误观点。车尔尼雪夫斯基严格区分“艺术中的美”和“美的艺术”的概念。他在《艺术对现实的审美关系》中写道：“美丽地描绘一副面孔”和“描绘一副美丽的面孔”是两件全然不同的事。有些人曾经企图在建筑与模仿艺术（如绘画和雕刻）之间建立起严密比拟，完全没有道理。桥梁主要追求的目标是实用，而绘画和雕刻却只限于令人悦目或动人心弦。一幅绘画或一尊雕塑，如果要做得比实物在美学价值上显出特色，它就必须加入比现实更高的思想和情感。但是，作为一种非模仿艺术的桥梁，自身就包含着审美的正当理由，仅仅靠它的存在就具有美的意义。

桥梁美的创造是以环境、结构、功能、材料、工艺，甚至当地的民族和地方习俗等客观实际为条件，从理性入手，要求推理多于灵感，要求真实的需求多于热情。坪坦的风雨桥就是很好的例子。坪坦河是一条充满文化要素的母亲河，流经的地带是侗族文化长廊的核心区域。从源头至汇入渠江约30km，流经23个侗寨。河上横卧大小不一、造型各异的17座风雨桥。其中，8个侗族村寨的9座风雨桥，观月桥、中步头桥、中步二桥、永福桥、回福桥、永定桥、文星桥、普济桥和回龙桥，由国务院公布为第6批全国重点文物保护单位。“坪坦风雨桥”除了供人们遮挡风雨、歇息乘凉之外，更孕育着丰富的文化内涵，当地人称其为“福桥”。风雨桥多建在寨边的河溪之上，一般都是使用当地出产的杉木组合成“托架简梁式”木桥，桥上建有长廊和亭阁。侗家的这种桥梁结构构思独特、造型优美、建筑坚固，具有极高的审美和实用价值。此外，侗族村寨为了不让风水福气随水流去，便在寨边的溪河上建一座用来“堵风水、拦村寨”的桥。建造“福桥”既要依山又必傍水，选址极讲究地形风水。侗家人认为，只有这样才能既保村寨平安，又使得村寨积聚财富。所以“福桥”上大都设有镇桥护寨的神龛。由此看来，风雨桥的选址在兼顾实用功能的同时，也满足了人们精神文化的需求。一座座“福桥”与侗寨标志性建筑的鼓楼、吊脚楼民居遥相呼应，有机地融为一个和谐的整体，突出了人居环境之美，更弘扬了侗族的传统文化。

第四节　桥梁美的意义和作用

- **桥梁是用建筑材料写的人类文明史，记载着科技进步和社会发展**

人类社会的生产和生活活动一开始，就伴随着建造和使用桥梁的活动。桥梁是人类所建造的最古老、最壮观、最美丽的工程之一，是用建筑材料写的史书，它和社会历史的发展有深刻的联系。斗转星移，时光荏苒，岁月如梭，万物变迁，科技随着生产力的不断提高，人类也在飞速发展，“一桥飞架南北，天堑变通途”已不再是梦想。桥梁不仅是交通系统的重要组成部分，而且极大地开拓了人类的活动空间，成为一个时代的社会发展和科学技术水平的标志。聪明的建造者们运用他们丰富的智慧和高超的技艺创造着奇迹。每一个新的跨度的实现，每一种新的结构的诞生都是一个划时代的里程碑，被永远的镌刻在人类发展的历史之中。《西洋艺术史》说：当我们想起过去的伟大文明时，我们有一种习惯，就是应用看得见、有纪念性的建筑作为每个文明独特的象征。历史上著名的桥梁，都以鲜明的形象、强烈的艺术感染力，反映了时代特征，记录着人类文明的发展历程。在历经数千年的沧桑之后，桥梁以其神奇，向世人讲述了历史上最震撼人心的科技传奇，引领世人跨越人类历史的长河，认识曾有过的辉煌。武汉长江大桥是万里长江第一桥，“一桥飞架南北，天堑变通途”。它记载着新中国建设的伟大壮举。该桥的纪念碑文写着：“……正象征着中国人民在中国共产党领导下，建设社会主义的雄健步伐和无比力量。……江水悠悠，长江如画，楚天凝碧，艳阳似锦，爰为记之，以志永久”。有人说，桥是镶嵌在江河上的一串串珍珠，它把祖国的锦绣河山装扮得更加绚丽多姿；有人说，桥是人类向大自然进军途中建起的一座座纪念碑，它记载着人民奋斗不息的智慧和业绩；还有人说，桥是修筑在水面上的路，它把被江、河、湖、海（海湾、海峡）隔断的路连接起来，形成一条条畅通无阻的通道。不管如何比喻，它都说明桥在社会发展和人类生活中的作用非常重要。桥是国家综合国力与科学技术进步的体现。桥方便了人们的往来，促进了物资和文化交流，带来了社会发展，带来了人类文明。桥反映着一个国家的发展水平和人民的创造能力，反映着一个民族的精神气质和审美情操。无论古今，凡是经济和文化较发达的国家，都把桥梁当作一件精品来雕琢。

桥梁表达了人类的智慧和力量，表现了人类社会财富、权力、社会意识和意志。社会生活习俗，爱好、情趣，审美观念，行为心理也会在桥梁中表现出来。所谓桥梁美，它既表现为物质，又表现为精神；同时，反映出社会的科技与文化；其性质又是属于文化。桥梁融合各种文化思想与科学技术为一体。它的发展与国家、地区的政治、经济、科学技术及文化的发展有直接关系，特别是与文化思想和科学技术更为密切。意大利文艺复兴时所建的威尼斯利阿多桥，从尺度、比例、节奏和韵律等的处理上，都体现着文艺复兴的基本精神；散发着把人从宗教禁锢中解放出来的人文主义的生命力；预示着通向欢乐生活的道路。其建筑的语言所传达出的鲜明、通透的感情，无疑是当时社会的情感所向。

中国人讲究天人相应，所谓“年丰屡登而康娱。邦人政适通洽兮，斯天人之瑞符”。只有政通人和、五谷丰登的时候，可以兴起工役，因此，桥梁的建造往往是国泰民安的标志。桥梁的发展和人类的生活密切相关。它最能显示城市的脉动，也最能见证城市前进的步幅。改革开放后，上海为开发浦东，开始在黄浦江市区段建造大桥。小平同志特别垂青上海的大桥。20世纪90年代，他在上海期间，凡黄浦江上在建造大桥，他总要亲自去现场走一走、看一看。他晚年很少题词，但一旦请他为大桥题字，他总是欣然应诺。上海黄浦江市区段的四座大桥见证了浦东的开发；也见证了中国改革开放的历史；真实地显示了中国改革开放的脉搏；忠实地记录着中国崛起的步伐。

很多时候，桥梁有着城市与城市、国与国之间连接纽带的象征意义。桥梁是和平的完美象征。在地理上，行政区域的划分往往以水为界，因此有很多和平桥就修建在相邻国家的边界线上，成为两地、两国友谊的象征。

• 反映人类的精神气质和意蕴

仔细考究，每一座桥梁都能捡拾出许多人类生存的残章断片。透过这些遗迹，可以清晰地见到桥梁所隐含的人类的精神气质、文化意蕴和历史文脉。纵观我国桥梁，北方之桥常与战争扯不断，演绎的是立马桥头、喝断当阳的气质；南方之桥多与悱恻缠绵的爱情故事相牵连，留给后人的是“伤心桥下春波绿，曾是惊鸿照影来”令人黯然情殇的意蕴。人类的发展离不开反映自身的利益、兴趣、价值观念、特定的文化背景、文化素养、气质和意蕴的深刻影响。唐，皮曰休《河桥赋》说：“……抑闻三代之桥也，不斤不斧，不徒不杠。以道为水，以贤为梁。济民者民不病溺，济世者世不颓纲。开之也通仁流义，闭之也关淫限荒。夏之梁也曰汤，殷之梁也曰昌。周之梁也曰旦，汉之梁也曰光。自汉之季，国窃主折，为水者以洚以强。及隋之世，为梁者唐，故能济民于万方，同轨于八方。是知河桥之义也，可以献于天王。”

桥梁既属于文化的一部分，同时又是映射社会文化诸领域的一面明亮的镜子。人们会陶醉于桥梁形象自身的魅力，更应该潜心观照含蕴在桥梁中的人类的精神气质和意蕴。桥梁作为文化，统一了文化中的各个内涵，科学的、技术的、审美的。人类社会物质和精神的发展，都会在桥梁文化中能得到比较明确的反映和展现。“告诉我，你的朋友是谁，我就能说出你是什么样的人。”这是一句古老的格言。美国建筑师伊利尔·沙里宁把这句格言引申为：“让我看看你的城市，我就能说出这个城市居民在文化上追求的是什么”。只不过这种文化不是用文字记载在书本上，而是用建筑材料塑造在大地上。确实如此，城市是一本打开的书，人们每天都在阅读。尽管不少人没有意识到，但他们的文化水平、追求目标，都通过城市面貌而暴露无遗。城市是人们用长长短短的街道、大大小小的建筑、高高低低的桥梁为自己编织的摇篮。这里所说的“城市”，当然包括城市中的一切，也包括作为城市重要形象的桥梁。漫长的人类文明的进程，远逝去了多少梦幻般的历史情景，而在这自然与社会的时空演变中，桥梁文化却执拗地留下了她的轨迹。人类不断地把文化物化在人工环境之中。在这个人类赖以休养生息的物质空间之中，总可透视出历代文化的精神气质和意蕴——即时代、社会、国家和民族的政治、哲学、宗教、伦理、艺术、民俗等意识形态的内涵。

• 激励人类征服自然的斗志，提高人们战胜困难的毅力和勇气

美虽然不直接与功利的目的相联系，但它最终的社会意义仍然在于推动人更好地去进行改造自然和改造社会的实践斗争。桥梁一直是人类智慧、信念以及开拓自然的象征。桥梁美的创造和欣赏，能够鼓舞人改造世界的信心和热情，提高人改造世界的智慧、才能和力量。桥梁对人类征服自然的斗志的激发，可谓是技术美之最。桥梁工程的艰巨需要兢兢业业、一心一意，才能取得顺于客观自然的成功；需要急公好义、锲而不舍的精神，而这种精神的发扬，又大大激励人类征服自然的斗志。古代，有一位史官陈迁庆说过：“凡物之钜者，斯可以垂之久也；事之大者，引必待其人也”。伟大的事业可垂之永久，而要完成大事业则需有极大的素养和能力。江西永济桥修了三代，祖死父继、父死孙继，只为工程艰巨，修了坍掉，再改址重修，誓不罢休。

对于大桥更是如此。著名的纽约布鲁克林大桥就是父、子、儿媳前仆后继完成的。如此规模的大桥，在当年的技术条件下本来就难以想象。桥梁总设计师约翰·罗布林带着在德国学到的桥梁技术来到美国。他制订的布鲁克林大桥的计划力排众议，得到了批准，并说服了银行家们投资这一项目。不幸的是，在正式开工前，约翰在勘察时，脚因卡在靠岸的渡轮与码头间而受伤，不久后因破伤风去世。32 岁的华盛顿·罗布林决心实现父亲的理想，成功地继承了父亲的职位。可是，灾难很快再次降临。3 年后，华盛顿在大桥基础施工过程中，因为经常长时间在沉箱里工作，得了“沉箱病”，康复后永远地丧失了活动和说话的能力，无法再去施工现场。许多人都认为，这项工程会因此而泡汤，因为只有罗布林父子才知道如何把这座大桥建成。然而，就在人们陷入绝望的时候，华盛顿·罗布林的妻子艾米莉发动市民支持自己的丈夫，并亲自向美国土木工程师协会发表演说。经董事会投票表决 7∶1 的结果使得华盛顿继续担任原来的职务。尽管华盛顿肢体瘫痪，但他的思维还与以往一样敏锐。他在窗台上用望远镜察看大桥，用他唯一能活动的一个手指敲击他妻子的手臂，传递意图，再由妻子制成图纸转达给现场的施工人员。艾米莉为了胜任这项工作，着手学习数学、力学和桥梁工程学。整整 12 年，华盛顿就这样用一根手指指挥工程，直到大桥最终落成。整个世界为之震惊！这个感人的故事与其说是顽强的意志成就了华盛顿的辉煌，不如说是他心中的希望救活了他，使他实现了一个在许多人看来是不可能实现的梦想。在灾难和挫折面前，不是每个人都能保持理想不灭。如果约翰的继承者不是华盛顿，如果华盛顿的心中没有了希望，那结果还会是这样吗？我们无从想象。许多人之所以没有成功，并不是因为他们缺少智慧，而是因为他们面对艰难时缺乏做下去的勇气。所以，柏拉图说“人要有一种伟大的欲望，还要有能够实现这种欲望的技能和坚忍”。也正是因为这段令人感慨万分的建桥过程，使得布鲁克林大桥的身上充满着勇气、忠诚、爱和永不言弃的象征意义。让人们总是觉得这座大桥光辉无比，美好至极！每当看到雄伟壮观的布鲁克林大桥，想起建桥时所经历的困难，会让人更加懂得坚持的可贵；想起罗布林一家，人们会自然而然地反问自己，既然一根手指可以成就一座大桥，还有什么困难不可能战胜的呢？

- **促进人类的文明和进步，造福社会，增强社会凝聚力**

桥梁技术本来是无形的，而经过“设计”就被形象化了；施工的结果可供人们使用，具有使用功能。桥梁还具有比这种功能更高的作用，它成为视觉上的对象，给人以美感；它造福社会，增强社会凝聚力。桥梁是一种文化，是人类文明凝聚的表现，是社会视觉的外化。桥梁为人所造，又表现人自身；它不但表现人类的文明和进步，而且又影响着人类的文明和进步；它不但反映人们的生活活动和社会特征，还制约人和社会的各种活动、规范着人的行为举止。

人创造物质财富，但人并不是如动物一样简单的一个“物种存在”，而是社会的人。

人类创造物质财富是一种群体劳动，对物质财富的享受也是一种群体关系。也就是说，一切物质创造都具有社会性，因此物质成果也就不仅有简单的实用功能，而且有丰富的社会功能。桥梁无疑是一种以物质的形式显示出使人们团聚的语言，这就是它的精神功能。这种功能甚至是非意识、心理深层的，它通过潜移默化的方式作用于人。当你站在龟山的黄鹤楼上，眼望着雄伟壮丽的长江大桥，感受到天堑变通途的奇迹时；当视线沿着铁路线伸向茫茫无尽的远方时，那种神往的感慨会不由自主地产生：伟大的祖国绚丽多姿；它孕育了多少英雄豪杰；它积淀了多少优秀的文化；它谱下了多少壮丽的诗篇！

拥有桥梁就是一种幸福，这对于生活在滇西江河密布、崇山峻岭之间的云龙县各族人民来说，比谁都感受得更加深刻。“隔山容易，隔水难”，这句在云龙留传了千百年的民言，就是最浓缩的答案。其实隔山也并不容易，然而无论付出多少艰辛，总能翻越过去；可是遇上了江河，欲前不能，只好望江长叹！出于人们对桥梁的特殊依赖和长期积累的感情，古桥在云龙不断发展中，得到呵护并存留下来。百业繁荣，修桥铺路，开拓外交，人才辈出，有识之士捐资、倡修桥梁蔚然成风，益泽子孙后代，云龙各族人民与桥梁有着特殊的情缘。在拥有桥梁带来的幸福的同时，人们也呵护了它们。逢年过节老百姓都要到桥上上香，祈求大自然保佑桥梁，降福民间。在一代又一代人的创造中，桥梁在继续延伸和发展。

- **陶冶人的气质，净化人的心灵，增进社会进步**

就孔子的美学思想而言，美所成就的三个境界是：快乐、自由和成全。所谓“乐以辅仁”，人格的陶冶是愉悦之事。荀子认为乐有清志、聪明、平和、易俗、安宁的作用。“君子以钟鼓道志，以琴瑟乐心。动以干戚，饰以羽旄，从以磬管。故其清明像天，其广大像地，其俯仰周旋有似于四时。故乐行而志清，礼修而行成，耳目聪明，血气和平，移风易俗，天下皆宁，美善相乐”[1]。康德也认为“美具有无目的之目的性”。这里指的都是艺术美，艺术美不能有目的，否则难免涉及功利实用，但是它在无目的时自然又合于目的，如人格之自然陶冶、气质之自然变化、人生之自然幸福。美的社会作用在审美作用中还隐含着认识作用和教育作用。张彦远在《历代名画记》中也说到艺术的作用：“夫画者：成教化，助人伦，穷神变，测幽微，与六籍同功”。

其实，艺术美的创造和现实美的创造对人类文明的推动作用并不等量，现实美的创造更为直接，也更加重大。因为现实美的创造是人类对自身、对人类生活的自由、自觉的创造，实质上，就是人类改造客观世界和主观世界的实践活动。在某种意义上说，社会的进步就是人类对美的追求的结果。所谓“对美的追求”，包括对艺术美的追求，但主要的还是指对现实美的追求，爱美是人类的天性。当第一把石斧由于劳动的需要，磨制成对称、尖利、光滑的形式而在生产中发生效用时，原始人从自己制造的对象中观照到自己的本质力量；接着，又制造出第二把更对称、更尖利、更光滑的石斧；之后，石斧由最早的单纯实用价值逐渐发展为具有审美价值。对审美价值的不断追求，使生产工具不断完善、精益求精，这反过来又提高了实用价值，人类的生产水平也随之提高。在原始现实美创造的基础上，原始社会也创造了仅仅作为装饰、观赏之用的原始艺术。原始艺术美的创造，当然也是人类文明进步的标志，但对文明（特别是物质文明）的推动作用，毕竟不如现实美的

---

[1] 荀子.《乐论》

创造那么显著、广大。从美的创造的意义来看，现实美的创造对人类文明的发展具有直接、重大的影响。人的个性受到一定的社会物质生活条件制约，在他所经历过的社会实践活动中形成和发展起来。从简单的感觉、知觉到复杂的想象、思维、动机、兴趣、注意、情感、意志、性格等，都是客观现实的反映。

人类建造桥梁同时创造了两种不同的文明，用物质文明来方便交通、扩展生存空间；用精神文明来陶冶气质、净化心灵、增进社会进步。桥梁与绘画、雕刻、文学等有所不同，作为文化，桥梁的感染力是整个环境的、生活在其中的，它随时给人精神熏陶。发现和创造真和美，是人生最大的快乐。桥梁不但提供使用功能，而且还给予一种任何东西都难以比拟的审美享受，这种审美享受对人的情感的精神世界起着一种升华的作用，鼓舞并振奋人的心灵。关于桥梁给人的心灵感受，作家余光中在《桥跨黄金城》中，有一段精彩的描述："桥真是奇妙的东西。它架在两岸，原为过渡而设，但是人上了桥，却不急于赶赴对岸，反而耽赏风景起来。原来是道路，却变成了看台，不但可以仰天俯水，纵览两岸，还可以看看停停、从容漫步。爱桥的人没有一个不恨其短的，最好是永远走不到头，让重吨的魁梧把你凌空托在波上，背后的岸追不到你，前面的岸也捉你不着。于是你超然世外，不为物拘，简直是以桥为鞍，骑在一匹河的背上"。桥梁美是具体、形象的，它不是直接诉诸人的理智，而是首先诉诸人的情感。桥梁美渲染出一种意境、一种氛围，能动地陶冶人们的性情，激起感情上的波涛，并由情感进至情理，使人得到教益。我们欣赏桥梁美，首先不是明白某种道理，而是在感情上产生某种激动，获得某种精神上的愉悦和满足。桥梁作为交通构造物，虽然有预定指向的目的性，但它通过自身所显现出来的人类的本质力量，通过在环境中的氛围、意境或情趣所引发的感情及感情记忆、感情积累而烘托出来的旨趣，不知不觉地影响着人类的心灵。这种影响必然是朦胧、模糊、抽象的，不可能具有像小说、论文甚至口号的指向性那样确定不移和具体。它予人以教益的方式，重在陶冶和潜移默化。

第五节　桥梁的历史文化积淀

城市在不断地凝聚其传统文化内涵的基础上不断升华，为人类"生存式样"的不断丰富而提供场所和空间。因此，从文化积累的角度来看，城市的形象无一不是一种文化的体现。罗丹曾经说过："整个我们的法国就包含在我们的大教堂中，如同整个希腊包含在一个帕提侬神庙中一样"[1]。城市的人工环境是长时间历史文化的积淀，这一环境随城市历史文明的一代代更替经历着不断创生、衰老、更新的延续过程。在此延续过程中，社会生活同环境构造极密切地交织在一起。一定社会的价值观念都会创造出相应的环境形象。因此，城市最能代表文化，她是人类文化的综合结晶，城市形象塑造的每一步骤都是一种文化在空间上的反映。建筑，包括桥梁，默默地伫立着，但它却在"言语"。建筑是语言，也是信息，而且这种信息会不断地积累。这种信息在历史的行程中冉冉地积聚起来，使它成为古迹，成为可贵的文化遗产。建筑文化，就如此吸附着建筑师创作以外的社会历史痕迹。俄国作家果戈理说："建筑同时还是世界的年鉴，当歌曲和传说已经缄默的时候，而

---

[1] 顾孟潮等主编．《当代建筑文化与美学》．天津：天津科技出版社，1989

它还在说话呢!”大文豪维克多·雨果在《巴黎圣母院》中阐述了类似的思想:“人民的思想就像宗教的一切法则一样,也有它们自己的纪念碑。最后,人类没有任何一种重要的思想不被建筑艺术写在石头上”[1]。孔夫子在川上曰:逝者如斯夫,不舍昼夜,也是这个意思。然而,新的东西并不立刻把旧东西全部顶换掉,新旧要并存一段时间,由于过程连续不断,所以新旧并存也是常态。对于整个建筑来说,它从过去吸取营养,并将之赋予未来,从城市的过去历史中诞生,并将作为城市的文化遗产的一部分留给明天。城市的发展变化是永恒的,不断有新的东西叠加到原有的城市结构上,它是历代人们劳动的成果。人类生活的环境,就建筑来说,它的存在形式是“蒙太奇”式的。在一个环境中,建筑往往不可能同时建造,而是有先有后,有的被拆、被改,也有的陆续建造起来,就像生物进化那样。世界上现存生物,有的已经进化成哺乳类;有的还属鸟类、爬行类、鱼类等等,这些在不同生物年代形成的动物,和谐地存在于一个生物圈之中,并且还有熊猫、漠、鲎等作为“活化石”至今还存在着,它们之间的共存中的和谐性,则是它们存在的前提。城市在历史的进程中,由不同时代的东西一层一层叠加形成。从形式上看很像拼贴画。建筑作为文化的载体,综合反映着文化各方面的成就,体现着文化发展的不同层次,这种文化层次长期的积淀,形成了特有的建筑模式。桥梁也同样如此,以桥梁为载体,反映各时代的思想文化成果和科技文化成果。它是各个历史时期社会生产力水平的典型标本;它显示着人类对自然的征服能力,展示着人类拓展活动范围的能力;它是人类群体活动,社会结构的重要构件;它标志着人类文明的阶段性发展成果。

社会意识的一切形式都反映同一个现实,但每种社会意识形态都有特征,科学、宗教、道德、艺术、哲学,都具有自身的特征,表现一定的社会需要;服务于社会实践的一定方面;面临自己的独特任务。我们分析建筑的风格或审美形象,往往撇开意识直接投向审美。这实际上至少是一种疏忽。建筑形式向风格升华,必然通过它的思想性,然后再进入审美层面。我不笼统地同意建筑没有阶级性;建筑作为实用功能,不能说有阶级性;但建筑作为精神功能,不能不带有社会意识形态特征,受社会存在的影响,社会矛盾往往在建筑上积淀起来。从建筑文化的特殊性来说,建筑物本身并不包含那些产生联想和感情的内涵意义,不依赖于建筑文化本身的构成,而是取决于历史的联系。由于建筑文化的动态性和美学意义上的不定性,建筑物一旦离开某个历史时间的文化背景,它的文化意义的传递就会改变,它的符号美学涵义也将随之改变。经过历史时光的流逝和战争的洗礼,原设计主题和内容已经消失,代之以更加丰富的历史文化内涵。比如,延安宝塔,由于革命圣地延安的历史,成了红色革命摇篮的标志,原来设计的宗教涵义早已消失殆尽。桥梁文化也同样存在这种现象。古代大型浮桥能够跨越长江、黄河。这种大型浮桥无疑为中华一统的大业发挥过重要的历史作用。桥梁的历史、文化价值构成因素很复杂,其中历史因素似更占主导。桥梁由于其寿命长,因而可以承载历史文化遗产而被保存下来,受到人们的亲切爱护,如上海外白渡桥、武汉长江一桥等,都成为旅游观光胜地。灞桥折柳送别的伤别文化;泸定桥红军强渡的红军文化;卢沟桥七七事变的抗日文化;汀泗桥、贺胜桥叶挺战功的北伐文化等等,都是历史文化的积淀。

公元1705元,康熙皇帝为了祖国的统一,解决汉藏道路上的梗阻,下令修建大渡河

---

[1] 维克多·雨果.《巴黎圣母院》第五卷.北京:人民文学出版社

上的第一座桥梁。经过一年的修建，大桥于公元1706元建成，康熙皇帝取“泸水”（大渡河旧称）、“平定”（平叛西藏准噶尔之乱）之意，御笔亲书“泸定桥”三个大字，从此泸定铁索桥便成为连接藏汉交通的纽带，泸定县也因此而得名。一块御碑如今还屹立在西桥头。桥东还有康熙四十八年的《御制泸定桥碑记》。泸定铁索桥还因红军22勇士强渡大渡河，突破大渡河天险，取得了陕北会师的胜利，成为红军长征史上的一座里程碑，被载入历史文化的史册。

人们提起灞桥，就会想起“灞桥柳雪”的美景或者“折柳送别”的离恨。其实，灞桥不仅仅是伤别，还承载着更多的壮举与悲歌。由于地处长安要冲，多少历史的滚滚车轮曾从这里碾过：战国末期，秦王政掌权，大将王翦东出伐荆，三军浩荡直指潼关，秦始皇亲自送行到灞桥，表现了一代雄主统一中国的伟志；公元前227年，高渐离击筑，荆轲赋《易水歌》而别，过灞桥入咸阳刺秦不成被杀。荆轲遂成为战国游侠的代表人物；公元前206年，汉高祖刘邦率军由武关经蓝水一路破秦，从灞桥西入咸阳，秦王子婴在函谷关内虽有数十万兵力，但还是素车白马，“衔璧迎降于轵道旁”；汉时，灞桥上设有稽查亭，检查来往行人。一夜，被“贬为庶人”的大将军李广猎归路过此桥，喝醉了酒的灞陵尉拦住不准过去。李广的随行人员说：“这是原李将军”。灞陵尉并未买账：“今将军也不得夜行，还说什么原将军!”李广无奈，只得在桥头的稽查亭过了一夜。后来，李广官复原职，汉武帝拜其为右北平太守，走马上任时，特向武帝要求灞陵尉与他同去。待灞陵尉一到军中，即寻机杀之。威名赫赫的飞将军也难免小肚狭肠。这件事后来被司马迁写在了《史记·李将军列传》中；东汉末年，长安大乱，帝都百姓纷纷由灞桥东逃他乡。著名文学家王粲在逃出长安后，曾站在灞陵岸上回首长安，写下了那首著名的《七哀诗》，然后从灞陵岸古道南奔荆州；灞桥的东边，就是举世闻名的骊山华清池。唐时，杨贵妃“温泉水滑洗凝脂”。灞桥上，年年龙凤辇，皇帝与皇妃哪里会想到人间的伤别；公元880年末，黄巢起义军占领临潼，唐王朝金吾大将军张直方带领文武官员数十人到灞桥向起义军“迎降”。随后，黄巢起义军浩荡过灞桥进长安；1936年末，“西安事变”前，爱国学生为了表达至死不渝的抗战决心，平躺在灞桥上，挡住张学良从华清池开往西安城的小汽车，要求他当众表明抗战心迹，否则宁可被汽车压死在灞桥上；还有，刘邦与项羽的楚汉之争；大将军郭子仪平息“安史之乱”；慈禧忌惮八国联军的枪炮，仓皇西逃也路过灞桥。

绍兴古有百官桥，古籍记载是绍兴最早的古桥，是传说中虞舜时代修建的桥，距今已4200多年。《太平寰宇记》卷99引《地志》：“舜桥，舜避丹朱于此，百官候之，故亦名百官桥”。丹朱，尧之子，尧授天下于舜，丹朱不服而作乱，舜回上虞，百官拥戴，在桥边迎候，故名舜桥，亦名百官桥。虽说，百官桥早已不复存在。然而，文献典籍中的记载灼灼如炬，何以不点燃了虞舜时代那堆惊心动魄的历史篝火?

钱塘江大桥是我国特大型现代钢桥。茅以升说：钱塘江大桥五行缺火。桥名中金、木、水、土都有，唯独缺火。在战争年代，缺“火”的钱塘江桥“火”事频频。大桥从建成起，就历经了抗日战争、解放战争，一直到1949年新中国成立，前前后后被炸了5次。建成时，正值抗日战争爆发，1937年9月铁路桥通车，10月公路桥通车，12月23日炸断；1940年9月日军暂时修复，通公路，10月通铁路，1944年3月和1945年2月，游击队两次炸桥，1945年4月又修通。上演了一出修好就炸，炸了又修；修了再炸，炸了再修，建桥只用了924天，可后来断断续续的修桥却用了十几年。创造了桥梁历史上罕见的悲剧，见证了那些残酷的战争历史。

国外桥梁承载的历史文化同样很多，澳大利亚的悉尼大桥、英国的伦敦桥、美国的金门大桥等等，都是因为承载许多历史文化而成为著名的旅游观光胜地。伦敦桥是泰晤士河上最古老的一座桥梁，但我们现在看到的不是原桥。原桥让英国贵族卖给美国人了。原来，伦敦桥前身是一座木桥，后改为石桥。在1750年，威斯敏斯特桥建成前，它一直是伦敦沟通泰晤士河南北两岸的唯一桥梁。这座石桥上建有房舍和教堂，1756～1762年这些建筑物被陆续拆除。石桥几经火焚，最后在1824～1831年建成一座长约283m、宽约19m的五孔花岗石拱桥。1968年，这座花岗石桥被拆卸，卖给了美国亚利桑那州哈瓦苏湖城，成为该城收藏的古董。这一出卖历史文物的新闻曾经轰动一时，被认为是日不落帝国国力衰落的象征。

第六节　桥梁美的民族、地方风格和时代特征

一、桥梁美的民族风格

随着农业时代的到来，人们停止了无休止的迁徙，被一块块土地所束缚，形成了一个个相对封闭的城邦、区域、民族与国家。正是在这一段历史进程中，民族文化出现了多样化发展的趋势，出现了民族与地域的风格差别。斯大林对民族的定义是“民族是人们在历史上形成的一个共同语言、共同地域、共同经济生活以及表现于共同文化上的共同心理素质的稳定的共同体”。风格是形式的抽象或升华。风格和形式两者虽然都从具体形象中抽象出来，但形象的一次抽象是形式，再次抽象才是风格。风格高于形式，但必寓于形式；形式高于形象，但必寓于形象。这就是形象、形式与风格之间的基本关系。在诗词中，格律声色指的是形式，我们看得见、讲得出；而它的神理气味，指的就是风格，它看不见、难以讲得清楚。风格问题是文化艺术中的高层次问题，它能被我们的审美经验所感受。把建筑作为一种审美的对象，应当从形式进而品其风格。古希伯来的神话说：五千年以前，天下的人都说着同一种语言，他们彼此了解，干起活来同心同德。人们决定在巴比伦建造一座通天大塔。工程开始进行得很顺利，但这件事引起了天神耶和华的嫉妒。他运用神力搞乱了人的语言，民族也就出现了。人们看法不一，又不能互相了解，于是各行其是。塔也就越建越不像个样子，终于没有完成。这座塔名叫巴别塔，“巴别”就是“混乱”的意思。以后，有人还画过好几幅巴别塔建造图，画上的塔混乱不堪，好多种风格搅成一团。其实，风格受意识形态的影响，它就必然要表现出民族和地域、历史和时代、思想和信仰、行为和性格的特征。建筑风格是建筑审美特征的体现，是一座或一组建筑所呈现的思想内容和精神风貌。人对环境的功能美、形式美和艺术美的感受能力，都是在一定历史过程中形成的。而且，每个民族特有的文化心理结构在这个过程中，使他们的审美感受力和创造力都带上本民族的特色。一个民族繁衍生长在特定的地域，有着自己独特的历史和传统，形成独特的文化心理结构，表现在审美和艺术活动中，反映出不同的审美理想和趣味。一切艺术的表现形式及内容，都毫无例外地根植于民族特定的生存环境、宗教信仰、伦理道德……以及由此形成的民族思维方式之中。无论是现实美还是艺术美的作品，都是

一定民族的产物，都带有这一民族的特征和风格，反映着这一民族的心理、生活方式、习俗以及性格等特点。普列汉诺夫说：“任何一个民族的艺术都是由它的心理决定的，它的心理是由它的境况所造成的”。这是十分精辟的，人的心理层面总是和民族特征紧密相连，无论是价值判断还是审美经验，大都表现出特定的民族性格。越是文化传统深厚的民族，民族心理也表现得越是鲜明。一部作品的民族性是那么强烈，那种想在生存环境不同、思维方式不同、历史渊源不同、宗教信仰不同、气质性格不同、文化心理不同等等中，创造大一统、不具民族特点的成功之作，是一种浅薄。既然建筑的主要目的是为了实用，它的形式和技巧就应该总是与它所服务的民族习惯及气候和地质环境相符合。没有一个民族能够自发地创造自己的建筑风格，也不能从其他民族借来那些根据特定的环境和需要发展起来的建筑形式。在欧洲，不可能有民族建筑那种东西，特别是当代的文明趋势使创造习俗、宗教和政治制度方面形成更多的一致性。古代中国人喜欢富丽华贵、雍容大度的美，所谓泱泱大国之风。中国古代的皇家建筑不仅尺度大，空间气魄恢宏，建筑的色彩也十分华丽，浓重而端庄。金黄色的屋瓦与深红色的墙、柱之间，夹以冷色调、以青绿为主并用金粉点缀的檐下彩画，使整座建筑在白色的台座栏杆的承托与湛蓝色天空的映衬下，显示出一种特有的美。古代，日本人虽然在建筑造型、空间观念上多来自中国，因此与中国人很相近。但是，经过日本的消化和吸收，其基本风格却表现出清秀、淡雅、宁静，空间尺度小巧，建筑物以木本色与白色为主，使整座建筑与建筑群蒙上一层淡灰色的清雅色调。日本人的园林与茶道建筑，这种风格更为突出。其实，中日两个民族，在文化上的差异，可以从多方面体现出来。比如，日本人崇尚樱花，樱花的色彩较为清淡，白色为主，透出淡淡的粉色，给人以清新、雅淡的气氛。而中国人，在历史上相当一个时期崇尚牡丹。唐人、宋人都以牡丹为百花之王。据宋人李格非的《洛阳名园记》载，牡丹花开季节，赏花的人倾城而动。牡丹则以雍容华贵而著称于世。中国人所推崇的山是泰山、华山、黄山，奇峭、险峻、雄伟、千姿百态，气势宏阔；日本人的象征，则是富士山，平远、宁静而恬淡。这一不同的审美趣味也反映在古典园林艺术中。中国园林，山求奇，水求曲，廊求回，路求幽，假山叠置，姿态万千，奇花异木，四季更迭；日本园林，虽然也用了自然山水的基本格式，但水面不求曲，只求平远；山石不求奇，只求自然，以大片的林木花草，掩映几座色调清淡的亭榭楼阁，用象征手法的枯山水，使人感受到的不是动态的奇趣，而是静态的淡泊。某些文化的痕迹，因为文化信息上的某种既有的联系，总不可能在连续流变中被完全洗刷干净，它像成语一样出没其中，这是文化和艺术发展中的一个重要特征。传统文化是社会精神财富和物质财富的长期积累。民族的传统文化反映在社会生活的各个方面：文化形态、生活习俗、道德观念、城池建筑，甚至于服饰、器皿等等。它是联系一个民族内在的信息网络。在民族界限没有消亡前，这个网络联系着每个人，有时会凝聚成一股力量，“在遇到难以应付的历史环境挑战的时候，就可以激发民族搏击的活力……”❶使之不致消亡。长城、华表、斗拱……这许多反映中国民族的建筑形式，所抽象出来的无疑是中国人的风格的外化。这一切代表中华民族风格的符号，它的积极意义也正在于它能使人们团聚起来，使整个中华民族文化进一步发扬光大。因此，作为民族风格有它现实的积极意义。

---

❶ 周德丰.《中国文化的认同与适应》

桥梁，从非意识形态的物质技术对象走向意识形态，又从意识形态走向审美。桥梁是一种文化，是民族心灵的物态化和结晶体。它不同于一般技术，有历史的继承性，有民族传统、地方传统。自然界的生存环境、民族气质和社会生活方式，是桥梁文化形成的物质基础和精神依据。桥梁文化正是自然生态和社会生活过程的历史凝聚。整个人类的文化不是一个模式，不同民族的文化各自形成不同的类型，桥梁文化也莫不如此。由于人类文化的多元性，在桥梁文化中也呈现着多元化的特点。由于它具有民族性，因此需要继承优秀的民族文化传统。马克思指出："人们自己创造自己的历史，但并不是随心所欲地创造，而是从过去继承下来的条件下创造"。桥梁美积聚着浓厚的民族文化内涵；蕴藏着不同国家、不同民族的审美传统，聪明、才智和精湛技艺。对风格的审美的研究，应当从社会文化出发，然后又洗练（升华）出来。歌德曾深刻地指出："只有民族的，才是世界的"。曹禺也说过："我不相信会有一种完全超脱于自己民族的世界性艺术。"

传统之所以成为"传统"；民族和地方特色之所以形成"特色"，在于它的"约定俗成"。它是传统和民间文化在特定的社会、历史和自然环境下的长年积淀，也是主、客体之间长期交互作用所形成的心理积淀和美感积淀，因而具有难以自破的牢固性。经历了千百年才形成的传统，它所据以产生的具体原因可能已经过去，或许也已被人们所淡忘，但传统本身已作为民族特质的一种独立价值存在下来，而且还将继续发生作用，是不容一笔勾销的。中国社会在物质现实和意识形态上超稳定地延续着，外来文化也很难改变其形成的民族风格。中国古代从印度传入的佛教文化，不但没有被"化"过去，反而变成了中华民族自己的宗教文化了，并且在借鉴中丰富了自己的文化。比如，韵律和"四声"是从印度梵文中吸收过来的，从而开创了唐诗那样一代优秀的文学，绘画、建筑、雕刻等都是这样。最典型的佛教建筑是塔，从印度的窣堵坡和佛祖塔的形式与中国古代传统的楼阁建筑相结合，创造出美丽动人的中国佛塔的形象。吸收外来文化，融为自己本民族的文化，是在潜移默化中完成的，是一个中外文化融合并形成新的民族形式的过程。

中国传统的民族风格，抽象但却确切地反映出中国人的气度与作风。但是，民族性是一个相对、历史、具体的范畴。作为抽象民族风格的民族形式，只是一个历史概念，不是一成不变的。民族形式是一个民族的社会结构、文化特征和观念形态的外化，是一种象征。格罗庇乌斯对传统的论述是："真正的传统是不断前进的产物，它的本质是运动的，不是静止的，传统应该推动人们不断前进"。在变革的时代，由于生活和思想的发展，促使艺术必然相应的产生变化并不断创新。今天的中国"民族形式"应当有今天的社会历史概念，古代的意义已经被历史的发展逐渐淡化了，民族风格也存在着时代特征。决定时代的是生产力，而生产力的决定因素是技术、工艺，要在这个基础上来讲桥梁美。总之，民族性不是附加上去的点缀品、外形式、旧框架，而是一种精神、心理力量。因此，问题是怎样把时代性与民族精神结合起来，交融一致。

二、桥梁美的地方风格

民族和地方风格往往具有交叉性。在一个民族的风格中，因不同地区的自然条件，产生了各种各样的特点，出现地域的旁支。在一个民族甚至邻近的几个民族中，会显示出地域之间的同类的旁支。也就是说，同一个民族中的不同地方的风格的差别，有时会大于不同民族的同类型的风格。在一个国家和民族内部，地域的特征往往是一个子集，但是，地域属性在本质上不同于民族属性。地域的含义是地方风格，它偏重于自然原因，一般与当地的民间习俗有关。但再深入一层看，地方风格连同它的民间习俗，都是那里的自然原因所导致。气候和季节、地形、生态和物产等等，都是地方风格的最基本的因素。自然条件的不同，形成了不同的人为形象。地方风格必须具备两个条件：独特性和所指范围内的一致性。这两个条件缺一不可，一致性是必要条件；独特性则是充分条件。所谓地方风格，应该是具有与众不同的格调。某一城市在设计桥梁时，把桥塔设计成一座牌坊形式，美其名为该市某一历史文化街区的风格。其实这种牌坊到处皆是，并不是那个地方所特有的，因此就不能认为是那个地方的风格。地方风格只能是那个地方所特有的格式。在农业时代漫长的历史中，建筑文化在各自封闭的土地上，根据各地不同的气候条件、自然环境、经济发展水平、民族习惯，展示了其多样可能性的发展，形成了建筑文化的民族性与地域性的多样差别。不同地域、不同民族、不同历史文化的特征，通过建筑展现得淋漓尽致，埃及人的集中宏伟，希腊人的珍贵细部，罗马作品的完美规划以及阿拉伯人的巧妙结构。在这些琳琅满目的建筑文化中，一些是自身发展较为成熟的，例如欧洲建筑、中国建筑、伊斯兰建筑等；一些是派生的，例如朝鲜、日本之于中国；北欧、东欧之于希腊、罗马；一些是发展不甚完备的；还有一些，则仍然停留在较初级的阶段，例如蒙古人的蒙古包、印第安人的毡帐等。北欧的一些传统建筑的多为尖屋顶，这与当地冬天的积雪有关，受当时建筑材料的限制。用木材构筑的屋顶承受不了厚雪的重压，屋面坡度做得陡一些，雪就不易积得很厚。久而久之，这种屋顶形式就成了这个地区的一种地方建筑风格。哥特式建筑是最宜于北方气候和较寒地带的建筑风格。哥特式建筑对北欧来说，比起希腊或罗马建筑更土生土长得多。既然所有好的建筑都与气候相关，哥特式陡峭山墙与排水腰线，比平屋顶和古典檐口对英国、法国和德国更适合。公元前 4 世纪，罗马人将石砌的拱券形式用于建筑。出于这种结构形式不但能解决建筑的结构问题，以较小的材料构成比较大的跨度或空间，而且在视觉上由于曲线形的参与，而使建筑形式更为丰富，所以到了罗马帝国全盛时期，便大量地采用了这种形式。这种建筑结构产生的客观条件，是罗马当地缺乏质地坚实的大型石材，但却富有火山灰这样的天然混凝土。同样是山地，同样是石料，同样是处于奴隶制社会，雅典卫城与我国西藏布达拉宫在造型上的差异有目共睹。雅典卫城的建筑以柱式为构图要素，形成的柱廊典雅又端庄；拉萨古城红山上的布达拉宫却以大块实墙面为主，形成的碉房粗犷又雄壮。日本建筑的屋顶的檐所以长，是与气候、水土、建筑材料等因素有关，伸长屋檐就是为了阻挡斜倾的风雨。我国的北方人与南方人，在性格特点、审美趣味上，有着明显的差别。北方地区气候干燥酷烈，山雄而壮，地平而阔，使得北方人比较质朴、粗犷、憨实。北方的民居造型简单，空间实用，不加色彩，几乎没有什么装饰。为了抵御严寒，使用火坑与较厚的外墙和屋顶，建筑外观显得厚重、庄严，森林地区则往往使用井干式壁体；南方地区，尤其是江浙一带，气候温和湿润，山秀而奇，水曲而幽。这些地区的人性格文静、细腻，他们的民居造型变化多样；空间利用奇巧；雕饰丰富绚丽；色彩淡雅宁静；建筑清秀雅致；空间通透流畅，与北方建筑的敦实、雄健恰成鲜明的对比。同是南方人，在西南地区气候温暖潮湿，房屋多采取南向或东南向，以接受夏季凉爽的风，或在房屋下部用架空的干阑式构造，流通空气、减少潮湿，防御野兽侵袭。建筑材料除木、砖、石外，还利用竹与芦苇，墙壁薄、窗户多，建筑风格轻盈疏透；岭南、闽粤一带人，又不同于江浙地区。岭南人性格活泼好动，思路敏捷、聪颖。岭南民居时常追求奇巧的曲线、繁多的装饰，色彩丰富，雕镂精细。在石料丰富的山区，每用石块、石条和石板建造房屋。福建多山，交通不便，民居就像方言一样，一个地区一个模样，根据各地的生活习惯、文化风格、审美爱好及自然条件等，在长期的发展中逐渐形成独特的风格。

地域特征成因于自然条件，因地域之间的地形、气候或物产等的不同，而影响到桥梁形象的差异，桥梁形象语言往往只是一种人文的含义，其思想性或阶级性是淡漠的。桥梁的地域性形成一种独特的环境，它从人的意识上与这个地方的人的性格互补。中国桥梁风格的南北差异，一是出于自然条件，如气候、地理等，是最根本的原因；二是出于人文条件，如伦理、情感、审美等等，是继发的原因，因为人文条件本身也是从自然条件生成的。但是，人文条件却成了文化的中坚，现在讨论地方特征，并不主要从经济观或者出于物质技术的可行性，而是多从精神功能、感情或形式美的原因角度入手。在自然条件不同的地区，古代劳动人民因地制宜、因材致用，创造了各种不同形式的桥梁。我国北方人的性格比较直率、敦厚、坚毅、顽强，联想到北方的桥梁，往往采用厚重的墩台，结实的梁、拱。我们往往可以用“雄健”二字来概括这种形象，可谓与北方人的性格同构（图 4-6-1）。地方风格一经形成，就会根深蒂固地扎根在人的审美观念中。颐和园苏州街是乾隆下江南返京后，仿照苏州七里山塘街修建的。可是，这条街上有一座三孔拱桥仍然难于摆脱北方味道（图 4-6-2）；与此相反，江南人与江南桥梁的风格，则用“挺秀”二字来概括。江南人显得秀气、灵敏、而富有韧性，与这里桥梁的薄梁、柔拱、纤墩相一致。那轻盈的梁体、纤细的桥墩、空灵通透的桥孔等，都显示着这种性格的形象特征。南方的薄墩薄拱石拱桥在中国和世界的石拱桥中都占有一席崇高的地位。薄墩、薄拱、多孔连续的石拱桥世上唯独中国才有，而中国则主要存在于江浙一带。如建于中唐时期的苏州宝带桥，是现存最长的多孔薄拱、薄墩连拱桥（计 53 孔，全长达 316.8m）如千尺卧虹、巧夺天工。上海一地现存薄墩、薄拱石拱桥多达百座以上（图 4-6-3）。北方的桥

图 4-6-1
北方石拱桥的雄健

梁雄健浑厚，若燕赵壮士作易水悲歌；江南的桥梁秀丽轻灵，似姑苏秀女唱江南丝竹，实在就是“胡马秋风塞北”与“杏花春雨江南”意境的外化。扬州五亭桥建于乾隆年间，是一座造型别致的拱形石桥（图 4-6-4）。桥的造型典雅秀丽，桥墩朴素厚实，兼具南北方桥梁特色。瘦西湖本是供皇帝下江南游玩的准皇家园林，北方人造的南方桥梁就只好是南北合璧了。从这里也可以明显看出，桥梁形象是与人一致的。桥梁供人使用，又表现着人、影响着人。所以说，桥梁美学是一门富于人文学科性质，而有别于桥梁工程学的学问。

图 4-6-2
颐和园苏州街拱桥

图 4-6-3　江南石拱桥的挺秀

地方风格的确重要，但地方性要服从时代性。地方性不是某些固定的外在格式、手法、形象，而是一种内在的精神。假使我们了解了地方风格的基本精神，又紧紧抓住时代性的工艺技术和社会生活的特征，把这两者结合起来，就不用担心会丧失自己的地方性。当然，反过来，也不要因为追求时代性而放弃地方风格。鲁迅讲过：“有地方色彩的，倒

图 4-6-4
扬州五亭桥

容易成为世界的，即为别国所注意”❶。

三、桥梁美的时代特征

风格的地方特点是空间上的，风格的时代特征则是在时间上的。世间万物变化是永恒的，不变是暂时的。事物总是随着时间的推移而演变的，时间就是事物的运动和变迁的轴线。一个时代，必然表现出这个时代的稳定的风格。任何艺术作品都具有不可替代的历史性。汉重文赋，唐兴诗歌，宋重词曲，元盛戏曲，而小说则从唐宋传奇，到明清的《水浒传》、《红楼梦》，到五四时期的一大批作品，再到今天的许多小说——它的语言、结构方式已悄悄却又明显地发生了多次变化。应当指出，变化是时代发展的一种附属，是不可抗拒的。如果把传统看作一种凝固的模式，要求前人、今人乃至后人都奉为样板，并由此来统一审美情趣和习惯，那必将遭受冷落。维克多·雨果曾经宣称，对每个时代而言，只可能存在一种文学，正如只能存在一种社会形态。早先的文学，尽管已经给后世留下了“不朽的丰碑”，也不得不随着表现其社会习俗和政治抱负的新一代而消失了。他认为，19世纪的天才们完全可以表明堪与比较辉煌的时代相比，但又不能雷同。并且，当代的作家没有使过去文学复苏的能力，正如一位园丁不能使落叶复生于春枝之上。从建筑的民族、地域一类集合来说，时间的意义也很重要。建筑的民族、地域特征，随着人类文明的进展、社会结构的变革和科学技术、文化艺术的发展而变更着。时代的变迁，风格也会随之改变。建筑在社会的发展中，在一定的历史条件下，社会的公共使用、共同的目的和社会观念，相同条件的施工技术和材料的运用等等，建筑风格和形式常表现出相对的雷同现象。它往往又与一个时期的倾向及当时对建筑的认识分不开。有时，这共同的建筑文化结构产生一定的建筑型制，它们的艺术风格、建筑风貌反过来影响人们的建筑审美心理。这样，就产生在一个时期内对建筑形态的约定俗成。任何审美意识和艺术作品都是一定历史时代

❶ 张望编.《鲁迅论美术》. 北京：人民美术出版社

的产物，所反映的都是人类历史发展中某一确定的瞬间的成果。既然是历史的产物和成果，审美心理结构就不是一成不变的，而是随时代、社会的发展变迁而在不断变动着。所以，这个共同人性和审美心理结构在具体历史条件下，总常有特定的历史的痕迹——即具体的社会、民族、时代、阶级的特色。每一代人都能迅速地认出属于自己时代的风尚。宋代唐风为之一变，建筑装饰正如整个时代的文化思想与艺术风格，渐渐趋向于"女性"化、精致化一样，阴柔之美代替了阳刚之美。比如，在建筑彩绘作品中柔和的曲线、细细的笔触、小小的花纹、轻轻的点染，似乎一切都应当"小心翼翼"的样子。绘画趋向风格细腻、糯化、工笔化，尤其院体，讲究所谓"孔雀升高，必先举左"之类细节的真实。这一点反映到建筑装饰上，便是花鸟题材的大量采用，文笔秀逸，悦人倦眼，慢绘慎写，精雕细刻。人们的审美趣味和理想随着时代而变迁，有着它特定的时代背景和不可替代的时代特征。一个时代有一个时代的审美标准，这是由各个时代物质和精神文明所决定的，并成为社会普遍共同的认识。最早对艺术与时代的关系进行考察的是丹纳。他认为，"正如气候与自然形势对树木进行着选择一样，也有一样精神的气候，这就是时代精神与风俗习惯，它对艺术的才能进行着选择"❶。建筑的发展有其历史的阶段性，不同的历史阶段显现出不同的建筑潮流、建筑风格，因而也体现出建筑文化的时代特征。古代建筑形态固然是一种完美的造型艺术，它的退出历史舞台，并不意味着它在审美上的堕落，而是因为建筑这东西既有审美的一面，又有技术的一面；既是精神的、思想的，又是应用的、物质的。建筑的技术性和物质性，都会随着时代、社会的进展而变更其形态。建筑的功能不外是物质功能和精神功能。在物质功能方面，建筑给人的生活活动以物质环境。人的生活活动变了，从而也对它的环境提出了新要求，新的生活活动需要有新的物质空间来满足。新的时代，在新的生活活动形成的同时，必然带来新的精神要求、审美要求，所在建筑形态上也必然要反映出这种特征，这就是时代性。时代性就意味着要过时，任何人为的形态总是会过时的。建筑的存在，无论如何也跟不上审美潮流的变迁速度。一件时装，今年穿着流行，如果明年不流行了就可以再买新的，生活日用品亦然，可是作为审美的建筑，它的时代性就带有一定的稳定性和滞后性。哥特式建筑风格，从 12 世纪到 16 世纪初，盛行了四百来年之久。从苏格兰到西西里，几乎遍及整个欧洲。同时，不仅是大的教堂，即便民用和公共建筑，以至要塞和宫堡，都显现着这种风格。这种具有鲜明时代性的建筑的出现，显然与基督教中世纪在欧洲的至高无上的地位有着密切的联系。尽管它不能经久不衰，但是，它的流行也没有随着文艺复兴曙光的到来而很快结束。

工业革命把建筑和桥梁的美推入技术美的领域。技术美较之艺术美的变易性更大、更快。技术是随着科学水平的发展而不断发展的，新技术、新工艺、新材料的不断产生与运用，必然加速新桥梁结构的开发和更新换代，体现在桥梁中的审美观也就会随之发生变化。时间在社会心理上的流逝是无情的，特别是在当代，时尚的节奏在不断地加快，许多形式甚至来不及识读，就过时了。现代科技的发展改变了人对桥梁的使用条件，对传统的建造技术也是一种冲击。它改变了人们的观念，因此是一种对原有约定俗成的突破。再者，社会的生活方式的变更以及对自然利用手段的改变都对桥梁的创新产生影响。桥梁美感必然与它的非艺术的文明内容紧密地结合在一起，即与现代社会形态和现代技术紧密地

❶ 丹纳．《艺术哲学》．北京：人民文学出版社，1963 年版

结合在一起的，这就是时代感。当今时代是信息时代，生活节奏比过去大大加快，时代精神应当着重反映效率的提高，桥梁美的特征更多地体现在快速、便捷和畅通。

四、桥梁风格的交流与融合

世界是如此之大！地球的表面积有5亿1千万平方公里，陆地占1亿5千万平方公里。而且还有高山、沙漠以及江河湖海的阻隔，所以对古代人来说，世界性的互相交往确实是一件不可思议的难事。492年，意大利人哥伦布发现了美洲新大陆，后来欧洲人又经印度到达中国及东南亚。16世纪初，麦哲伦把世界环连了起来，地球的概念才得以建立。但是，这时候的东西方之间的交往却仍然是缓慢、稀少和局部的。建筑风格、各种流派的建筑形态只在某些区域内部之间相互渗透。17世纪下半叶，德国不少建筑师从意大利留学归来后，把意大利巴洛克建筑风格同德国的民族建筑风格结合起来。巴洛克建筑风格在中欧一些国家流行，尤其是德国和奥地利。到18世纪上半叶，德国巴洛克建筑艺术成为欧洲建筑史上一朵奇花。奥地利的巴洛克建筑风格主要是从德国传入的。18世纪上半叶，奥地利许多著名建筑都是德国建筑师设计的。如维也纳的舒伯鲁恩宫，外表是严肃的古典主义建筑形式，内部大厅则具有意大利巴洛克风格。大厅所有的柱子都雕刻成人像，柱顶和拱顶满布浮雕装饰，是巴洛克风格和古典主义风格相结合的产物。在信息传播方式还很落后的古代，更大范围的文化交流主要是伴随着商业贸易往来进行的，如中国的陆上与海上“丝绸之路”。频繁的战争也带来了民族的融合和生产力、生产关系的改变。随着工业与商业贸易的扩张，欧洲基督教传教士将触角伸到了世界的各个角落，将欧洲传统文化，包括基督教文化，散播到世界各地，同时也将世界各民族的文化带回欧洲，为新兴的工业文化注入了许多新鲜的血液。在古代，中国的地理环境是封闭型的，其北面、西面、西南面是莽莽的高原、荒漠的戈壁和草原，东面、东南面是浩瀚的大海。人们要越过大漠、高原，渡过大海，充满艰难险阻。古代中外文化的交流，主要通过宗教和商业的媒介。在相当长的年代里，只有那穿过河西走廊的大戈壁的商旅驼队和佛教徒们踏出一条古代东西交往的路，在中国文化发展过程中带来印度文化、波斯文化和阿拉伯文化的局部影响。中国清代的东西方文化交融已逐渐走向频繁。洛可可的艺术风格也受到东方古代的工艺美术风格的影响，作为中国古代文化终结的清代，文化艺术与洛可可艺术特征有某些相似之处。当时中国的许多漆器、丝织品、瓷器等，已开始大量地销往欧洲，成了当时法国最受人歆羡的珍品。西方现代艺术的许多方面都受益于中国、日本、印度和其他东方民族以及印第安人、非洲黑人的传统文化。现代西方绘画、音乐、舞蹈中，从非洲黑人、美洲印第安人中吸收的文化因素，是人所共知的。现代绘画讲变形，讲表现画家个人的情感，其实这种绘画理论在中国古代绘画理论中亦可发现。桥梁也是这样，1882年开始建造的英国福斯海湾桥是公认的铁路桥梁史上的里程碑之一。这是一座弦杆用管形杆件的双悬臂梁铁路桥。设计人承认，这座桥的结构系统从中国的木伸臂梁演变而来。有趣的是，桥造成后7年，李鸿章出使英国，在参观这座桥后，也想在中国的渤海湾建造一座。后来，詹天佑在粤汉铁路督办任上，提出的武汉长江大桥的方案也参照了这座桥。外国人借鉴中国桥，中国人学习外国桥，桥梁就是在借鉴、学习、改革、创新中不断发展的。

工业文明的兴起使古代文化全面解体，造成风格淡化。随着工业社会的到来，不同民族、不同地域建筑文化的藩篱纷纷被打破，出现了现代建筑运动的热潮，世界各民族的建筑趋向于一致。现代国际式建筑的兴起，正是工业文化在建筑中的体现。工业革命自身的发展，必然要创造自身的文化，一种与历史上任何时代、任何民族的传统文化截然不同的崭新的时代文化。于是，现代建筑与现代艺术一样，在20世纪前半叶迅速形成，并传遍了全世界。人类进入了20世纪后，随着交通和通信工具日新月异地发展，其速度之快、容量之大、设备之齐全，确实惊人。特别是近年来，随着互联网及其他大众传播媒介的发展，不同国家、不同地区人民之间的交往日益频繁。我们几乎可以在同一时刻知晓世界各地所发生的事情，所以人们说“世界正在缩小”。因此，作为文化来说，世界性特征正在日益显示出来。科学技术越益深刻地渗进人们的社会生活，越来越成为推动历史进步的力量，成为代表文明发展水平的重要标志。现代科技和生产力的猛增；跨国公司的强大；中小企业的繁荣；白领队伍的扩大等，使世界的经济、政治、文化进入一个新的阶段。在文化领域，则以不拘一格的多元化、艺术与日常生活的空前广泛渗透、加速花样的翻新等为特征。因此，一种产品只有一种风格的局面将被打破。所谓传统的民族风格、地方风格，将会被千差万别、各具特色的个人风格所代替，并融会成一种为许多民族和地方所共有的现代风格。原来的民俗文化与新文化在形态上的距离越拉越大，传统、民俗的文化形态已消逝殆尽。因此，随着世界科学技术的进步、交通的发达、信息传播的迅速，在世界范围内以发达国家为中心，不断地传播富有社会所特有的知识、技能、美学趣味，以至处世之道等等。每占统治地位，其结果使社会的非地方化，经济、社会和文化方面的世界性日益增强。许多出于社会需要的新的建筑和桥梁文化，也确实不能用民俗、传统的格式来构筑。一座新颖的桥梁设计获得成功，会迅速地向四方传播，一时为人们所欣赏、所仿效。这一运动甚至扩大到文化和思想，扩大到认识世界和表现世界的方式。对于这种潮流，可以标之为世界文化的“趋同现象”或“一致化运动”。若干年后，便把民俗形态与过时的形式等同起来，一起存进了博物馆或退到村野、边镇，成了历史遗产，传统文化在桥梁的主要领域将泯灭。那些真正具有民族和民间特色的桥梁，将由一般桥梁逐渐转入历史文化领域，只在一些以审美功能为主，特别是一些以艺术美见长的桥梁上，如一些纪念性桥梁、园林桥梁等，仍然会保留着民族特色，作为一种文化珍品，永远受到人们的珍爱。

文化包含物质和精神两个方面，科学技术作为文化的一翼，无论其发展，或者东西方的交往，总是主动的。西方桥梁中的许多新技术，我们一旦掌握，则无疑能成为我们自己的东西，因为它的性质是“真”。落后的旧技术被先进的新技术所取代。我们一旦掌握了新技术，则可以无情地抛弃旧技术。物质生活方式随着文明和进步逐渐走向统一，不会有多大的阻力；而精神生活、观念形态却错综复杂。人们的物质和精神生活、人们的生活方式、社会活动等，就受许多社会现实和观念形态的制约。人们的起居等一系列日常活动，许多社会习俗，往往有物质和精神双重含义，在当代交往中会产生纵横的双向的矛盾，因为它的性质是“善”。很明显，更上面的一层，桥梁风格的矛盾性就更为突出、更为被动，所以也就带来更大的矛盾，因为它是“美”。有人担心桥梁将会走向风格的淡化或者最终将会无风格；而有人却公然申明桥梁的风格应当走向世界大同，所谓“国际化”。自成体系的文化传统规定了这个社会的观念、意识和文化形态，如文学、戏剧、美术、建筑等等。历史的冶炼与筛选使它们达到了近乎纯熟与完美的境界。作为社会文化的财富，城池、村镇、桥梁、宫殿和庙宇等等，有秩序而又有规律地存在于既成体系之中。变革或纳入新元素，都会引起体系内部的振动与反抗。正如日本建筑历史学家村松员次郎说的："在外国文化引入和消化过程中，自古以来就经常出现的对民族文化的一种振动现象"。传统文化步入新时代时，必然要受到淘汰和筛选。新技术和新的物质手段产生了社会的新的审美观。新文化在引进与移植过程中，从雏形到完美，最后成为地区文化的组成部分，也要经过融合与转化。

五、桥梁风格的重组

不少优秀的传统桥梁表现了久远的历史，自有它的风采，达到了精神与物质的统一，以至于成为前一个时代的高层次的文化。但技术上的落后性，又不能满足现代社会的物质与精神功能的要求。文化上的"高层次"与使用上的"低标准"，使传统桥梁常常被看作是中看却不中用的古董。社会的快速变动使得原来的文化不能有效带来生活上的满足时，人类不能不推究行为与目的之间的关系。民族风格作为整个文化来说，也许确实正在走向淡化，这是由于经济和社会结构、社会交往的发展演化之所致，不可挽回，而且也用不着可惜。但是，作为一个"活的"结构系统，物质、能量、信息的作用，一定是有序的。一方面，原来的单一的风格概念，如民族风格、地方风格、时代性等等正在淡化；另一方面，现代的风格特征更显示出复杂性。作为一种明确的现代风格概念，学派的风格正在走向突出的地位。许多原有的民族、地域、时代、功能、结构等概念，正在被各学派综合到他们的风格中去。这是事物发展的一种特征，就是"重组"。后现代主义说现代建筑已经"死亡"，恰恰是由现代主义分化、重组出来的一个子系统。这种"重组"，也就产生了新的风格序列。这样"重组"的风格，并不按照原来的时空坐标，而是进行变换了的，正像数学中的坐标变换那样。但是，这种变换不是线性、单向的。人类社会和文化在新陈代谢中产生"重组"。重组意味着不是走向无差别的境界，而是以新的结构体系组合起来。建筑流派的出现，有可能倾向于几种不同的流派、风格或个性而形成新的集合，即出现新的差别。

按常理，任何文明都在继承过去传统的基础上，随着社会的进步而发展。既然是重组，就既不是回到传统文化的原点，也不应全面被同化。如果把桥梁放到文化的范畴去认识，民族文化传统的延续，应该表现为不断地对传统的认同和对新兴文化的适应。一方面，对本民族原有文化的认同，保持固有特色，扩散、强化，使之立于不败之地；另一方面，又要适应比原有更先进的文化，改造、壮大自己，不断地吸收新鲜血液，使之具有活力。事实上，任何一种文化都是地区性的，都在特定的地理、历史环境中形成，都在不断相互渗透、促进中发展。在中国的魏晋南北朝至隋唐时期，就有两个异质文化机体与中国传统文化相接触，一是印度的佛教文化；二是葱岭以西的西域文化。由于中华民族历史悠久，传统文化强盛，文化结构十分完整，所以对许多外来文化既有可容性又有互补性，使那些外来文化迅速为之融合，没有留下多少痕迹。印度佛教传入中国，随之而来的就是对印度文化的吸收和消化，不仅创造出中国佛教文化的光辉一页，而且也影响了中国古代诸文化艺术领域，如文学、音乐等等。

18 世纪下半叶掀起的工业革命所带来的文化变革，对于西方来说，尽管翻天覆地，但是，也是很正常、自然的，是在本民族文化内部进行调整和革新的；可是，对于东方，尤其是中国来说，情况就不一样了。中国文化的发展可以以鸦片战争为界，划分为两个时代：封建时代和半封建半殖民地时代。1644 年，满清入关正是英国资产阶级革命后 4 年。从 17 世纪到 19 世纪末，西方文明随着经济的迅猛发展和社会形态的急剧变革，在物质文明上大大超过了东方的古国，中国又走到了一个大门口。封建帝国靠着闭关自守和广阔海洋的阻挡，暂时避免了外来文化的入侵。但是，先进与落后的矛盾一直在不断地增强着。当压差积累到一定程度时，资本主义的对外扩张、殖民主义，开始冲击中国，坚船利炮终于攻陷封建高墙，随之带来了西方的工业文化，加速了中国古代文化的终结过程；或者说，加速了中国古代文化与西方文化的交融过程。在传统的文化行将终结时，面临着西方文化的挑战。就中国说，新时代最大特征之一是开始结束了几百年乃至几千年的封闭状态。这是一个巨大的冲击，除了政治和军事上的殖民侵略外，在文化上的抉择在当时也面临着严峻的考验。由于新兴文化力量无比强大，包括建筑和桥梁在内，都迅速跨越国界、民族、地域的界线，走向新的体系，使得中国古代建筑、桥梁乃至整个古代文化都面临解体。中国文化面临世界现代化潮流的挑战，传统的中华文化经历着一个重要的转折时期。要认真考虑如何适应外来文化，这对于一个历史悠久、文化财富异常雄厚的中国绝非易事。传统文化能否适应这一强大冲击？长期以来在认同与适应中彷徨。当时面临着三种选择：一是“崇洋”，主张“全盘西化”；二是“国粹”，主张“全盘中化”；三是“拿来”，主张革新，主张吸收传统而又借鉴西洋，开创一条自己的文化新路。这后一种选择实际上就是“重组”。但是，这个重组不是一般意义上的重组，它具有下列特点：一是，这是一次最大的文化“重组”；是一次东西文化的重组；农业文明与工业文明的重组；古代文化与现代文化的重组；二是，工业文化伴随着军事入侵和经济掠夺，造成中国民不聊生、家破人亡，文化随着民族信心的动摇而一落千丈。在长期缺乏良好政治秩序与经济环境因素之下，中国文化难以维持生计，对中国来说是被动、痛苦的。西方式的文明及文化思潮，像狂潮一般冲击着贫穷、落后、保守及动乱不安的中国旧社会，使得这种文化“交流”是被迫的，没有思想准备的，带有被动和消极的半殖民地色彩及断代的。中国近代史上在这方面的发展是畸形、被强加、带有殖民地性质的；三是，中国传统文化历史悠久，根深蒂固。由于最初的工业文化以欧洲为中心向四周扩散，所以最初工业文明的蔓延，较多地带有欧洲文化的特点，以西方为中心，对于中国社会格格不入；四是，西方文化是以先进的生产力为背景，代表着社会的进步力量，代表着社会发展的主流，是一股既不可抗拒，又将能促进中国文化的发展的强大潮流。这些特点就注定了这场重组是旷日持久和反反复复的，至今都还没有结束。历史的发展总要遵循一定规律，尽管有时走过一段曲折、崎岖的道路，最终还是要异路同归的。对文化的发展来说，就是应该在继承中发展，西方是这样，中国也是一样。过去，由于一些复杂的因素，政治、经济、军事……，使得西方文化特别为世人瞩目，中国文化因力量对比过于悬殊而几乎全面被“西化”，但是，当那些因素发生改变后，又会出现新的境况。中国有着卓越的古代文明和深厚的传统文化，加上空前规模的桥梁建造实践，在后现代思想的多元文化的历史背景下，在现实我国桥梁强国梦的过程中，中国桥梁将在公平、平等、合理的基础上，最终完成传统文化与工业文化的“重组”，用东方的哲学思想和智慧来重新反映现代文明，形成既具有中国特色又能适应现代社会发展的现代中国桥梁风格。

第七节　桥梁美学的属性

由于桥梁美学是一门创立不久的学科，对它的属性存在着不少模糊点。在创立过程中，一些桥梁美学的专著，有的虽然称为“桥梁美学”，但只谈形式美；有的称为“桥梁建筑艺术”，作为建筑艺术的一种；有的称为“桥梁艺术的哲学”，仍然延续古典美学关于“艺术的哲学”的概念。理清这些概念，就会明白桥梁美学的属性了。要理清这些概念，就应该了解桥梁与建筑的区别、桥梁美学与建筑美学的关系以及“建筑艺术”、“桥梁建筑艺术”和“桥梁艺术的哲学”等概念。

一、桥梁与建筑的区别

桥梁与建筑的区别有过许多说法：一种是广义与狭义说。认为，建筑就广义来说，道路、桥梁等土木工程都可以包括进去；就狭义来说，主要指盖房子；另一种是实体与空间说，认为，桥梁设计者赋予那些规模较大、用途单一的物体以形式，他们视这些形式为抵御自然力的实体；而建筑设计者赋予那些规模较小、用途复杂的物体以形状，他们视这些形式为人们使用的空间。关于建筑是研究空间的提法，有人追溯到老子，因为老子说过：“凿户牖以为室，当其无，有室之用。故有之以为利，无之以为用。”其实，建筑的这种提法，更直接的是源于黑格尔。黑格尔在《艺术哲学》中就大量地使用了这个术语。他谈到建筑物如同限制和围合的一个限制的空间。实际上，黑格尔这种说法与德国人对建筑空间或房间的空间在语言上的一致有很大关系。因为在德语中，“空间”这个词与“房间”是一样的。因而，将房间想象成仅是无限空间的一小部分，对一个德国人来说，并不需要很多的想象力，而不可能让他们想成别的。因此，最早的空间说也就是狭义的盖房子说。我们看到，从 19 世纪开始，就有许多德国的美学家对建筑使用过“空间”这个术语。这个提法之所以被广为接受，还是有一定道理的，因为，除了像方尖碑、凯旋门和桥梁那样的实心物体外，绝大多数都是“无之以为用”的；还有一种是正负空间说，认为桥梁和纪念碑等建筑物虽然是实心的，但它周围的空间被实体限定，形成“格式塔”的心理空间。在它周围的一定空间内，我们能感受到已置身其氛围中。这种实体和空间的关系，恰好与房屋的实体和空间的关系一正一负。正空间是实体包围空间，如房屋；而负空间却是空间包围实体，如桥梁、尖塔等。其实，这三种说法都反映出桥梁与建筑的不同方面的特点，都有一定道理。建筑有两个不同的概念：一个是指建筑本体，是建筑物的简称，例如，一座建筑。桥梁也可以说是一种建筑物，有时更确切地称为“构造物”或“结构物”，实际上是按广义来说的；另一个是指建筑美学中的美的创造，例如，建筑学。从目前我国学科划分来看，建筑学主要是工业与民用建筑，也就是“房子”的设计美学，与“桥梁设计美学”相对应，实际上是按狭义来说的。由于本书是探讨桥梁设计美学的，为了叙述上的逻辑性，原则上按狭义来理解建筑。按照这种逻辑，桥梁与建筑相比较，有个性也有共性。它们的最大的区别是桥梁对结构和力学的性能要求更高，特别是对于大跨度桥梁结构。这就决定了桥梁应以结构和力学的性能主导设计；而建筑对空间使用功能要求更高，一般以形体统领设计。总之，建筑一般是指具有空间使用功能的建筑物，更多注重形体和组合；

而桥梁则是实体的结构物，更多着重于结构和力学的规律。

二、桥梁美学与建筑美学的关系

按照现代主义的观点，建筑美学更注重功能美。美国建筑师布鲁诺·赛维在《现代建筑语言》一书中讲“按照功能进行设计的原则是建筑学现代语言的普遍原则，在所有其他的原则中，它起着提纲挈领的作用”。科学技术的进步直接促进生产力的提高，推动社会的进步。它使建筑和桥梁的发展展示了新的一页。现代建筑运动的先驱者们都崇尚技术、歌颂技术，并已探讨、创造出基于技术条件的建筑美学。事实上，这种趋势客观存在，不少中外学者正利用建筑学与自然科学、社会科学的交叉和现代科学的方法论，循着这个方向努力。同样，桥梁美、结构美或桥梁美学所谓的“美”，正确地也应理解为技术美。建筑与桥梁一样，都具有技术美。因此，桥梁美学与建筑美学并列，同属于技术美学。而且，由于桥梁和建筑同是土木工程，有不少共同点，现代建筑和桥梁都更多地表现为技术美和功能美。现代建筑也在摒弃装饰和形式的束缚，而更加重视结构美。特别是，当代环境问题的提出，成了全人类共同关心的问题。当今，建筑和桥梁都更加关注环境美，提倡以人为本，追求“情”和“理”并重，人、建筑、环境的和谐统一。因此，桥梁美学偏重于结构美；建筑美学更注重功能美，两者又都关心环境美，提倡以人为本。桥梁美与建筑美有许多共同语言，可以互相借鉴。

三、关于“桥梁建筑艺术”和“桥梁艺术的哲学”

我们在第二章第六节说过：在手工业时代，建筑和桥梁都带有手工艺痕迹和浓重的装饰，加上韵律等形式美感，因此，把建筑列为艺术之首，就有了“建筑艺术”的说法。工业革命所引发的现代建筑运动，不再承认建筑是艺术品，但又承认建筑具有审美价值。所谓“桥梁建筑艺术”，本是源于“建筑艺术”。现在，建筑都不承认是艺术了，桥梁当然也不再认为是一种艺术。但是，艺术性要求较高的桥梁，如园林桥梁、纪念性桥梁、宫廷桥梁以及已成为文物的古典桥梁，还是存在着“桥梁建筑艺术”。对于大量的一般性桥梁，就不宜说成“桥梁建筑艺术”了。

古典美学只研究艺术，认为哲学是探索世界和人生的总的规律，因此美学被称为“艺术的哲学”。那时，把建筑也作为一种艺术，因此，建筑美学自然也可称为“建筑艺术的哲学”，有人也把桥梁美学也称为“桥梁艺术的哲学”。实际上，现在国际上讲的，除继承古典传统的学院式讲授以外，是向科学方向发展的，而科学是以自然科学为主导的。现代美学与艺术所涉及的领域是不一致的，除了研究艺术美之外，还包括更大范围的现实美。自从美学视野扩展到了整个人生后，针对各种物质生产和文化、生活领域中的大量审美问题，逐渐发展出各种部门的美学，桥梁美学就是其中一门。桥梁美不是艺术美，而是一种技术美。既然桥梁不算“艺术”；美学也不只是研究艺术问题，桥梁美学自然也就不应是“桥梁建筑艺术”、“桥梁艺术的哲学”，而是门类美学之一，属于技术美学。

第五章　桥梁美感和桥梁美的欣赏

第一节　桥梁的美感

桥梁作为一种人类征服自然的成果，是物化劳动的直接体现。物化劳动是通过劳动使自然界的“自在之物”变成为“为我之物”，使客观世界“对象化”，成了“对象世界”，从而获得美感。“我们欣赏一片绿油油的庄稼，欣赏巍峨建筑，欣赏长江大桥、高速飞机或火车，就并不只是一种形式美的观赏，而是能从中感到社会目的性，感到社会劳动成果、社会快速前进的内容，亦即前进的社会目的性成了对象合规律性（桥造得多么巧妙呀！这飞机多有气势！）的形式，善成了真的形式。人们直接看到的是善，是社会合目的性。飞机、大桥、摩天大楼是为人服务的，但它之所以能建成，却又是由于符合规律性（真）在起作用，所以说真（合规律性）成了内容。你从这里感到了善的形式力量和真的丰富内容。‘人力巧夺天工’，自觉或不自觉地赞赏这两者的统一”。“真与善、合规律性与合目的性的这种统一，就是美的本质和根源。”❶ 郭沫若在《钱塘江大桥》诗中说：“第一次来到钱塘江大桥，夕阳照着嫩黄的江水滔滔。六和塔在发出红色的微笑，好像在说这儿比西湖还好。忽然间全桥在隐隐地闪耀，原来还有下桥敷设着铁道，铁道上通过南行的火车，这就增加了戏剧性的微妙。如果只是江山的一片静美，不会深刻地鼓动我的心扉，是劳动改造了自然和社会，使江山焕发出生命的光辉。”最后一句点出桥梁美感的实质，就是人类通过劳动改造了自然和社会，感觉到所发出的生命光辉。

人类创造了桥梁美，桥梁美体现着人类的本性，人的智慧、才能和力量。桥梁美感是人类直观到自身本性的物化时，得到精神上的愉悦，达到“物我两忘”的精神境界。物化是中国美学、古典文艺学关于审美创造的独特范畴，是一种物我互为主体的移情，是“天人合一”思想的具体发挥。物化是指创作时，艺术家的主体与创作对象的客体浑然为一而兼忘的境界。早在先秦时期就已经生成，完善于老庄哲学。庄子的“心斋”奠定了物化的心理机制。在庄子的思想意识中，从来就没有把物与人真正地分清过。人就是物，物就是人。物化的最高境界是物我互化，这是一种忘我的精神境界。苏轼准确把握了这一点。他在《书晁补之所藏与可画竹三首》中写道：“与可画竹时，见竹不见人。岂独不见人，嗒然遗其身。其身与竹化，无穷出清新。庄周世无有，谁知此凝神”❷。竹就是我，我就是竹，我与竹处于混化的状态。桥梁美感也就是感受到桥就是我，我就是桥，我与桥处于混化状态的情感。

“情以物兴”，就思想而言，古已有之。这就是现代研究古文论的学者所概括的“物感”说。人本来有情感的潜能，这即《礼记·礼运》所说的：“何为人情，喜怒哀惧爱恶欲，七

---

❶ 李泽厚著．《美学四讲》．生活·读书·新知三联书店

❷ 四部丛刊本．《集注分类东坡诗》．第210卷，第226页

者弗学而能”。那么人的这七种情感潜能怎样转化为现实的情感行为呢？这就需要与物相接触。儒家经典之一《礼记·乐记》的“乐本篇”曰：“凡音之起，由人心也。人心之动，物使之然也。感于物而动，故形于声。声相应，故生变，变成方，谓之音。比音而乐之，及干戚羽旄，谓之乐。乐者，音之所由生也；其本在人心之感于物也”❶。刘勰《神思》篇中所说的“神与物游”以及“登山则情满于山，观海则意溢于海”，就是强调作家情感的移入于物的活动。你登上了山，你的情感就充满于山，这时候“山”与你的“神思”共游，山被你的情感所笼罩、所沉浸、所拥抱，这“山”就不再是本来之山，山已成为情感物，不再是物理物。李白的诗句：“相看两不厌，只有敬亭山”，敬亭山只是一座山，怎么会活跃起生命来，情感勃兴起来，与李白“相看两不厌”呢？原来是李白将自己的情感“移入”敬亭山，我与敬亭山融合为一，你中有我、我中有你，这样敬亭山才会“看”，才会与李白“相看”，而且“相看两不厌”。所以，“物以情观”，物皆着上了情感的色彩，物获得了人的生命灌注。

德国心理学家里普斯也曾说过：人们在对周围世界进行审美观照时，不是主动地感受，而是自我意识、自我感情以至整个人格的主动移入。通过移入使对象人情化，达到物我同一，“非我”的对象成为“自我”的象征，自我从对象中看到自己，获得自我的欣赏，从而产生美感。里普斯认为，这个欣赏的对象是主体的“自我”、观照的“自我”，“对象就是我自己……我的这种自我就是对象，……也就是说，自我和对象的对立消失了，或者说，并不曾存在”❷。我就是对象，对象就是我，两者相融在一起。我们对桥梁的美感也是从桥梁中看到自己，获得自我的欣赏，从而产生美感。欣赏的桥梁就是我们自己。

里普斯还认为，主体经历过的事情也可以成为欣赏对象，从它身上也能看到“自我”。经历过的东西是被追忆到的，追忆到的东西是可以使主体获得欣喜的东西。“也就是说，它是我的欣喜所涉及的东西，同时也是这欣喜的理由。但却是在想象中追忆到的”❸。如果这座桥梁是自己参与设计或施工的，这种感受就更加深刻。作者每次路过江阴大桥，或者从火车上远眺润扬大桥，都会追忆起许多当年的情景，获得欣喜，一幕幕久久不能平息。这时，“我”与桥已相融在一起。这种欣喜不是亲自经历过，很难感受到。

第二节　桥梁美欣赏中的主体与客体

审美主体与审美客体之间的交互感应，是产生美感的根源之一。这种感应的发生，需要有主观和客观两方面的条件，缺一则不可。一方面取决于审美对象的性质特征，另一方面取决于审美主体的心理状态。当审美对象向主体提供了诱发条件，而审美主体又能对其作敏锐的感应；当两者契合了，美感也就随之而产生。要感受到音乐的美必须有对象，这就是马克思所说的“音乐”；同时，要感受到音乐的美，还必须有一种能够感受对象的主体能力，这就是马克思所说的“音乐感”。没有“音乐”，就没有“音乐感”；没有“音乐感”，也同样没有“音乐”，双方缺一不可。只有音乐，才能激起人的音乐感；对于没有音乐感的耳朵说来，最美的音乐也毫无意义。美感是主观、客观的统一。

---

❶ 《先秦两汉文论选》.《礼记·乐记·乐本》. 第260页. 北京：人民文学出版社，1999

❷ 伍蠡甫主编《现代西方文论选》. 第1～17页. 上海：上海译文出版社，1983

❸ 伍蠡甫主编《现代西方文论选》. 上海：上海译文出版社，1983

唐代诗人韦应物曾用石头和水的例子说明主客观的统一问题。他在《听嘉陵江声》中说："水性自云静，石中本无声。如何两相激，雷转空山鸣?"水和石头本性都安静，互相不接触的时候寂静无声。但是，如果碰在一起，那飞瀑流泉撞击石头的声音，却是如炸雷一般震响在空山中。《赠李儋》又说："丝桐本异质，音响合自然。吾观造化意，二物相因缘"。韦应物的这两首诗，可能对苏东坡有直接的影响。佛家的《楞严经》卷四也说："辟如琴瑟、箜篌、琵琶，虽有妙音，若无妙指，终不能发，汝与众生亦复如是。"，"声无既无灭，声有亦非生。生灭二缘离，是则常真实"。它用这一比喻说明了诸法"缘起性空"的道理。世间万物必须因缘和合，方能生起。佛教把使事物生起、变化和坏灭的主要条件称为因，把辅助条件称为缘，因、缘相合就是因缘和合。这是一个重要的哲学问题。因为依照佛家之言，一切都是因缘和合而成，不同事物之间只是由于发生联系才得以存在，存在的状态不是孤立的，而是共生的。用辩证唯物主义的观点来说，就是单有好的客观条件或单有好的主观条件都不行，只有把两者完美结合起来，才能取得良好的效果。《楞严经》的因缘和合之说，也是苏东坡《琴诗》的佛学渊源。有人认为，苏东坡《琴诗》是对佛教故事的改写。宋神宗元丰四年六月，苏轼正躬耕于黄州。他平生喜欢听琴，当时有一位彦正判官送来一张古琴，他非常兴奋，写了一封《与彦正判官》的信致谢，信中大致说：某素不解弹，适纪老枉道见过，令其侍者快作数曲，拂历铿然，正如若人之语也。试以一偈问之："若言琴上有琴声，放在匣中何不鸣？若言声在指头上，何不于君指上听?"录以奉呈，以发千里一笑也❶。这首诗就是颇富哲理、以理趣闻名的《琴诗》。古往今来，这首发人深思的诗不知感动了多少文人墨客。诗人形象地告诉人们，光有客体的琴具发不出琴声；光有主体的人指也发不出琴声。琴声来自人对琴的弹拨，来自主客体的交互感应中。苏东坡用这首诗生动地表达了自己对禅理"虽有妙音，若无妙指，终不能发"的领悟。欧阳修也写过一首关于琴声来源的《赠无为军李道士》的诗："音如石上泻流水，泻之不竭由源深。弹虽在指声在意，听不以耳而以心。心意既得形骸忘，不觉天地愁云阴。"诗人说，李道士的琴声如同流水过石一样悦耳动听，水流绵延不断是因为有深远的源头；手指头能弹奏出变化无穷的美妙琴声，是因为心中有丰富的情韵。弹琴虽然用指头，但是琴声源于意，所以听琴不是用耳而是用心。弹琴的指头听命于心灵，听命于弹琴者意蕴和乐感的心灵，弹琴的指头不过是人主观情感的表现。

琴与弹琴的手指不过是一种借喻，它们之间的关系却是放之四海而皆准的哲理，对于探讨桥梁美欣赏中的主体与客体的关系同样适用。桥梁美感既来源于桥，桥是桥梁美感产生的客观条件；又来源于欣赏桥梁美的人。人富有意蕴和美感的心灵是产生桥梁美感的主观条件，桥梁美感是主客观的统一，是人的主观意识和桥梁之间相互作用、发生感应与交流的结果。桥梁美感的形成是社会实践造成的审美主体的人与审美客体的桥梁之间相互作用的结果，两者互为条件、缺一不可。

美感不只是对美的事物直观感受，它含有想象和思维。人类社会生产实践产生美的主客体。人类的审美观念是在生产劳动和社会实践的客观基础上产生出来，并随着时代历史的发展而发展变化的。人在改造自然的同时，也改造了作为主体的自然，其中包括人的感觉器官在内。马克思说："对于非音乐的耳朵，最美的音乐也没有意义。对于它，音乐并不是一个

---

❶ 《东坡全集》卷七十七

对象”。欣赏美需要一定感受美的能力。对于桥梁，我们一眼看去就能获得美感，这是由于过去长期的积累，已经化为一种习惯了，用不着去思考。桥梁美感源于实践，如果没有一定的审美素养，也就很难对桥梁美的形象进行深层的品味和欣赏，也就很难引发深厚的美感了。

第三节　桥梁审美的不定性和个体差异

在美学领域，不像认识真理之类的知识或科学领域，不存在普遍必然的有效法则或客观规律。庄子早在两千年前便说过，各美其美。美学的价值判断，实际上只是一种感情的表现，没有科学上的真理性或客观的有效性。所谓“美的”、“丑的”，并非对事实的陈述，而只是表现某种感情和引起某种反应而已。美没有绝对的标准，只有相对的标准。如果说，物质载体是必要条件，那么审美经验便是在某种限定意义上的充分条件。审美主体的审美心理是在客体的内化和主体的外化的不断循环中发展和成熟的，这种不断循环的结果使得审美主体产生一种审美心理定势和审美价值取向，从而影响到他们的审美感受。美感受到不同文化的影响，意思表达的描述，可能会因此而差异，“萝卜青菜，各有所爱”，“环肥燕瘦，各有其美”，“春兰秋菊，各呈其妍”。人们审美标准由于时代、地区、民族、社会、阶级集团、职业、性别、年龄、教育、经历、心情、文化背景以及个人的性格、气质、教养、经历、原来拥有的审美经验和审美理想等等的不同，而有所差异。人的经历越丰富，审美观念沉淀就多；性格越倔强，审美观念更坚定，其审美心理定势也就越强。马克思说过：“音乐对于非音乐的耳朵是毫无意义的。”，“处于困境之中、忧虑不堪的穷人，甚至对最美的景色也没有感觉。”，“贩卖矿物的商人只能看到矿物的商业价值，而对矿物美的特征则无动于衷”❶。杜甫诗曰：“感时花溅泪，恨别鸟惊心”。王国维说：“以我观物，故物皆著我之色彩”。同样是江水，在杜甫眼中：“浩浩终不息，乃知东极临”，在浪漫诗人李白看来是“山随平野尽，江入大荒流。”这就是人和物的微妙辩证关系。我喜观物亦喜，我悲观物亦悲，同是观沧海波涛，有时感到它是欢歌笑语，有时则感到它是呜咽悲泣；同是赏红叶艳色，有时感到它是青春似火、比花还美，有时则感到它是离人泣血、感伤异色。人就是这么一个奇怪的精灵，心境不同，观察同一事物的感受也自是不同。创作可分为三个方面：创作者、创作物即艺术品、接受者。过去，对创作的研究多着重在创作物方面兼及创作者。现在已将艺术作为人类的创造性活动而且是群体性活动，所以又注意到接受者。每个人心中都有自己林黛玉的形象，这个形象既是作者创造的，也是读者自己创造的，既渗透着曹雪芹的心血和眼泪，也渗透着读者的人生体验和理想。它不具有现实的人的形象的直观性，却有着现实想象所不可能具有的概括性。

在审美活动中，每个人都不免有所偏爱，如嗜之口，各爱其味。你喜春兰、我爱秋菊，你以“环肥”为美、我以“燕瘦”为佳。偏爱价值的产生，常常是与个人的特殊生活经历和特殊感情体验分不开的。“江作青罗带，山如碧玉簪”，是韩愈吟咏桂林山水的名句。但是，与韩愈同时代的柳宗元，就不是这样的感受，当他面对桂林山水时，竟然写出了“海畔尖山似剑铓，秋来处处割柔肠”的诗句。由于审美主体的生理基础，心理素质、文化教养、生活环境和生活经历各不相同，人们的审美能力在质与量两个方面都会产生无

❶ 马克思．《一八四四年经济学—哲学手稿》

穷的级差。这些能力不但具有各自的指向性，而且在能力的高低、钝锐之间，有着极其不同的质调。因而，主体在美的欣赏和判断中，会对某些对象或对象的某些方面表现出特殊的喜好和偏爱，表现出一定的审美趣味。当诗人听到夜莺神奇的宛转悠扬的歌声时，认为这是生命和爱情的欢乐，因此把夜莺进入诗歌和音乐中；而写进科学家笔记本中，关于夜莺却是夜莺歌唱是为了吓唬其他鸟，以保护营巢的知识。

相对于审美趣味的个性差异，审美趣味又有时代、民族、阶级共同性的一面。各个时代的人们，受着特定社会实践内容和社会思想的影响、制约，形成各自不同的审美理想。在这种审美理想的指导和规范下，从事美的创造和欣赏，其创作风格和审美趣味自然会表现出时代的特点来，这就形成了审美趣味的时代性。人的思想是有惰性的，因为生活在前面一个时代的人，就会按照他们生活的时代的思想来看待后面一个时代的事情。有些人不能适应现在时代发展的要求，这就是我们常说的代沟，是时代发展的产物。

桥梁美的欣赏者对于桥梁美感的作用并不是平分秋色的。在不同的条件下，面对同样的桥梁，审美修养高的人更容易发现它的美的属性，并与之感应、交流，从而产生美。当然，桥梁所具备的审美性质、属性、条件越丰富，也越能与人的心灵统一而产生美感。桥梁使人产生美学意义上的各种联想，并引起感情上的共鸣。不同的文化背景和历史条件以及观赏者本身的际遇和心境等，就会产生很大的差异。

桥梁一旦离开了某个历史时期的背景文化，它在文化意义上的信息传递就会改变，并引起美学意义的改变。同样是卢沟桥，本来“卢沟晓月”为京西一景。1937 年 7 月 7 日在卢沟桥发生的“七七卢沟桥事变”，石狮发出的怒吼打破了卢沟桥的宁静，中国走上对日八年抗战的道路。卢沟桥成为中国展开全国对日八年抗战的起点；成了保卫国家领土，抵御外来侵略的象征；成了一个民族血性的浓缩，一个国家不屈的见证。宋哲元、秦德纯、赵登禹所代表的中华民族英雄气概就深深地刻在每一块石板、每一根栏柱上，时时刻刻诉说着那段可歌可泣的历史篇章。这种现象说明桥梁具有美学意义上的不定性特征。桥梁本身并不包含那些产生联想和感情共鸣的涵义。联想和共鸣不是依赖于桥梁文化的自身构成，而是取决文化背景下的历史联系。

审美感受取决于人们的各种复杂的主观条件和状况，与他自己特有的审美心境有关。由于心境不同，对同一事物的主观感受也就会不同。古诗所云：“逆境心生悲，观物亦凄然”。由于心境的反射，把客观事物染上了相应的感情色彩。人眼观世界从来不是单纯被动地接受信息，而是通过主观进行筛选。人的审美是有主观选择性的，选择那些能与自己心境和情趣发生协调相契合的事物，触动浸润自己的心灵，从中得到美的感受或借以宣泄微妙的情绪。反之，当审美对象与审美主体格格不入时，就不能受其感染。克里斯蒂安·诺伯格说过：“太阳光和热是谁都可以感觉得到的，但是太阳的美不是对所有的人都存在。夏天的太阳，对于诗人来说，是激情和力量的象征，是美的；但是对于路上的商贩来说，则是‘黄尘行客汗如浆’，晒得很难受”。[1] 在不同时代、不同时间，甚至在不同心情下，人对桥梁的反应和感受是不同的。今天认为好或不好的桥梁，在另一特定的时间，却会对之有完全不同的评价。在日落时分，沿着布鲁克林大桥的木道漫步，观赏曼哈顿的高层建筑及美丽的街景，是一件非常惬意的事情。但是，在纽约的两次运输工人罢工期间，公共

[1] 克里斯蒂安·诺伯格—舒尔茨.《西方建筑的意义》. 李路珂、欧阳恬之译. 北京：中国建筑工业出版社

交通停运，人们每天上下班，不得不行走在这座桥上，再看大桥周边的景色就不那么美好了。此外，一种信息，对于熟悉或者不熟悉它的人来说，也是会有不同理解的。外国人认为好的，我们可能会持不同看法。对一座桥梁，外行和内行往往评价不同，如果是自己参与建造的，则会有更加不一样的情感，也就是这个道理。

第四节　桥梁审美观的三次变革

一、从原始桥梁天然纯朴美到古代桥梁工艺装饰美的变化

马克思说："物质生活的生产方式制约着整个社会生活，政治生活和精神生活过程"。正是由于生产力的发展促使人类审美观念的不断变革。反顾整个人类文明史，人的审美观念曾随着生产的发展，发生过三次大的变革：天然纯朴美——工艺装饰美——功能结构美——人本环境美。

原始社会人的能力，生产力的水平有限，美往往与善联系在一起，羊大则美。人类主要利用自然界中现成的物体稍加改造来满足生存的需要，桥梁美多侧重于功能美。起先，摸着石头过河；后来，知道在河中排放几块石头，或利用一些倒在河流上的树干、横跨在山谷中的藤索、石梁跨越天堑，得到了好感；再后，也利用一些简单的工具，仿效其建造出独木桥、索桥和石桥等（图 5-4-1）。茅以升说过：在人类历史以前，就有三种桥，一是河边大树，被风吹倒，恰巧横跨河上，形成后来的所谓"梁桥"，梁就是跨越的横杆；二是两山间有瀑布，中为石脊所阻，水穿石隙成孔，渐渐扩大，孔上石层，磨成圆形，形成现代所谓的"拱桥"，拱就是弯曲的梁；三是一群猴子过河，一个先上树，第二个上去抱着它，第三个又去抱第二个，如此一个个上去连成一长串，被地上的猴子甩过河，让尾巴上的猴子，抱住对岸一棵树，这就成为一串"猿桥"，形式上就是现代所谓的"悬索桥"。那时，原始森林、原始草原、高山，大江、大海到处都充满着原始的自然美。这些桥梁多带有原始、天然的印记，人们从中所感受的美也是一种粗壮、天然、纯朴的美。

图 5-4-1
独木桥

到了在古代社会，南人舟楫，北人架桥。由舟楫而进化为桥，标志着技术水平及生产力的提高。一方面，由于物质贫乏单调，需要把华丽、琐碎、堆砌、庸俗汇集在生活中；另一方面，由于技术进步，可以造出许多精美的桥梁，那个时候主要是手工劳动，因此在桥梁上留着许多手工劳动的痕迹，从中看到人的本质力量，感到了美。随着生产力的发展，人们在满足最基本的生存需要后，还有余力考虑精神的需求，对自己产品进行美化，附加装饰。于是人们的审美观念发生了第一次革命性的变化，从粗壮、纯朴、天然的美转变为细腻、华丽的装饰美，轻视实用，重视装饰成了时尚。到了封建君主极权统治时期以及欧洲资本主义萌芽时期，这种审美观念达到了登峰造极的地步。不管东方还是西方，不管宫苑还是民间，不管工艺品还是建筑物，都讲究排场，装饰华丽。建筑和桥梁的美多表现为工艺装饰美和形式美，因此就有了“建筑艺术”、“桥梁建筑艺术”等说法。那时，人们是这样看待建筑的：“人类只可能拥有两种艺术：雕刻和绘画”。“我们所谓的建筑，不过是雕刻和绘画与宏大体量的结合，或将它们置于合适的位置，而所有除此以外的建筑，实际上仅仅是房子而已。”过剩的强度、简单的设计与繁琐的装饰，是这个时代桥梁的特征。

在西方，由于生产力的发展，财富逐渐集中，一些为贵族服务的宫廷、宗教建筑和桥梁上出现了“巴洛克”、“洛可可”等以豪华装饰为主的风格。欧美早期桥梁受其他艺术流派的影响较大，尤其注重桥梁结构之外的装饰效果，甚至忽略桥梁的功用性，而无节制地追求桥梁形式上的艺术设计。叹息桥是意大利威尼斯位于圣马可广场附近，公爵府侧面的一座巴洛克风格的石桥（图 5-4-2），建于 17 世纪初。该桥将总督府与旧时的监狱连接起来。桥名“叹息”源于拜伦诗篇。老桥是意大利佛罗伦萨市内一座中世纪建造的石造拱桥（图 5-4-3），横跨在阿尔诺河上，建于古罗马时期，现存三拱廊桥重建于 1345 年。桥面过道两侧坐落着三层错落有致的楼房，桥面的中段两侧留有约 20m 宽的空间作为观景台，这一别开生面的设计，使得整个大桥显得奔放而和谐。

图 5-4-2
意大利威尼斯叹息桥

东方的皇家建筑和桥梁也有许多装饰。桥梁设计师在桥梁上创造出雕塑艺术的奇葩。工艺师们按照民俗文化的需要设计各式桥饰艺术作品。带有各式文化印记的桥饰在中国古代桥梁装饰艺术天地中争奇斗艳。桥头以及桥栏栏柱上的石狮、各式吸水兽石刻承担着桥

图 5-4-3
意大利佛罗伦萨老桥

梁守护神的角色（图 5-4-4）。中国传统的图案纹饰在古桥上应有尽有。避邪纹、连胜纹、万字纹、云雷纹、水波纹、绶带纹、花草纹、回形纹、双钱纹、寿字纹、双福纹、双鱼纹、八卦纹、菱角纹、中国结连环纹等各类桥梁纹饰，呈现不同的时代特色。桥柱上的狮子石雕、麒麟石雕、大象石雕、葫芦石雕，龙门石上的神鸟石雕、神兽石雕、鲤鱼跃龙门石雕、鲤鱼成龙石雕、二龙戏珠石雕、海狮戏球石雕、独龙吞珠石雕，桥栏石上的双龙戏麒麟、双狮戏绣球石雕等民族传统题材的桥饰，各具不同的地方特色。特别是皇家桥梁和园林桥梁，这些装饰更加丰富。文化可以分为宫廷文化、宗教文化、文人文化和民俗文化等分支体系，其中的民俗文化体系则是其他诸文化体系之源或基础。就桥梁来说，民间桥梁与园林桥梁、皇家桥梁等有共同的形象语言，而这种共同性实质上都是民俗的升华。园林桥梁把江南民间桥梁升华为真正的艺术，从而增进了江南民间桥梁的艺术价值。园林桥梁的风格来自民间，或者说，是民间桥梁的艺术提炼，因为它仍然有桥梁的外在目的。

图 5-4-4
卢沟桥石狮

“飞虹”就是来自江南一带人们生息之需的桥梁，它的形式反映着古代江南的文化。像文学艺术一样，一篇报道文章只是素材，根据这个素材可以提炼成一部小说，从而成为文学作品。园林桥梁就是把江南民间桥梁的精华作为素材提炼成的桥梁艺术品。这样的升华，使人们对江南民间桥梁的艺术价值有了新的、更深一层的感情。

二、从古典桥梁工艺装饰美到现代桥梁功能结构美的变化

英国资产阶级革命的声望虽然不如法国大革命来得巨大，但它在经济和科学技术的发展却带来了大解放，从而导致了工业革命。18世纪的工业革命给生产和经济带来了繁荣，科学技术的进步，人类开始迈进新的时代，从而产生了一系列的社会变革和观念形态上的变革。工业革命是西方古代史与现代史的分界线。这场革命的重要标志是蒸汽机的诞生，而它所带来的优势，则是工业、交通运输事业的大发展。工业革命推动了社会生产力突飞猛进的发展，从而推动了社会结构形态的大变革，引起了世界性新文化的产生和急剧发展，带来包括哲学和文艺诸领域的大变革。工业革命引起了从经济、科学技术到思想、审美观翻天覆地的变化。19世纪中叶，也许是人类文化史上的一个重要的关隘。它是从古代文化转变到现代文化的重要转折点。它的标志或起因，是西方工业革命后所引起的巨浪开始向各个领域冲击。但它对文化领域的影响则要稍晚一些。就审美观来说，与其他上层建筑一样，虽然随着经济基础的改变而改变，但是有一定的滞后性。包括建筑在内的文化形态却被宗教的影子笼罩着的旧框架束缚住了。工业革命初期，欧洲审美思想出现复古阶段，建筑的形象以复古风格为主。新的形式常常冒犯那些老学究，这是美学史上的一个老问题。在这种情况下，通常是美学理论跟不上审美观念发展的时代潮流。19世纪的金属结构触怒了多数建筑师和文化界的知名人士。所以，新的建筑和城市桥梁的结构金属被遮盖或被歪曲为石结构。也许，新的建筑形态总会有这么一段艰难的历程吧！20世纪，钢筋混凝土的使用也招致了同样的命运。虽然有些人已经看到了钢筋混凝土轻便和形式新颖的特点，但多数建筑师却故意将其装饰成石头的样子。桥梁审美观的发展也滞后于桥梁结构技术的发展，“结构艺术”的发展也常常遇到传统艺术家的反抗。由于使用了新的材料与新的技术，人们意欲摆脱既有的桥梁形象，又没有普遍确立新的审美观，对桥梁的美没有统一的认识，因此桥梁的造型表现出不同的风格特征。复古风格仍然具有很大的市场，但也不乏许多单纯结构技术的产物，如英国福斯湾铁路桥、加拿大魁北克桥等。当时，桥梁设计受其他艺术流派的影响较大，特别注重桥梁结构外的装饰效果。法国巴黎的毕尔·赫卡恩桥将梁部装饰的雕像融合在结构中，对桥梁立面形式起到了丰富的作用。布鲁克林桥是现代结构的桥梁，桥塔的造型却是古典拱门式，用石材饰面。在这个阶段的后期，桥梁设计对复古风格的痴迷达到了无以复加的程度，甚至忽略桥梁的功用性而无节制地追求桥梁形式上的艺术设计。人的审美思想还没有来得及改变，由于财富的积累，使得中产阶级得到很大的发展，因此以装饰为主的桥梁美仍然继续发展，并且范围有所扩大，这就是盛行一时的“维多利亚”风格。1887年建成的伦敦哈默史密斯桥就是这种风格（图5-4-5）。这个风格尽管金碧辉煌，但从整个历史进程来看，复古思想只不过是古典审美观的回光返照。

这种情况一直持续到19世纪世纪末20世纪初，建筑才由伦敦的“水晶宫”，巴黎的埃菲尔铁塔和机械展览馆等崭新的建筑形象为前导，冲破层层阻力，走向现代化。工业革命深

图 5-4-5
哈默史密斯桥

入发展以后，工业革命带来的大机器生产才真正引起了人类审美观念的第二次大变革。开始时，机器产品不仅摈弃了附加在手工产品上的装饰，失去产品的和谐，而且也无法体现劳动者物化在产品里的个性。冷漠无华的机器产品，完全不符合当时社会的审美要求。工业产品不能迎合人们的审美情趣成为当时的一大社会问题，有人主张恢复传统的手工时代的古典风格。但是滚滚向前的资本主义经济狂飙势不可挡，更多的人从理论上探讨美和实用的吻合，在实践上对实用物品进行“审美设计”。人类的生产实践不仅创造出审美的客体，同时也创造了审美的主体。出现了以包豪斯为开端的技术美学思想，实际上也就是现代主义思想。大机器生产和先进技术的巨大效益引起人们的惊叹、钦佩，引起了人们新思潮的诞生，从而对它发生某种审美含义，在观念形态上也萌动了新的审美情趣。这就是引起新的、时代的审美观念的最初心理原因。经过更多的实践，人们的审美观念就逐渐从细腻、华丽的装饰美转变为实用的功能美和合理的结构美。人们意识到“机器是我们艺术的一种奇妙的产品，人们始终没有对它的美给予正确的评价。一台机床、一辆汽车、一艘轮船，直到飞行器，都是人的天才在发展，在唯美主义者们蔑视的这堆沉重的大块体、自然力的伟大成就里，与大师的一幅画或一座雕塑有同样的思想，智慧的合目的性，一言以蔽之即真正的艺术”❶。人们评价一件工业产品，一座建筑、一座桥梁不再重视外观的装饰和风格，而更多地注重功能、结构的合理。人们更进一步认识到，美就是显现在对象世界中的人的本质力量，人的聪明、才智、勇敢和毅力。从而，那些充分显示这些本质力量的结构工程也就成为兴味无穷的“结构艺术”。人们发现，在艺术和大自然之外，许多技术产品也具有一种神奇的魅力和审美价值，使得美学从只研究艺术而扩展到对整个人生的研究。创造“艺术”不再局限于艺术家或建筑师，而更多的责任落到结构工程师身上。结构工程师的一笔一画勾画出雄伟、壮丽、五彩缤纷的人间世界。古斯塔夫·埃菲尔、约翰·罗布林、奥斯玛·安曼等人被誉为杰出的结构工程艺术家❷。桥梁既是一种科学技术的产

❶ 德尼·于斯曼．工业美学及其在法国的影响．技术美学与工业设计（第一辑）．天津：南开大学出版社，1936

❷ 戴维·P·比林顿．塔和桥——结构工程的新艺术．北京：科学普及出版社，1991

物，桥梁美学也就成了技术美学的一个门类。工业用铁的新技术的发展带来了新的艺术表现方法。公众从埃菲尔铁塔和布鲁克林桥的新形式中看到了技术世界的奇特与吸引力，它们已经成为时代的伟大象征。20 世纪开始，便全面地构成了从政治到经济、从社会文化到艺术的现代体系。现代审美观念提倡“形式服从功能”、“少就是多”等各种理念，摈弃了所有装饰。人们越来越追求建筑的实用效益、物质功能和经济价值，审美心理中的那些宗教、伦理或其他社会形态方面的品评减少了。对包括建筑在内的艺术形态似乎不愿去光顾细节，那种精雕细刻的建筑也就在“时代”面前失去了魅力，不愿再花大量的物质和劳动去建造那样的建筑。从生产的、商品的角度来对待建筑美，成为现代建筑中的一个美学现象。19 世纪的理性主义正是促使现代建筑出现的最大推动力，人们尝试把理性主义者的设计思想付诸实现。建筑形式不仅需要理性来证明是正当的，而且只有当它们是从科学推导出其法则时，才能证明是有理的。建筑已不像在 19 世纪那样，是用雕刻艺术地修饰的结构形式，即装饰化的结构；而是用结构艺术地组成的雕刻形式，即结构化的装饰。现代主义理论在摒弃传统审美观的同时，力图赋予建筑以新的审美功能。而这种功能是着眼于发掘形式中包含的内容，用新的形式展示新的内容——工业时代的社会、经济、政治、结构和科学技术成就。柯布西耶的《走向新建筑》可说是现代建筑的理论总结。他在书中写道：“工程师受经济法则推动，受数学公式所指导，使我们与自然法则一致，达到了和谐”。随着科学技术的突飞猛进，桥梁的跨度越来越大、结构越来越合理、材料越来越进步、设计理论越来越成熟，使得桥梁结构充分体现出工业时代人类的聪明才智，体现出人的本质力量。因此，结构美受到格外推崇，成为人们的主要欣赏的对象，桥梁呈现出了结构的本来面目。符合材料力学所计算出的强度和比较复杂的设计，适应先进文化，成了这个时代桥梁的特征。

在人类审美观念第二次大变革时期，出现一竖、一横两个世界性伟大的标志性结构工程：一个是巴黎的埃菲尔铁塔；一个是纽约跨越哈德逊河的乔治·华盛顿桥。在当时，这两个工程在规模上，一个高度最高，创造了世界第一高度；一个跨度最长，突破千米，创造了当时的跨度纪录，这是众所周知的。但是，这两项工程除了标志结构性突破外，更重要的还在于审美观念的突破，它们同时也是审美观念变革的重要标志，这个却鲜为人知。它们的建成标志着古代工艺装饰美和形式美的终结和现代技术美和结构美的开端。巧的是，这两个具有划时代意义的伟大工程都是出自桥梁工程师之手。

随着工业革命的深入发展，1889 年，为纪念法国大革命 100 周年，由埃菲尔工程师设计的纪念铁塔在巴黎高高升起，以结构的雄伟坚韧来象征法兰西的复兴。328m 高的铁塔成为当时全世界最高的建筑（图 5-4-6）。它为当时正在巴黎举办的世界博览会增色不少，成了博览会的标志，也成为新巴黎城市景观的典型标志。当时正处在审美观念变革的开始，它摆脱了古典建筑的象征性、装饰性和雕塑性，依据技术的逻辑性，以静力学的结构形式产生了独特的审美效果。设计时唯一对在此之前占统治地位的古典主义让步，是在底座上附加了不必要的圆拱装饰。这一纯属装饰的构件，造成第一层上部开口和下部基座开口的不和谐。圆拱基座多处隆起，有损于基座的简洁、有力。然而，即使这样，在它刚刚落成的时候，人们还是议论纷纷，对它褒贬不一，有人拍手称赞，也有人骂不绝口；还有人咒骂它不应当建造在文雅的巴黎，说它是对美丽巴黎的糟蹋。它曾被讥讽为“钢铁怪物”。有人批评铁塔“畸形、怪诞，是重商主义的、荒谬的，活像一个工厂的大烟囱”。1889 年，法国知识界对埃菲尔铁塔建设的反对就是这种态度的极端表现。他们声言："我们，作家、画家、雕刻家以及建筑家，以对法国的美好情趣和古老历史构成威胁的名义，对有关我们首都中心建造不必要而又奇怪的埃菲尔铁塔表示强烈的愤慨"。但是，也有的人从另一方面批评埃菲尔铁塔，说它下部用铁架做成的拱不是出于结构上的需要，也没有任何其他功能，好像设有这个拱就会被排斥在建筑之外似的，只是为了表现"建筑"。它所反射出来的是古典建筑的语言，纯属传统建筑之需，从而认为是虚设、多余、背离现代建筑语言的。现代建筑语言是新形式所载的信息，它象征着现时代的社会和经济结构，象征着现时代的文化、科学和审美观。历史的发展充分证明，埃菲尔的设计思想完全适应观念的变革，使铁塔永久成为法兰西的标志。

图 5-4-6　埃菲尔铁塔

无独有偶，铁塔建成 33 年后，20 世纪初建造的乔治·华盛顿大桥（图 5-4-7）也经历同样的争议。这座桥的跨径第一次突破千米，第一次采用挠度理论进行设计，充分显示出人类的聪明才智所创造出的结构美。面对这座空前规模的大桥，桥梁设计师安曼决定给桥塔增加一层"建筑"。他认为这座桥看上去太轻了，因此他为桥设计了两个巨大、石的桥塔外套。这时候，布鲁克林桥正成为画家、诗人和评论家施展才能的题材。该桥粗大的石塔架与单薄的跨间结构在视觉上的悬殊差别给这些人以深刻的印象。安曼不能使自己面对金属塔架这一现实，他写道："无论这种纤弱的钢塔架设计得如何好，它们对整体结构的影响也比不上那些粗大的石塔架。石塔架的这种作用已在布鲁克林桥和许多较老的悬索桥上得到了极好的证明。"因此，安曼设计了钢塔架，外面用钢筋混凝土覆盖，然后再用石头饰面达到外观美的目的。而与安曼同时代的斯坦曼不赞成安曼的做法，他们之间发生了激烈的桥梁竞争。斯坦曼说："我要赞颂《钢的美感》"，"我要让人理解我们关于钢的真理，钢体现着美与力量的统一，是一种具有巨大潜力的材料。"毫无疑问，斯坦曼关于塔架的议论是针对安曼的。他注意到，虽然早些时候建筑过一些高级的砖石结构塔架，但自那以后"挖掘钢的真正艺术潜力……不是通过装饰，而是通过发展结构形式，这些形式有它们简朴的自然美”。然后，他直接提到他的竞争对手，“有些设计者采用毫无把握的结构建造方法，来为桥梁修筑巨大的钢塔架，然后在塔架外面伪装上一层混凝土和花岗石外壳”。这里，他指的只能是哈得孙河桥，尤其是指安曼 1928 年的那篇文章。安曼在那篇文章中极力辩护他选择了钢塔架，塔架周围是混凝土，最外面用花岗石覆盖。斯坦曼继续说：“我认为，这样处理问题实际是要花招和逃避现实。在我看来，美观最基本的要求是忠诚、老实”。不管斯坦曼出于什么动机，也不管他实际怎样做，他的言论的确代表了进步的一面。1929 年的经济萧条促使当局决定不给华盛顿大桥的塔架添加混凝土和花岗石，使得钢塔架无任何覆盖物，一直延续到今天。所以，乔治·华盛顿桥的奇怪的、桁架密集的塔架表现的不是预期的形象，而是用来支承笨重石头的骨架的意外效果。很多作家都同意康迪特的观点：外表是不错的，甚至安曼本人后来也承认，无覆盖物的塔架看上去比他原来预想的要好。采用裸露的钢索塔，更加迎合功能美和结构美的观念变革，成为“结构艺术”发展的一次突破。这两项工程的争议都表明当时正处于古代与现代两种审美思想的交会，转型时期。在这个时期，由于科学技术的显著进步，桥梁结构更加显示出人的本质力量，人们认识到桥梁的美更多地来自桥梁的结构本身，现代桥梁美学思想开始萌芽。此后，很少再用外包圬工材料的钢索塔了，这证明功能和结构美的审美观念已深入人心。与乔治·华盛顿大桥同一年代的美国科罗拉多州的皇家峡谷大桥也是一丝不挂，赤裸裸地屹立在皇家峡谷上（图 5-4-8）。银灰的钢铁本色与红褐的原色山岩显得那样匹配与天然。稍早些建造的美国纽约威廉斯堡桥也是这种风格（图 5-4-9）。桥梁审美观的发展并不是孤立的，除了自身的技术创新给予的动力外，它的学科近邻———建筑美学也对它的发展产生了巨大的影响。新建筑运动使现代建筑比之古典建筑大大向前跨进了一步，在建筑设计上更加注重功能的处理、现代技术的应用以及经济的效果。从豪华的折中主义风

图 5-4-7　华盛顿大桥

格到取消装饰、净化建筑，继而走向丰富空间、增加艺术享受，出现了不少新的理论与手法，“新建筑运动”对桥梁美学发展的影响无疑是巨大的。从 19 世纪末到第一次世界大战爆发前，新派建筑师向原有的传统建筑观念发起一阵又一阵的冲击，为后一阶段的建筑变革打下了广泛的基础。这些建筑师的思想和业绩对反映 20 世纪特点而与历史上相区别的建筑有着积极的影响。

图 5-4-8
皇家峡谷大桥

图 5-4-9
威廉斯堡桥

这次审美观念的变革为桥梁设计展现了一个从未涉及的前景，桥梁设计发生了颠覆性的改变，“结构艺术”的思想开始萌芽。此时的桥梁基本以简洁的姿态耸立在各种水域之上，这股风潮在超大跨度桥梁建设中表现得淋漓尽致。人类通过不懈的努力，不断突破技术的极限，修建跨度越来越大的桥梁，充分展示了人类驾驭自然、征服天堑的能力。日本明石海峡大桥的主跨达了 1991m。大跨度的实现需要强有力的技术支持，修建大跨度桥梁的愿望促进了桥梁结构技术与施工技术的不断进步，也不断影响着人类审美观念的变革。

现代主义审美观与 20 世纪桥梁事业的飞速发展相辅相成，构成了桥梁设计美学的主流理论。20 世纪工业技术、建筑材料、计算机技术突飞猛进，桥梁施工的手工工艺逐渐被工业化技术、工厂化生产所替代，这些正是现代主义审美观念产生的温床。近 30 年来，我国的桥梁建设引进和采用了世界上成熟、先进的设计理论和施工技术，起到事半功倍的效果，同时也自觉或不自觉地接受并且推广了这个时期国际流行的现代主义设计风格和审美思想。现代主义崇尚技术、注重功能、追求经济，与我国经济发展初期，以有限的桥梁建设资金最大限度、立竿见影地实现交通设施的需求相适应。“适用、经济、在可能条件下注意美观”的建设方针，根深蒂固地影响着一代人的审美观念。

三、从现代桥梁功能结构美到后现代桥梁人本环境美的变化

20 世纪 20 年代是“现代运动”的黄金时代，50 年代达到了普及和商业化，到 60 年代现代运动则已经基本上失去了作为一种思想体系的生命力。现代科学技术的高度发展，在给人类带来好处的同时，也给生存环境构成威胁，人们在高度紧张的快节奏的工作之余，不希望再看到单调、无情的结构物，而希望赋予它们更多的人情味，把伦理价值与审美价值统一起来，创造一个优雅、宜人的生存环境。随着社会的发展，人们感到现代主义思想存在千篇一律、缺乏人情味、缺乏历史和民族地方风格等弊病。设计者往往不愿意瞻顾已建建筑物的既有风格及环境特点，着力表现新技术赋予的结构美，简单追求时尚性，使源远流长的景观资源受到无法挽回的破坏。建筑的现代主义受到理性主义的影响，试图依赖科学的方法和人类的智慧摆脱自然的束缚，但结果却带来对自然、历史和文化传统以及生存环境的侵蚀和破坏。半个世纪间所盛行的现代主义确实把当代的社会内容揭示得淋漓尽致——技术发达了，但精神空虚了；节奏加快了，但人情淡薄了；个体伸展了，但群体萎缩了；人力突出了，但自然破坏了。现代建筑貌似反对建筑美的精神内容，但却是执着地追求着当代资本主义社会力图表达的精神世界，美善合一的功能主义审美思想。当代的科学家占人类全部科学家总数的 90%，而科学知识的数量每隔 10 年就翻一番，科学技术给人类生活带来了巨大影响。现代世界瞬息万变、生活紧张复杂，因此要求单纯，以取得心理、生理上的平衡和安定；物质生活的极大丰富带来精神空虚、思维的高度发达，除了千千万万具象的影响外，还要求抽象的来平衡心理上的空虚；珠光宝气、艳丽多彩的现代生活，人们总希望发现被掩盖和被忽视的自然素质美，以形式和质感来触发自己心灵素质和感情的共鸣；现代生活的繁华、紧张、烦乱，因而要求秩序和条理，要求整洁、明朗、清秀、高雅、雄伟、有气魄。人们常把“机械”作为呆板的近义词，生活在一个充满机器的社会之中时会感到很乏味。没有感情，人也无异于机器；没有感情，艺术将会消亡，这是当代文化正在思考的一个问题。感情大都含有怀恋的色彩，而科学和技术却是一直向前不回首的。现代化设施五花八门，四通八达的立体交叉道路；不见天日、只靠人工照明的高楼深院；高耸入云的摩天大楼和快速电梯等等。这一切的确给人们带来方便，使人们的生活需求得到了满足。然而，当我们带着紧张繁忙的活动，整日地处在这种环境下时，毕竟得不到满足。当代人们的物质生活和精神生活之间的矛盾，产生出这种时代和社会的心理矛盾。现代人在高速发展下，人们的工作生活的运转，社会的繁荣，各种活动环境都是紧张的，因而人们的心理需要调节。一座桥梁不仅能使用，用得舒服，还要显示美的形态与环境协调。这个矛盾被“建筑”首先看到了，因而从 20 世纪 70 年代中期开始，

出现了许多新的、在建筑文化上影响很大的流派，它们的总名称便称之为“后现代”。

从此，人类的审美观念发生第三次变革，从功能、结构美扩展到人本主义环境美，不再满足于对于功能和单体审美价值的追求，而注目于人与生存环境总体的和谐、舒适、愉快。各行各业都为人类之城向天堂迈进进行空前广泛的文明合作。人类的审美观念提到了人本主义环境美的高度。“后现代”从形式语言反映出来的是一种对“现代”的检讨，因而“后现代”建筑也可以称为“反现代”建筑，因为这股潮流是以反对现代建筑的基本理论来标榜的，特别是反对现代建筑否定传统、否定地方民族特色和否定人文内涵等做法。“后现代”不仅仅发生在建筑，它包蕴了整个艺术领域，乃至思想界和学术界。这种思潮实质上是当代社会的结构特征所引发的。“后现代”思潮，是指对现代以后的形态的见解。他们对现代主义持批判的态度，认为现代主义没有重视文化的连续性，没有在感情上作更多的重视，而是追求一种物质活动和物质技术进步，但殊不知进步的基本含义却在于人类的进步，应当满足的首先是进步着的人类。对于当今人类来说，工业产品、建筑或桥梁只有实用、经济是不够的，单纯依靠功能美引起感官舒适也不够，人们要求自己使用的器物和生存的环境具有人情味、形态各异，富有个性风格。要解决这个问题，像莫里斯那样主张回到手工业时代去当然不行，关键是要提倡设计的多样性和个性风格，强调产品内部蕴含的审美趣味，以求最终克服大批量生产带来的这种个性和人情味的匮乏，这实际上就是“以人为本”的思想。“以人为本”的桥梁审美思想与现代主义审美思想的区别在于，更加注重环境影响，更加体现人的身心需求。后现代主义的主要特点是：注重公众交流，借鉴历史，强调城市文脉、表象、引喻、公众参与，公共领域多元主义、折中主义等等。有些桥梁对了解设计者意图的人来说，无疑是一个极为巧妙、多义的作品，但对没有充分理解的观察者来说，就会觉得难以理解。这种以个人语汇为特征，正是后现代主义的一个特点。后现代主义还强调建筑的“双重法则”，不单与其他设计者交流，而且与使用者交流。后现代主义创造出暗示着过去值得纪念的桥梁，把桥梁同象征性或当地文脉紧密地结合起来。

第五节　桥梁美评选和评论

一、20 世纪世界最美桥梁评选

20 世纪的最后一期英国《桥梁设计与工程杂志》(Bridge Design and Engineering) 向世界 30 位著名的桥梁工程师、建筑师和学者，其中包括美国的林同炎，德国的 Schlaich. J，法国的 Virlogeux，瑞士的 Menn 和英国的 Firth、Flint 和 Head 等，征集对 20 世纪最美丽的桥梁的意见。国际桥梁和工程协会组织了“20 世纪世界最美的桥梁”评选活动，从全世界 100 多个国家的上千座桥梁中遴选出 15 座，授予了“20 世纪世界最美的桥梁”的桂冠。按照得票数为序，它们是：

• 第一名，瑞士萨尔基那山谷桥 (Salginatobel Bridge)，(图 5-5-1)，1930 年。

该桥由瑞士罗伯持 • 马拉尔 (R. Maillart) 设计，位于格里桑斯 (Grisons) 的 Schiers 和 Schuders 之间，跨越大伏斯——阿尔卑斯山萨尔基那峡谷，是一座镰刀形上承式三铰混凝土拱桥，全长 133m，跨径 90m，矢高 13m，已成为世界名桥。

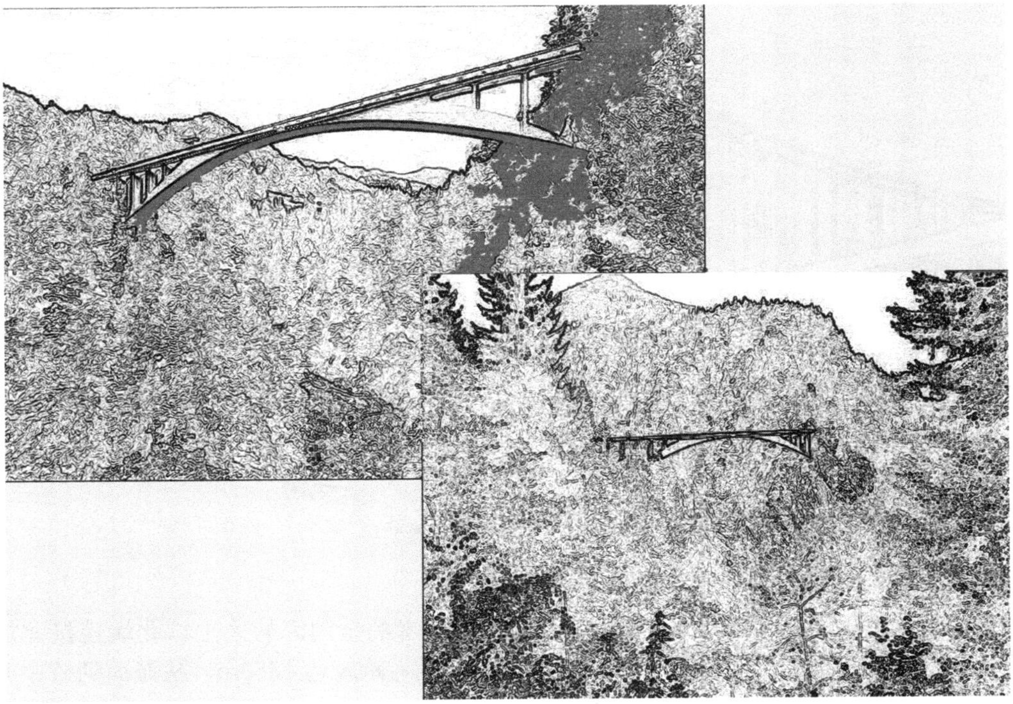

图 5-5-1　萨尔基那山谷桥

评委对萨尔基那山谷桥的评语是“在桥上漫步是一种真正的精神上的享受。你和高山、白云、蓝天那么靠近，它构成了阿尔卑斯山的一幅美妙的风景画”；“该桥所有部分都恰到好处，无可挑剔”；“这是真正的艺术和桥梁结合的精品”。

该桥是马拉尔式空箱截面三铰拱桥的代表，其拱厚从拱脚到 1/4 跨径处逐步增加，再到拱顶又逐渐减薄，给人以不寻常的兴奋之情。该桥打破传统圬工拱桥笨重的构造，充分、有效地应用材料，以变截面空心拱圈和薄板组成拱上建筑，不仅经济、合理、创新，而且获得了轻巧、优美的外观。萨尔基那山谷桥完美的形式产生了更薄的桥体，消除了表面修饰，完全不用沉而无用的石砌桥台。这座桥薄得令人吃惊，各部分完美地融为一体，与环境形成鲜明对比。毫无疑义，这是巧斧而不是天工。这座桥不是源于任何有机、大自然中可以找到的形式，而是出于工程师的想象。它表达了最少地使用材料和最低成本的理想，以及马拉尔独特的品格。前无古人、后无来者，只有马拉尔设计了这样的桥，他把“人造石”的性能用到了极限，似乎已无改进的余地。

马拉尔设计的桥通过严格选择钢筋和混凝土的材料，使结构成为尽可能薄的平板，从而改变了拱桥的形象。他自己也曾说过：“要着眼于整体，且能得心应手、最合理地利用原材料，就不应被以前的材料类型这一传统所束缚。”因此，他的方案用料最少、造价最低、外观最美，在设计—施工竞标中获胜。

该桥的创新点是镰刀形三铰混凝土拱桥。这座桥配以蓝天碧云、郁郁葱葱的山峦，在明媚的阳光照耀下，衬托出明亮而优美的混凝土立面，显示出强烈的效果，令人惊叹不已。这简直是一幅优美的风景画。

- **第二名，美国金门大桥（Golden Gate Bridge），（图 5-5-2），1937 年。**

金门大桥由瑞士安曼（O. Ammann）和美国斯特劳斯（J. B. Strauss）设计，位于美

图 5-5-2
金门大桥

国旧金山。大桥雄峙于美国加利福尼亚州宽 1900 多米的金门海峡之上，北端连接北加利福尼亚、南端连接旧金山半岛，为单孔钢桁梁悬索桥，跨度达 1280m，从海面到桥中心部的高度约 60m。钢塔耸立在大桥南北两侧，高 342m。其中，高出水面部分为 227m，相当于一座 70 层高的建筑物。两根主缆直径各为 92.7cm、重 2.45 万吨，两端锚于岩石中。桥梁又宽又高，即使涨潮时，大型船只也能畅通无阻。

金门大桥全身红色非常引人瞩目，在阳光的照射下更加艳丽，是世界著名大桥之一，被誉为近代桥梁工程的一项奇迹。评委对该桥的评语是“它造型优美，比例协调，是桥梁工程的一颗明珠，以至于本世纪的设计师们已无法超越了。”

这座桥的桥塔和色彩虽然出自西方设计者之手，但更具东方神韵。鲜艳夺目的中国红，一层层渐渐缩小的塔框，犹如中国的佛塔建筑，特别符合东方人的审美观。

• 第三名，法国布鲁东纳大桥（Brotonne Bridge），（图 5-5-3），1974 年。

该桥由法国穆勒（J. Muller）设计，是一座单索面预应力混凝土梁斜拉桥，主跨 320m。全桥采用 3.80m 相同的梁高，梁体为带倾斜腹板的薄壁箱形梁，底宽 8m。塔下的桥墩和引桥桥墩形式相同，桥墩宽度统一为 8.75m。

该桥统一的外貌，简洁、明快、协调的造型和精心设计的主梁断面形式，具有特点。评委对该桥的评语是“尽管世界上有那么多美丽的斜拉桥，但这座跨度仅 320m 的单索面混凝土斜拉桥以其简洁、明快、协调的造型和刚柔相济的风范，得到了一致的赞赏。”

这座桥创新点是第一座单索面预应力混凝土梁斜拉桥，完全按照结构受力需要来布置，造型简洁、结构合理，纯粹是现代主义的作品。

• 第四名，德国克希汉姆跨线桥（kirchleim Bridge），（图 5-5-4），1993 年。

该桥由德国施莱希（J. schlaich）设计，位于德国巴登·符腾堡州（Baden-Württemberg），跨越德国 A8 高速公路。桥梁总长 17.64m＋34.44m＋17.64m＝69.72m，中跨 54m，梁高 0.5～1.7m，桥宽 6m。

该桥的精髓是比较罕见的反吊设计，下层悬带受力，上部桥面支撑在悬带上，真是奇

图 5-5-3
布鲁东纳大桥

图 5-5-4
克希汉姆跨线桥

妙的构思。对该桥的评语是“梁体的流线形外形和弯矩图相似，给人以力度感。”

这座桥的创新点是悬带反吊桥。在力学上符合弯矩图的规律；但是，按照一般人的视觉习惯，梁的根部应该逐渐加粗、跨中应该轻巧，才显得稳重，有良好的过渡；而这座桥有些背离这个常理，给人“啤酒肚”的印象。

- **第五名，法国奥利桥（Orly Bridge），（图 5-5-5），1958 年。**

奥利机场跨线桥由法国弗莱西奈（S. Fregssinet）设计。该桥位于法国巴黎南部的奥利机场附近，是连接巴黎市区和奥利机场的 A106 高速公路上行线，斜交跨越 N7 公路的跨线桥。对该桥的评语是“它那细致和优美的曲线给人以强烈的感受。”

图 5-5-5
奥利桥

这座桥由于采用变截面斜腹板箱形梁，使得底面从跨中到支点逐渐变小，本来不符合视觉习惯，但是，该桥配以逐渐向下缩小的桥墩，适应了这种变化趋势，较好地解决了这一难题。

• **第六名，土耳其博斯普鲁斯海峡一桥（First Bosporus Strait Bridge），（图 5-5-6），1973 年。**

图 5-5-6
博斯普鲁斯海峡一桥

博斯普鲁斯海峡一桥由英国 Freeman Fox and Partners 公司的布朗（W. Brown）设计。该桥位于土耳其伊斯坦布尔，跨博斯普鲁斯海峡，长 1560m，宽 33m，高 165m，桥面可以并排通过 6 辆汽车，桥下可以通过各种大型船只。博斯普鲁斯大桥是第一座跨越博斯普鲁斯海峡，连接亚洲与欧洲两大陆的跨海大桥，因此又名“欧亚大桥”。

1973 年 10 月 30 日，博斯布鲁斯海峡大桥正式通车。那天，有 25 万人步行从欧洲过桥到达亚洲。土耳其独特的地理与历史造就了伊斯坦布尔这个城市独特的魅力。伊斯坦布尔因为地跨欧、亚两个大陆，博斯布鲁斯海峡就像一条河流，把这个城市分为东、西两部分。而博斯布鲁斯海峡大桥又宛如一根纽带，把欧亚两部分连接起来。对该桥的评语是“这座由英国人设计的欧亚大桥是一座难忘的结构物。”

这座桥也是完全从受力和结构出发设计的现代主义作品。值得一提的是，主缆的边中跨比，由于锚碇的位置不受制约，边跨可大、可小，该桥采用较小的边跨，使桥梁显得干练、紧凑，没有虚松的感觉。

• 第七名，瑞士桑尼伯格大桥（Sunniberg Bridge），又称阳光大桥，太阳山桥（图 5-5-7），1997 年。

图 5-5-7
桑尼伯格大桥

该桥由瑞士曼恩（C. Menn）设计，位于瑞士格里桑斯（Grisons）克劳斯特斯（Klosters）附近。出于环境景观上的考虑，设计方案几经修改，历时 20 多年才建成。此桥建成于 1998 年，此时曼恩已 71 岁。

这是一座有着超低高度主塔、曲线桥面的四塔部分斜拉桥。主桥跨径为（59＋128＋140＋134＋65）m，最高桥墩为 62m，桥面以上塔柱高 15m，桥墩主塔轮廓呈抛物线形，梁高 0.8m。

对该桥的评语是“是一道优美的彩虹，桥梁建筑的精品。”

这座桥是第一座部分斜拉桥，具有重大创新。它与同时入选的甘特桥都是曼恩的杰作。1980 年，曼恩创造了“板拉桥”。17 年后，他把体内索改为体外索，再创造了更加巧妙、轻盈的“部分斜拉桥”。一位作者的两座桥创造了两种新桥型，同时入选世界最美桥梁，难能可贵！

• 第八名，法国诺曼底大桥（Normandy Bridge），（图 5-5-8），1994 年。

由法国维洛热（M. Virlogeux）设计。主跨 856m，为混合梁斜拉桥。其中，624m 为钢梁，其他为混凝土梁，边跨全部为混凝土梁，用顶推法施工。

该桥是一座与当地景观完美协调的斜拉桥，以其纤细的结构和典雅的造型而著称。它绝对是建筑和艺术的成功结合，却没有多余的修饰，是 20 世纪桥梁设计美学的典型例子。对该桥的评语是“一座和当地景观完美协调的斜拉桥。”

这座桥的创新点是顶推法施工的混合梁斜拉桥。桥塔造型简洁、稳定感强，加劲梁采

图 5-5-8
诺曼底大桥

用混合梁，使得受力更加合理。一端边跨在岸上，采用密集的辅助墩，从视角感觉是合理的；但另一端在水中，辅助墩过于密集，显得有些累赘。

- **第九名，日本多多罗大桥（Tataro Bridge），（图 5-5-9），1998 年。**

图 5-5-9
多多罗大桥

多多罗大桥由日本本四桥梁工团设计，位于日本濑户内海，连接广岛县的生口岛及爱媛县的大三岛。

该桥是一座钢斜拉桥，主跨 890m，连引道全长为 1480m，4 车道，并设行人及自行车专用通道，属于日本 317 号国道的一部分。

对该桥的评语是“这是 20 世纪最大跨度的斜拉桥，有着东方神秘的美感。”

多多罗大桥的创新点是独特造型桥塔的斜拉桥。这种钻石形桥塔由鹤见路桥的花瓶式桥塔变化而成。经过精心设计，造型优美、典雅，受到许多设计者的青睐。

- **第十名，德国塞弗林大桥（Severins Bridge），（图 5-5-10），1959 年。**

该桥由德国洛默尔（G・Lohmer）设计，主跨 302m。主梁有 121m 是没有斜拉索的无索区，因此，主梁采用很高的箱梁。桥面与梁底竖曲线采用不同的曲率，使梁高自桥台

图 5-5-10
塞弗林大桥

处的 3.20m 变化到跨中的 4.60m。

塞弗林大桥索塔刚劲有力。经过多方案比选，最终采用能与科隆大教堂相协调的独塔斜拉桥方案。对该桥的评语是“最早的独塔斜拉桥，造型简洁、优美，和科隆大教堂遥相辉映。”

这座桥创新点是第一座独塔斜拉桥。因与著名的科隆大教堂布局和谐，环境的协调而著名。

- **第十一名，香港汀九桥（Tingkau Bridge），（图 5-5-11），1998 年。**

图 5-5-11
汀九桥

汀久桥由德国施莱希（J. Schlaich）设计，横跨蓝巴勒海峡，贯穿香港岛。该桥为三塔独柱斜拉桥，采用全漂浮体系，主跨 448m+475m，两边跨各为 127m，双向 6 车道，位居世界同类斜拉桥之首。

对该桥的评语是“混合结构的杰作，艺术和技术的统一。”该桥于 2005 年《中国十佳桥梁》评选，名列斜拉桥第六位。

这座桥的创新点是用拉索加强的多塔独柱斜拉桥。完全用拉索构成，给人以强烈的结构美感。

• **第十二名，瑞士甘特桥（Ganter Bridge），（图 5-5-12），1980 年。**

图 5-5-12 甘特桥

甘特桥由瑞士曼恩（C. Menn）设计，位于瑞士瓦莱州洛斯瓦尔德，跨越布黑格溪。

这是一座具有独特风格的斜拉桥，拉索设置在混凝土薄板内。整座大桥只有主跨 174m 是直线段，两边孔跨径 127m，以 S 形曲线穿越山谷，桥中有一个桥墩高达 150m。

桥梁业主曾建议挖掘一条隧道，以避开布里格上游甘特山谷不良的地基条件。隧道的费用估计为 5000 万瑞士法郎。桥的费用大约只是隧道估价的一半，决算为 2350 万瑞士法郎。一般来说，对于这样重要的项目要进行设计竞赛，但瓦莱州非常喜欢曼恩的方案，担心审查委员会选取另外的设计，他们便直接委任曼恩继续完成最后的设计。

单箱式桥墩和双幅桥面的宽度大致相同，从外观上看具有很强的支承力，与宽阔的山谷相比较，仍然呈现出一种开阔的景象，因为桥的跨度很大。由于曼恩想避免在支座上使用厚梁，所以甘特桥最鲜明地表现出自己的新形式。“非常强有力的桥墩和非常薄的大梁之间的极端关系，导致了一种上部结构的不寻常的设计。”把桥面隐藏在混凝土墙内，从技术上来看，是不需要这种墙的。但是，人们如果想象一下纤细的拉索暴露在 174m 桥跨上的外观效果，就会明白把拉索全部埋置起来所起到的改善外观的作用。此外，把拉索全部埋置还有技术上增加刚度、避免复杂防护的优点。因此，最好的设计就是把纯美学的外观效果和纯技术的内在构造紧密结合起来。在最好的设计中，美学是主要动机，但决不能与技术相抵触。弗里茨·利昂哈特得出这样的结论：“甘特桥以其新颖而大胆的结构获得理应受到的赞赏。”

对该桥的评语是“一件真正的艺术品，一种创新的体系。”

这座桥是第一座板拉桥，是曼恩的创新杰作。对于甘特桥的设计，没有任何建筑师或其他美学顾问参与。它以结构创新和造型新颖而夺人眼球。无论是专业人士还是普通群众，都雅俗共赏。曼恩能够在上千座候选桥梁中脱颖而出，占据两席并非偶然。

- **第十三名，澳大利亚悉尼港湾大桥（Sydney Harbour Bridge），（图 5-5-13），1932 年。**

图 5-5-13
悉尼港湾大桥

悉尼港湾大桥由英国弗里曼（R. Freeman）和澳大利亚布拉德菲尔特（J. Bradfield）设计，横跨悉尼港，连接悉尼商业中心区与北岸，是一座中承式两铰钢桁架拱桥，跨径 520m，桥宽达 48.8m，拱桁架拱顶处铅垂高度为 18.29m，拱脚处为 57.25m，两拱肋的中距 30m。中间设 17.4m 宽的汽车道，每一拱肋的两侧各设有一条电车道（共 4 条），另有两条人行道，桥面总宽 48.8m。桥头堡用混凝土做成，高 89m，表面用花岗石饰面。

因为悉尼港湾大桥的外形似衣架高悬，有“大衣架”的外号。将歌剧院和大桥连成一体欣赏时，宏伟的悉尼大桥与别具一格的悉尼歌剧院融为一体，以其优美环境构成了悉尼最知名的景色之一而闻名于世，成为悉尼的象征。雄伟和婀娜、深色和浅色、直线和曲线，构成了一副反差强烈又协调一体的美丽图画。大桥开通时，有 30 万～100 万人参加了开幕庆祝活动，当时整个悉尼的人口也只有略超过 100 万人。

对该桥的评语是“一座能征服视觉，从任何角度都能带来美感的拱桥。”

这座桥除了本身造型的成功外，还得益于相邻的悉尼歌剧院。两座建筑相辅相成，成为相互借景的成功典范。

- **第十四名，德国费马恩海峡大桥（Fehmarnsund Bridge），（图 5-5-14），1963 年。**

该桥由德国弗瑞兹·莱昂哈特（F. Leonhardt）设计，位于德国东北部的格罗森布罗德附近，跨越费马恩岛与大陆间的费马恩海峡，为公铁两用桥。

桥全长 963.4m，主跨跨度为 248.4m，边跨跨度为 102m。靠大陆一端为 5 孔，靠岛一端为 2 孔，桥面全宽 20.95m。这座桥的公路和铁路位于同一平面。桥面的一侧为无碴无枕铁路桥面，另一侧为公路桥面。铁路和公路桥面的最外一侧为人行道。公路中心线到铁路中心线的间距为 9.60m，荷载偏心较大。

这座桥主跨结构为尼尔森体系，铆焊钢系杆拱，矢高为 43.47m，拱肋截面宽 1.9m、

图 5-5-14
费马恩海峡大桥

高 3～4m，两片拱圈向内侧倾斜，于拱顶相靠，以提高桥梁整体的扭转刚度。拱的系杆部分为正交异形桥面板，用网状斜交拉索吊于拱肋上。结构外部是简支、静定的，内部是高次超静定，这种形式的空间结构有较高的抗弯强度及抗剪强度。拉索共 80 根，分 5 种规格，直径 69mm、77mm、81mm 的拉索用于公路侧拱圈，直径 81mm、92mm、104mm 的拉索用于铁路侧拱圈。桥墩由上向下缩窄宽度，使桥梁整体以动态形象浮现于开阔的海面之上。

拱跨施工时，在跨中设置一座临时支架，采用一台缆索起重机进行安装。主墩基础、墩身的施工以及边跨钢梁的跨中鹰架横梁施工，均采用由浮箱构成的可升降平台。

对该桥的评语是“优美的提篮式拱和交叉的斜吊索给人以空间稳定感。”

这座桥独创出提篮式系杆拱桥的新型桥梁结构。结构合理，给人以强烈的稳定感。

• 第十五名，丹麦大贝尔特东桥（Great Belt Bridge），又译为大带桥，（图 5-5-15），1997 年。

图 5-5-15
大贝尔特东桥

大贝尔特桥也叫斯托伯尔特桥（丹麦语：Storebæltsbroen），直接意译为“大带桥”，由丹麦科威（COWI）公司奥斯坦费德（K. Ostenfeld）设计，位于哥本哈根以西120km处，横跨丹麦大贝尔特海峡，将菲英岛和西兰岛连接在一起，通公路和铁路，由西桥、海底隧道和东桥三个部分组成。西桥为公铁两用桥，西起菲英岛，东接大海峡中间的小岛。接着，公路线经东桥、铁路线经海底隧道同西兰岛相连。大贝尔特东桥为悬索桥通公路，全长6800m，主跨1624m。

对该桥的评语是“虽然不是20世纪最大跨度的悬索桥，但独特的桥塔和锚碇设计，给人以深刻的印象。”

创新点是独特的桥塔和锚碇造型。这座桥的桥塔和锚碇都是经过精心设计的。既符合受力规律，又适应现代审美习惯。特别是三角形的镂空锚碇，改善了传统锚碇的粗笨形象，是一种很有审美价值的创新，很值得后人借鉴。

从20世纪世界最美桥梁评选的结果可以看到两个鲜明特点：一是，夺冠靠的是结构上的创新，结构美受到很大重视。15座桥梁有12座在结构上都具有比较显著的创新。在结构里既看不到多余的构造和装饰，也不是没有目的的“结构游戏”，所有构件都是那样恰如其分、不可或缺。特别是，完全由受力出发来决定桥梁形式的克希汉姆跨线桥能够位居第四，说明结构美在现代桥梁美中占据突出地位。这一点体现出现代桥梁美学发展的趋势，应该成为现代桥梁设计效法的典范；二是，从设计者的国籍看：欧洲有13座，美洲和亚洲都只有1座。工业革命引起的一系列科学技术的发明和创造，工业文明所引发的人的现代审美观念，使得欧洲成了现代主义美学思想的发祥地和20世纪桥梁设计美学的典范。

二、桥梁的审美批评

在艺术领域，艺术批评指导艺术创作和欣赏，对创作有指导作用，是艺术欣赏的深化。艺术批评由艺术创作、艺术欣赏发展起来，对艺术创作和艺术欣赏有反作用，能促进创作和欣赏水平的提高。创作、欣赏、批评，是艺术实践活动中不可分割的三个组成部分。创作为欣赏提供对象，欣赏的深化则产生批评。其中，创作与欣赏是主要的方面，批评则是联系创作与欣赏的桥梁。一方面，批评为欣赏者提供关于作品的正确、深刻的解释与说明，帮助欣赏者提高欣赏水平；另一方面，为创作者提供欣赏者和批评者对于作品的评价、反应以及对艺术的新的需求信息，帮助创作者提高创作水平。在发挥这种双向作用的同时，艺术批评也显现出独立的艺术和美学价值。艺术作品不仅反映现实美，也包括现实丑，通过对丑的揭露和鞭挞，达到对美的肯定，从而表现艺术学的审美理想。在审美的同时应该加上“审丑”，但审丑最好对事不对人，不宜指名道姓。

在建筑领域，2010年和2011年接连举行过两届“中国十丑建筑评选”，作为桥梁的他山之石，可以借鉴。2010年第一届中国十大丑陋建筑评选标准是：①建筑使用功能极不合理；②与自然条件和周边环境极不协调；③抄袭、模仿的下意识建筑；④崇洋、仿古的怪胎；⑤东、西拼凑的大杂烩；⑥生搬硬套的仿生丑态；⑦拙劣的象征、隐喻；⑧低俗的数字化变异体态；⑨明知不可为而刻意张扬。

入选2010年第一届中国十大丑陋建筑如图5-5-16所示。

入选2011年第二届中国十大丑陋建筑如图5-5-17所示。

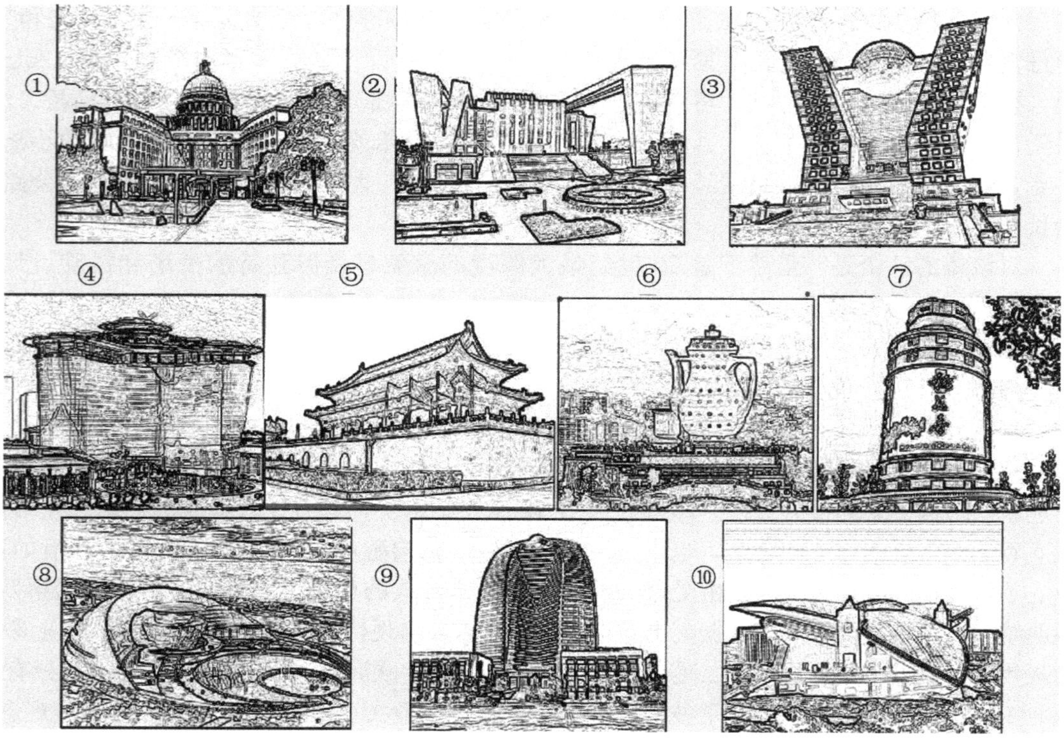

图 5-5-16　第一届中国十大丑陋建筑

图 5-5-17　第二届中国十大丑陋建筑

在桥梁领域也存在许多类似的现象。例如：某立交桥将桥墩的墩柱包金重饰（图 5-5-18），下部金碧辉煌，与上部极不协调，犹如辛亥老人锦袍上面套西装（图 5-5-19）。

图 5-5-18
包金重饰墩柱

图 5-5-19
锦袍上面套西装

某城市桥梁把直径 110m 的摩天轮装在桥上（图 5-5-20），名为“××之眼”。头顶转动的天轮令过桥司机眩晕，48 个观光舱一只只由 30 多米高空从天而降，给过桥的司机和行人造成的影响可想而知。这实际上，就是十大丑陋建筑评选标准所指的“建筑使用功能极不合理”。

还有一座桥梁完全仿照巴黎亚历山大三世桥（图 5-5-21），只不过把洋人雕塑换为中国人，标榜为“欧风汉韵”。其实，充其量只是古董摊上的赝品。实际上，就是十大丑陋建筑评选标准所指出的“崇洋、仿古的怪胎”。桥梁技术和美学本来没有国界，但是，模仿本来就没有审美价值。齐白石说：“学我者生，似我者死。”鲁迅也说：“依傍和模仿决不会产生真艺术”。再说，对于一座具有历史事件的桥梁来说，是存在着具体历史文化含义的。巴黎亚历山大三世桥的确是一座历史名桥，但是，其价值只有在当地具体条件下才具有意义，离开那个具体条件就失去价值，成为“怪胎”。在 21 世纪中华大地上仿造维多利亚时代沙皇奠基的法国桥梁，有何意义？是宣扬尼古拉的功绩？还是赞扬法俄同盟？桥梁从美学角度上的作用是潜移默化。试想，这种假古董给我们，给我们的子孙的教育会是

图 5-5-20
摩天轮桥

什么？最多使他们觉得他们的祖先是那么浮躁和无知。看到这座桥，人们必然会想起巴黎那座桥，从而想起就在那座桥落成那年所发生的，包括法、俄在内的八国联军。那场残酷的战争中国被迫签订《辛丑条约》，赔银4亿5千万两，并丧失多项主权。这座城市在那场残酷的战争中首当其冲，侵略者就是从这里上岸的。他们使用毒气炮弹攻陷这座城市，所到之处杀人放火、奸淫抢劫，无数村镇沦为废墟，整个城市被烧毁1/3。想起这些，会是何等滋味？还有什么“欧风汉韵”可以欣赏?!

图 5-5-21 “欧风汉韵”桥

现在还有一种倾向，就是忽视地方上的特色，而一味追求所谓现代化、国际化，认为只有现在国际上流行的才是好的。一些对桥梁方案操有生杀权的地方领导缺少历史文化和审美修养，没有跟上审美观念发展的步伐，以致一味“求洋追外”，对自己的地方特色熟视无睹，甚是可惜。有一位建筑师向同行传授经验说，他得出一条规律：越是小的的地方，越是不喜欢那里的地方特色。例如，有一个省会城市，该省是一个文物大省，有着悠久的历史文化和许多世界罕见、价值很高的文物。但是该市的主要官员身在福中不知福，一味追求所谓现代风格的桥梁，而对于具有一些地方文化符号意义的设计方案则格格不入，认为在他们那里这些东西到处都是，不稀罕。由于这种偏见，使得那里的桥梁损失了宝贵的地方特色，成了到处可见、千篇一律的“国际风格”。其实，他们所追求的“现代化”、“国际化”，所谓的“功能美”是过了时的。社会发展到今日，人们已感到现代主义思想存在千篇一律、缺乏人情味、缺乏历史和民族地方风格等，是一种弊病。他们的做法会使源远流长的传统资源受到无法挽回的破坏，是一种很大的遗憾。那种不愿意瞻顾地方的既有风格及环境特点；简单追求“时尚性”、“功能美”的思想，已是明日黄花，为当今桥梁审美观所不齿。

作者在评审桥梁设计方案时，时常遇到一些人，他们认为桥梁只要结构合理就是“结构美”，实际上还是从结构功能的角度来理解结构美。当今，除了桥梁本身结构需要外，还应该从人的角度，从为人类创造美好的生存环境这一高度来理解结构美。还有一个城市，青山绿水，很适合采用拱桥。而那里的领导却坚持要造斜拉桥，认为只有斜拉桥才是“现代化”。其实，对于那样跨度的桥梁，斜拉桥的造价要比拱桥贵许多，日后维护费用也高，而且与那里的环境不般配。那里是贫困地区，多数人都赞成拱桥，经多方努力，终于改了方案。

这类例子还有不少，说明我们的桥梁审美观急待提高，需要与时俱进，跟上审美观发展的步伐，特别对于掌有决策权的地方领导。开展桥梁美的批评是一种有效手段。尽管目前会有一些尴尬，那是因为还没有习惯。习惯后，是会尝到甜头的，应该习惯这种做法。后现代主义就是在对现代主义的激烈批判中明确自身的审美价值的。

第六节　桥梁美的鉴赏

一、颐和园玉带桥

宫殿与寺庙在中国古代建筑中占有重要地位，其中又以宫殿更为重要。历代的宫殿营造，都是那一时代最重要的建筑活动，集中了当时最高级的人力、物力，代表了那一时代最高的建筑美学与技术水平。因此，皇家园林中的桥梁也就代表了那一时代最高的桥梁美学与技术水平，特别是颐和园这样大型的重要皇家园林中的重要桥梁，更是重中之重。

玉带桥（图 5-6-1）位于颐和园昆明湖西堤上，建于清乾隆年间，距今已有两百多年的历史。玉带桥是一座单孔、净跨 11.38m、矢高约 7.5m 的高拱石桥。尖蛋形桥拱，拱高而薄，洁白如玉，造型简洁，宛若玉带，具有我国江南地区石拱桥玲珑、纤秀、挺拔、轻巧、流畅的风格。全桥用汉白玉和青白石砌成，配有精制汉白玉栏板；桥栏望柱上，雕有各式向云中飞翔的仙鹤和祥云的图案，雕工精细、形象生动，显得格外富贵堂皇。半圆的桥洞与水中的倒影，构成一轮透明的圆月；桥栏望柱倒影参差，在绸缎般的水面上浮动荡漾，景象十分动人。玉带桥在西堤六桥中最负盛名，是颐和园里著名的建筑物之一，流传着许多引人入胜的故事。桥下原为玉泉山泉水注入昆明湖的入口，也是帝王乘船来往玉泉山的通道，乾隆皇帝每次去西山必从此桥下经过。现在，桥侧还留有乾隆御题，东面是：螺黛一痕平铺明月镜，虹光百尺横映水晶帘。西面是：地到瀛洲星河天上近，景分蓬岛宫阙水边多。

图 5-6-1
颐和园玉带桥

中国道教性至柔，柔必曲。由于道家情思对中国古代园林文化有很大影响，为了象征“道”，园林从建筑物、山水、道路到树木、花草的造型均崇尚曲线。古人云：“方者执而多忤，圆者顺而有情”，古代园林文化之“曲”确是道家“阴柔”“贵雌”哲学的表现。两千多年前，诗人就是用“如翚斯飞”的词汇来描述建筑大屋顶屋角起翘的优美。《诗·小雅·斯干》：“如跂斯翼，如矢斯棘，如鸟斯革，如翚斯飞，君子攸跻。”朱熹集传：“其栋宇峻起，如鸟之警而革也，其檐阿华彩而轩翔，如翚之飞而矫其翼也，盖其堂之美如此。”能工巧匠所建造的房屋，如同喜鹊的翅膀，它的屋角好像锦鸡展翅欲飞那样的美丽。这样的屋宇，给使用者带来舒适和美感。后来，人们便都以“如翚斯飞”来形容中国传统建筑的造型美。玉带桥两端添加双向反弯曲线组成波形线，充分表现了这种美。拱形桥面腾空隆起，宛如驼峰高耸、玉带飘扬、线条流畅。这座皇家宫苑桥梁濒临昆明湖、遥对万寿山，宫阙映红，长堤染黛。朝如长虹卧波；夕似玉带揽月，给人以恬静悠闲之感。据说，捷克工程师林德珊在设计美国纽约岳门桥时，钢桁架拱桥上弦杆所采用的反弯曲线，就是受到玉带桥的启发。

二、瑞士桑尼伯格大桥

桥梁是人类文明的赞歌，它的形式来自人类的愿望和想象力。桑尼伯格大桥（图 5-6-2）造型既新颖又优美，简直是无可挑剔的精品。该桥支配着山谷，不仅无损于附近的山体和森林；相反，还增添了新的光彩。巧妙的构思、轻盈的外观再配上周围的山景，令人百看不厌。有了它，山谷不仅成为公路的背景，而且成为一个值得人们参观的地方。它最深刻的意义在于它表现了新颖的个性，全桥高高耸立，显得简洁、精练、优美。大桥与环境协调，山的稳重与桥的轻巧，一刚一柔交相呼应，形成一道优美的彩虹。桑尼伯格大桥就这样保持了现代桥梁的传统。一种旨在将技术和美学思想结合起来的结构传统。当结合得最好时，这种结构就成为美学佳作。这种堪称奇迹的桥梁既是桥梁史上的奇迹，又是创造灵感的标志。

图 5-6-2　瑞士桑尼伯格大桥

三、法国米约高架桥

米约高架桥（图 5-6-3）位于法国西南部米约市，横跨法国塔恩河仙境般的河谷，是巴黎通往法国南部地中海地区的 75 号高速公路段上的枢纽工程。大桥全长 2.46km，桥面距地面 270m，塔顶离地面 343m，是目前世界上最高的桥梁。

图 5-6-3　法国米约高架桥

人造工程必须与大自然融合，就像从地上生长出来一样。大桥体现了钢铁和水泥的巧妙组合，将轻盈的桥体结构和谐地糅合进了法国南阿弗翁地区的高原风情之中，被誉为美学和科学的经典结合。行驶在米约高架桥上感觉到了山顶，可以俯瞰四周山野的美景。遇到雾天，整个桥身全被云朵围绕，行车宛如飞驰在云端一般，充分表现出巧夺天工的智慧和勇敢。开通时，法国总统希拉克亲临揭牌。

四、重庆菜园坝大桥

该桥为中承式无推力钢管混凝土系杆拱桥（图 5-6-4），集钢管拱、钢箱梁、空间钢桁梁多种结构于一桥。主桥为公路和轨道交通两用桥，主跨 420m，设两层桥面，上层为双向 6 车道；下层通双线轻轨。

图 5-6-4
重庆菜园坝大桥

菜园坝大桥结构新颖、造型优美。由于精心设计，与同类型桥梁相比，显得格外简洁、轻巧。每当夜色降临，山城万家灯火高低辉映；桥上车轮滚滚；江中百舸争流、流光溢彩，全桥千红万紫，宛如游龙。给“万家灯射一江涟，巴字流光不夜天。谁种榆河星历历，金波银树共澄鲜”的山城之夜，增添一道美丽的彩虹。

五、太原祥云桥

太原市为连接太原市东西城区交通，建造了跨越汾河的祥云桥。这座桥梁建造时正值 2010 世博会火炬在太原传递之时。采用新颖、巧妙的结构，创造性地使用三根弯塔柱组成斜拉桥索塔结构（图 5-6-5）。三根弯塔柱形成了三维变化的结构组合，仿佛一朵迸发灵感与创新精神的火焰。夜幕降临，红色的灯光犹如熊熊燃烧的火炬；用白色灯光连接起来的斜拉索，仿佛是千万只握着火炬的手。工程竣工后，引来许多市民驻足观光。他们从桥梁上看到了人类的进步、国家的繁荣、社会的和谐，从而得到了许多启发、鼓舞和鞭策。离退休老同志参观后，感慨说：“历史上，太原给人的印象偏于粗犷、豪放，产业结构更是‘傻大黑粗’……。现在，……城市的文化气息和现代气息也越来越浓厚，诸如祥云桥等一批新的建筑不断涌现，体现的是太原人的灵感、太原人的进步，也是太原人的荣耀”。

图 5-6-5
太原祥云桥

下篇　设　计　篇

第六章 桥梁设计美学概述

第一节 桥梁设计美学及其研究对象

现代科学的综合性发展，使许多学科相互交叉、相互渗透，从而构成了边缘学科。技术美学作为融美学、科学技术于一体的综合性学科体系，其边缘学科特征一方面体现在与其他学科横向的交叉方式中；另一方面，造就了丰富的分支学科领域。各分支学科之间的纵横交叉、互相渗透，丰富了美学的内涵。技术美学使美学的视野扩张到整个人生后，桥梁美学成为技术美学的一个分支。本书第四章第二节曾提到桥梁美学研究桥梁美、桥梁美感以及桥梁美的创造。桥梁美的创造包括客体和主体两个方面，桥梁客体美的创造又包括桥梁设计美的创造和桥梁施工过程中劳动审美化的问题。桥梁设计美学则是研究桥梁客体美的创造中桥梁设计美的创造，也就是桥梁审美设计的问题，与桥梁美学以及设计美学的关系十分密切，是桥梁美学的核心部分。既然设计美学是研究现代意义的审美设计的科学，那么，桥梁设计美学就是研究现代意义的桥梁审美设计的科学。它把理论美学和技术美学的原则应用于桥梁设计领域，追求桥梁以及人类生活环境的审美化，主要研究桥梁的环境美、结构美、功能美和形式美的创造，特别是环境美和结构美的创造。桥梁设计美学研究美学对桥梁设计的影响和桥梁设计的美学因素对审美的贡献，也就是研究美学和桥梁设计学发生关系后所出现的理论和实践问题。系统论告知我们，分属于两个不同系统的事物，看来也许是风马牛不相及，但从更高层次上去审视，它们又总是统属于一个更大的系统。要正确认识这两个事物，除需从它们各自所分属的子系统去研究之外，还必须从共属的母系统中去探察它们之间的关系，这样便得到两个事物本身的系统质及它们相互的新质——关系质。正如植物的嫁接、动物的杂交，新生代往往同时接受了两个“亲本”的遗传，产生独具的优势。桥梁设计美学是桥梁设计与美学的联姻，具备美学与桥梁的双重个性、双重品格和双重价值。它使桥梁的实用价值和桥梁的审美品格完美、和谐地融为一体，使桥梁兼备了实用功利与审美特性，以其自身的特性、品格、价值区别于通常的桥梁工程与美学理论。

桥梁设计美学是适应人类对生存环境的要求而产生，是现代社会的新型设计，是满足社会各方面需要的综合设计。过去，桥梁除了少数以美为目的的，作为供人观赏的艺术形象的桥梁外，对于绝大多数以非美为目的的实用性桥梁，往往只限于技术设计，而忽略人们对设计的审美要求，不能满足现代化社会多方面的需要。在美学的视野扩张到整个人生后，桥梁也成为美学关怀的对象。因此，把技术设计和审美设计结合起来，是现代桥梁设计提出的要求。人类社会的发展，科学技术的进步都对美学的发展起着推动作用，桥梁设计美学是桥梁设计技术与美学互融的成果。

桥梁设计美学的研究对象应包括研究桥梁设计中美学的本质——按照美的规律去创

造，包括：桥梁的环境美、结构美、功能美和形式美等规律。由于桥梁设计美学是桥梁设计学与美学的交叉，因此，桥梁设计美学的研究要突出“交叉”的特点，就是要侧重于研究桥梁设计的审美与实用、精神与物质、审美与技术、文化与经济的交叉与统一。从广义上来说，桥梁设计作为一种人类的创造性活动，从原始人类的活动就开始了，经过手工业时代、工业化时代，直到工业化后期和后工业化时代，桥梁审美设计思想在不断丰富和发展。只不过这个思想在当代被作为环境，作为人类生存的质量，作为关系人类发展的前途和命运提出来。它代表着当今时代的审美能力和审美需求。随着科学技术的不断发展，人们生活水平的不断提高，人们的审美意识也日益增强了；对桥梁美的内在需求增加了；桥梁设计美学的作用也更加重要了。

第二节　中国古代桥梁审美设计成就

• 龙的故乡桥的国度

中国幅员辽阔、人口众多，千百年来生活、栖息在这块富饶土地上的劳动人民，就像所创造的各种璀璨古代文化一样，同时也创造了风格独特、成就突出的桥梁。中国是龙的故乡，自古就有“桥的国度”之称，中国的古代桥梁发展于隋，兴盛于宋。遍布在神州大地的桥、编织成四通八达的交通网络，连接四面八方。工业革命前，中国的建桥技术一直在世界上处于领先地位，有不少是世界桥梁史上的创举，充分显示了我国古代劳动人民的非凡智慧。工业革命后，我国的桥梁建设水平处于停滞状态，几乎没有发展。直到 1949 年为止，我国的石拱桥建造并未突破安济桥的水平。此期间，西方的桥梁随着科学技术的进步而突飞猛进，从而形成中西桥梁的巨大反差。但是，这丝毫不影响中国古代桥梁审美设计的成就。中国幅员辽阔、物产丰富、人口众多、历史悠久，创造了高度的物质文明和丰富的文化传统。中华民族各族之间，由于长时间的经济和文化交流，共同融合发展壮大。中国是一个文化素养很高的文明古国，有丰富的物质基础，培育出独具特色的民族文化。唐代诗人王勃在他的《秋日登洪府滕王阁饯别序》中说：“物华天宝，龙光射斗牛之墟；人杰地灵，徐孺下陈蕃之榻。”所以，后人总是用“物华天宝、人杰地灵”来形容中华大地的丰富物产和悠久文化。隋唐时期是中国封建社会前期发展的高峰，也是中国古代建筑发展成熟的时期。这一时期的建筑，在继承两汉以来的成就基础上，吸收、融化了外来建筑的影响，形成一个完整的建筑体系。唐代的“雄健”和宋代的“挺秀”，使中国古代建筑达到了最高峰。中国古代桥梁无论在拱桥方面，河北安济桥、江苏苏州宝带桥；梁桥方面，福建泉州洛阳桥、安平桥；铁索桥方面，云南霁虹桥等，至今仍是桥梁审美设计的佼佼者。拂去历史的烟尘，从桥梁中可以直观中华民族的心理机制和形态特征，如刚柔相济、虚实相生等等。这类心理特征也影响、制约着社会形态。中国古代桥梁的文化特征，与其功能，当时人们的生活活动，以及它的文化所表述的思想和观念形态紧紧相连。从社会结构形态来看，古代的公共建筑，包括桥梁的精神支柱，则是以礼为核心的古代中国的观念形态。

• 木构桥梁源远流长

我国古代建筑长期以来，以木材作为主要结构材料，这是由地理、人文、社会经济等诸方面因素所决定。古代中国地处温带，有着丰沛的林木资源，取材方便；而且木材容易加工，因此梁柱式结构（包括简支梁或悬臂梁）的应用极为广泛。黄河中游一带，由于肥沃的黄土层既厚且松，能用简陋的工具从事耕种，因而在新石器时代后期，人们在这里定居下来发展农业，成为中国古代文化的摇篮。中国的木构架建筑远在原始社会末期已经开始萌芽，经过奴隶社会到封建社会初期，由于各种需要和各族劳动人民的不断努力，积累了丰富的经验，逐步成为一个独特的建筑体系。接着，在漫长的封建社会里，建筑和桥梁多数都是木结构的。东汉时期的木结构有了较大进展，当时已大量使用成组的斗栱，木构楼阁逐渐增多。木结构的长期使用，也使得这种体系的建筑艺术得到淋漓尽致的发挥，达到了炉火纯青的地步。中国建筑的风格在某一方面也可以说就是木结构的风格。这一点与欧洲的砖石建筑体系大量应用拱券结构有所不同。以木材为基本材料的中国古建筑，其构架方式是以柱上架梁，梁上叠梁，梁端架檩的抬梁式木构架为主要方式，用材的体量比西方建筑要细巧得多。加上中国建筑所特有的斗栱构造，使建筑外观显现了一种玲珑、纤巧的格调，以其风格优雅和结构灵巧而称颂于世。从形象上具有独到的东方气势、工艺巧妙、构造合理，表现出一种技艺之美。这种建筑在其漫长的发展中，逐渐形成了自己完整的体系和鲜明而一贯的特征。

桥梁在木构架的基础上，创造了木悬臂桥和叠梁式木拱桥，最有名的是北宋东京的虹桥。北宋初期扩大耕种面积，改进水利灌溉，采取均定赋税，从而农业得到迅速发展。手工业的分工更加细密，科学技术和生产工具不断进步，城镇中作坊的规模扩大，促进了国内商业和国际贸易活跃，城市生活更为繁荣。农村中，有不少定期集市逐步形成为市镇，中等城市的数量增多，原来唐朝十万户以上的城市只有十多个，到北宋已增加到 40 多个。首都东京不仅是一个政治中心，也是一个商业城市。往东南为运河漕运，城内有汴、蔡等 4 条河贯通其间，在河上建有各式各样的桥梁。据记载，汴河上有桥 13 座，其中最著名的是天汉桥和虹桥，蔡河上也有桥 11 座，并出现《木经》和《营造法式》两部有历史价值的文献。可惜，这些巧夺天工的桥梁，由于岁月变迁，没有得以保存，只能从清明上河图等古画中欣赏其概貌。

中国南方地区气候温暖而湿润，生长着茂密的森林，自古以来，木材就逐渐成为建造桥梁的主要材料。我国在隋、唐、宋、元、明、清各朝代，都建造了很多著名的桥梁。木结构桥梁也是当时桥梁的主要形式，只是因为木材不如石料耐久，才使得现存的石桥比木桥多，至今的古木桥只是一些残留。流行于浙南地区的木拱廊桥以及侗族地区形式独特的风雨桥等，都是中国南方古代木桥的精品。浙江泰顺境内现在还完好地保存着叠梁木拱廊桥 6 座、木平廊桥 22 座、石拱木廊桥 1 座。叠梁木拱桥（图 6-2-1）以较短的木材，通过纵横相贯，犹如彩虹飞架在宽阔水面上，其巧妙的结构令人惊叹！这种结构与《清明上河图》中的虹桥同出一辙，是虹桥的孪生兄弟。历史上的泰顺村落分散，交通偏僻。人们出外行走十几里，都难以见到人烟。按照泰顺先人的惯例，在相隔一定里程的大路边，就要建一座供人歇脚的风雨亭。而桥上造屋，不但可以保护木桥免受日照雨淋的侵袭，而且起到风雨亭的作用。因此，就形成了桥上建有桥屋的木拱廊桥。桥屋使得桥梁寿命大大延长，其中幸运者有可能保留至今。木拱廊桥桥屋的屋檐一般设两层，翼角飞挑，似盘龙卧虎，颇有吞云吐雾之势。屋脊平缓有序，转折处弯曲有度。翼角稍稍伸出后微微起翘，远看给屋顶增添了一份动感；近观有飞扬之势。屋檐翼角飞挑；屋脊青龙绕虚，颇有吞云吐雾之势，使整座桥梁更显得秀美、轻灵。西南侗族地区形式独特的风雨桥（图 6-2-2）也是因地方上温暖、潮湿、多雨的气候而形成的桥梁形式。这种桥由梁、塔、亭组成，因行

图 6-2-1
叠梁木拱桥

图 6-2-2
程阳风雨桥

人过往能避风雨，故名。桥面木梁上铺木板，两旁设栏杆、长凳，桥顶盖瓦，形成长廊式走道。塔、亭建在石桥墩上，有多层檐角飞翘，顶有宝葫芦等装饰。

古代建筑造型受木结构形式的影响甚巨，甚至采用砖石拱券结构，也要做成坡顶木架房屋的外观形式。在麦积山、南北响堂山和天龙山的石窟外廓上，石工们不但以极其准确而细致的手法，雕造了模仿木结构的建筑形式，而且体现了当时木结构的艺术风格。鱼沼飞梁是北宋天圣年间（公元 1023～1032 年）重建晋祠圣母殿时所建，是一座精致的古桥建筑。该桥建在一方形水池上。古人以圆者为池，方者为沼。因沼中原为晋水第二大源头，流量大、游鱼多，所以取名鱼沼。沼内立 34 根八角形小石柱，柱顶架斗拱和枕梁，承托着桥面。桥面为十字形，中部升高、两端下斜。东西桥面长 15.5m、宽 5m，高出地面 1.3m；南北桥面长 18.8m、宽 3.3m，两端下斜至岸边，与地面平，四周有勾栏围护可凭依。南北桥面的东西两侧，原来都有石质卧狮一对，现在只留下东北和东南端的两个，造型生动，均作与幼狮嬉戏状，似与飞梁为同时遗物。整个造型犹如展翅飞舞的大鸟，故称“飞梁”，为我国现存古桥梁中的孤例。这座桥梁无论技术和艺术都十分高超，从其构思的巧妙足见当时匠人之用心。

- **石拱桥梁长虹卧波**

仔细研究就会发现，我国的拱券结构也有自己发展的源流与成就。拱券结构在中国建筑上应用虽然不很普遍，早期的多用于地下陵墓建筑，后来才发展到桥梁、砖塔以及防火要求高的地面建筑上，成为石桥的主要形式之一，杰出的安济桥就是证明。石工的技术，到南北朝时期，无论在大规模的石窟开凿或在精雕细琢的手法上，都达到很高的水平。正是这种丰富经验的积累，才给石拱桥工程打下了良好的技术基础。据记载，在北魏时期即出现了单孔的石拱桥，称作旅人桥。以后隋代的安济桥，仿它而建的永通桥，以及江南水乡的桥梁多数都采用单孔拱桥。可以从这些桥梁看到这时期石结构技术的发展情况。除了金代继承过去传统，在河北赵县、栾城、井陉和山西晋城、崞县等地，修建了一些敞肩石券桥以外，这个时期南北各地也修建了不少石拱桥。架设在大江巨流之上的石拱桥，也有不少是连拱桥。如金明昌三年（1192 年）修建的北京卢沟桥，即为长达 265m 的 11 孔拱桥。苏州市南郊的宝带桥更长，全长达 316.08m，共 53 孔，长虹卧波、联拱绵延，极富于结构造型的韵律美。古典园林也常把这种拱券桥摄入景观之中，如颐和园中的玉带桥及十七孔桥，都是拱券桥的杰作。

- **五大古桥各显神通**

安济桥、洛阳桥、卢沟桥、广济桥和安澜桥，并称中国古代五大古桥，是中国古代桥梁审美设计的代表作。安济桥又称赵州桥（图 6-2-3），坐落在河北省赵县，跨越洨河，是我国石拱结构的瑰宝；桥梁史上的杰作，被誉为“华北四宝之一”、河北省四大圣迹之一。安济桥桥名是宋哲宗钦定的，意为“安渡济民”。公元 595～606 年（隋大业年间）由李春所造，历尽 1400 多年的风雨沧桑，仍安然无恙。它是目前世界上现存完好、年代最久、跨度最大的单孔坦弧敞肩石拱桥。特别是拱肩加拱的敞肩拱的运用，更为世界桥梁史上之首创。在主拱两侧拱背上设有腹拱，可宣泄流量并减轻自重，构思巧妙、结构独特，创造出世界上第一个“敞肩拱”的新桥型。看上去，雄伟中透出秀逸、稳重中犹见轻盈。唐代中书令张嘉贞《安济桥铭》说“奇巧固护，甲于天下”，“两涯嵌四穴，盖以杀怒水之荡突”。被誉为“天下第一桥”。唐代张鷟《朝野佥载》曰：“赵州石桥甚工，磨砻密致如削焉。望之如初日出云，长虹饮涧”❶。安济桥在桥梁史上占有十分重要的地位，对世界桥梁有十分深远的影响，是实用、经济、美观、统一的典范。西方学者承认，安济桥敞肩拱建筑是现代许多敞肩拱桥梁的祖先，开创了一代桥风。在欧洲，直到 14 世纪，法国泰克河上才出现类似的敞肩式的赛雷桥，比安济桥晚了 700 多年，而且早在 1809 年就毁坏了。1933 年冬，梁思成在河北省考察时，一首童谣：“沧州狮子，应州塔，正定菩萨，赵州桥”为他提供线索。他随即对安济桥进行详细的考察，并写成论文发表。从此安济桥便闻名于世。国内外学术界对安济桥有很高的评价。李约瑟这样评价安济桥：“在西方圆弧拱桥都被看作是伟大的杰作，而中国的杰出工匠李春，约在 610 年修筑了可与之辉映，甚至技艺更加超群的拱桥”。安济桥创造了世界之最，入选中国世界纪录协会世界最早的敞肩石拱桥名录。1991 年，美国土木工程师学会将安济桥选定为第 12 个“国际历史土木工程的里程碑”，并在桥北端东侧建造了“国际历史土木工程古迹”铜牌纪念碑。这标志着安济桥已与埃及金字塔、巴拿马运河、巴黎埃菲尔铁塔等世界著名历史古迹并称、齐名。1996 年，中国文物局向联合国教育科学文化组织提交安济桥申遗报告，提名理由为“安济桥首创敞肩圆弧拱桥，在世界桥梁建筑史上占据重要的地位”。现已列为世界文化遗产中的珍品，在世界桥梁史上永放光辉。

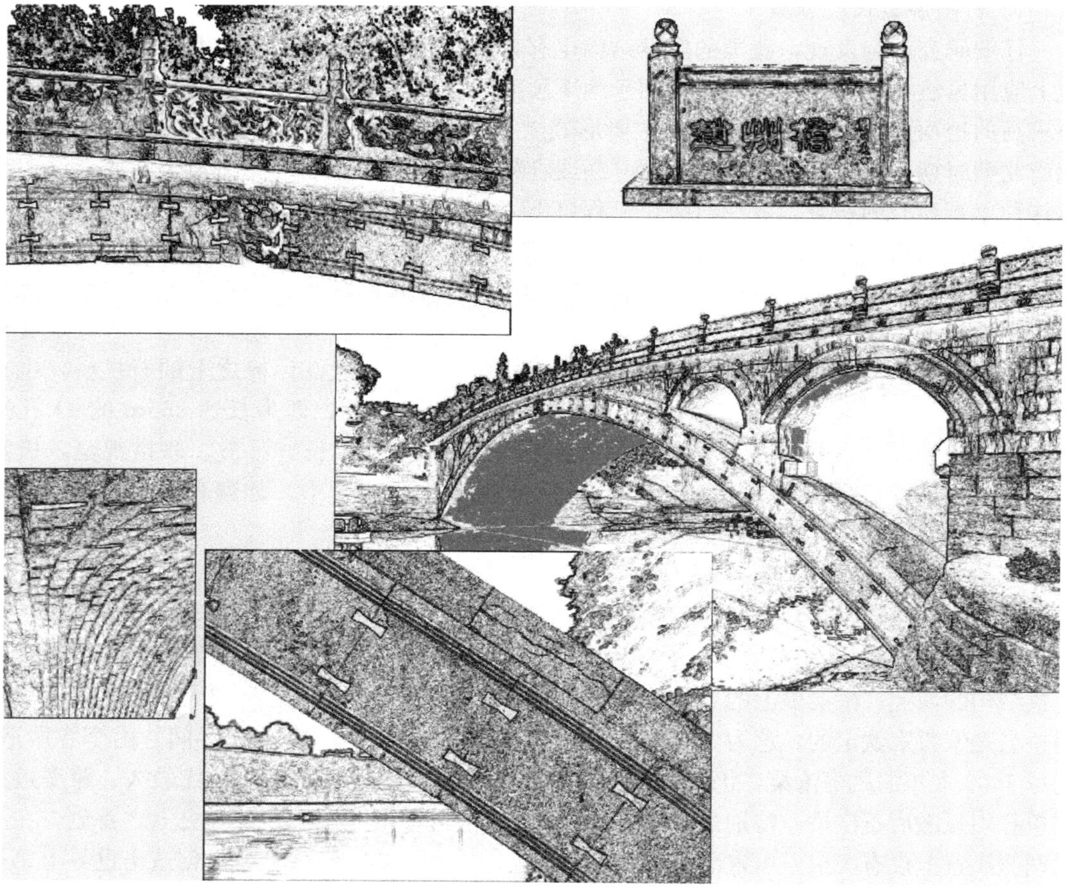

图 6-2-3　安济桥

---

❶《隋唐嘉话·朝野佥载》. 中华书局，1979 年版

福建省沿海地区，在宋代曾建造不少巨大的石梁桥。这些桥一般位于江河入海处的宽阔水面上。洛阳桥原名万安桥（图 6-2-4），始建于北宋皇佑四年（公元 1053 年）至嘉祐四年（公元 1059 年），前后历七年之久，是我国现存最早的跨海石梁桥，在中国桥梁史上与赵州桥齐名，有“南洛阳，北赵州”之称。该桥由当时泉州太守、著名书法家蔡襄主持，实际上是蔡襄娘舅卢锡具体操办的。现存桥梁长 742.29m、宽 4.5m、高 7.3m，主梁由宽与厚都近 1m 的花岗石铺成，有 44 座船形桥墩、645 个扶栏、104 只石狮、1 座石亭、7 座石塔，全系花岗石岩石砌筑。造桥工程规模巨大，工艺技术高超，名震四海。历代碑刻林立，有“万古安澜”等宋代石刻。为适应潮大流急，创造了两头尖的船形桥墩，分开水势；使用运载石梁的船架设巨大的石梁，利用江口潮水定时上涨移船就位，潮落时将石梁架在桥墩上；由于桥址海潮汹涌，江宽流急，桥基处于松软的泥沙冲积层上，因此先沿着桥梁中线设置一条木排，然后在木排上抛下大量的大石块，将木筏沉入江底，形成一道水下大石堤作为基础。在抛石基础上，用一排横、一排直的条石筑桥墩。桥墩双头尖、中间大，犹如船形，可经受上游的江流和下游的海潮的交互冲击。最上排的交接处刻有凹形的榫，上置生铁，以连接排石。墩两端中部稍向外弯，最上面的两层条石向两侧挑出，使墩面加宽，以减少石梁跨度。洛阳桥修建基础的办法是建桥史上的重大突破，现代称之为“筏形基础”。这是桥梁技术的一大创举，欧洲直到 19 世纪才开始采用。由于当地海滩上盛产牡蛎，它性喜附着石隙中，不出几年便把桥基石块胶结成整体。这在江尾海头是常见现象，是自然形成的，无需刻意种植。如今，建桥者蔡襄 12m 高的石雕像挺立桥头，武士造像分立两旁。桥南

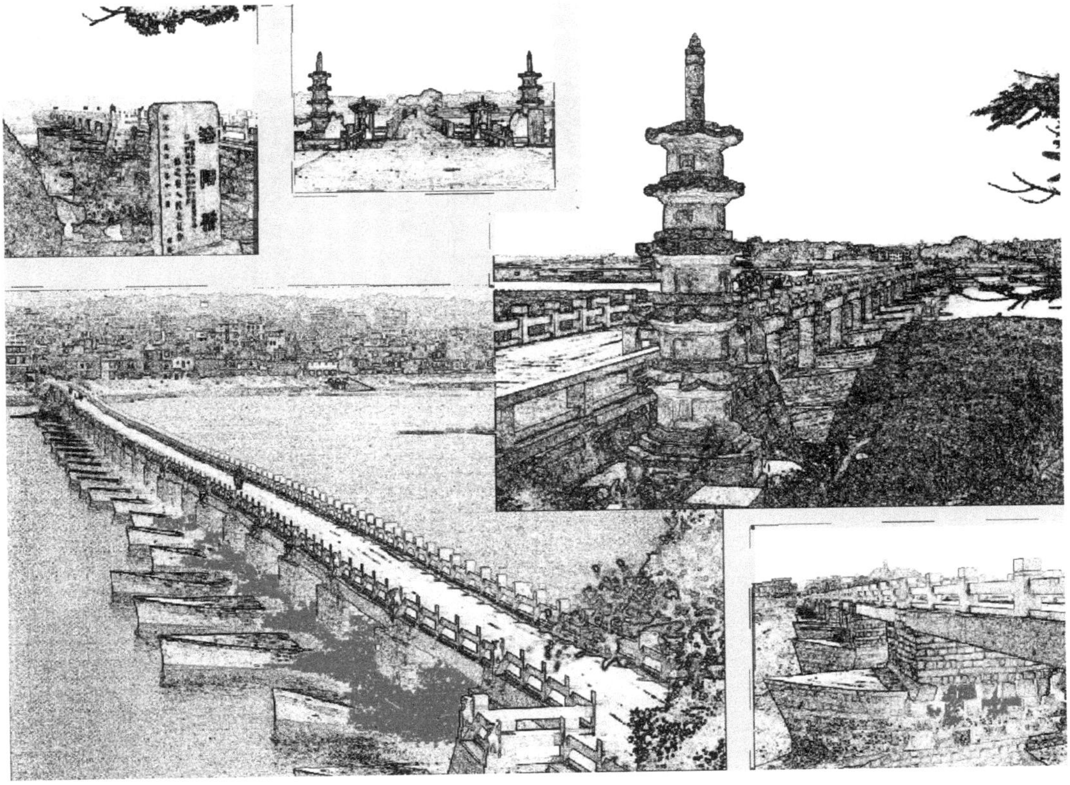

图 6-2-4　洛阳桥

有蔡襄祠，著名的蔡襄《万安桥记》宋碑，立于祠内，被誉为书法、记文、雕刻“三绝”。桥头广场内绿树环荫、景色宜人、游人如织。

卢沟桥（图 6-2-5）位于北京西南郊的永定河上，为联拱石桥，始建于金大定二十九年（公元 1189 年），成于明昌三年（公元 1192 年）。桥全长 266.5m，用 11 孔连续的半圆拱构成。各孔的净跨径和矢高均不相等，边孔小、中孔逐渐增大。卢沟桥还以其精美的石刻艺术享誉于世。桥的两侧有 281 根望柱，柱头刻着莲花座，座下为荷叶墩。望柱中间嵌有 279 块栏板，栏板内侧与桥面外侧均雕有宝瓶、云纹等图案。每根望柱上有金、元、明、清历代雕刻的数目不同的石狮，其中大部分石狮是明、清两代原物，金代的已很少，元代的也不多。这些石狮蹲伏起卧，或蹲或伏，或大抚小、或小抱大，千姿百态，生动逼真，极富变化，是卢沟桥石刻艺术的精品。由于桥上石狮多得叫人无法数清楚，因而北京地区流传着一句歇后语：“卢沟桥上的石狮子——数不清”。1961 年，清点出石狮 485 只。1984 年，复查为达 489 只。桥两端各筑有一座正方形的碑亭，分别竖着清康熙帝重修卢沟桥碑和清乾隆帝御书“卢沟晓月”碑，每根亭柱上的盘龙纹饰雕刻得极为精细，还有华表等。卢沟桥以其精美的石刻艺术享誉于世。虽然该桥进行过多次重修，但桥基和多数拱券还是 8 个世纪前的原物。《马可波罗东游记》记载：桥长三百步，宽八步，十骑可以并肩而行。桥下 24 个弧形拱门，建筑技术极为高超。桥面拱顶上，有一高大的石柱耸立在大理石龟趺上，靠近柱脚以及柱顶均有一个石狮子。桥身两侧各设一道用大理石板和石柱组成的护墙。石柱之间的大理石板上，镌刻着精巧的雕刻，使整座桥梁气贯如虹、蔚为

图 6-2-5　卢沟桥

壮观。因此，此桥被西方称为“马可波罗桥”。卢沟桥最著名的是清晨的月亮还挂在天空中时远眺的美景，称“卢沟晓月”，为燕京八景之一。1937 年七七事变在此发生，是日本帝国主义侵略中国的开始，卢沟桥因此成为具有历史意义的纪念性建筑物。

广济桥，又称湘子桥（图 6-2-6），位于潮州古城东门外，横跨韩江。桥全长 518m，分东西两段，共 18 墩。最初，中间一段宽约百米，因水流湍急，未能架桥，用小船摆渡。该桥始建于南宋乾道六年（1170 年），到开禧二年（1206）全桥建成，历时 57 年。明宣德十年（1435 年）重修，并增建 5 墩。正德年间，又增建 1 墩，总共 24 墩。中间一段改用 18 艘梭船联成浮桥，能开能合，形成“十八梭船廿四洲，廿四楼台廿四样”之风格。当年的 24 个桥墩上建有 24 个式样各异的亭台楼阁，桥中间的一段用铁链串连 18 艘木船，方便洪水入海及巨轮通行。广济桥集梁桥、拱桥、浮桥于一体，是中国桥梁史上的孤例，被誉为“世界上最早的启闭式桥梁”。

图 6-2-6　广济桥

安澜桥是我国著名的五大古桥之一，原长约 340m、宽 3m、高近 13m，8 孔，最大跨度 61m，江中设有木、石礅 9 座，是世界上最早的多塔连跨悬索桥（图 6-2-7）。主缆用 24 根 5 寸粗细的竹索构成。其中，10 根作底索，以 6 排木架支撑，上铺木板，两边再压 2 索，余 12 根置桥两旁，作扶栏。

这座桥的来历有一个美好的传说：岷江滔滔恶浪，没有修建索桥前，两岸百姓面对一里多宽、波涛汹涌的江面，只有叫苦连天，民谣有“走遍天下路，难过岷江渡”之说。当地有一豪绅，他看到河隔两岸，人们渡河困难，就想乘机发财，打造了一条大船来回摆渡。他让大管家带领两名凶恶的家丁在船上收钱，船价很高。谁要敢争执两句，非打即骂，甚至把人推到江里。两岸百姓敢怒不敢言。当时，城中禹王宫学馆的私塾何先德先生，对这个豪绅恶劣行为，非常气愤，决心在江上修一座桥，并得到了妻子的热心支持。

图 6-2-7
安澜桥

消息传出去以后，两岸百姓无不拍手称赞，纷纷到禹王宫学馆道谢。并表示有钱出钱、有力出力，一定要把这座桥修起来。这个豪绅听到这一消息后，感到不妙，心生恨意，图谋报复。买通县衙诬告何先德“聚众闹事，图谋不轨”，把何先生绳捆索绑，押上大堂，打得皮开肉绽。何先生哪里肯服，一张状纸告到成都藩台。藩台阅状后，又见百姓请愿，何先生才得以无罪释放，其伤历久方愈。何先生不变初衷，仍然坚持修桥，在四乡百姓的支持帮助下，历尽千辛万苦，花了一年多的时间终于修好了一座竹索桥，竣工后百姓无不称快叫好。谁知好事多磨，在一个大雪纷飞的日子，有位进城卖柴的老汉，为了暖暖身子，出门时多喝了些酒，上桥以后左摇右晃，一脚踏空，跌入江心。那豪绅感到时机又到，随即买通官府再告何先生“害死人命”，把何先生问成死罪，押在大牢，折磨而死，并下令拆毁索桥。何先生临死前，仍嘱咐妻子说：“君子一诺千金，你我夫妻既然立下誓言，就一定要把桥修好，绝不能因为我一人含冤而死，让父老乡亲们失望啊!”新县令到来以后，在何妻和百姓的申诉下给何先生平反昭雪，其妻又重新组织民众把桥修好，为保安全加装了护栏。当地百姓为感念何氏夫妇的功德，遂把这座桥叫作“夫妻桥”。两岸人民有了这座桥并受到何氏夫妇事迹的感召，发奋劳动，热心公益事业，经济发展，社会安宁，过着幸福生活。

- **民间桥梁优美多姿**

中国早在西周就已确立工官制度，一切重要的工艺创作均由国家管理。这一制度把建筑工程纳入了国家的典章，以后日趋完善。建筑形式成为礼制的组成部分，用以象征王权至上的社会结构以及与这一结构有着紧密联系的政治、宗教、伦理等文化内涵。中国古代的审美设计思想，深受封建等级制度的“礼”的影响，从居室、舟车、衣冠，一直到各种日用器具，都要体现等级制度的“礼”。中国古代桥梁可分为以下几个体系：第一个体系是皇家桥梁，为皇家和朝廷所建造。例如，宫殿中的桥梁以及皇家园林中的桥梁；第二个体系是为封建士大夫阶级服务，反映他们的意念和理想。主要包括私家园林中的桥梁等。除此以外，还存在一个有异于第一、第二种体系的第三个体系，即民间桥梁。这个体系的桥梁是大量的，直接为广大百姓服务，与人民大众的生产、生活活动息息相关，因此成为中国古代桥梁的主体。在中华大地上，流水将土地分割，桥梁又将道路连接，桥梁、流水、人家浑然一体，天人合一。仅在南宋150多年间，福建泉州地区就建造了几十座大中型石梁桥，有创造筏形基础的洛阳桥；有以“天下无桥长此桥”闻名于世的安平桥；有石梁重达200余吨，施工技术难度极高的漳州江东桥等，再加上北方石拱桥以及数不尽的江南水乡石桥等，中国民间桥梁真是千姿百态。桥因木石相济、梁拱为伍，故姿态万千，别有风情。这些桥梁构思之巧妙、技术之精湛、工艺之细腻、雕饰之优美，反映了独具风格的中国古代桥梁审美设计的辉煌成就。无论在技术上还是美学上都有很高的成就，千百年来一直受到世人的高度赞扬。

民间桥梁始终如一地表述着自己的纯朴的语言和正直的见解。它之所以美，之所以在今天的观念形态下还享有高度的审美地位，不是空洞或纯形式的美，而是生活本身以及隐藏在这样的生活语言中的深邃的美。江南的许多民间桥梁的优美，就是由生长在那里的人民大众的生活本身反射出来的。江南地区城市的运输线除道路外，还依靠河流，因此开凿很多河道。唐代诗人杜荀鹤《送人遊吴》说：“君到姑苏见，人家尽枕河。古宫闲地少，水巷小桥多。夜市卖菱藕，春船载绮罗。遥知未眠月，乡思在渔歌。”水景构成了吴地特有的秀美风光；充分描绘了苏州的城市特色。自从伍子胥在苏州建城以来，城里水道纵横，渔船星数，水上的生活便一直是当地人们最主要的生活。由小桥、流水构建的生活，有着令人心折的精致和让人轻易陷入的漫不经心。桥下的水，水上的桥，营造出一个梦般的画卷，折现出江南文化的神韵。上海旅美画家陈逸飞将周庄双桥绘成油画，题为《故乡的回忆》，在阿曼得．哈默的画廊中展出。哈默访问中国时，将这幅油画作为礼物赠给了邓小平，以双桥象征中美友谊与和平。1985年，《故乡的回忆》成为联合国首日封的图案，从此双桥便驰名中外。绍兴古称越国，境内水道纵横，有水乡水城之誉。因水而有桥，因桥必有景，形成著名的桥乡。这里历史悠久，人文鼎盛。绍兴水乡的桥梁源远流长，是国内保存古桥品种和数量最多的地区之一。据清光绪十九年绘制的《绍兴府城衙路图》记载，当时府城面积为7.4km^2，而城内有桥229座，平均每平方公里有31座。至今全市尚存清代以前的各种古桥600多座，其中宋朝以前的有13座，元朝时期41座，清代269座。绍兴古桥不仅数量多，品种齐，而且有许多桥梁属国内“之最”，国内现存最早的城市桥梁——宋代八字桥；国内仅有的唐代特长石梁桥——纤道桥；国内首次发现的准悬链线石拱桥——迎仙桥、玉成桥等都在绍兴。绍兴还有元代重修的等慈桥；明代的太平桥；清代的泾口大桥……或精巧别致，轻盈飘然；或典雅凝重，雄浑昂然；或粗犷本真，野趣自然，观之，莫不令人肃然起敬，荡气回肠。更兼桥饰、桥联、桥亭、桥碑相衬，自令古桥出落得楚楚动人、光彩照人。绍兴被誉为“古桥博物馆”，真是“千桥百街水纵横，万古名桥出越州”。

第三节　欧美现代桥梁审美设计思想

在欧洲，传统的西方文化最发达，那里有古希腊、罗马的传统，有文艺复兴的光辉。古罗马之后，欧洲的建筑风格每隔一个世纪至两个世纪就要更新一次，其中最长的是哥特时期（12～15世纪），约三个世纪。每一个时期的建筑都以崭新的风格出现。从历史传统的角度来说，欧洲是世界上建筑创作思想最活跃的地区。这种活跃的、不断创新的思想传统及创作环境，就是现代建筑运动产生于欧洲的精神条件；而18世纪工业革命后，欧洲的生产、经济、科学技术的飞跃发展是其物质条件。工业革命引发出一系列科学技术的发明和创造，使欧洲成了近代科学技术思想发源地。欧洲传统活跃的创作思想加上工业文明产生了现代主义美学思想，使欧洲成为现代审美设计思想的中心。人们受技术美学思想的洗礼，功能、结构、环境、人本的思想扎根人心。现代桥梁审美设计体现了工业文化的特征，简洁、明快、洗练、富于空间感、有速度感与力度感、有明显的工业化生产的痕迹。这种以工业化生产的痕迹取代手工制作痕迹的造型特点，以一种新的美学观念——现代审美设计的观念渗透到一切工业产品的造型领域。随着美国的社会经济、科学技术与文化的发展，特别是近百年来的突飞猛进，美国集中了不少世界上第一流的人才，欧洲中心论无形地转为欧美中心论。这在第二次世界大战前后更是如此。第二次世界大战使欧洲遭到毁灭性破坏，而美国却安然无恙。

20～21世纪之交，国际桥梁和工程协会从全世界100多个国家的上千座桥梁中评选出了15座荣获“20世纪世界最美的桥梁”桂冠。在获奖桥梁中，从设计人的宗主国看：欧洲14座（瑞士4座，德国4座，法国3座，英国2座和丹麦1座），亚洲1座（日本）。由此可反映出欧洲现代桥梁审美设计的素养水平和做出的贡献。在相当长的时期以来，现代桥梁审美设计思想也被认为是以欧洲为中心的。欧洲成了20世纪桥梁审美设计思想的典范，特别是瑞士。瑞士及其邻国德国、法国可以说是世界现代桥梁审美设计思想的核心。德国有着科学、严谨的传统风格；法国桥梁则手法大胆、造型浪漫。由于在文化和地理上介于德国和法国之间，瑞士人想在这两种文化间进行调和。在结构工程方面，他们重视在德国发展起来的精确、细致和科学的分析；但与此同时，他们又喜欢法国设计的轻巧和美观。瑞士在德国、法国及意大利科学文化的交织影响下，取其精华并结合本国文化的特点，形成了其独特的桥梁设计风格，严谨的设计、简约大胆的创新造型、精雕细琢的细部。瑞士面积只有中国的1/240，相当于我国重庆市的一半，只有美国科罗拉多州的1/6，人口只占中国1/170，比天津市或纽约市都少，其桥梁设计能赢得如此的世界声誉，令人钦佩。其原因是工程教育和职业设计师的经济观和美学观起主导作用，设计竞赛促进了这一主导作用的发挥。桥梁审美设计思想的发展历程就是桥梁设计工程师的成就历程。20世纪两位公认的伟大桥梁设计师都是瑞士人。一位是罗伯持·马拉尔，是搞混凝土设计的，设计了一系列著名桥梁。在萨尔基那山谷桥设计竞赛中，马拉尔的薄混凝土拱是成本最低的方案，获得第一名；另一位是奥斯玛·安曼，是搞钢设计的，是乔治·华盛顿桥、金门大桥和维拉札诺桥的设计者，他的设计成为钢桥发展的里程碑。马拉尔和安曼是桥梁设计的先驱，是当时桥梁设计工程师的杰出代表。他们都写过文章，清楚地描述了桥梁的外观和经济。这两人都曾在苏黎世联邦理工学院学习，从师于瑞特。1872年2月6日罗伯特·马拉尔生于伯尔尼。母亲是瑞士籍德国人，父亲是比利时人。1890年马拉尔进入苏黎世瑞士联邦州工学院学习，1894年毕业。马拉尔在桥梁审美设计方面进行了一场革命。他是20世纪第一位完全不用砖石结构的设计师，他用混凝土创造了技术上适合这种材料的特性，视觉上令人耳目一新的结构形式。萨尔基那山谷桥标志着马拉尔最后硕果累累的10年的开始。在他一生的最后10年里，他独自一人住在办公室，设计出许多重要的工程。这些设计使他至今仍广为人知。通过马拉尔的工作，20世纪现代桥梁审美设计思想形成了全新的观点。他第一次把许多20世纪的作品置于审美世界面前，这些作品被称为审美设计的杰作，但完全出自一位工程师的想象力。他设计的结构物的照片和模型在数不清的艺术博物馆的展览中展出。1947年，纽约市立现代艺术博物馆举办马拉尔结构物的展览。展出马拉尔的主要作品，是该馆首次展出一位工程师的作品。奥斯玛·安曼也受到了同样的尊敬。他虽然讲德语，但是在瑞士长大的，而且受的是瑞士的传统教育，这一传统对他有着决定性的影响。1879年，安曼生于莱茵河畔的沙夫豪森。他于1902年从苏黎世瑞士联邦理工学院毕业，两年后来到美国。安曼的最重要的是他的美学动机，在他看来，设计就是对美的形式的选择。除此以外，这种动机还与极好的训练相结合。1923年独自支撑门面时，安曼已有20年钢桥设计和施工的直接经验。他曾有机会指导当时世界上最大拱桥、世界上最大连续桁架桥和世界上最大悬索桥的设计工作。虽然，他的所有设计都在美国得以实施，但瑞士人却总是认为这些是他们国家的代表。他100周年诞辰时，人们在波士顿和纽约举行专题讨论会，在瑞士举办展览。

欧美现代桥梁审美设计思想的发展主要分两个阶段：第一阶段始于工业革命之后，从18世纪后期开始，在以后的约一个世纪的时间内遍及世界各地；第二阶段从19世纪后期开始，一直延续至今。它们的主要区别在于材料和形式。第一阶段的材料是铁和石材，其形式看上去较复杂、笨重；第二阶段的材料是钢和混凝土，其形式看上去比较简洁、轻巧。埃菲尔铁塔和布鲁克林大桥是介于两个阶段之间的转型时期的产物。它们并不是工艺上的重大突破。作为19世纪两个最著名的桥梁工程师埃菲尔和罗布林的设计方案，它们达到了顶峰并展现出以后的发展方向。他们最初设计动机都是想用工业革命的材料——钢来跨出前所未有的纪录。埃菲尔和罗布林不仅创造了新规模并且永久定位了钢结构的新形式，他们的工程还刻画出了现代审美设计思想的特点。很明显也很关键，在工业革命以前，这种结构物不可能出现，因为那时工业用铁还没有问世，现代审美设计思想也没有萌芽。

古斯塔夫·埃菲尔和约翰·罗布林是促进欧美现代桥梁审美设计思想发展的两个代表人物。埃菲尔1832年生于法国，就读于私立中央工艺和制作学院，1855年毕业，获得化学工程学位。起初，在一家负责设计和制作铁路设备的公司工作，使他走进了那个时期的大工业的行列，他的目标直指大工业的新材料——铁。1858年，他负责建筑一座铸铁桥，全长488m，有七跨。他的精确计算与创造性的设计方案相结合，使得这座桥于1860年按期建成。到1867年，他离开这个铁路公司，在巴黎郊区建立了自己的金属制造厂，自行设计与施工。他已成为法国铁结构的主要工程师。除了做生意之外，他还建造了一系列体现他的审美设计思想的结构物，尽管艺术界并没有注意他。正如勒·科布西耶后来说的："埃菲尔因为没被当作美的创造者而感到痛苦……他的计算总是由人们羡慕的对比例的直觉所驱使，以达到他追求的精精目标"。1806年，约翰·罗布林出生于德国。一个偶然的机会，一座小悬索桥使他留下了不可磨灭的印象。1826年，约翰把这座小桥的构造原理当作课题写进了他在柏林帝国工艺学院的毕业论文里，引起他对悬索桥的偏爱。在柏林读书期间，约翰常常怀着极大的热情聆听黑格尔的讲座。1831年，罗布林在黑格尔的感召下，带着在德国学到的桥梁技术移居美国。在不到10年的时间里，由他本人设计或参与设计的铁路桥就已遍布美国的11个州。1837年，他在新泽西州创建了全美第一家钢索生产厂，为他日后致力于建造悬索桥打下了牢固的物质基础。1883年，富有创造精神的约翰·罗布林雄心勃勃地着手布鲁克林大桥的设计工作。之后，他怀着无可遏止的激情，以无比旺盛的精力，组织工程队开始施工。然而，在正式开工前，约翰·罗布林得破伤风不幸身亡。他的未竟事业只得由儿子华盛顿·罗布林和儿媳继承，终于建成了这一座世界桥梁史上的丰碑。一家两代三口人的传奇故事给世界增添了华美的光彩。

第四节　中国桥梁设计美学发展前景

现代风格的时代特征压倒了历史、民族、地域等属性。从排他走向交往，已经成为现代民族和地域的观念形态之一。传统的民族特征，在现代社会的频繁的交往和错综复杂的物质、精神关系的面前，已经明显地起了变化。信息化时代，国家之间、社会之间信息交流加快，科学技术及文化上的许多成果被迅速普及。随着时间的流逝，世界各国和地区的现代桥梁在形式上存在着相对趋同现象，桥梁的民族性和地域性走向淡化是当代桥梁重要特点之一。其原因，一方面，就地取材历来是形成桥梁的地域特征或地方风格的原因之一，但由于科学技术的发展，从现代统筹的观点来看，这却是片面性的，应当从价值工程、系统分析来确定使用何种建筑材料。这样使得桥梁不必完全囿于当地的材料构成，也就无疑减弱了地域特征。地理和气候条件原来也是形成地域特征的原因，但现代物质手段同样使这个特征减弱，无需更多地受气候及其他自然条件的影响；另一方面，在当代，由于社会结构的变革，信息流通频繁，使民族、地域特征的差别正在逐渐缩小，国与国、民族与民族之间的这种文化特征的差别，也在逐渐耗散。各民族文化在交流过程中发生的相互借鉴、相互融化和相互补充的现象是常有的。文化，作为文明和进步的外化来说，西方文化在当时世界上确实处于领先的地位，否则它不可能冲击中国传统经济和文化。开始时，由于西方所代表的工业文明势力强大，又具有历史的进步性，使得中国传统文化毫无招架之力，只好和盘接受。可是，从辩证法的观点看，事物总是存在两面性的，一个痛苦的现象或过程往往可能引出有利的结果来。包括桥梁文化在内的近代中国文化，受到西方帝国主义文化的奴役的同时，却在另一面加速了中国文化走向现代。列宁认为：建设社会主义文化必须吸取资本主义遗留下来的，包括科学、技术、知识和艺术等全部文化。“只有用人类创造的全部知识来丰富自己的头脑，才能成为共产主义者”。毛泽东在论述新民主主义文化时也曾说过：“中国应该大量吸收外国的进步文化……凡属我们今天用得着的东西，都应该吸收”。因此，把民族文化和外国文化对立和割裂开来是错误的。当今的桥梁主要是反映时代，以新的结构、新的材料构成新的形式，反映出时代性。随着人们的交往，它已经不受民族和地域的限制而走向世界。无论我们的主观意愿如何，包括桥梁在内的一切高技术产品的民族形式在社会发展中必将趋向淡化，民族特色将不再是风格的唯一尺度，地域特征也随着科学技术的发展而淡薄，从而带来包括桥梁在内的文化领域的“一体化”。一体化意味着现存的各个文化子系统间相互扩散、输出、渗透，经过当代社会生活的滤选，各自又融入了新的文化形态，生成了越来越多的人类共同文化意识和文化现象。

可是，一体化也带来了城市建设模式的雷同，城市文明标志的抄袭、城市文化品位的低俗化、城市个性风格的消失，正在使成千上万的城市社区丧失特色，泯灭个性，失去魅力。城市整体文化形象的趋同、城市文明个性的消融所造成的城市特色危机问题，几乎像一个无法医治的顽症，困扰着我们城市的发展。城市同质化问题和城市特色危机问题，使我们的很多城市在未来的发展中找不到了自己发展的方向，城市发展陷入了一个迷茫的误区，使城市发展走向了歧途。有的学者更用这样的语言来批判我们的城市：强暴城市、疯狂克隆、胡乱标志、攀高比傻、盲目国际化、窒息环境、乱抢风头、永远塞车、假古董当道、跟人较劲。各国的建筑理论界对这种发展趋向提出过种种看法；我国也有不少建筑师探讨过这一问题。人们在向世界文化“横向认同”时，突然发现失去个性和根基的空虚及失落感，便进而转向本民族自己的“根”，寻求“纵向认同”。当中国文化喘过一口气之后，这只勇猛的睡狮又将发出足以震撼世界的吼声，重新思考自己的发展道路。从我国的实践来看，一类是以追赶发达国家的建筑为目标；另一类则追求中国建筑文化的个性，努力创作出有中国文化风格的新建筑。实际上，不管人们承认不承认，文化的多元性是客观存在，势必要看到文化的传统性与地域性。效仿西方模式的建筑现代化是建立在贫瘠的土地上，正在一天天地枯萎下去。在现代建筑发展了一个世纪以后的今天，迈向新世纪的当代文化向我们展示了一系列奇异的图像：各民族文化日趋融合又恪守自身固有的传统风貌。从历史到现实都证明：中国文化有能力承受和吸收外来现代文明的冲击，洋为中用融合到我国优秀文化传统中去。我们国家即将成为现代化的，又是有中国文化特色的，我们的建筑既是现代的又是有民族风格的。在许多有着优秀文化传统的国家和地区，已不满足于现代建筑的单一文化模式，而纷纷提出对本国文化、本地区文化的再认识。京都大学教授西川幸治指出：“过去日本曾出现过‘西洋化就是现代化’的时代潮流，使日本开始走上脱亚入欧的道路。人们开始轻视地方传统，以西洋的眼光看问题，丧失了满怀信心评价本国文化的眼光，建筑的传统被忽视。今天，以西洋为中心考虑现代化的时代已经过去，要重新评价地方传统，希望使那些具有特点的，有魅力的生活空间再生”。京东大学教授铃木成文也曾指出，日本“从 19 世纪进入近代，转向学习欧美，但此后便出现了一种偏向，即认为‘只有西洋才是先进的’”。应当明确的一点是，新诞生的文化不能简单地归之于欧洲文化的延续，推动现代工业文化向前发展的是几乎全世界各个地区、各个民族的文化。可以说，工业文化是各民族文化，尤其是东西方文化相互融会继而创新的产物。文化是一个积淀的过程，它的更新是扬弃，不是抛弃；历史、传统、民族的东西，总有一些值得保留，值得寻味，更何况中国这样泱泱文化大国，更加不应抛弃优秀文化遗产，一味跟随欧美潮流。在实现我国桥梁强国梦的过程中，应当发扬自己的优秀传统，用东方的哲学思想和智慧来重新反映现代工业文明。宋代大儒朱熹曾经写过一首耐人寻味的借景喻理的哲学名诗：“半亩方塘一鉴开，天光云影共徘徊。问渠那得清如许，为有源头活水来”。诗中所表达的感受虽然是就读书而言，却寓意深刻、内涵丰富。包括桥梁设计美学在内，做任何事，只有思想永远活跃，以开明宽阔的胸襟，接受种种不同的思想、新鲜的知识，广泛包容，方能才思不断、新水长流。我们要依靠现代科学技术发展社会主义经济，推动中国现代桥梁的发展，创造出有中国特色、永远光辉灿烂的文化，屹立于世界文化之林。中国桥梁设计美学有着广阔的发展前景。可以预期，中国桥梁设计必将以全新的面貌屹立于世界桥梁之林。

第五节　推动桥梁设计美学发展的因素

- **生产力和经济发展**

美的创造总是一定社会实践活动的产物，必须从社会实践去理解美的规律。上层建筑对社会经济基础的依从关系，揭示了艺术发展的基本规律性。按照这个规律性，设计美学是反映生活和社会存在的特殊形式。事实证明，人类的审美心理是随着经济基础、生产能力、科学技术的发展而发展的。恩格斯所说，“历史是由一个合力推动前进的，但这个合力中，经济的必然性构成一条贯穿全部发展过程的红线”。桥梁的发展也是如此，也是由以生产为根本动力的几个因素的合力推动前进的。列宁也说：“人类社会的发展也是由物质力量即生产力的发展所决定的”。生产力是生产中最活跃最革命的因素，桥梁的发展主要受到客观物质生产条件的制约。经济发展还给桥梁设计美学提供需求和财力支持。英国建筑师塞缪尔·哈金斯在《建筑的进程与趋向》一书中写道：“我看风格的兴起和变化的全部历史，事事都在表明追求一种新风格的傻念头。我们对其本源稍有了解的每一种风格，都不是由意志的行动而产生的，也不是由某些人发明出一种新风格，而是自发地来自环境的”。这里的环境应该是指客观环境、生产力、经济等环境。

- **科学技术进步**

科学技术和物质生产是人类进步最活跃的动力，它们推动社会的进步，直接促进桥梁的进步。工业革命给桥梁建造提供新的物质基础，开辟了桥梁发展的新领域，提供了不断发展的可能性。它也通过培养新的意识，使人开阔眼界，发挥想象力和创造性，刷新审美观念；反过来，桥梁的进步又是物质生产和科学技术发展提供必不可少的需求。在近代，桥梁形式的改变首先是因为技术条件的变化。桥梁设计是与科学技术同步发展的，有什么水平的科学技术及其材料，就会产生什么样的桥梁设计。马克思说：“生产力里面包括科学在内”，科学是“历史的有力杠杆”。人类历史发展的决定性因素归根到底是生产，生产的发展是历史前进的根本动力，科学技术是生产力，也是桥梁发展的主要动力，但并不否定政治、思想、文化等因素的推动作用，不是唯一的“经济决定论”。西方工业革命后，科学技术对桥梁工程的设计和风格起着不可避免的影响。工业技术发展给桥梁设计美学提供材料和施工设备，尤其是材料。若干世纪以来，如果说在创造桥梁形式时所考虑的主要是抗压材料，而现在由于新的抗拉材料的出现，产生了一些新的具有曲线轮廓的复杂形状。1709 年阿伯拉罕·达贝用焦炭代替木炭作燃料成功地把铁熔化，发明了焦炭炼铁术，取代了原先的木炭炼铁，成为英国工业革命标志之一。1779 年，他的孙子阿伯拉罕·达贝三世用鼓风炉生产铸铁，建造了世界第一座跨度 30.65m 的铸铁拱桥——科尔布鲁克代尔桥。该桥位于英格兰的科尔布鲁克代尔，跨塞文河，由英国建筑师兼桥梁设计师托马斯·法诺·伯里卡特设计。这座大铁桥的建造宣告古代桥梁的终结和近代桥梁的开端，对于世界科技和建筑领域的发展具有重大影响，是 18 世纪英国工业革命的象征。1826 年，英国人用锻铁建造了第一座跨度 177m 的悬索桥，梅奈海峡桥。接着，1859 年，英国亨利·贝塞麦发明了转炉炼钢法，使钢材得以大量生产，并广泛应用于土木工程。钢材的出现，把铸铁桥送进了桥梁历史博物馆。1874 年，美国开始用钢材代替锻铁建造了第一座钢拱桥，开启了大跨度钢桥建设的新时代。此后，工程师们逐渐放弃铸铁和锻铁，而采用性能更好的钢铁，桥梁的跨度也大大增加。1890 年，英国建成了跨度达 521.21m 的福斯铁路桥（图 6-5-1），成为近代钢桥的代表作之一。至此，现代钢铁桥梁的三种基本形式，梁式桥、悬索桥和拱桥相继出现。但是，那个时代的钢桥体量笨重、结构复杂。福斯铁路桥在支座处的桁架高达 105m，圆筒形断面的桁架杆件直径达 4m。主桥使用钢材 5.4 万吨，铆钉 5 百余万只，就像巨大的恐龙列队而行。据说，福斯桥涂刷一次油漆需 5～6 年时间，等到把桥梁全部油漆一遍之后，前面又需要重新油漆了，所以“paint the Forth Bridge”（给福斯桥刷漆）成为形容“没完没了”的英国俗语。这个情况的改变还得归功于高强度钢和高强度混凝土的生产。高强度钢丝的出现，使大跨度的索结构桥梁和预应力混凝土桥梁取代了钢拱桥、桁架梁桥和圬工桥梁，人们的审美观也逐渐从粗壮美转变为轻巧美。人们由于从桥梁结构本身直接感受到自身的本质力量而感到美，从而使桥梁的美从装饰美逐渐转向结构美。1869 年，移居美国的德国工程师罗布林开始建造主跨 486m 的纽约布鲁克林桥，第一次使用冷拉钢丝代替熟铁眼杆做主缆。一家三人历尽艰辛，终于在 1883 年建成该桥，成为近代钢悬索桥的创始之作。1964 年，英国在福斯河河口建成福斯公路悬索桥，简洁的结构和福斯铁路桥相映成趣。这座桥正位于福斯铁路桥旁边，跨度是后者两倍，承重结构只是两根直径 60.3cm 的缆索，两者形成粗壮与轻巧的明显对比（图 6-5-2），充分表明科学技术对桥梁设计美学的推动作用。在混凝土桥梁方面，1850 年，英国阿斯普丁开始生产波特兰水泥。1867 年，法国莫尼埃用铁丝加固混凝土制成花盆，并推广到工程中，建造了一座蓄水池，这是应用钢筋混凝土的开端。1875 年，他主持建造了第一座长 16m 的钢筋混凝土桥。钢筋混凝土在结构上的使用，把桥梁从木、石解放出来，使圬工桥梁审美设计发生根本性的变化。1886 年，美国杰克逊首先应用预应力混凝土制作建筑构件。1930 年法国工程师弗涅西奈将高强度钢丝用于混凝土工程，预应力混凝土获得成功，使混凝土桥梁变得更加纤细。

图 6-5-1　福斯铁路桥

科学的进步还带来结构理论发展，为桥梁结构创新提供设计理论上的支持。与早期的工程师不同，安曼生活工作的年代是深受数学科学鼓舞的时代，人们视计算为工程实践的先决条件。乔治·华盛顿桥设计方案得到了变位理论的支持，在第二层桥面系于 1962 年加上去之前，桥面系的竖向高度仅为跨度的 1/350。在安曼的这个设计以前建成的悬索桥，

图 6-5-2
福斯公路桥与铁路桥

这种比值约为 1/60。这座桥梁技术的成功证实了这一理论的正确性。20 世纪 30 年代建造的大型悬索桥桥面系都很单薄。正如数年后安曼自己写道："由于（华盛顿桥）这个榜样的鼓舞，工程师们在采用加劲大梁的挠度上有了很大的改进"。

· 人的审美观念

主观世界与客观世界的关系是辩证的。它们之间既是相互改造的前提，又表现为相互改造的结果。人的审美观念属于社会意识，根据认识论原理，社会存在决定社会意识，社会意识又反作用于社会存在。历史唯物主义认为社会存在是第一性的，它决定社会意识，社会意识反映社会存在，但是社会意识对社会存在具有能动作用，对社会存在起着促进或阻碍的作用。社会存在的变化最终会引起社会意识的相应变化，但是社会意识的变化与社会存在的变化并非一定同步进行，人类意识在思维层面也有自己的发展规律，思维的深度和广度可以与现实的社会存在相对的分离，因此，社会意识有时候会滞后于社会存在的变化。社会意识的作用在性质和程度上有两个方面，这也体现了社会意识的相对独立性。一是先进、科学、代表历史进步的社会意识对社会存在的发展产生巨大的促进作用；二是落后、不科学、陈旧的社会意识对社会存在的发展起着阻碍作用。社会意识在自身发展中还具有历史继承性问题。社会意识主要有两个来源：一是反映那个时代的社会存在；二是集成前人留下来的精神文化成果。社会意识就是在这两个来源中相互作用形成的。这一原理要求我们正确认识两者的关系，既要认识到社会存在的决定作用，要从社会实际出发；又要认识到社会意识具有相对独立性，对社会存在具有能动作用，树立正确的社会意识，克服错误的社会意识。审美观是上层建筑，随经济基础的改变而变革，但有滞后性。当我们从历史的角度来观察技术品时，就会看到一些新的物品，其外形一开始就是陈旧和惯用的，不能体现新的技术和材料，有时甚至妨碍了先进技术的正常发展。桥梁设计美学与文化关系密切，由于文化的继承性，我们无论在内容或形式上都可以找到原有文化的痕迹。而且，这种文化传统虽已不能很好地适应现在的时代，却因为文化的惰性，不会随着它赖以生存的社会的消亡而马上消失。桥梁审美设计的改变存在一定的滞后性。往往要经过几十年，设计工程师才能使桥梁的外形达到完美，以适应其新的内容，这就是旧的观念在起作用。例如，铁出现后，铁桥仍然是木石结构的形式，很多设计工程师还只是把这种新材料用于旧形式。1779 年建成的科尔布鲁克代尔桥（图 6-5-3）是世界第一座铁桥，世界文化遗产之一。这座铁桥本身呈半圆形，是典型的石拱桥形式。桥梁是预制后再行装配的，用互相扣住的接头的楔子，而不是接起来的，是木结构惯用做法。钢铁的出现带来了福斯铁路桥，当时招来许多抱怨：铁制的东西中没有建筑艺术。机械制造每前进一步，东西却越来越丑，一直达到所有丑陋的顶点样品——福斯桥。但是，这种情况只是短暂性、过渡性的。新材料很快就会引起人们另一种思考，激励他们去思考适应这种新材料的新结构形式。其实，技术的进步本身虽然动摇了陈旧的自然观，然而能够从根本上给陈旧的自然观带来致命打击的并不是自然科学，而是哲学。哲学将一代个体创造者之美学成就连接为一体，成功地直觉到其时代所特有的人类观念的性质，总结出流行、处于支配地位或真正当代的世界观之表现，再将这些表现归纳在思想形态之中。哲学思想渗透于美学思想中，久之成为一种自觉的审美尺度与内心要求。这种观念意识不断积淀在灵魂之中，为人们所认可。形式并非以机械的进展方式产生出更多的形式，恰恰是选择何种形式最为合适的那种观念，最终创造了一个特定的新风尚。

图 6-5-3
科尔布鲁克代尔桥

第六节　当今桥梁审美设计

按照马克思的观点，美是人类社会实践的产物。人类在改造自然中，与自然界建立了对象关系，使自然成为人的对象世界，在对象世界中人们观照到了自己的本质力量，这就是美。从历史发展看，人对桥梁的审美观随着人的本质力量的发展而变化。由于人的“本质力量”发展的程度不同，各个历史时期桥梁美的形态也就有所侧重。桥梁审美设计思想经历过从原始桥梁纯朴美到古代桥梁工艺装饰美；从古典桥梁工艺装饰美到现代桥梁结构美；再从现代桥梁结构美到后现代桥梁以人为本的变化。由于这种变化是发展、是继承，而不是淘汰、不是取代，除了以手工生产为基础的装饰美由于基础结构的改变而消失，只留下形式美的痕迹外，都只有补充，没有消除。后现代桥梁以人为本的设计思想实际上就是建造人类理想的生存环境。因此，当今的桥梁美应该是功能美、形式美、结构美和环境美的统一，是多种形态的统一。只不过更加侧重结构美和环境美，特别是环境美。由于结构美和环境美伴随着工业文明而产生，因此它们就成为当代桥梁美的时代特征。当前，研究桥梁审美设计思想应该特别注重结构美和环境美。桥梁的结构美本为现代主义所倡导。但是，现代主义思潮的出现是人类建筑史上一次全面剧烈的革命性变化的产物，而后现代主义只是现代建筑在形式和艺术风格方面的一次演变。因此，结构美仍是当前桥梁设计美学所关注的重点。只不过现代主义对结构美的理解与后现代主义有区别，其区别在于前者更偏重于从桥梁本身结构功能的角度来理解结构美；而后者除了桥梁本身结构需要外，还从人的角度、从为人类创造美好的生存环境这一高度来理解结构美。当今，桥梁设计美学极其重视桥梁的环境对人类身心的影响，把桥梁的环境美推到了风口浪尖。在今天，只说桥梁的形式美、功能美和结构美还不够，还应该重重地加上“环境美”这一笔。环境美是当今桥梁设计美学的核心，其他都是手段，都是为了建造人类理想的生存环境这个崇高目标服务的。桥梁的结构美也应该服务于这个崇高目标，全面满足人对环境的需求。人的需求包括生理和心理两个方面。对于桥梁来说，在生理上要求过桥时行车平稳、舒适和安全；在心理上，一方面，由于现代人生活节奏快、工作压力大、思想负担重，因而，桥梁的造型清净、典雅、简洁、舒畅，能够缓解心理压力，缓解他们心理上的紧张情绪，增进身心健康是现代人类心理需求；另一方面，由于现代科学技术高度发达，人们从小就向往高科技，追求知识、追求卓越，因此，追求景观与意境的统一，神形兼备，情貌相溶。要求桥梁的结构不仅可靠、可用，而且可视、可思，经过一番品味才知其中奥妙；能够陶冶心理情操，体现出生命的律动，引发丰富的审美感兴；富有创造性，能够体现人类的聪明和才智，启发他们战胜自然的勇气和毅力。作为这种要求的桥梁，就不应该只满足于功能主义或形式主义的追求，也不是只求受力合理、经济节省、施工简便的“温饱型”的结构。而应该是能够增进知识、能够启发智慧、越看越美、百看不厌的结构。要达到这种境界的结构美，设计上必须新颖、巧妙、大胆，设计、施工、管理都应该精益求精，不怕麻烦，勇于承担风险。

一座桥使用成百年，经历过的四五代人都会受到它的熏陶，我们办教育，把孩子送去培训提高人的智力，办医院提高人的健康水平，付出了许多代价。这种代价我们都会认为是很必要的社会福利。其实，在环境中有一座结构很巧妙的桥梁，就会使孩子们从这些创造中得到启发，使他变得更加聪明。中老年人在很舒适的环境中生活，身心得到很好的调养，提高了健康水平，延长了寿命。这些都和我们办教育、办医院有着异曲同工的作用。老人的健康和长寿、孩子的聪明和成长都是全社会最关心的大事，关系着人类的生存和发展。桥梁的美很难用价钱来衡量，为了这个崇高的目的可以不择手段、不计代价，比起这件大事怎么都不为过。这就是为什么美国旧金山居民愿意筹款 2.3 亿美元来提升新海湾大桥的美观；为什么英国桑德兰市市民不介意要交更高的市政税，愿意多付 2300 万英镑以采用他们认为更美的新威尔桥设计方案的原因。也是太原市为了拉大城市骨架把连接东西城区的三座新建桥梁做成结构新颖、巧妙的景观桥梁的主要动机。当然，任何事物都必须在需要与可能之间找到一个平衡点。但是，这个平衡点是变动的，每个时代、每个地区、每一座桥，平衡点都不一样，需要统筹兼顾。当经济条件改善后，或者客观的需求提高后，这个平衡点都会往上提升。过去，我们为温饱而挣扎，只能按照有限的经济能力来建造尽可能造价低的桥梁；现在，经济条件、材料性能、施工技术和设备都改善了，对一些比较发达的地区，对一些比较重要的桥梁，有可能，也有必要做出结构更加新颖、巧妙的桥梁。这些桥梁以其特有的结构魅力对人类生存环境产生重要影响。它可以提高人类的生活质量、提高人类的素质，从而关系着人类的前途和命运、关系着人类的未来。对桥梁美的创造应该站得高、看得远，站在提高人类生存质量的高度，看到影响人类前途命运的远处。当今桥梁设计美学应该担负起为人类之城向天堂迈进文明合作的重任。

第七节　桥梁设计方案征集和选定

一、桥梁设计方案征集实例

设计是文化，而且是灵魂文化，因为，有什么样的设计就决定了有什么样的施工和什么样的使用状况。具体来说，有什么样的设计便决定了有什么样的生产、生活、生态和生存环境；有什么样的设计便决定了有什么样的国家、民族、城市、居住区、建筑物、桥梁等等的形象。如长城、北京城、故宫、四合院、天安门、华表、金水河桥、卢沟桥……就是中国、中华民族、中国城市、居住区、建筑物和桥梁的历史形象；有什么样的设计又决定着人们的生活和生产、商业、运输的方式，以及有何种风格和水平。如生产配置是否合理；交通是否流畅；人们是否舒适；造型是否感染人；这些首先取决于设计水平。总之，设计与创作是创造文化的关键。“设计是灵魂”这个提法寓意深刻。

桥梁设计方案的征集和选定是桥梁审美设计的关键步骤。某市为落实城市发展目标，进一步拓展城市空间，推进城市南部新城建设，优化交通环境，提升城市品位，塑造良好的城市景观的需要，借鉴国内外城市先进的工作经验，高标准、高水平建设新建和改建桥梁，决定面向国内外进行“新建和改建桥梁方案设计”国际征集，邀请具有桥梁设计经验的设计机构或设计联合体参加。

征集内容包括：一号桥、二号桥、三号桥三座新建桥梁和四号桥旧桥改造，共四座桥梁的方案设计。

征集、评选步骤：1. 公告期：接受国内外设计单位（包括设计联合体）的报名；2. 组织专家对报名设计单位进行资格审查，最终选定 6 家设计单位；3. 颁发设计委托书，组织现场踏勘，答疑；4. 设计单位编制新建和改建桥梁方案；5. 设计单位提交最终成果；6. 专家评审，按照结构安全性、实用性、经济性、景观性、唯一性（与该市现有桥梁外观造型不重复）等要求，经过认真评议，对各方案进行打分，评选出了四座桥的前三名作为入围方案；7. 将入围方案同时在广场及政府网站向社会公开展示，接受市民评选；8. 市政府结合专家、市民意见及实际要求，确定最终实施方案。

设计单位资质：国内设计单位须具备建筑设计甲级资质，在国内有一定知名度，同时具有同类项目的设计业绩；境外设计单位须在国际上有一定知名度，并具有同类项目的设计经验与成功案例。设计单位可单独报名，也可以联合体的形式参加。

设计经费补偿：6 家设计单位每家报送四座桥梁的方案。经专家评审后，方案落选但达到设计任务书要求的设计单位，每家设计补偿费用为 5 万元；如成果不满足设计任务书要求，不发补偿费用。经评选获得优胜方案的设计机构将委托编制深化方案、扩初、施工图设计，费用另行支付。本次征集活动设计成果属设计单位和组织单位共同所有。

设计方案均考虑了该市的历史底蕴与现代的蓬勃发展；注重古今交融，体现历史与现代相融合。设计方案不仅外观引人注目，其寓意也非常深刻，传统元素的运用使桥梁更富审美气息。在评选过程中，专家们认为，桥梁设计首先应满足交通功能需求，应以实用、安全为主，特别要重视设计方案的抗震能力，在此基础上要注意桥梁两岸环境的协调性。面向市民公示后，许多市民积极参与，提出了不少好建议。大家最关心的是桥梁的安全性，希望选出来的桥梁最结实、最耐用。除了安全性，经济、实用、美观也是市民们在评选自己最中意的方案时考虑的重点。首先，要体现出简洁的线条美，宜简单，不宜很复杂。有时代感、青春感，预示着城市的朝气，把城市精神和人的风格特点体现了出来。

另一个城市为构建完善的城市交通体系，加强城市东西向交通联系，塑造优美的河道景观轴线，打造桥梁景观文化枢纽，决定新建A桥、B桥、C桥和D桥四座，并对现有E桥、F桥、G桥、H桥、I桥、J桥六座旧桥进行桥型改造。面向国内外征集上述桥梁新建以及改造方案。征集通知发出后，有关桥梁设计的方案陆续从四面八方汇集到该市。设计单位包括美国、英国、荷兰等国家知名机构以及上海、天津和当地的知名高校和设计院。经过综合评议，最终，来自全球的7家设计单位的28个方案被优选而出。当年12月，这些方案开始在市规划展示大厅进行公示，接受市民的评议。

二、桥梁设计方案的选定

设计是灵魂，而方案设计则是灵魂的主宰。方案设计决定着整个设计的质量和价值，应该充分重视。桥梁设计工程师是桥梁方案设计的主办者，而业主则是桥梁方案的决策者。对城市桥梁来说，市民是真正的业主，他们是纳税人，是建桥资金的提供者，也是桥梁的使用者。因此，市民对桥梁方案的确定应该最有发言权，而市政府及其领导应该是市民的代表，起着集中市民意见，沟通市民与设计工程师之间桥梁的作用，而不是取代、包办市民的意见。美国在桥梁设计过程中，常常要开公听会。会上任何一个市民都有批评和建议的权利。例如，在旧金山海湾大桥东段设计过程中，就开了23次公听会，听取市民的意见。市民们对桥梁美观的要求常常远远超过市政府和设计工程师的意愿。在美国西岸有一座桥，工地已经开工了，但市民认为太难看，最终拆掉重新设计。可见，纳税人对桥梁美观的要求不容忽视。瑞士设有个专门的审美委员会，严格审核任何新的建筑物美观上是否可以接受。但是，桥梁设计工程师在桥梁方案选择上，并不是没有作为，听其自流的。桥梁设计工程师具有高水平的桥梁专业知识和美学素养，还进行过深入的调查研究和技术分析，在方案问题上应该有科学的判断，并以此来影响决策者造出更多安全、适用、经济、美观、耐久和环保的桥梁方案来，这也是工程师的职责所在。英国中部桑德兰市计划兴建横跨威尔河的新威尔桥。桥梁专家、市政府和市民对此桥独特外貌有不同看法和意见。2005年，当地建筑师、工程师联合体所制订的独特方案（图6-7-1），赢得英国建筑师学会的设计比赛。方案是两跨斜拉桥，主跨240m，全长336m，建成后将成为英国最高的桥梁。主梁为钢与混凝土组合梁。两座不对称单柱弧形桥塔，分别处于桥身两侧，各高180m和140m。塔柱为向上弯弧的独立自由悬臂体系，在桥身以上，各在纵向相对而指，在侧面看来好像在空中相交，但实际上是分开的，并不互相连接，也无横梁相连接，结构效率极低，建筑费用特别高，十分不经济。后来，工程项目被搁置，没有进展。2008年，市议会宣布考虑用比较简单的箱梁桥替代原方案，这样可节省2300万英镑。但这个替代方案，在公众咨询时被否决。2010 年 3 月，原桥梁方案被视为地标性建筑被通过。许多著名的桥梁专家对此方案还是持不同意见，猛力批评这项设计是“令人难以相信的拙劣桥梁工程实例”和“可耻的浪费公款”，并要求政府停止拨款兴建。这个方案所产生的问题应该权衡各方面的利弊得失，在地标性需求、2300 万英镑的花费和结构效率之间找个平衡点。在美国联邦有一段时期，曾有个不成文的意见，认为为了美观大约多花费总造价的 7%比较合理。联邦政府只愿意提供 7%的美观费用补助给地方，地方认为应该多花是地方的事情，多出的部分由地方自己负责。旧金山居民对政府最初提出的新海湾大桥方案的造型不满意，于是当地民众筹款 2.3 亿美元作为提升这座桥的美观的额外费用。他们组织了一个由众多国际知名专家组成的设计监管小组，来选择一个比较好看的桥梁方案。最终，一个独特的桥梁方案脱颖而出。这座大桥会使旧金山市更加闻名，并吸引更多的旅游者。

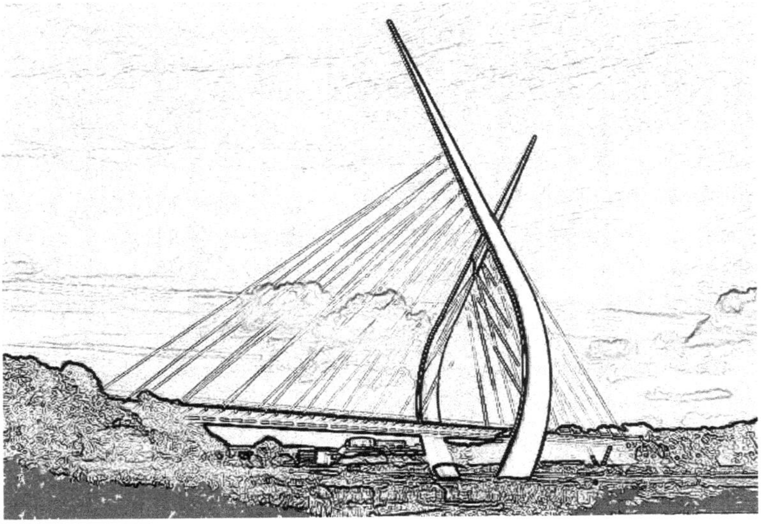

图 6-7-1
新威尔桥方案

三、特大桥梁设计竞赛

某大桥将跨过近千公里宽，通往繁忙的货柜码头的海峡。主跨超千米的大桥处于港口一个显著的位置，成为城市的一个主要标志，令空中轮廓更加多姿多彩。1999 年，当地政府为这座大桥举行了国际性桥梁设计竞赛，以吸引全球知名的桥梁设计师提供出色的设计概念。开始有 31 支来自世界各地的设计队伍表示兴趣。这 31 支队伍总共由 103 个独立公司及个人组成。经过比较设计队伍和桥梁设计业绩及各队伍内准备参赛的桥梁工程师和建筑师的经验，预审出 16 支设计队伍，邀请他们参加第一阶段的设计比赛。这 16 支队伍总共由 64 个独立公司或设计师组成，队伍的领导机构分别来自中国内地、芬兰、法国、德国、香港特别行政区、日本、挪威、英国及美国。他们总共提交了 27 个桥型方案，其中，包括 22 个斜拉桥，2 个悬索桥和 3 个斜拉悬索协作体系。当地政府邀请全球知名的桥梁专家和建筑师，分别组成技术评审委员会和美学评审委员会。竞赛分两轮进行。第一轮竞赛，先由技术评审委员会对 27 个桥型方案的结构表现、可行性、耐用性、造价和工期等方面的表现评分，选出 12 个方案，提交给美学评审委员会对桥梁的造型及与周围环境的协调两方面的表现进行评分。技术和美学委员会给12个方案的得分以预先订下7∶3的加权进行综合，选出5个优秀方案。就每一个方案，技术和美学评审委员会均给出意见及评语，作为改进或充实其方案的参考。5个优秀方案的参赛者进一步提交更详细的设计、数据和模型后，进入第二轮比赛。模型包括中型和小型各一个。小型模型可以放入一个统一制作的背景模型，以方便比较对附近环境的影响。第二轮竞赛亦由技术和美学评审委员会对5个方案进行更详细的评比，评分和做出评语并提交评审报告。最终，由以业主首长为主席的行政人员、资深工程师和部分评审委员会人员组成的小组以投票方式决出冠军、亚军、季军，投票充分考虑两个委员会的评审报告。

参加第一轮比赛的各个方案，在概念和侧重点方面都有很大的不同。就斜拉桥方案而言，有传统的倒Y形、A形、H形等的桥塔，也有较新颖的直柱形、Y形、X形，甚至羊角形等等。拉索方面也各有不同，1～4索面的都有。钢箱梁有采用较传统的单箱设计，也有采用较新颖的双箱设计和中间开槽的箱梁。悬索桥则避开传统的H形桥塔设计，采取较特别的A形或Y形桥塔。斜拉和悬索协作体系方案综合了两类体系的新概念，并采用自锚的形式，但却因此显得比较复杂。一部分方案只侧重构思突出而忽略可行性。

技术评审委员会选出的前12名方案依次是：(1) A塔斜拉桥；(2) 倒Y形塔斜拉桥；(3)“天人合一”的人字形桥塔斜拉桥；(4) 带有钢锚固段塔顶的A形塔斜拉桥；(5) 圆形独柱桥塔分离式双箱斜拉桥；(6) 单索面悬索桥；(7) 人字形塔分离箱斜拉桥；(8) 开孔塔柱斜拉桥；(9) 分叉索斜拉桥；(10) 花瓶形塔斜拉桥；(11) 无风撑H形桥塔的斜拉桥；(12) 斜拉悬索协作体系。一些技术上不可行的方案，如帆式、起重机式和怪异的塔形，受力不合理的羊角形和斜塔，以及只适合小跨轻载的桥型被淘汰。

经过美学评审委员会评审后，综合结果，入围第二轮竞赛的5个方案都是斜拉桥。它们分别是：

方案一：(4) 带有钢锚固段塔顶的A形塔斜拉桥

主跨1017m，边跨分别为292m和321m，总长度1630m。拉索以半扇形的形式分布，加劲梁在边跨和近桥塔52m的主跨部分是混凝土的箱梁。在主跨其余的部分为双箱的钢箱梁。桥塔的顶部是一个以不锈钢覆面包围的钢芯。

评审评语：塔顶的养护比较困难，评判对此表示关注。

方案二：(3)“天人合一”的人字形桥塔斜拉桥

主跨1000m，边跨300m，桥总长1600m。拉索以半扇形的形式分布并连接加劲梁的两边。每对拉索在中间由一个偏向器将拉索箍紧。加劲梁和桥塔在近桥塔100m的部分连为一体。边跨和主跨近塔处加劲梁是混凝土的箱梁，在主跨中央800m是钢箱梁。

评审评语：评判对偏向器的施工和养护表示关注。

方案三：(5) 圆形独柱桥塔分离式双箱斜拉桥

桥塔上部的112.5m是钢结构，之下部分是混凝土结构。大桥主跨为1018m，边跨分别是298m。全桥的总长度为1616m，拉索为半扇形形式。加劲梁在边跨和近桥塔24m的主跨采用双箱混凝土梁；在主跨其余部分则采用双箱钢梁，双箱钢梁由横架连在一起。

评审评语：①大桥的外形美观，令人留下良好的印象；②桥塔的施工比较容易；③桥塔和桥身为一刚体结构，在架桥时，悬臂桥身对桥塔和桥基所产生的高应力要深入研究，但评判认为问题不大。

方案四：(11) 无风撑 H 形桥塔的斜拉桥

桥塔在加劲梁以上不设横梁。大桥的主跨为 1001m，边跨 300m，全桥的总长度为 1601m。拉索为半扇形形式，垂直索面。全桥均采用钢箱梁，在边跨的钢箱梁加混凝土压重，以平衡主跨的恒载。这个方案由于桥柱在桥面以上不设横梁，显得较为独特。

评审评语：①桥塔的外形美观；②评判对大桥的气动稳定性表示关注。

方案五：(9) 分叉索斜拉桥

主跨 1019m，边跨分别是 280m 和 307m，桥总长 1616m。拉索为扇形形式，塔顶设一个锚固箱。加劲梁在桥塔处设垂直和侧面两个方向的支撑。加劲梁在边跨和近桥塔处 89m 及 95m 的主跨部分是混凝土箱梁，主跨其余的部分为钢箱梁。

评审评语：①大桥在结构表现方面很优秀；②桥塔本身的外形美观；③评判对桥塔和周围环境的配合表示关注。

经过第二轮的评审，在 5 个入围方案中，评出了冠军、亚军、季军和两个荣誉奖。技术评审委员会一致认为：对于超千米的斜拉桥，A 形塔仍然是受力最合理和有稳定感的方案。然而，独柱分离流线形双箱的方案以其新颖的结构造型获得了美学评审委员会的高分。尽管从技术角度看，它并不是最完美的，而且造价也可能是最贵的。最终揭晓的综合结果是：(5) 圆形独柱桥塔分离式双箱斜拉桥获冠军；(3) “天人合一”的人字形桥塔斜拉桥获亚军；(11) 无风撑 H 形桥塔的斜拉桥获季军；(4) 带有钢锚固段塔顶的 A 型塔斜拉桥以及 (9) 分叉索斜拉桥分获荣誉奖第一、二名（图 6-7-2）。

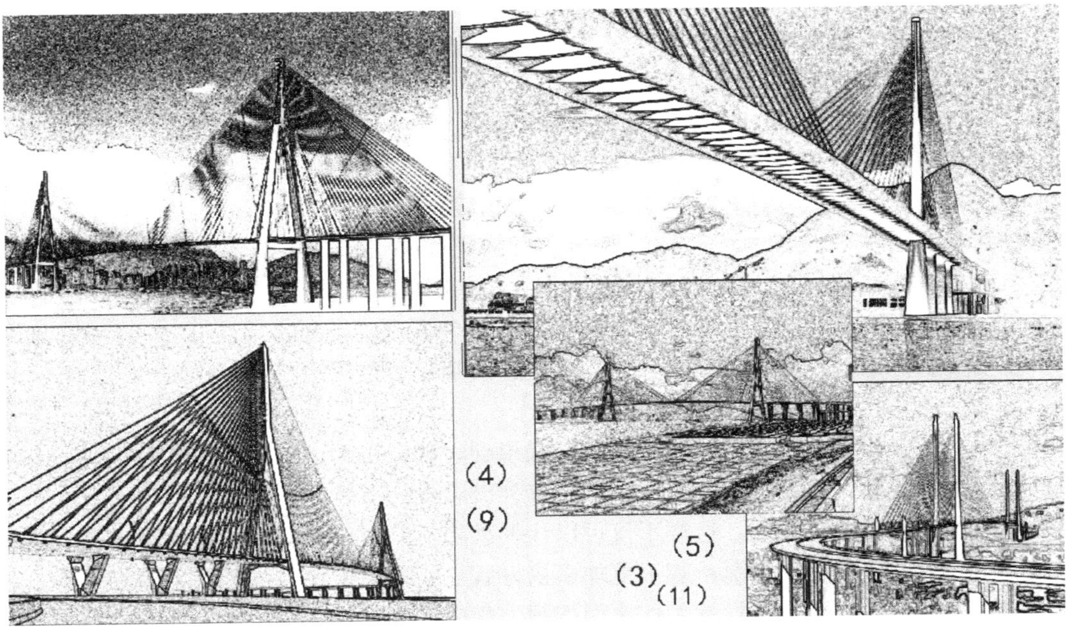

图 6-7-2　某大桥设计竞赛获奖方案

四、设计竞赛经验

某大桥设计竞赛得到了许多宝贵的成功经验，对提高我国桥梁设计和管理水平以及将来举办其他国际性设计比赛都有很好的参考价值。这座桥的设计竞赛经验表明：

- **美学价值成为当今桥梁竞争的重要因素**

桥梁的美学价值已成为当今桥梁竞争的重要因素，有时甚至会超过技术因素。因为建造桥梁已不仅是为了解决交通问题，还要满足人们对环境的要求和审美享受。在入围第二轮竞赛的方案中，原先技术评审委员会评审排名（1）A塔斜拉桥和（2）倒Y形塔斜拉桥两个技术上最成熟、稳妥的A塔和倒Y形塔没有入围，美学评审委员会的建筑师们不喜欢已有桥梁的造型；而（9）分叉索斜拉桥和（11）无风撑H形桥塔的斜拉桥虽然在结构上有缺点，需要改进，但被认为美学上有创意而入围。圆形独柱桥塔分离式双箱斜拉桥从技术角度看，并不是最完美的，而且造价也可能是最贵的，但是其结构造型新颖，最终的综合结果获得了冠军。

- **设计竞赛是征集桥型方案和选择设计单位的好办法**

采用设计竞赛的办法征集桥型方案和选择设计单位是一个很好的办法。最早实行桥梁设计竞赛机制并取得成功的是瑞士。在那里，工程设计竞赛历史传统悠久。设计竞赛促使设计工程师必须考虑经济性、美观和结构效率，不断改进设计。结构效率的提高会节省材料、更加经济，而结构的简约产生了桥梁结构美。许多著名桥梁都是以总成本最低价而中标的。瑞士萨尔基那山谷桥就在设计施工竞赛中以最低价中标。这座桥以其最简洁的形式、最节约的材料、最独具马拉尔风格，达到了拱桥审美设计的顶峰。

- **工作分阶段进行，逐步深入**

这个工作采取分阶段进行，逐步深入，开始时只要求递交比较简单的文件，通过评审逐步缩小范围，逐渐加深深度要求。这样既节省人力、物力，能够大范围地征集方案，又能提供评审所需要，足够深度的设计方案。

- **评判由结构工程师和建筑师互相配合**

方案评审采取结构工程师和建筑师互相配合的做法，使得他们的专业得到互相补充，层层把关。首先，由技术评审委员会评分。方案必须在技术上合理、可行并达到一定的技术水平方可交给美学评审委员会评分；同样，也要达到一定的美观水平才能进入最后环节。从而使方案在结构上比较合理，造型上也比较美观，两个方面得到兼顾，值得借鉴。从最终评审结果可见，第1、2、3名分别是技术评审委员会评出的第5、3、11名；而技术评审委员会评出的前2名都没有入选，可见建筑师起了作用。

- **现有桥梁设计机构的体制应该重组**

此外，该大桥设计竞赛的经验还使我们联想到，现有桥梁设计机构的体制应该进行重组。借鉴国外经验，把设计院的工作重心转移到概念设计上来，而把施工图的设计那套繁琐的工作转给施工单位去做。这样不仅可以让熟悉施工的单位做好施工图设计，使得施工方法更切合施工单位实际情况，施工更加多快好省；而且，还会大大解除设计院繁琐、对他们也不是最内行的施工图设计工作，而把精力集中到方案的创作上来，有效促进我国桥梁美创造水平的进一步提高。

第七章　桥梁环境美及其创造

第一节　人类环境意识的觉醒

· 社会盲目发展，招致自然报复

整个人类历史就是适应环境、改造环境、创造环境、保护环境的历史。自从我们的祖先作为人开始生活以来，人类就一直不断地改变着自己的生存环境，以求使其更符合人类自身的要求。不只人类如此，其他许乡生物也有同样的行为。所不同的是，其他生物不能和人类一样有意识、有计划地设计和改造环境。事实上，并不是人类的任何活动都能使自然得到美化的。古往今来，由于种种原因也给自然环境造成了很大的破坏。环境问题早已有之，但是成为一个全球性问题也就是近 50 年的事。从达·芬奇到黑格尔，在他们的艺术分类中，从未提到过“环境美”，只是当人类在向厄运挑战的今天，经受过城市膨胀、人口爆炸、工业污染、交通阻塞、噪声繁杂等种种危害后，我们才以不同于过去的立足点和视角去重新认识环境问题的生产原因及其在现代文化发展中的地位与作用。现代科学技术的发展与进步，为人类开发利用自然资源创造高度发达的物质和精神文明提供了有利的条件。但是，知识急速增加、信息迅速膨胀，全球文化都受到了巨大冲击。现代城市生活高速度、快节奏、城市膨胀、高楼林立、人口剧增、交通拥挤、电子计算机进入办公室和家庭，人被控制在一个精确的时空程序中生活。除了度假之外，没有选择自由，引起精神高度紧张，人与人之间关系的陌生化和疏远化，造成了难以忍受的心理痛苦，社会矛盾的加剧以及诸如居住、污染、交通等矛盾的暴露。生产的飞速发展，人类对环境作用的规模越来越大，生态破坏和环境污染问题不断发展，使环境问题变成了带有普遍性的社会问题。工业污染日趋严重等一系列连锁反应的出现，环境问题和人口问题、住房问题一样，成为世界性的问题，已经到了人类忍受能力极限的边缘。环境是人类生存、发展的首要条件。一旦人们失去与环境和谐相处的关系，人类便面临灾难。科学技术的本源宗旨是“为人”，但客观、不自觉地带来了公害，就会出现“不为人”，甚至损害人的现象或结果。科学如果仅仅只是追求纯粹的功利，完全无视自己的社会后果；无视对人、对社会、对人类未来的责任；不顾由此造成的人情淡漠、社会离异、个人孤寂、不顾自然界对人类无限索取的报复，那么从理性出发的科学将会失去理性，给人类带来灾难。随着现代工业的发展，对自然的盲目掠夺造成的人为破坏，给人类生活环境的美带来了灾难性的危害。大工业生产在给人们带来巨大的物质财富的同时，也给人类带来了许多公害，招致了自然的“报复”。恩格斯曾指出：“我们不要过分陶醉于我们对自然界的胜利。对于每一次这样的胜利，自然界都报复了我们。每一次胜利，在第一步都确实取得了我们预期的结果。但是，在第二步和第三步都有了完全不同、出乎预料的影响，常常把第一个结果又取消了。美索不达米亚、希腊、小亚细亚以及其他各地的居民，为了想得到耕地，把森林都砍完了，但是他们梦想不到，这些地方今天竟因此成为荒芜不毛之地，因为他们使这些地方失去了森林，也失去了积聚和贮存水分的中心。阿尔卑斯山的意大利人，在山南坡砍光了在北坡被十分细心保护的松林。他们没有预料到，这样一来，他们把他们区域里的高山牧畜业的基础给摧毁了；他们更没有预料到，他们这样做，竟使山泉在一年中的大部分时间内枯竭了，而在雨季又使更加凶猛的洪水倾泻到平原上。在欧洲传播栽种马铃薯的人，并不知道他们也把瘰疬症和多粉的块根一起传播过来了。我们每走一步都要记住：我们统治自然界，决不像征服者统治异族人那样，绝不是像站在自然界之外的人似的；相反地，我们连同我们的肉、血和头脑都是属于自然界和存在于自然界之中的"[1]。一首名叫《刹住这个世界——我要下车》的歌曲，曾在伦敦和纽约风行一时，这并不是偶然的事件。其实，滚滚向前的历史车轮既不能倒转，也刹不住。只能顺应历史潮流，进行空前的大合作，共同创造新的生存空间。

· 转变意识观念，提高环境觉悟

在茫茫宇宙中，万物都在争取自身生存的自由。许多物种都只能适应环境而求得生存和发展。唯独人类不但能够适应环境，而且还能在征服大自然的斗争中不断创造合乎自己生存需要的环境。人类面临科学技术飞速发展所带来的"异化"，努力寻求情感上的心理平衡，很大程度促使人们认识到人与环境的关系，从而使环境美的创作提高到对人、建筑进行综合研究这样一个高层次。现代科学技术文明发展的出发点和原动力就是为了人类的利益去设计和改造人的生存环境、改善人的生存质量。人类对环境科学和艺术掌握的程度，是一个时代、一个历史阶段人类文化发展水平的标志，重视环境保护是当代文化的特点。产生环境意识，重新讨论人在自然界中的位置；重新认识环境对人的价值，这是人类思想、意识和价值观念的一次大转变。今天，人们的活动已不再仅仅满足于环境的技术改造，也不满足于那种虚幻的艺术感受，而着眼于把技术与审美结合起来，进行环境的再创造。早在 1969 年，美国就开始建立环境影响评价制度。这是一项防患于未然的根本措施，是环保工作从同污染结果做斗争转向同造成污染的原因做斗争的具有划时代意义的进展。从 20 世纪 70 年代中开始，又日益明显地向谋求环境的更好、更舒适的新阶段过渡。强调环境的整体性、强调人类与环境的协调发展、强调环境的综合管理、强调全面规划、合理布局和资源的综合开发利用，并把现代环境教育当作综合解决环境问题的最根本手段。1972 年 6 月，联合国在斯德哥尔摩召开了人类环境会议并发表了《人类环境宣言》，大声疾呼："保护和改善人类环境已经成为人类一个迫切任务"。"我们到达了历史上的一个转折点"。"我们在决定世界各地的行动的时候，必须更加审慎地考虑它们对环境产生的后果。由于无知或不关心，我们可能给我们的生活和幸福所依靠的地球环境造成巨大的无法挽回的损害；反之，有了充分的知识和采取比较明智的行动，我们就可能使我们自己和我们的后代在一个比较符合人类需要和希望的环境中过着比较好的生活"。此后，在第 27 届联大上，接受了人类环境会议的建议，规定每年的 6 月 5 日为"世界环境日"，以此来强调保护和改善人类环境的重要性。除了许多国家在政府一级进行干预和管理之外，还成立了许多与此有关的组织并出版刊物，保护和改善人类环境已经成为各国人民一个十分迫切

---

[1] 恩格斯.《自然辩证法》(1873～1883 年)，《马克思恩格斯选集》第 2 版第 4 卷. 第 383～384 页. 北京：人民出版社

的任务。美国《建筑实录》杂志在组织关于美国建筑的回顾与展望笔谈时，很多建筑师都认为，20 世纪 80 年代的重要发展不是这个主义或者那个运动，而是对环境设计和景观设计的普遍认同。无疑，创造一种能陶冶人们高尚的情操、激发健康灵性并能引起人们舒适、愉快的心理反应的环境，实在是关系精神文明与物质文明建设的大事，也是环境设计被视为艺术或被升华为艺术的根由所在。建筑和环境的关系要比其他学科更为密切。规划师和建筑师中的先驱们，首先敏感地看到环境问题的严重性以及自己所担负的重大责任，进而提出要在思想意识和实践工作中建立起新的环境意识和观念。从 1933 年的雅典宪章到 1977 年的马丘比丘宪章，直到 1981 年的华沙宣言，正是反映了这种意识上的深刻转变和深化。雅典宪章提出了居住、工作、游息和交通四大活动是研究和分析现代城市设计时最基本的分类，认为居住是城市的第一个活动。虽然宪章强调了建筑与城市规划的不可分割性，但其主导思想仍把城市和城市的建筑分成若干组成部分，以一栋住宅所代表的细胞作为出发点，其出发点还是建筑。1977 年 12 月，一些城市规划和建筑设计师在秘鲁首都利马的马丘比丘山上的古文化遗址签订了《马丘比丘宪章》，就城市的现在与未来、分区、住宅、城市土地利用、资源、技术、环境污染以及历史文物保护等问题做出了一系列新决定。新的城市化概念追求的是建成环境的连续性。每一座建筑物不再是孤立的，而是一个连续统一体中的一个单元，它需要同其他单元进行对话，从而使其自身的形象完整。宪章指出："新的城市化概念追求的是建成环境的连续性"。提醒建筑师们注意："现在是坚持建筑师要认识现代运动历史的时候了，要停止搞那些由纪念碑式盒子组成的过了时的城市建筑设计，不管是垂直、水平、不透明、透明或反光的建筑"。"规划、建筑的设计……必须努力去创造一个综合的多功能的环境"。1981 年 6 月，国际建筑师协会第 14 届世界大会的主题是：建筑—人—环境。会议通过的《华沙宣言》提出："建筑学是为人类建立生活环境的综合艺术和科学。建筑师的责任是要把已有和新建、自然和人造的因素结合起来，并通过设计符合人类尺度的空间来提高城市面貌的质量"。把建筑作为环境科学和艺术的观念的正式提出，提醒人们"认识到人类——建筑——环境三者之间有密切的相关性"。随着现代文明的发展，人类越来越以大自然的主人的身份对待大自然，认识到了保护自然资源和保持生态平衡对国民经济及人类生存的极端重要性。社会物质生活的提高、人们精神需求的增长以及对自然美的追切追求，防止工业污染、加强环境保护，也就更加成为全人类关心和重视的问题。现代科学技术文明发展的出发点和原动力就是应该为了人类的利益去设计和改造人的生存环境、改善人的生存质量。长期以来，只把建筑当作生活用品和工业产品，而忽视环境效益和文化价值，因而导致只注意建筑物单体或者建筑物局部形式。现在普遍开始注意市容、城市面貌、保护风景名胜区、保护古建筑、防止环境污染和生态平衡遭到破坏等等方面的内容，为人们生产生活提供更好的环境的观念在逐步地加强。

· 改善城乡环境，提高生存质量

一个城市、一个乡村的环境是文明程度的标志。一个发达、进步的社会，应该给人以清新、舒畅和美好的环境感受。不幸的是，古往今来，由于种种原因给自然环境造成了很大的破坏。我国古代的丝绸之路，河西走廊一带曾经是一个水草丰茂的地方，但后世人的政治、经济活动，战乱、毁林开荒等等，使绿色植被屡遭破坏，面积越来越小，终于被沙漠所吞没。十年动乱时期，云南西双版纳地区搞毁林开荒，大片原始森林遭到滥砍、滥伐，严重破坏了这个地区的自然环境。至于近代工业发展引起的环境污染，对生态系统的危害就更加严重。欧洲流经奥地利的著名的“蓝色多瑙河”，由于污染严重，已经变成“棕色多瑙河”，鱼类无法生存，失去了昔日的自然美。人类活动的本身就是改造自然。城市环境是人们有目的、有计划地利用和改造自然环境的创造性活动的结果。改善我们的环境，是每一个城市居民的责任。工业革命以后，西方的城市化发展较快，但由于贫富悬殊两极分化以及环境污染等原因，城市景观变差，出现了一系列“城市病”。第一次世界大战后，城市受损严重，经济衰退，于是强调“形式服从功能”的现代建筑开始起步。现代科技的发展改变了人们传统的生活习惯，也冲击着人们的心灵，这就提出了如何应用科技的成就去创造和安排人类的生活环境，再造一个与现代人心灵相互沟通的生存空间的问题，这就是环境设计的思想。有人说，二十一世纪人类的重要发展就是环境意识的觉醒和对环境设计的普遍认同。第二次大战后，环境观念开始更加明确地朝着多学科横向综合发展。除本专业外，对社会、经济、心理、文化历史、地理环境、自然条件、城市景观、基础设施与服务、城市生态等方面的考虑比过去多了。现代建筑流派及作品也发展到丰富多彩的阶段。此后，建筑设计理论方面出现了后现代主义思潮。它认为现代建筑过于受功能的牵制而失之于理性化，缺少历史传统的痕迹与人情味。第二次大战后，西方几个主要发达国家经济恢复较快，科技得到充分的发展，财源比较充实。在这一前提下，不少有识之士总结过去的经验教训，认为保持城市的历史渊源，改善城市的人文景观，为居民创造更加良好的环境至关重要。19 世纪末，维也纳建筑师卡米洛·西特出版了《按照艺术原则进行城市建设》一书，他认为：“城镇应当像大自然的美景一样，使人感到赏心悦目”。在物质生活中，人对待周围事物不仅会采取功利的态度，而且也会超越直接的物质需求而采取审美的态度。这就使得城市环境不但是人们实践活动的空间，并且也是人们审美的对象。人们生活上的需求是多方面的，物质的满足代替不了精神生活的需要，而环境美不仅要能满足人们的物质需要，同时也要满足人们的精神需要。单一建筑物必须与自然环境和人为环境相和谐。建筑设计再也不是只考虑一个单体，设计一个立面，画一张漂亮的效果图了，而必须从广阔的文化背景、社会背景、经济背景，并从城市规划和城市设计的角度来研究建筑设计，以创造一个美好的人造空间环境。城市环境历来是人类进步的一项重要标志。在环境优美的城市里，人们安居乐业，工作时精神振奋，休息时心旷神怡。环境有利于培养好的社会风尚；提高生产、生活的效率和质量；发展旅游事业和吸引投资者的兴趣。所以，城市环境美不仅仅是供人们观赏，它还直接影响着城市的兴衰，环境美可以提升我们的生活质量。当今，我们已不再仅满足于只求温饱，已经不穿最便宜的衣服，吃最经济的食物，住最狭小的房子。我们装饰自己的家，使居住得更舒适；我们关注自己的衣着，使自己看起来更有魅力。事实上，我们经常花额外的钱来获得更美的事物。简而言之，更高质量的生活方式是我们大家追求的目标。有一个高质量的环境，就是一个必然的先决条件。

随着现代农业和农村商品经济的发展，生活环境的美化也开始引起人们的重视。原来在农村自然经济条件下形成的富有诗意的田园风光，现在已逐步消失或即将消失，城市商业经济带来的弊害正逐步向农村侵袭。在这种情况下，如何使农村生活环境在适应时代发展的前提下得到合理的改造，不仅关系到亿万农业人口的生息，而且关系到整个农业区的生态平衡。因此，我们在考虑生活环境的美化时，决不能忘掉农村这个广阔的天地。资料表明，城镇化的加快是社会经济发展的必然结果，是各国城市发展的共同规律。在人均国民生产总值低于100美元时，城市化水平低于10%；在人均国民生产总值高于1000美元时，城市化水平高达70%以上，如北美的城市人口比重为74%，日本为76%。可见。尽管由于现代社会的发展使城市病症日趋严重，但城市还是不会消亡，城镇化的趋势不可阻挡。积极的对策应该是深化研究作为经济、社会和物质载体的现代城镇，采取行之有效的手段改善人类的生存环境，使之支持人类的生理和心理需求。城镇建筑学是近年来出现的有关城镇建筑群体和环境设计的学科，它的产生和发展与世界城市化的加速发展和人类对自己环境的日益关注相联系。

- **桥梁环境为人所用，关系身心健康**

今天小到别针、汤勺，大到建筑物、桥梁甚至整个城市都构成人类的环境，都是人类生活所经常接触的事物。它每天都会对我们生活提供方便，而且还会对我们的心理思想情绪产生影响。庄子说："天地有大美而无言"。桥梁跻身于这个"天地"之间，显然应该遵守一个原则，那就是不可破坏原有的"大美"。一座座雄伟优美的桥梁，作为人类智慧和力量的象征，曾引起了多少人的注目和赞颂。在人类的环境意识不断觉醒和深化的今天，桥梁设计已不能只满足于从使用功能和结构的受力来确定外形，由内向外的功能设计，还应该从整体环境的高度，由外到内地来进行桥梁的规划与设计。桥梁既要能够使用，又要满足身心健康的要求，这两者都值得我们重视。桥梁设计工程师不但要自觉地表现桥梁科技和文化，更重要的是要表现人的社会和身心需求，桥梁环境美的研究成为重要课题。人类生存本身就是崇高的价值，美的实质就在于让客观环境适应人类生存的需要。现在有一种思想认为桥梁只是一种结构的美，只要满足安全和实用的要求，就可以了。其实，这是片面地理解结构美和功能美。桥梁美还有一个很重要的部分，就是环境美，它关系着人类的身心健康。当今人类所做的任何设计都要考虑环境问题，都与环境设计有关。桥梁飞架于江河、道路之上，又与众多的建筑物为伴。它是构成环境的一个重要因素，涉及环境问题的许多方面，因此桥梁设计必须考虑环境问题。

第二节　环境的定义和分类

环境是围绕着某一主体，并对这个主体的"行为"产生相互作用的外在客观世界。对一种主体来说，其他物体也构成它的环境。主体在这里指某一个或一群人或某一物体。对生物来说，它所置身的外部世界就是环境。它与客观世界的不同之处，仅在于环境对生物的生存和生活具有某种意义，且与生物的存在息息相关。换言之，以生物作为主体来观察，则对生物的生存和生活有着联系的外部世界，就称为环境。它是从外部对生物起作用的物理、化学、生物以及社会方面的各种现象的总括。对人来说，包围着人，围绕着人四周的一切事物，视野所至、感官所及并与人有相互作用的一切外界事物，统称为人的环境。人类的任何活动都在影响和改变着环境。人对其他人来说，也构成了环境。人的环境是被关注的重点，因此，一般无专指的环境都是指人的环境。环境是一种广泛、无所不包的综合整体工程。它涉及自然、社会、科学、技术、艺术的各个部门，人类的一切工程都成为这个工程的一个分支，都应以改善人类生存环境作为自己的出发点和归宿。

从广义上讲，人的环境是指人所生活、与其生存有关的整个客观世界。人的环境可分为有形和无形两大类。有形环境就是物质环境，又可分自然环境与人工环境。从人类和环境的作用关系来看，环境是由若干自然因素和人工因素有机构成的，并与生活在其中的人类互相作用的物质空间。自然环境是人类赖以生存和发展的客观自然条件，它由空气、阳光、天空、山川、土地、水面、生物等有机物和无机物构成，甚至包括气候。自然环境为人类的生命活动提供了物质基础。“人的本质力量的对象化”、“自然的人化”，自然环境由于人的自由自觉的创造性活动，具有了合乎人类目的的性质，同时也具有了与这种性质相一致的审美价值。这样一种自然环境，不仅是人类劳动、生息的必要场所，而且是人类保持自身生理、心理平衡所不可缺少的物质基础和条件。它不仅满足人类物质生活的需要，而且满足人类更高级的精神生活的需要。这是一种“人化”的环境，一种为人而存在的环境，它是人类创造性劳动的产物。建筑和桥梁环境与自然环境有着密切的关系。它们总要处于自然环境之中，和自然环境之间应该互相穿插渗透，追求与自然的和谐；人工环境，如道路、驳岸、河堤以及建筑群体等等；无形环境属于精神环境，是就政治、经济、社会而言，主要指人文环境或社会环境，包括历史、社会的因素，文化、传统、观念、宗教等也包括在内。社会环境由以人际关系为中心的家庭、近邻、工作场所等构成（图 7-2-1）。从狭义上讲，人的环境主要是指有形的自然环境和人工环境，也叫生存环境。生存环境，是指人类日常活动的场所，包括公共活动场所和家庭活动场所。就某一特定环境而言，又可分为室内场所和室外场所。

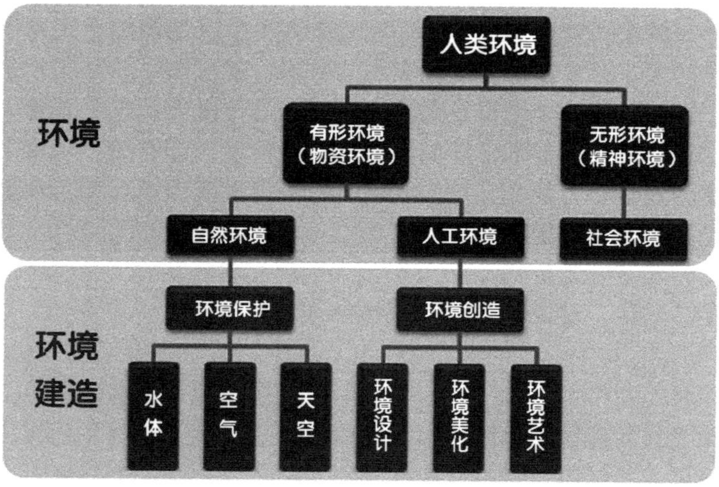

图 7-2-1
环境分类

恩格斯说：“我们对自然界的全部统治力量，就在于我们比其他一切生物强，能够认识和正确运用自然规律。动物仅仅利用外部自然界，单纯地以自己的存在来使自然界改变；而人则通过他所做出的改变，来使自然界为自己的目的服务，来支配自然界”❶。尽管有些高等哺乳动物具有从事某种有计划、经过思考的活动的能力，“但是一切动物的一切有计划的行动，却不能在自然界上打下它们的意志的印记。这一点只有人才能做到”❷。优

❶ 《马克思恩格斯选集》第 3 卷. 北京：人民出版社，1972 年

❷ 恩格斯.《劳动在从猿到人转变过程中的作用》,《马克思恩格斯选集》第 3 卷. 北京：人民出版社，1971 年版 157 页

美的生存环境对人们身心的健康、对工作和学习的正常进行有着重要的意义。因此，建造人类理想的生存环境在人类的整个生活活动中占有重要的地位，是人类美的创造的重要组成部分。现实美的创造，实质上是人类改造周围环境和自身的自由自觉的活动。环境美的创造是现实美创造的重要内容。建造人类理想的生存环境包括对自然环境的保护和对人工环境美的创造。前者指对水体、空气、天空等的保护；后者包括建筑、桥梁等人工环境的创造。

第三节　人类对环境的作用和反作用

一切生物包括人，与环境都在进行着不断的、复杂的相互物质交换。在生物的推动下，环境将发生变化，而环境发生变化，生物也会随之而变化。人的环境，有物质和精神两类。这两类环境都会对人的观念和其他心理特征，以潜移默化的过程和方式施展其影响。大自然、建筑、桥梁、园林等，是人的物质环境。人，为自己的生活活动需求创造了自己的物质环境。这环境反过来又影响着人自身，自身的才智、感情、道德、志趣等，这就是环境在更高层次上的功能。环境是人创造的，同时人又被环境所塑造。人类用自己的智慧与双手创造了生存环境，继而却又因其所创造的物质环境的制约和包容，孕育了自己的气质、规范了自己的行为。环境表现人、表现社会，又反作用于人和社会，制约着人的观念和行为，反哺着人类的文明。人和环境的关系是双向的，人类创造了环境，而环境又反过来给人以很大影响，形成了不同时代的文化精神和思想风貌。马克思说过；“人创造了环境，同样环境也创造了人”❶。人类在将原始的客观自然改造为人化自然的同时，也改变了自身的世界。孟子说：近朱者赤，近墨者黑。孟母三迁的故事等，都表明中国很早以前就认识到周围环境对人的反作用。英国空想社会主义者罗伯特·欧文说“环境决定着人们的语言、宗教、修养、习惯、意识形态和行为性质”，“人类过去、现在和未来，都始终是他们出生以前和降生以后的周围环境的产物”。英国前首相丘吉尔也说过：“起初是人塑造建筑，随后建筑塑造人”。建筑给人们带来好处，同时也改变人的生活方式乃至思想感情。建筑在满足人们的需求中发展著，但结果又改变了人的生活行为。莎士比亚说过：“庄严的大海产生蛟龙和鲸鲵，清浅的小河里只有一些供鼎俎美味的鱼虾”。从生物学角度上讲，环境创造人符合达尔文主义的“物竞天择、适者生存”理论。人是自然进化的高级产物，也随着地球大环境的自然变迁而逐步进化到今天这个程度。从这个角度说，的确是环境创造人。环境与人的关系是相互作用的，人依靠自己的行为接近环境，并通过对环境的觉察，从环境中得到关于行为意义的信息，人的感觉器官受到环境的刺激，通过对环境的评价，做出应该采取哪种行为的判断，进而运用这一信息来决定行为方式。人们通过行为的事实，来确定与环境的理想关系。在生理学领域中，有一种称为“体内自动平衡状态”。这就是“在生物的生理机制方面，存在着为适应环境、维持生命而进行必要的调节，并保持这种动态的平衡状态”。据称，在有关心理机制方面，情况也相同。人与人或物体等保持接触，不断谋求为适应环境所需的平衡状态。人们按照自己的需要改造客观环境，而环境一经成为客观存在，又反过来影响人，并且形成由于时代、民族、阶级不同而各具

---

❶《马克思恩格斯全集》第3卷. 第4页. 北京：人民出版社，1985

特点的风俗习惯、思想面貌和文化传统。鉴于环境这种积极的作用，各个历史时期人们都非常重视生活环境的创造，极力将自己的思想意识通过环境反映出来，并且运用各种艺术手段加强它的感染力，因此，历史遗迹和文物有着强大的精神力量，在一定程度上代替了宗教作用。宫殿的威严、壮丽，古刹的深邃、宁静，园林的高雅、亲切，纪念广场的庄重、开朗以及陵墓的严肃、静穆等等，都体现了环境的目的性。有人研究，环境还与犯罪率有很大关系，环境优美的住宅区的居民，一般性情温和；而肮脏环境、丑陋房屋里的居民，犯罪率普遍较高。

环境中所有的物质都会影响到人类的心灵，桥梁既然作为其中的一种物体也就不能例外。桥梁建在一定的环境中，不仅应保护现有的景观，而且应与设定的环境互补，甚至为之增色。桥梁在景观上的异质性，使其容易取得视觉诱导力，并成为景观焦点，同时丰富空间的景观层次。桥梁的环境美有两个方面：一个是被动的；一个是主动的。桥梁的环境美往往容易想到被动的一方面，而忽视主动的一面。说到桥梁的环境，一般都会想起如何适应环境，与环境取得协调，这只是被动的一面。桥梁的环境美更高的层次应该是主动地参与环境的创造，创造一个适合人类生存和发展的环境。其实，后者更有作为，它影响着人的生存质量，影响着人类的现在和未来。当今，人类面临的问题主要是环境的问题。现代人生活节奏快、思想负担加重，因而就要求环境能够缓解他们的心理压力，能够陶冶他们的心理情操，能够从环境里获得心理上的缓解。桥梁作为人类生存环境中的一物，参与了环境的创造；反过来，又影响着人类的心灵。太原市新建的祥云桥（见图 5-6-5）、南中环桥和跻汾桥（图 7-3-1）三座桥梁以及汾河两岸的滨河公园工程竣工后，引来许多市民

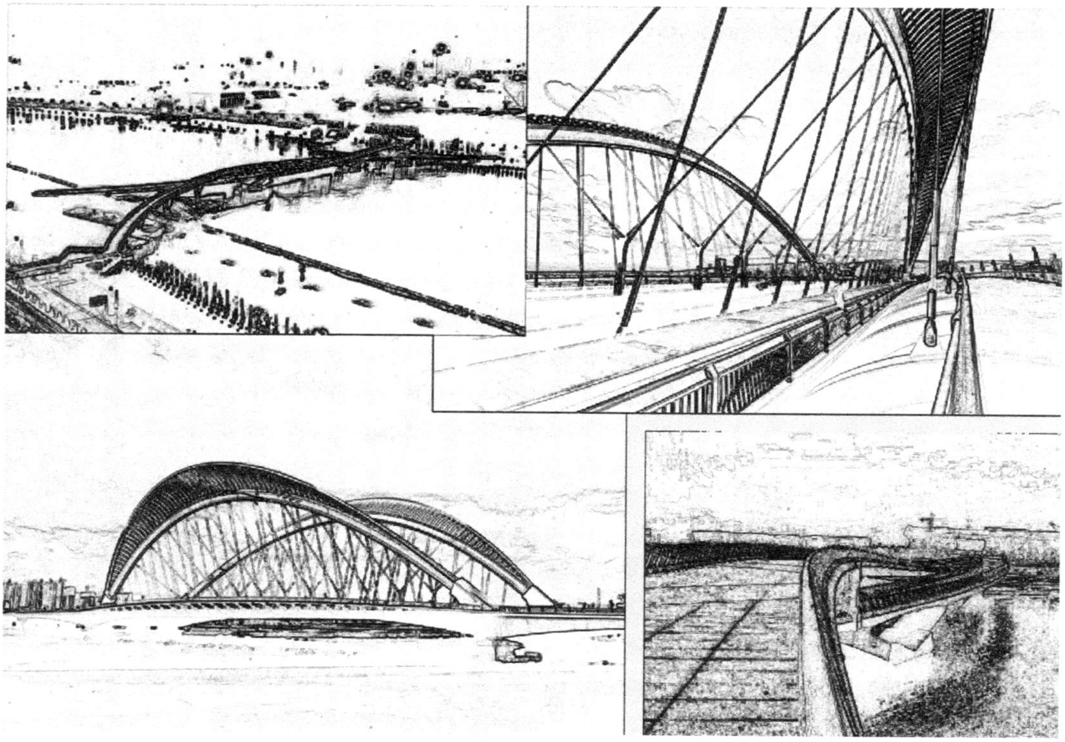

图 7-3-1　南中环桥和跻汾桥

驻足观光。还招来一对对情侣来这里谈情说爱。据说，这里还成了婚纱摄影的基地。新婚夫妻在这里留下终生难忘的瞬间。婚后，当他们回味那些美好的时光，特别是他们有了孕育之后，再看到照片的背景里的那些结构巧妙、科技含量很高的桥梁，无形中就是很好的胎教。桥梁的美就是这样为人类所创造，又反过来影响着一代代人的心灵，使人类变得越来越聪明。因此，桥梁还有一个比交通更重要又被隐含着的功能，就是对社会的映射作用和反馈作用。人建造了桥梁及其他工业品的形象，在一定的意义上也塑造了社会心理，从而影响到个人心理。桥梁的美对人所产生的潜移默化的影响是深远的。桥梁由人所创造，为人所用，但它更有一个重要的作用，那就是美育或者精神功能。桥梁作为人的环境，对人们的主观世界的影响是巨大的。桥梁环境对人类的影响，不仅仅是对当代人的作用，它的影响是长远的，因为环境对人的心理作用是潜移默化的，它会使得世世代代的子孙都会受到影响。今日，人类创造优雅的生存环境，得到生理上的舒服和精神上的愉悦；明日，环境塑造美好的人类心灵，世代循环，使人类步入理想的天堂。这就是桥梁设计美学所追求的最高理想境界。

第四节　桥梁与环境的协调

· 环境美要达到自然、人工、社会环境三者的高度统一

环境应该是融合着自然环境、人工环境和社会环境的有机整体。自然环境是指我们周围的山川、植被、空气、阳光、飞禽、走兽等，它是人类休养生息所不可或缺的内容。我们的民族具有崇尚自然的文化传统，从自然美的观赏中领悟人生。人工环境凝结在建筑、桥梁、道路、人工绿化等人工技术设施之中。物质文化是社会的深层结构物，它构成了社会的本体存在，制约着人们的心理和行为。社会环境往往是通过人为体现出来，更多地表现在城市的历史、传统、政治、经济、文化、审美，习俗和人们的行为和活动中，它在环境的创造中起着画龙点睛的作用。以上三者的融合就造成自然景观、建筑景观和人文景观的统一体。环境美就是达到自然、人工和社会环境三者的高度统一。儒家哲学主张："大乐与天地同和，大礼与天地同节。"

当我们读一篇文章的时候，常常会被某一句话所打动。但如果我们把这一句话单独拿出来而不看整篇文章，那么这句话往往就会变得毫无意义，甚至不知所云，这就是文脉。建筑也有文脉，一个城市或者一组建筑群就好比是一篇完整的文章，而一座座大大小小的建筑则是这篇文章中的段落和句子。一个建筑作品的成功与否，它本身的优美固然重要，但更重要的是它是否能有机地处在一个城市的总体之中，与它的上下文是否通顺；或者简单地说，它是否合群。桥梁并不是单独、孤立地被人所看到，它必然与周围的各种物像一起映入人们的眼帘，成为景观的一个主要组成部分。桥梁与环境相协调，不仅是对自然环境，而且对这种人工构成的物理环境，也应作为协调的对象。桥梁设计美学要求形成总体环境的审美塑造，做到桥梁与周围环境的完美统一，显示出整体、多样、统一、和谐的美。在进行桥梁的规划及设计时，必须在考虑原有现状环境的情况下，按建桥新出现的地理、物理环境进行研究，并构思出能导致人们满意的环境的桥梁造型。日本著名建筑师丹下健三说："精彩的不是一座座个体建筑，而是凭借它们非常奇妙的配置而形成的环境"。

自然界结构具有间断性和连续性，其物质表现是以"实物"和"场"的形态共同存在。“实物”是指人工技术设施，存在为间断形态；而“场”即为环境，存在为连续形态。人工技术设施是用环境联系起来的，从而构成整体。环境是无限的，又是有限的、有边界的，建筑环境具有其相对的尺度与范围，其尺度与人密切相关，人的空间行为也有其可及距离以及领域性。人工技术设施丰富多彩，大千世界瞬息万变，必须从发展的观点、整体的观点来对待环境，并体现于单体和群体的创作上，做到“虽由人做，宛若天成”，要“与天共存”，不要“唯我独尊”。克里斯汀·梅恩说过：“决不应认为桥梁与其周围环境无关。因此，必须把桥梁设计成与其设定环境互补，并与之谐和存在”。桥梁与地形、建筑等周围环境的巧妙结合，可以创造出多维的景观效果。处在平坦地形中的桥梁宜采用梁式桥，充分利用梁体所具有的水平心理引诱力线和桥梁所表现出的强烈水平延伸感，使横跨河流而不断伸展的桥梁的动势和地平线的扩展融为一体；处在深山峡谷的“V”形谷地中的桥梁，采用与这种地形形成对比、上凸形的，中承式或下承式拱桥就比较合适；在大河、河口或海峡等水面开阔之处，为了使景观的规模与桥梁的规模取得一致，以建造大跨度桥梁为宜。在宏伟、壮观的景色中架设一座小桥，就不能取得视觉上的平衡；相反，如果在视野不开阔，景观规模很小的场所架设大桥，很有可能造成压迫感。

· 环境要讲究整体的美，考虑单体之间的群体配合

谈论道家思想的《淮南子》说：“靥輔在颊则好，在颡则丑”。意思是酒窝生在颊上就很美，但如果生在脑门上，就变成丑了。因此，从环境总体来看，有些建筑物的单体设计虽然很不错，但是，如果放的位置不恰当，不但不能增强美感，反而会起破坏作用。环境要讲究整体的美，俗话说，“倾国宜通体，谁来独赏眉?”。就是说，绝代佳人的美是整体的美，不能仅看她眉毛的漂亮。欣赏一幅字画，也是要看其整体的美。建筑物之间也要讲协调，比如：巴赛罗纳椅是20世纪家具设计中最完美的典型作品。它的成功，不容置疑；明代苏式红木家具，造型爽洁，线条流畅，工艺精良，材料名贵，是历史上颇受青睐的佳品；八仙桌以结构合理，形态庄重，使用方便而取悦于主人；席梦思软垫柔软舒适大方，独具现代派的生命力……。这些设计之成功，简直达到了无懈可击的境地。然而，如果把这些家具置于一室，那就会凌乱不堪、难以言状了。中国传统建筑的特点在于它的群体性。古代中国以木结构为主，中国木结构的特点就是不以个别独立的建筑，而是考虑群体配合、平面的有机安排，因此形成重视整体美的传统观念。单体建筑形式较为简单、变化不多，建筑的不同功能和审美特征体现在群体组合上。从这个意义上说，中国建筑的个体和群体之间，本来就没有明确的界限可分，他们高度和谐地融合为一体。德国哲学家谢林在《艺术哲学》中说：“打动他的也许是个别的美，但在真正的艺术作品中是没有个别美的；只有整体才是美的。因此，谁如果不把自己提高到整体的观念，他就完全没有能力判断一个艺术作品”❶。建筑所考虑的不是一座房子，而是一个建筑群，甚至是许多建筑群构成的一个整体。建筑的群体性又不是只指建筑本身的形式，还要考虑其他面的条件，例如，水源、生态、能源、交通、排污等等，都和环境有关，美不是孤立的形态之美。环境美的目标不应是单一的建筑环境，而是综合的环境系统。任何建筑，只有当它和环境融合在一起，并和周围的建筑共同组合成为一个统一的有机整体时，才能充分显示出它的价值和表现力。如果脱离了环境、群体而孤立地存在，即使本身尽善尽美，也不可避免地会因

---

❶ 《西方美学史资料选编》. 上海：上海人民出版社

为失去了烘托而大为减色。红楼梦描写贾宝玉从宏观的角度对稻香村的评价时，有一段精彩的分析："……此处置一田庄，分明是人力造成的；远无邻村，近不负郭，临水无源，高无隐寺之塔，下无通市之桥，峭然孤立，似非大观。……虽然种竹引泉，不亦伤穿凿。古人云'天然图画'四字，正恐非其地而强为地，非其山而强为山，即百般工巧终不相宜……。"

· 桥梁与环境的协调有调和与对比两种手段

构造物处于环境中，要使整个环境构成一体就要处理好自然和人工环境因素的协调。协调包括对比与调和两个手段。对比较之调和求得协调的难度更大些，处理不好容易造成杂乱无章，破坏整体环境的统一，关键在于是否含有统一的因素。桥梁设计从个别入手，但一经纳入环境来考虑，那就具有了"格式塔"性。按照格式塔心理学的说法，它产生的是一种心理上的"场"。个别的、自我的因素都是从环境这个整体的"场"出发来考虑的。整体中某一部分的含义与其关联域有关，关联域的改变将导致含义的改变。例如，一颗青松，种在植物园是一种植物研究的品种；种在公园里则成为景观的树种；而当人们在英雄墓地上栽上青松，纪念文化意义就超越了研究和观赏感观的含义，进入了对文化环境的实际改造和创造。这种改造和创造的意义又在于它反映了人们对青松文化品格的认识，使人们把对青松的文化感受和对英雄的纪念直接联系起来。青松以其品格上的多义性，取得了与不同环境的协调；而桥梁也可以依靠不同的造型和建筑元素，取得与各种环境景观的协调。桥梁存在于环境之中，与环境协调，既要横向地与周围环境相呼应，与自然环境、人文环境相统一，又要纵向地与历史和文脉相维系。有时候，还不得不因此牺牲掉某些个性、风格特征，而显现出整体的一致性。桥梁作为环境大家庭中重要一员，应该与家庭成员和谐共处。当环境需要低调时，就平淡；当环境需要突出时，就应该扮演一个动人的角色。在对待建筑与自然环境的关系上，建造师莱特与布劳亚有着截然不同的观点。实际上，他们只是所强调的侧重面有所不同，各注意了与环境共处的两个方面，但都没有否定建筑应当与环境共存，并互相联系、互相统一。莱特主张建筑与自然协调一致，其最终目的无非是通过调和，使建筑与环境达到统一；布劳亚则强调建筑是人工产品。但并不是说它可以脱离自然而孤立地存在，他说："建筑就是建筑，它有权力按其本身存在，并与自然共存。我并不把它看成是孤立的组合，而是和自然互相联系的，它们构成一种对比的组合。"实际上，是通过对比使建筑与环境达到统一。对于桥梁与环境的关系，日本加藤诚平氏更加具体地提出桥梁与环境协调三原则❶：一是"消去法"，当桥梁的存在有可能损害环境或景观时，可尽量使桥梁不引人注目而淹没在环境之中，即隐蔽桥梁的存在；二是"融合法"，对桥梁的存在既不否定也不强调，使桥梁和环境按基本相同的格调互相融合，与环境融合、协调。这实际上是与环境调和的方法；三是"强调法"，强调突出桥梁的存在，而使其引人注目，并使桥梁具有支配环境和成为风景的主要组成因素的作用。桥梁是人工的，与自然环境构成自然与人工的强烈对比。在以桥梁为主景的前提下，汇集各种景物，造出与建桥以前不同的、新的环境景色。这实际上是与环境形成对比的方法。采用这种手法，可在风景平凡的场所使景观为之一新，使桥梁成为景观的中心。特大跨度桥梁往往会起到举世瞩目的作用，因此也常常成为周围环境的核心。这种桥梁审美设计最重要的

❶ 加藤诚平.《桥梁美学》. 山海堂版，1936 年

一点，是将周围环境与桥梁组织成统一体，使桥梁成为环境的主体，环境成为桥梁的衬托。桥梁越大，所应涉及环境的范围也应越大。

桥梁与环境的对比与调和，还应注意桥型与环境的配合。悬索桥柔曲的主缆与高耸的索塔、刚劲的主梁，刚柔相济，是一种很典型的对比。可是，悬索桥柔和的主缆与周围起伏的岛屿、海面的波浪却是一种很自然的协调。这就是悬索桥与自然环境统一的因素。由于存在这种因素，使得悬索桥特别容易与自然山水取得协调。斜拉桥则有所不同。斜拉桥挺直的塔、梁、张紧的拉索，与自然环境很少具有统一的语素；相反，它与挺直的建筑相一致，因此更宜处于人工环境中。但日本近期建造的一些斜拉桥，例如，生口桥以及正在建造的鹤见路桥和多多罗大桥，都很好地处理了与自然环境协调的问题。鹤见路桥桥塔的优美造型与环境协调得很好，多多罗大桥最后采用的钻石形索塔比原来设计的菱形索塔要优雅得多（见图 5-5-9）。这些斜拉桥索塔优美、跨度大、主梁薄、水平线突出，造型显得非常安静，加强了海天环境中的幽静气氛。这就使得这些桥梁与环境具备能够取得统一的因素，因此它们能够与自然环境协调得很好。但也有处理不好的，例如，两座斜拉桥——岩黑岛与柜石岛桥，由于采用 H 形索塔，塔柱变化又过多。加之，辐射形斜拉索和桁式加劲梁各种方向的线条都有，结构混乱、造型嘈杂，与所处的平静山水环境毫无统一因素，这两座桥成了本四连络工程审美设计上的一处败笔（图 7-4-1）。

图 7-4-1
岩黑岛与柜石岛桥

第五节　桥梁环境的设计

一、以人为本的桥梁环境

环境设计的基本目的是在物质和精神、生理和心理诸方面满足使用者的要求，改善空间环境的质量，进而改善人类的生活质量。桥梁环境设计认为桥梁设计，设计的对象是桥，而设计的目的是人，要着眼于人。桥梁环境设计都是为了生活在城市中或来往的人，因为，人是自己赖以生活的物质环境的创造者，又是环境所服务的对象。桥梁环境设计探讨的中心问题是人与桥之间的审美和谐。它的出发点是人，人是桥梁环境的焦点。桥梁环境设计的中心是为了“人”。“人”既是生物的人，又是社会的人，因此，环境设计对这两个方面都不能忽视，而后者的意义可能更为重要。在“社会的人”的概念中，我们更不要忘了我们是社会主义国家，要着眼于广大人民。我们的环境设计应以为广大人民缔造美好的生存环境为根本目的。桥梁环境设计的出发点就是为了使人和环境构成一个共栖共生、完美的生态体系，就是要使人的生存环境更加“合乎人性”。人的社会本性要求，他的一切对象都能在审美上引起精神愉悦，使人的环境和活动过程都带有审美性质，这是环境“合乎人性”的精髓。桥梁环境应该适合人类的生存，人是环境设计的主体和服务目标，人的环境需求决定着环境设计的方向。桥梁环境设计的出发点归根到底还是一切为了人。我们说，某地风景好、环境好，也常说“景色宜人”、“舒适宜人”、“尺度宜人”等等，“宜人”就是要合乎人的标准、适应人的要求。环境设计要研究人、了解人，研究人与环境的关系，努力解决不同人的多方面生活、生产活动的需要，为人们提供或创造一个能激发人们积极态度，产生肯定情感的生活环境，使人们生活在这样的环境里感到舒适。现代人的环境需求主要表现为回归自然、注重文化、高享受和高情感的多元性、自娱性与个性化，因此，现代环境设计，应以现代人的环境需求为设计创作的指导方向，为人类创造出物质与精神并重的理想生活空间。环境审美设计的原则是个性化、特色化、专业化和精品化。在最本质的意义上，环境设计乃是对人类的“生存方式”的设计，因而它将对人类的命运和未来产生深远的影响。桥梁环境审美设计就是为了这个理想，为了获得人类最大自由的环境，研究如何使人类生活和活动与桥梁环境变得和谐、愉快。

二、城市桥梁环境

（一）城市桥梁总体规划

· 城市桥梁总体规划是城市设计的重要组成部分

城市是综合自然、道路、建筑、绿化及各项工程设施为一体、巨大的人造空间环境，城市又是一个巨大的有丰富物质和精神内涵的审美对象。城市的功能是复杂的，有纵横交叉的道路系统、高低错落的建筑群和不断变化着的人群。随着物质生产的增长，人民生活水平的提高以及城市之间、城乡之间交往的增加，人们对城市物质功能和精神功能的要求提高了。社会和时代需要城市环境优美，生活舒适、方便和安全。当代城市景观的最大特征是综合美，这种美具有多元性和多层次性。人们已从就建筑论建筑的狭窄天地中走出来，不满足于仅仅通过实体设计改造环境，而要改善城市的整体综合环境，满足市民的要求。从城市整体论建筑，视野会更开阔。法国克里斯蒂安·德维叶曾指出；“这种建筑学不再仅仅表现单一建筑本身的价值，而是首先表达建筑与城市环境的关系，甚至重新组织周围的空间和建筑以重建这种关系”。组织交通，合理布置建筑群，不仅在功能上，而且在形象的审美上，都使它做到和谐。这是一个现代城市区域的理想境界。城市是人类社会的生活空间。理想的社会生活环境不仅是良好的生态平衡系统，而且是具有丰富的物质和精神的有机整体。在设计美学看来，所有用以组成城市的物质手段都应该有一个共同目的，就是在创造功能美的同时，追求城市整体的舒适和美观。城市组织不仅关系到环境的保护和经济生活，而且反映出一个时代生活秩序的和谐感和节奏感，通过城市的面貌直接反映出一个时代物质文明和精神文明的发展水平，其中也体现出人们的审美情趣和理想。土耳其著名诗人纳齐姆·希克梅特有一句名言："人的一生中有两样东西不会忘记，这就是母亲的面孔和城市的面孔"。城市环境的塑造要把技术美、艺术美、自然美和社会美有机地结合成一个整体。它不仅应该保障人民物质生活，而且应该为人民精神生活的丰富多彩提供了物质前提，为人民群众的不同爱好和志趣提供了一个广阔的活动天地。这不仅增加了人们的生活情趣，而且有利于个性全面和谐的发展。

人类生活和生产活动都离不开水，因此大多数城市都在水边兴起。随着陆路交通的发达和城市本身的扩展，就需要在河上建桥。桥的建成又促进了城市发展，因此桥梁与城市关系密切，城市越大，桥梁也就越大、越多。每个城市都有一个整体的规划，桥梁是城市的重要组成部分，也就应包括桥梁的规划。桥梁总体规划是城市总体规划的深化，它必须体现总体规划思想，并使之具体化。哪些桥梁应该是代表城市的名片，哪些桥梁应该比较平淡、低调，这样配搭起来，才能使整个城市舒适和漂亮。就好像在花园里，不能都只有花，也要有草、有叶，相配起来才好看。一座城市或者一条河道上的桥梁是逐步增加的，时间的跨度往往经历几十年，甚至几个世纪。因此，只有通过周密、系统的规划，才能保持新旧桥梁之间的延续和协调。桥梁总体规划有如下作用：

（1）可以使桥梁之间以及桥梁与周边环境统一协调，对桥梁群体中的每一座桥梁设计，制定出一定的制约条件和控制指标，从而有利于形成一个完美、协调的桥梁群体。避免桥梁分步实施产生的景观凌乱，提升和美化城市整体形象；

（2）有机地组织城市三度空间，努力创造完美而协调的城市视觉环境；

（3）可以全面考虑桥梁的旅游、观光和休闲等功能，合理设计桥梁的造型和景观，使得桥梁不仅能满足交通功能要求，而且可以成为河道旅游的景观亮点；

（4）桥梁能制约和引导城市环境的发展。有了桥，附近就出现居民点、街市。跨度或高度小的桥，限制船只通航也就约束了上游的发展，使桥的上下游形成显然不同的两种环境格调。通过桥梁的安排，可以引导城市的发展方向；

（5）创造富有特性的城市空间与心理环境，满足人们的心理要求与精神要求；

（6）指导城市建设工作，为桥梁方案设计提供指导。通过对桥梁投资进行总体规划，帮助决策桥梁投资分布。

· 城市桥梁规划应该研究周围环境的各种要素

城市桥梁规划应该对桥梁所在地的所有或至少大多数重要元素进行研究。哈贝森说过："设计师思考的相互关联范围愈大，他就有可能越加有效地控制桥梁及其周围环境的特性、意义和影响。设计中要拉近自然的、构造的或两者的组合之间的距离。应当把桥梁及其周围环境的所有元素视为设计一致性中互相联系的部分"。对于环境来说，其最重要的特性就是它的整体性和综合性。正如马丘比丘宪章中所指出："新的城市化概念追求的是建成环境的连续性"。从系统论的观点来看，对环境这个整体来说，每个部门、地区等都是自成系统的，全球环境可以视为一个系统、一个城区、一个区段，一组建筑都自成系统，各系统之间互相促进、互相制约。"每一座建筑物都不再是孤立的，而是一个连续统一体中的一个单元。它们需要同其他单元进行对话，从而使其自身的形象完整”。这些系统都是研究人和环境这个大系统的，都必须把它当作一个错综交织的整体。所有建筑式样都是想达到一种整体效果，当然这种整体效果针对不同的对象而有所区别。建筑或者桥梁本身在某个地方是整体，而在更大的整体中它们却变成了枝节和片断。所以，新的环境意识也促使人们把衡量“整体”的眼光从个体建筑转移到群体，进而又发展到整个街区、城市以至更大的范围之中。

城市物质环境包括自然环境和人工环境。山水、花草树木、鸟、禽、鱼、畜、日光、土地等，都是自然之物。人工环境若不和自然环境相融合，就不易发挥各自的功能，环境也就缺乏生气。桥梁要和桥梁所在“场”的结合，后者包括“景观”、“城市风景”、“城市空间”等；前者要对后者不干扰，要和谐、互补、增强、保护。城市自然环境，如山、水、树、花、草、地理、气候等，是客观存在的，而人工环境必须与其统一协调。

在制订桥梁规划时，可根据城市的具体情况列出环境的比较要素对每座桥梁进行分级分析。例如，某城市新区提出“体现一桥一景，围绕一桥一主题，使游人一桥一留恋”的原则。桥梁规划考虑了以下 6 种要素，分三级进行比较：

① 地域功能：一级为金融商业区，是城市经济发展和形象的重要体现，也是人群购物、休闲等活动的重要场所；二级为居住休闲区，是居民生活休闲的重要场所；三级为居住服务区，是日常生活的配套设施，如医院、校园及超市等，桥梁以通过性功能为主；

② 交通功能：一级为干道，是一个城市的重要交通枢纽；二级为快速道，是为长距离交通服务的重要道路，高车速导致人群对桥梁关注度相对较弱；三级为次干道，是联系主要道路之间的辅助交通路线，车流量和人群流量都相对较少；

③ 旅游价值：一级为风景旅游景区，宜配置富有特色的桥梁以吸引游客；二级为河道景观带，服务配套设施完善，对游客的吸引力相对较高，桥梁景观要求较高；三级以居住功能为主，且河道不通航、游览观光价值不高，桥梁景观要求相对较低；

④ 休闲功能：一级为桥位附近具有绿地、公园等休闲设施，桥梁的景观性将直接影响人们的生活质量和休闲心情；二级为桥位附近有商业服务的休闲设施，是吸引人们日常活动和朋友交往的重要场所；三级为无休闲设施，景观性要求较低；

⑤ 河道功能：一级为河道宽 100m 以上的通航河道，有大量的游船，桥梁是河道上重要的景观线；二级为河道宽 100m 以下的通航河道，相对宽河道游船数量相对较少；三级为非通航河道，桥梁景观功能可以相对地淡化处理；

⑥ 限制性因素：一级为无限制性条件，结构可实施性较高；二级为受地道影响，下穿式的车行地道设施，对桥梁的结构处理和施工有一定的影响，将限制桥梁方案的可实施性且投资较大；三级为高架道路或轻轨影响，部分道路上有分离式的高架、轻轨，高投资收不到预期的桥梁景观效果，因此桥梁景观的重要性分级较低。

对桥梁景观重要性进行分析，可将每座桥梁的环境要素情况以雷达图形式示出（如图 7-5-1），以明确桥梁组群中桥梁的主次关系和重点桥位。经过上述分析，再加上设计者的文化素质、个人风格、技巧的融合，就会为每一座桥梁配置一个极富个性、搬到其他场合都不合适、具有方程“唯一解”的桥型来。

- **城市桥梁规划应该注意桥梁对城市形体轮廓的影响**

除景观协调外，还应注意桥梁的体量以及环境天际轮廓线的协调。轮廓线是城市生命

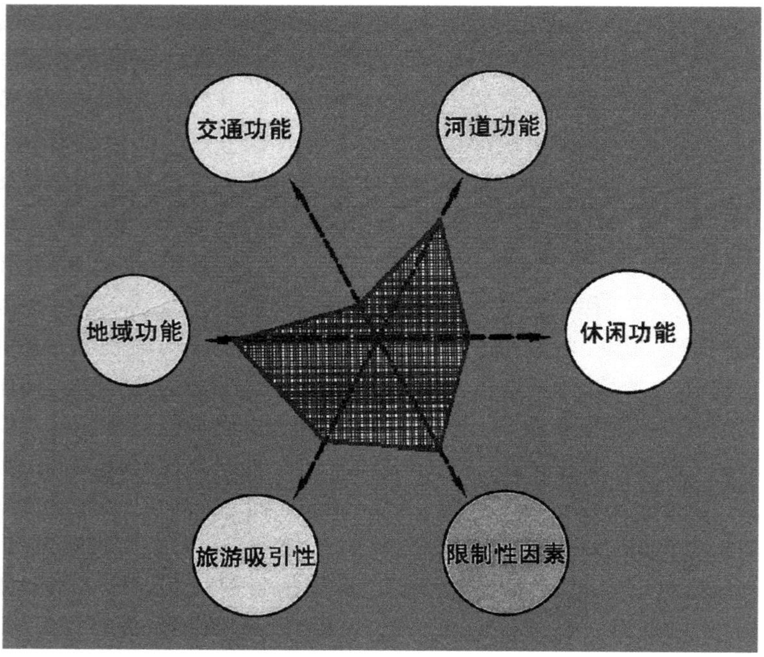

图 7-5-1
桥梁环境要素雷达图

的体现，同时也是潜在的艺术形象。每个城市都有其形体轮廓线，轮廓线代表了城市整体美。可通过对道路沿线的立面景观分析和河道方向的景观透视分析，得到桥梁的建筑尺度和建议桥型。对于湖面港湾附近区域，视野开阔，背景轮廓线低矮、简单，景观层次单一，桥梁可以采用具有一定高度的斜拉桥、悬索桥或者下承式拱桥等桥型。对于桥梁周围建筑密集，背景轮廓线参差不齐，环境复杂，不宜采用诱导力向上的斜拉桥和悬索桥桥型，多采用梁桥和上承式拱桥。从人群集中的区域向外透视分析，沿河桥梁建筑高度宜近低远高，从视觉上给人以层次感。在一些节点处宜采用高大体量的桥，给人以强调符号。

环境美虽然不排斥对于各构成要素的静态的可望，更加应该着重的却是对于全序列的动态的可游。现代交通改变了这种轮廓，给城市增添了动态轮廓，尤其是交通新体系在空间的开拓，高架桥梁延伸到城市边缘。交通的介入使城市空间从静态趋于动态，人在交通工具内有了动态感受，能在移动过程中从街道看到迅速形成的城市总印象。景观概念发生了变化，尺度感不再是单纯的静态协调比例，而与速度共同构成景观的时空层次（四度空间）。现代交通工具不仅缩短了景物与观赏者之间的平面距离，也改变了固有的观赏条件。人可以在不同高度、不同角度欣赏景物，动态空间成为城市空间的重要组成。道路不仅形成连续不断的景观序列，而且是景观高潮点的连接和延续。运动的交通流本身就是一个动态景观形式。交通中，人的视野因速度提高而扩大，景物与观赏者发生了相对运动，其位移加深了景物的变化层次，增添了景观内容。现代城市的交通环境，尤其是有关交通枢纽，常常要从立体概念加上时间的四维空间来考虑。

- **同一个区域的桥梁之间需要协调统一**

同一河道上的桥梁系列就如同一首乐曲，每一座桥梁就是这首乐曲中的音符。要使一首乐曲优美动听，组成乐曲的音符之间就要相互协调，同一条河道上的桥梁之间需要协调统一。

古代欧洲城市的格局非常简单，一座教堂、一个集市，外加一所市政厅，城市的主要规模就有了。以后，城市的延伸和扩大都以此为中心展开。塞纳河是巴黎的母亲河，它像一条缠腰玉带，把巴黎市区分成一河两岸，景色迷人。塞纳河流经巴黎蜿蜒 13km，河上已建有 37 座桥梁，或补实，或奢华，或灵动，或沉稳。追溯塞纳河桥梁的建造历史，时间跨度长达 400 多年，有建造于 17 世纪的“新桥”，也有重建于 20 世纪的卢卡索桥，每一座桥都有自己的故事和传奇；每一座桥都如同彩虹般绚烂。巴黎的桥，不是简单的连接两岸的交通枢纽，它将厚重的巴黎历史承载，与塞纳河一起，见证花都的变迁和发展。塞纳河上的桥梁虽然时间跨度很长，每个年代的桥都保留了时代的印记。但无论怎样变化，桥的造型、材质都与巴黎的整体风格相濡相融，绝不会是都市的另类。无论是采用五跨连续混凝土拱桥形式的玛力桥，还是采用铸铁单跨拱桥形式的亚历山大三世大桥，或者是采用三跨连续混凝土拱桥形式的卡卢索桥，桥型风格基本一致，整个桥梁群落形成了一种统一、协调的整体桥梁景观环境（图 7-5-2）。

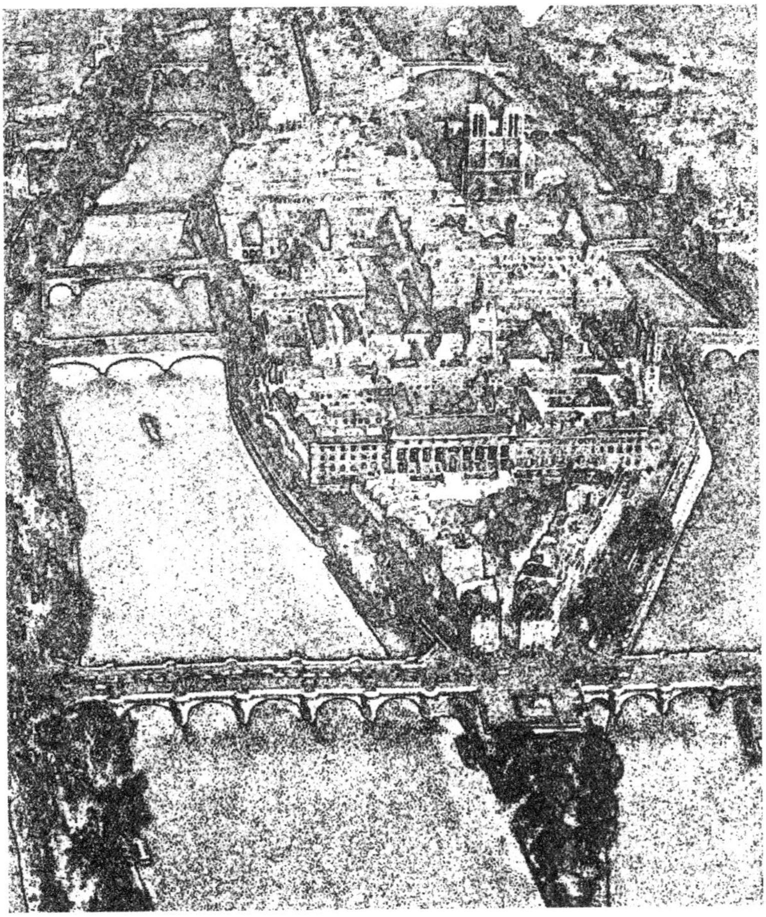

图 7-5-2
巴黎桥梁群落

（二）标志性桥梁

城市典型形象的概括，有时也可以通过标志性景物象征地表现出来。这些景物之所以可以作为城市或城市某一区域的标志而具有象征作用，那是因为它们一般都是形态独特地出现在城市显眼的地位上，并且有的还是造型优美的建筑珍品，以至于使人们把它看作城市精神的化身。人类临水而居，多数城市都有母亲河，有河就有桥。桥梁由于其在环境和生活中的特殊地位，它的存在非常引人注目，因而明显地体现出为人们指明地理空间位置的陆上标志的信号作用，很容易成为城市的标志。因此，城市一般都有自己的标志性桥梁。标志性桥梁往往占据景观的中心地位，利用桥梁所形成的环境核心来汇集景观的向心统一性，创造出优美的整体环境。古往今来，有许多桥梁紧跟时代的步伐，体现时代的风格，在历史的长河中留下匠心独运的痕迹，沉淀成为名声显赫的城市地标和象征。标志性桥梁在城市桥梁群体中起着画龙点睛的作用，犹如诗词中的“眼”。“眼”是诗词中的关键性的一字、一词或一句，如：“红杏枝头春意闹”，“云破月来花弄影”，“春风又绿江南岸”，“江流天地外”中的“闹”、“弄”、“绿”、“外”都起着“眼”的作用。一座桥梁或因规模巨大，或因造型独特，或者具有丰厚的历史文化积淀，为广大民众所喜爱。当其影响力超过其所在区域的范围时，便成为所在区域的标志；如塔桥是伦敦的标志；悉尼大桥是悉尼的标志；金门大桥是旧金山的标志；而布鲁克林桥则是纽约的标志；武汉长江大桥是武汉的标志；……。这些桥梁本身闻名遐迩，所在城市也同样知名。城市提升桥梁的形象；桥梁成为城市的象征，两者相辅相成，相得益彰。

作为城市标志的桥梁，往往要承担起城市历史文化赋予的责任。伦敦塔桥（图 7-5-3）之所以成为伦敦的象征，除了本身独特的造型外，还在于它见证了城市发展的百年历史。尽管后来伦敦又建造了许多的桥梁，但是伦敦塔桥的标志地位却不容动摇。该桥建于1886～1894 年，桥身由 4 座塔形建筑连接，塔桥因此而得名。大桥中跨桥墩上的两座主塔高 60m，高高耸立于泰晤士河上。塔呈四方形，顶上有尖塔耸立，四周有 4 座小塔和 4 座尖阁环立，建筑风格古朴凝重、雄伟壮观。塔桥尽管造型与众不同，但其设计十分合理，成了世界桥梁建筑史上的奇迹。桥分上、下两层，上层支撑在两侧的塔上，下层桥面可以开合，合起来时道路通车；开启时河面行船，上层仍可行人。吊桥升起来只需要 90s 时间，桥下可容万吨船只通过。在全盛时期，它一天甚至可以被升起 50 次。现在，随着上游码头的关闭，吊桥一年大概只打开 500 次。塔桥与附近古城堡的塔群交相辉映、景色迷人，“雾锁塔桥”成为伦敦的胜景之一。人们从塔桥的神韵里，可以感受到当年日不落帝国的辉煌。

图 7-5-3
伦敦塔桥

据说，曼哈顿岛是四百多年前，荷兰人用价值约 60 荷兰盾的小饰品从印第安人手里换来的。后来，印第安人常常隔着哈德逊河遥望这座岛，不断发出“曼哈顿！曼哈顿！”的感叹。这句话在印第安语里是“上当了！上当了！”的意思。19 世纪中叶，纽约是当时世界上发展最快的城市，土地明显不够用，于是有人提议修建布鲁克林大桥（图 7-5-4）把布鲁克林区与曼哈顿岛连接起来。该桥主跨 486m，全长 1834m，从 1869 年开工，到 1883 年竣工，前后长达 14 年，投入了 2500 万美元的资金。当时是世界上最长的悬索桥，也是世界上首次以高强度钢丝建造的大桥，被誉为现代悬索桥的鼻祖，被认为是继世界古代七大奇迹之后的第八大奇迹，被赞为工业革命时代全世界七个划时代的建筑工程奇迹之一，成了纽约市的标志。

图 7-5-4
布鲁克林大桥

悉尼海港桥像一道横贯海湾的长虹，巍峨俊秀、气势磅礴，与举世闻名的悉尼歌剧院隔海相望（见图 5-5-13），成为悉尼甚至是澳洲的象征。其桥头堡为四座塔形建筑，塔高 95m，呈碉堡状。桥头堡全部用当地盛产的花岗石建造，至上部略有收缩，造型简洁而粗犷，与巨大的钢桁架相得益彰，反映了澳洲土著文化与殖民文化的交融，也可以看作是澳洲历史的一座纪念碑。

在大多数人们的心中，旧金山市和金门大桥（见图 5-5-2）不可分开。当人们谈论起旧金山时，他们立刻就会想到金门大桥；反之，亦然。金门大桥有着强大的吸引力，无数观光者因她慕名而来，无疑她给旧金山市增添了巨大的城市魅力。

标志性桥梁或者是一座城市的名片或者用来纪念某一个人或事，其所代表的象征意义，所包含的价值无法具体计算。例如，为庆祝法俄缔结同盟，签署友好条约，巩固两国的邦交，以俄国沙皇亚历山大三世命名，由沙皇尼古拉二世和当时的法国总统佛朗索瓦・萨利・福尔奠基的亚历山大三世桥（图 7-5-5），桥上有装饰豪华，做工精致的新艺术运动的路灯、天使、仙女；桥的两端、两侧，各有一个巨大的石柱，石柱上是镀铜骑士群雕像，飞马振翼欲扬，非常生动；桥身是一群水生动植物图案与一组花环图案，都是极佳的艺术珍品。整个大桥雍容华贵、金碧辉煌，被认为是巴黎最华丽的桥梁。作为当时法俄友谊的象征，那座桥的历史文化价值远远超过它的交通功能价值。人们竖立纪念碑、建造桥梁来纪念人或事，这样的建筑价值是一种抽象的价值。如果有人尝试从巴黎人民手中购买这座桥，那么他就会认识到这样一座桥梁的价值了。她是无价之宝，无论多少钱都买不到！

图 7-5-5　亚历山大三世桥

标志性桥梁不能到处使用，其应用原则可归纳为：

（1）与环境协调：这种桥梁在环境中，可以强调，但仍应协调。与周围环境的协调并不意味着会在环境中需要消失，也可以成为标志性的桥梁；

（2）不能多中心：确定标志性桥梁要谨慎，在一个区域不能有多座，不能多中心；

（3）同样要符合环境美、结构美、功能美、形式美等原则。

（三）桥头广场和休憩设施

桥梁环境设计中，处理好桥梁与环境、桥梁与人之间的关系十分重要。人总是要与别人交往，要与人群接触的，看热闹、人看人、被人看，有时也是一种乐趣。中国古老城镇有许多茶馆、酒楼；欧洲城市广场和大街小巷都摆着咖啡座，这些不仅是喝水、歇脚、生理上的需要，也是一种情感交流上的需要。城市公共空间是城市中面向公众开放、供公众使用、供公众进行各种活动的空间。它是一个庞大的空间体系，包括街道、广场、游园、公园以及各种交际空间等等，既是城市历史、文化和艺术集中展示的场所，也是人们休闲娱乐的场所。人们总是在城市的空间系统中活动。他们按自己的需要选择路线和程序，时而流动、时而停息。若把广场比作水库；把连接到那里的道路、桥梁比作河流，人就像河流中的水聚集到水库。人们习惯于称城市中那些用于人群聚集的广场为城市中心，它是城市繁荣的标志。公元前 8 世纪，古希腊就出现广场，成为 AGORA，是“集中”的意思，既表示人群的集中，也表示集中的地方。城市的室外空间是由不同功能、面积不等、形态各异的各种场所，如广场、街道、园林、绿地、居住庭院等互相交织而构成的一定的体系与序列。它们适应人们多种多样活动的要求，并形成多彩多姿的城市面貌。城市公共空间能对市民产生精神上的凝聚力，他们会因这些场所的存在而感受到城市是一个整体；市民是一个集体，并从中产生一种家庭般的亲切感。这些场所积极地促进城市文化的发展。古希腊城市中的广场，雅典城女神庙和卫城在促进希腊人的智慧和学术发展以及培养其对城邦之爱和愿为之献身的精神方面起了很大作用。罗马时代的广场，凯旋门、神庙、会堂、露天剧场以及大浴场等，由于其群众性和公开性，成为维护巩固罗马政权的积极因素之一。到了文艺复兴时期，基本上呈现了广场的多功能特征，成了既是宗教广场，又是文化、行政、商业和游览性的广场。20 世纪二三十年代以后的一段时期，城市过分强调技术，忽视了人的行为、心理、环境的艺术性以及历史、传统文化的意义。现代城市的高架、道路像绞索般把城市勒紧；人们只能在车里才能交通，仿佛是巨大机器中来去输送的产品；高速车辆在头顶呼啸而过；缺少传统的街景和作为城市“客厅”的广场；缺乏可供放松情绪的物质和精神条件。近代快速机动车辆要求拆除一切妨碍行进的障碍物，首当其冲的就是那些没有具体功能的横在道路中间的建筑物，使现代城市只有纵横交错的宽阔道路和两侧壁立的楼宇；没有空间上的过度和穿插；没有吸引行人留恋驻足的目标和场所；也没有由于经过某一标志物，如拱门、柱廊或桥头堡等，前后所产生的进入或离开某一领域时那种变化的心情。人们在路上行走，只能是怀着被“排斥在外”的心情匆匆而过。如今高科技、高效率给人们带来了精神上的紧张烦恼，城市人口集中、住房拥挤。随着人们环境意识的提高，人们在工作之余，更加迫切地需要安静地休息、散步，人与人、组群与组群之间必须加强交往、传递信息。人们认识到，城市环境的质量直接关系到能否对人们的行走、憩息和观赏具有吸引力。人们所追求的城市形象已从摩天楼加高架道路转向富有人情味的多用途公共活动场所。这是社会生活发展的结果，是城市形态的一种进步。因此，迎合人和社会的心理需求，用以满足人们希望认识、接触、了解、交流、促成信息传递与扩散的共享空间的地位有所上升，开放、流动、舒展的外部空间受到重视。许多城市都纷纷建立能反映城市面貌与特色的公共环境，而桥头广场恰恰就是最为理想的活动空间。许多广场地处桥头、河边，历来就是人们流连驻足的最好场所。有许多商人在那里登岸、上船，在那里经商、交往。它在一定程度上弥补了现代环境的不足。水陆交通在桥头交汇，一边是城市闹市区，一边是人们所向往的水面。人们在城市中凿池堆山、营建亭榭、种花植木，以自然山水为楷模，用种种造景手法构成引人入胜的景象，无非为了追求在城市里既能享受丰富的物质供应和现代服务，又能向往自然山水的闲情逸致，享受自然美景而浮想联翩，桥头天然就具有这种功能。在繁忙紧张的工作之余，人们常常向往到宁静而优美的地方去散步，以消除身心的劳累，桥头、水边无疑是这种理想的场所。人与水景之间在这里融合互动。这里蕴藏着丰富的生活内容，为人们创造出优美宜人的环境空间，使水带来的舒适感和美感达到最佳境界。宋，王建诗曰：“水门向晚茶商闹，桥市通宵酒客行。”就是这种情景最生动的写照。北宋画家张择端所画的《清明上河图》中虹桥桥头熙熙攘攘的情景以及《史记》苏秦传记载：“秦说燕王曰：信如尾生，如女子期于梁（桥）下，女子不来，水至不去，抱梁柱（墩）而死。”都说明自古以来，桥头、河滨就是人们聚集、交往的理想场所。桂北和黔东南地区的侗乡村寨，一般都有寨门、鼓楼和风雨桥。寨门是全寨的入口标志，人们通过寨门时，自然地产生外出或归来感，从而加强了“家”的意念。鼓楼以其高耸的外形，成为远望中村寨的标志，它是把全寨居民从精神上凝聚起来的物质根据，而架有廊亭的风雨桥，则是村民们最经常、最生动、最优美、最恬适的休息交往中心。巴黎的桥轩昂、古典，于是成为这座城市的永恒坐标。历史上形形色色的墨客文人为桥而疯狂，因桥而无病呻吟、矫揉造作，留下千古诗文，让后人吟诵；留下精雕名画，让人叹为观止。你看那些在蒙马特高城扎堆的画家们，竟然几个世纪地在那里坚守。他们不是为了博取钱财，而是在固守一种文化和生态。他们兜售的画，其主题万变不离其宗，永远都离不开桥和水，主题虽单调、画面虽雷同，却永远不乏买者，这就是巴黎桥的魅力。如果说巴黎有它的聚合力，一定来自这桥和河。桥头、岸边，有景致、有格调，由于视角宽阔，便于瞻仰和传扬。所以，从政治家、艺术家、军事家到一般市民，乃至大牌体育明星，都喜欢到桥的两岸聚会，他们喜欢这种长留记忆的凝固和雕铸。1998年，法国“蓝色军团”捧走世界杯；2000年，荣登欧锦赛冠军宝座，这可让阿迪达斯抓住了商机，它的形象代言人齐达内身穿品牌运动衣的广告在法国热播，创意的策划正是把他定格在桥和河之间。秃顶球星、足球和运动服顷刻征服整个欧洲。桥不仅在塞纳河边留下建筑和碑石，也改变着在那里流连的所有法国人和外国人的笑容、眼光和步态，甚至还点化着城市的审美走向。由桥延伸过去的“华沙”广场紧贴河岸，成群的巨型雕塑在这里聚会。它们摆出万般姿态，使尽各种心智，展现自己的风情。广场的艺人当然不甘落后，他们也抖出百般技艺，使尽浑身解数，最大限度地融进艺术的氛围。巴黎最古老的桥却叫“新桥”，已有近400年历史了。新桥建成后整整两个世纪，一直是巴黎的商业中心。桥上热热闹闹，有书商、自编自演的艺术家、流动摊贩，甚至拔牙医。直到今天，新桥仍激发着艺术家的创作热情。从桥上走过，见桥两边的人行道还建有半圆形石椅，椅面凹凸不平，记载着岁月沧桑。日本许多桥梁都设有游览步道，供人们体验天堑变通途的壮丽情景。其实，在桥上看到更多的是桥外景物，观赏桥梁的最佳位置并非在桥上，而应该在桥旁或桥下。日本许多大桥都在桥梁之外设置观赏桥梁的设施，让游人从最好的角度尽情观赏桥梁。因岛大桥在桥头设置观赏平台；下津井濑户大桥则在桥头鹫羽山上开辟大型的眺望公园。园内设置停车场、餐馆等一整套旅游设施。在观赏桥梁的最佳位置设置亭子、座椅等，还配备有无人管理的高倍望远镜，只需投入足够的硬币，即可开启一定时间，供游人观看桥梁细部；北备赞濑户大桥和岩黑岛大桥之间的与岛上，设置了大型的旅游中心（图7-5-6）。岛上除一整套完善的旅游设施外，还设有专门的游船码头。一艘桅杆林立的仿古游船每半小时绕岛一圈，带着一批批游客从正面、侧面、底面欣赏大桥的雄姿；明石大桥更是别出心裁，在桥头修了一座旋转观光塔，观光平台绕着塔柱一边旋转、一边上升，直至一百多米的高度，游人无论坐在平台的哪个方向，均能从各种高度、各种角度鸟瞰大桥、海湾和明石城。在桥头场区的环境中，通过人工景观和自然景观的结合，充分考虑人们的行为心理和特点，加深景观元素的设计和处理；通过雕塑、标志、座凳、灯柱、围墙、地面装饰等方面的设计，进一步加强景观的连续性；通过围合、渗透、对象、借景，突出重点部位，形成多层次的观赏，增加人们的参与意识，使桥梁变得更有感情。桥头广场的设计在追求丰富的视觉构成的同时，还应为市民创造出能像住宅起居室那样的户外活动场所。拿破仑曾把城市的精华所在，城市广场誉为城市的“客厅”。他曾称，威尼斯的圣马可广场为“欧洲最豪华的客厅”。既然广场是城市的客厅，客厅当然布局要精致些，要陈设得讲究一些，考虑到更多的人到“客厅”来，并且会多逗留一些时候。因此，对这里的细部要求更接近于人，经得起细看。每一个细部空间都充分考虑旅游者及市民休息停留的需求；充分体现以人为本的思想；尽可能多地满足各种富于人情味的生活追求。广场上应有行为活动的依靠物，不使其成为“不能蓄水的浅滩”，人流一掠而过。日本巧妙地在眺望公园、纪念公园、活动中心或展览馆周围，到处可以见到仿照桥梁局部构件造成的模型。这些模型有的被作为建筑小品陈列；有的被做成实用的座椅、板凳（图 7-5-7）；在濑户大桥纪念公园中，还有喷泉形成的悬索桥、斜拉桥模型（图 7-5-8）；明石大桥展览馆的门楼就是模拟索塔和一段加劲梁；进口地面装饰图案就是索塔的塔柱横断面；屋顶平台护栏也做成加劲桁梁形式。总之，进入这些地方，满目皆是桥的形象，无时无刻、潜移默化地向观众灌输桥梁技术知识和人类的成就。

图 7-5-6
与岛旅游中心

桥是一种交通构造物；桥又是人类交往和友谊的纽带；桥更是人类智慧和力量的象征，桥梁美的观赏和创造远远超越桥梁本身的实用价值。人类创造桥梁美，桥梁美又反过来塑造着人类的心灵。我们应大力开发桥梁的这种社会功能，使子孙后代从前人的业绩中得到鼓舞和启迪，从而激励他们去创造人类更加美好的未来。

三、自然环境

（一）自然环境利用

· 创造人为环境，大自然是宝贵的资源

杜甫在《望岳》诗中说：“造化钟神秀”，表明人类早就以主宰者和创造者的眼光来看

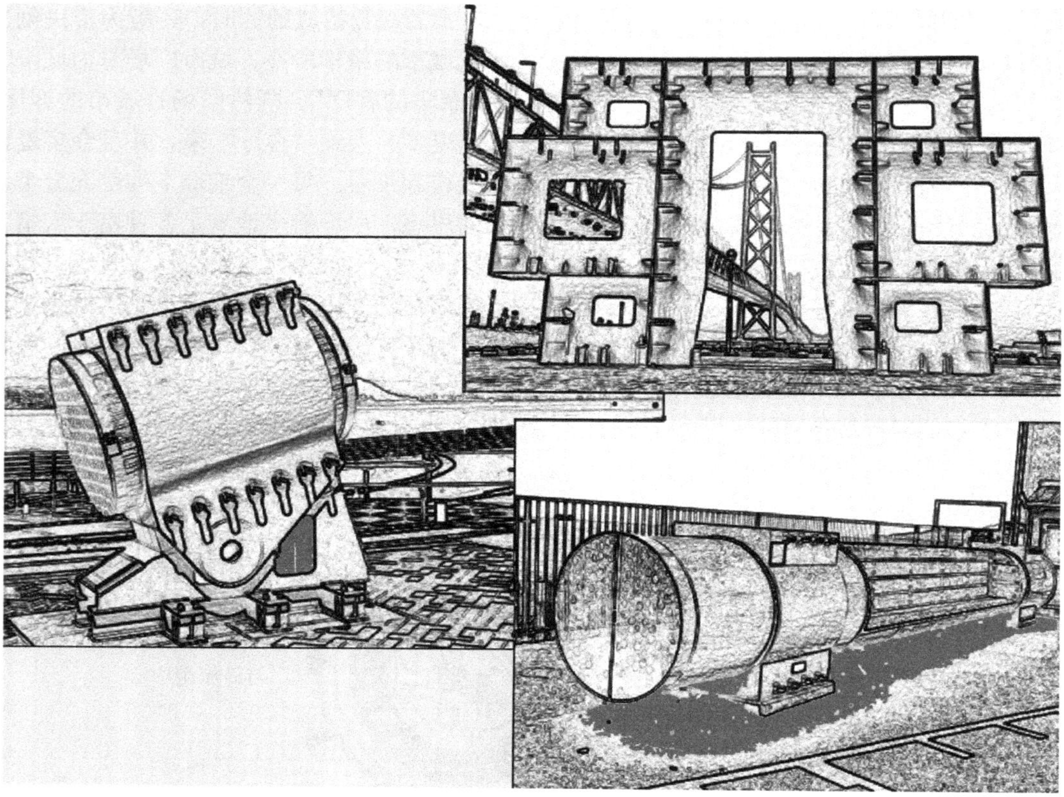

图 7-5-7　桥梁构件模型小品

图 7-5-8　喷泉形成的桥梁模型

待自然景物。随着人类社会历史的发展，自然界作为与人类劳动实践密切相关的观赏对象，成为呈现人的自由意识的广阔天地。原来在农村自然经济条件下形成的富有诗意的中世纪田园风光现在已逐步或即将消失，城市商业经济带来的弊害正逐步向人类侵袭。城市是人工建筑物与自然环境相结合的产物，是利用和改造自然的综合构成。城市建筑越是拥挤、人烟越是密集的地区，对自然的渴求越迫切，同时对自然破坏的危机也越大。在城市发展中，对自然的利用、对自然美景的保护，也就越为重要。创造人为环境，大自然是应取的宝贵资源。在进行包括修建道路、桥梁在内的人工建筑物时，要尽可能地保持自然的本色，包括山景、水景，以至对一块山石、一湾流水、一株古树都要予以珍视，周围的自然景色也要做到“巧于因借”。山石是一种很理想的天然景物。桥头河边有山岩外露，应该很好地加以保留利用。随着城市人工建筑物数量的增多，这区区的自然一角，也就更显难能可贵了，使你能够偶尔“悠然见南山”。虽然城镇环境内的自然，一般已属“人化”了的自然，即使如此，还是要做到不留斧痕为妙。用人工仿造自然山水风景，以达到身居城市而享有山林之趣的目的。城市的风景名胜是前人长期不断开拓的结果，是自然风景加上人工开拓，因此它更引人入胜。山水雨雪等各种自然、物理要素，是构成城市景观很重要的因素。尤其是一些具有特色的山水，常常成为城市开发、发展的凭借。福州城内三山鼎立，城外旗鼓左右，前对五虎，后有莲华，气势非凡；杭州西子湖山，钱塘形胜；南京北锁江流，龙盘虎踞；桂林“城市山林自郁葱”，“环境五里皆奇石，拟是虚无海上山”；镇江的金、焦、北固三山；武汉的龟蛇二山；湖口的石钟山；南通沿江呈弧形排列的狼山、军山、剑山、马鞍山和黄泥山五座山，都是城市得天独厚之处，都是自然美与人工美的交相辉映。温州瓯江有绿岛，谢灵运诗赞曰“乱流趋正绝，孤屿媚中川，云日拥辉映，空水共澄鲜”。岛上的东西塔和江心寺，正是对自然山水的点睛之笔；北京什刹海上“银锭观山”是在特定条件下巧借自然之景而形成的城市景观，使城市顿然生色；滨海城市中，美丽的海湾、岛屿常形成独有的特色。这些城市的自然地理条件是古代城市发展的重要依据，城市的布局构图也常以此为基础。正是由于城市中有这些自然风光，使居民“不出城廓而有山水之怡，身居闹市而有林泉之致”。城市自然景观是城市不可缺少的组成部分，在城市，特别是临水而建的桥梁的建设和发展中，一定要保护并不断开拓自然景观，发挥其特色。

· 中国具有崇尚自然的文化传统

中国传统文化的特色之一就是崇尚自然，追求天人合一，强调人与自然界的和谐、统一。赖特说他的设计思想是从东方文化，特别是中国的哲学著作中得到启示而发展的，可能指的就是对自然的崇尚。人们不仅与那些改造过的自然有着密切的联系，而且对未经改造过的自然也会产生兴趣。在大城市车水马龙、人群喧闹的集中之处生活日久，就越想探求自然的“野趣”，更期望能在周末、假日到远山、近郊去登高抒怀。在森林中漫步、在江湖上荡舟，正月赏雪、清明踏青、重阳登高，这是对城市生活必不可少的调剂。自然环境本身就具有独立的审美意义，“大漠孤烟直，长河落日圆”的壮阔、“明月松间照，清泉石上流”的静寂、“绿树村边合，青山郭外斜”的纯朴以及“二月江南花满枝”，“千里莺啼绿映红”的妖娆，都给人以丰富的美的享受。自然在环境中，不仅只是自然物的体、形和色，还包含自然物的声和味。在环境中，3 次元＋时间＝4 次元＋光＝5 次元＋声音＝6 次元＋气味＝7 次元。龙吟细细，凤尾森森；潇潇春雨，潺潺秋溪；蝉噪蛩鸣，莺歌燕舞以及荷风馥郁、桂子飘香，都会纳入环境的综合体中。它们与环境中的其他构成因素一道，通过知觉和心理感应化作美感，成为环境因素。中国园林、诗画都与自然有着独特的关联。魏晋时代，儒学一度衰微，抑儒扬道的玄学之风大盛，同时战乱迭起。一方面，老百姓苦难深重；另一方面，统治者横征暴敛，及时行乐的社会风气盛行一时。封建士大夫的内心苦闷与日俱增；喟叹人生短暂、世事日蹙的时代情绪四处弥漫。这就促成了变积极入世的人生态度为消极遁世，哲学上崇尚以“无”为本的玄学，行为上蔑视权贵、笑傲王侯，向往与兴趣便趋向于避社会而向自然、寄情山水、放浪形骸、醉心山林、隐逸田园，以自然为精神寄托，因此促成了对自然美的追求。表现在艺术创作中，便是向往自然美的山水诗画的兴起与园林的建造。与这一时期文学领域中崛起的山水田园诗相媲美，开地筑山、养花营林一时竟为风尚。中国古代园林是在统治阶级居住与游览的双重目的下发展起来的，是将古代文人环境意识创造性地再现为可居性文化环境，成为中国不朽的文化典范。这种园林的主要特点是因地制宜、掘池造山、布置房屋花木，并利用环境、组织借景，构成富于自然风趣的园林。所谓自然风趣，是设计时将大自然的风景素材，通过概括与提炼，在园林中创造各种理想的意境，它不是单纯地模仿自然，而是自然的艺术再现。在这个原则下，经过长时间的实践，逐步形成为中国独特风格的自然风景式园林。魏晋南北朝时期私家园林就已形成崇尚自然、野致的风尚。接着，唐宋以来有不少官僚兼文人画家自建园林或参与造园做作。将他们的生活思想及传统文学和绘画所描写的意境融贯于园林的布局与造景中，于是反映出士大夫“诗情画意”的思想情调。在对待建筑与环境的关系方面，我国古典园林也有其独到之处。它一方面强调利用自然环境，但同时又不惜以人工的方法来“造景”，按照人的意图创造自然环境。它既强调效法自然，但又不是简单地模仿自然，而是艺术地再现自然。另外，在建筑物的配置上，也尽量顺应自然、随高就低、蜿蜒曲折而不拘一格，从而使建筑与周围的山、水、石、木等自然景物统一和谐、融为一体，收到“虽由人作、宛自天开”的效果。禅宗的冷神论使画家和诗人将注意力转向被认为真理和绝对理念所在的大自然，而对大自然的观照，则被视为认识真理的最佳途径。中国的诗和画都爱以山水境界做表现和咏味的中心，山水成了诗人、画家抒写情思的媒介。这和自希腊以来，西方拿人体做主要对象的艺术途径迥然不同。陶渊明《归园田居》说：“久在樊笼里，复得返自然”❶；杜甫《寄题江外草钞》有：“我生性放诞，雅欲逃自然”❷。这些都说明，诗人们对自然美是多么向往！席勒曾从理论上指明了诗人与自然之间的亲密关系。他说，人对于自然总是充满了爱与尊敬的感情。一个具有优美感情的人，只要他在明朗的天空下散散步，就能够体会到这一点。至于诗人，那更是一直从自然那儿得到灵感的，“即使在现在，自然仍然是燃烧和温暖诗人灵魂的唯一火焰”❸。

· 与天地相融合是桥梁环境美追求的最高境界

随着人类文明的发展，人类越来越从物质的束缚中解放出来，越来越能以自由的个性面对自然，因而对于自然美的追求，也就越来越炽烈、越来越普遍。桥梁与天地相融合是设计追求的最高境界，根据桥位的周边环境，制定出与环境景观、建筑风貌相协调的方案，是桥梁设计美学所要遵循的重要原则。景观环境的再创造，要有浓厚的自然属性。在这方面，日本本四连络桥具有独到之处。那里到处是山川、岛屿和波浪，环境具有得天独厚的条件，在桥梁修建之前到处是处于自然状态的海岛。在进行桥梁的规划和建造时，本

---

❶ 《陶渊明集》. 北京：作家出版社，1956 年版，第 35 页

❷ 《杜诗译注》第三册. 北京：中华书局，1979 年版，第 1013 页

❸ 《西方文论选》上卷.《素朴的诗棚感伤的诗》. 北京：上海译文出版社，1979 年版，第 489 页

四公团极其注重对这些环境的保护和利用，使得那里的环境从自然状态的环境中加入人工构造物时，一点感觉不出生硬和格格不入的痕迹。例如，本四连络西线，那里形成规模宏大的公园，桥梁的规划和设计从总体到细部完全考虑这个环境的要求。本四连络中线也是具有代表性的环境杰作。整条连络线由下津井、岩黑、柜石岛和南、北备赞五座大桥组成。五座洁白的大桥银链般把濑户内海的岛屿、岛上的青山联系在一起，与山上的绿树、高处的蓝天、低处的碧海、海上的白浪形成一幅迷人的画卷。桥梁设计尽可能保存山水原貌，把一些庞大、笨重的构造物，如桥台等隐存其间（图 7-5-9）。设计者在这条线的两端和中间的岛上，分别设置了眺望公园、大桥纪念公园和大型活动中心，使环境里添加了许多别致的建筑。色彩鲜艳的车辆、游艇及穿戴花花绿绿、活动着的游人，又构成整个环境中不可缺少的因素。人是自然生态系统的有机组成部分，作为大自然本身的产物，自然的因素与人具有一种内在的和谐感。向往自然、接近自然、回归自然，是作为大自然产物的人的天性。人们不仅具有进行个人、家庭、集团的交往活动的社会属性；更有对阳光、空气、水和植物绿化向往的自然属性。当人们穿行于森林、漫步在绿草坪、周旋在百花丛时，会感到一种由衷的舒心和快意，因为她们是大自然的一部分，也是人类所向往的生活环境的一部分。因此，在景观中常创造出人置身于大自然的环境气氛，以满足人的这种心理要求。造桥的地方，有些自然美会受到破坏，但如果好好加以整理和布置，把原来的溪流和瀑布、原来的树木和石头，重新加以组织和美化，就可以创造出比原来更美的自然美来。自然景观如此，自然声响也不逊色。乍看起来，水声、蛙声能生财，似乎不可思议，然而这的确是事实。据说，美国有人把水声灌成录音带出售，销量很不错。有个名叫费涅克的美国人四处周游，忽生一计，用立体录音机录下了许多小溪、小河、小瀑布的“潺潺之声”，然后回到城里复制成录音带高价出售。有趣的是费涅克的这项奇特的行业，生意十分兴隆，买“水声”者竟然络绎不绝。原来，许多城市居民饱受各种噪声干扰之苦，又苦于无计解脱。费涅克出售的潺潺水声带，恰似一阵阵清新的乐声，使人听后仿佛置身于大自然中，忘却了城市的烦恼，失眠者在“水声”陪伴下，还能安然进入梦乡，因此，倍受人们的青睐。在西方国家，青蛙成了一些人赚钱的动物。联邦德国一家酒店抓了不少生猛的青蛙，由于它们会发出有韵律的叫声，不少顾客认为那是大自然的美妙乐章。

图 7-5-9
桥台隐存在山岩中

店主灵机一动，便推出一种名曰“青蛙音乐会”的活动，爱好蛙声的人交纳150美元，就可享受5个晚上的青蛙“乐曲”。日本电信电话公司与动物园合作，将大熊猫欢欢幼仔的啼声录成音带。设立特别电话服务项目，只要打专线电话，就可以听到它的叫声，大受日本少年儿童的欢迎。头一个月内，每天打这个电话者达20万人次，电信电话公司因此每天增加收入200万日元。他们尝到甜头后，又在电话卡上印上这头熊猫幼仔的几幅特写照片，使这种电话卡变成抢手的“收藏器”，出售总数很快达到500多万张。在桥梁周围，如果设法保留这些水声、动物的叫声，必定会受到特别的青睐。

（二）桥梁水环境

· 中国传统文化对水情有独钟

在中国，水是一种景观，甚至是一种哲学。中国传统文化和意识中对水的讴歌，使水上升到哲学和艺术的境界。以致世代相传，使得中国人对水情有独钟。水在儒家心目中成了“德”与“义”的象征。水代表着儒家人格的最高理想之一。“夫水者，君子比德焉”。孔子把水势、水形、水态比拟为君子的德、仁、义、智、勇等品质。他说：水有五种完美的品德，因它常流不息，能滋养一切生物，好像有德；流必向下，不倒流，或方或长，遵循自然规律，好像有义；浩大无尽，好像有道；流向几百丈山涧毫无畏惧，好像有勇；安放没有高低不平，好像守法度；量见多少，不用削刮（不会隐瞒正确的观点，违心地趋附别人），好像正直；无孔不入，好像明察；发源必自西（归宿必处东），好像立志；取出取入，万物就此洗涤洁净，又好像善于变化。水有这些好德行，所以得出“君子必观水”的结论。子曰：“仁者乐山，智者乐水”。孔子认为，人和自然是一体的，仁者爱静，山给人的是肃穆之美；智者爱动，水给人以洋洋的、流泻的想象。与山的稳定不同，水是多变的，具有不同的面貌，它不固定也不执着；它柔和而又锋利；难于追随；深不可测；不可逾越，故智者像水一样“明事物之万化，亦与之万化”。道家学说把水当作“善”与“美”的代表，提到了“道”的高度。道虽然玄妙、高深，且只可意会不可言传，但在自然界中，也并不是没有与它相似的原形，那就是最朴素，也最自然的水。道家所说的虚是一种自我解脱，而其形象体现则是水，水的“无形、无色、无限、平静”。水至柔也至刚，滋润万物而无取于万物；即使遇上最弱的力量，也无意反抗；然而，水同时也是坚不可摧的，最坚硬的石头也有“水滴石穿”的那一天。道家学派的创始人老子在自然界万物中就最推崇水，他将水的形象作为道的体现，他说：“上善若水。水善利万物而不争，居众人之所恶，故几于道”。意思说，最好的处世方法就像水一样，给万物带来益处却与世无争，总是处于人们所不愿处的低位，做到这些你就接近于道的处世方式了。水是最柔的东西，但它却能够穿山透地。老子以水来比喻柔能胜刚的道理，认为，“柔弱”是万物具有生命力的表现，也是真正有力量的象征。最柔弱的东西里面，蓄积着人们看不见的巨大力量，使最坚强的东西无法抵挡。他说“天下之至柔，驰骋天下之至坚。无有入无间，吾是以知无为之有益。不言之教，无为之益天下希及之。”说的是，天下最柔弱的东西，腾越穿行于最坚硬的东西中；无形的力量可以穿透没有间隙的东西，我因此认识到“无为”的益处。“不言”的教导、“无为”的得益，普天下少有能赶上它的了。他还说：“天下莫柔弱于水。而攻坚强者，莫之能胜。以其无以易之。弱之胜强。柔之胜刚。天下莫不知莫能行。是以圣人云，受国之垢是谓社稷主。受国不祥是为天下王。正言若反”。就是说，天下没有比水更柔弱的，但攻坚克强却没有什么能胜过它，因为没有什么可以真正改变得了它。柔能胜过刚、弱能胜过强，天下没有人不知道，但又没有人能实行。因此，圣人常说：能承受全国的屈辱，才配作天下的君主；能承担全国的灾难，才配作天下的君王。确切的话语常常让人觉得不以为然！老子还以水来比喻为王之道，《德经》66 章说：“江海所以能为百谷王者，以其善下之也，故能为百谷王。”就是说，大江大海所以能容纳千溪万壑，是因为它们始终把自己放在低下的位置，这样就成为百谷之王。

水历来为古今文人墨客们所钟爱，赞美水的名诗随手可得。比如，《诗经》中的“所谓伊人，在水一方”；白居易：《忆江南》“日出江花红胜火，春来江水绿如蓝”；李白：《望天门山》“天门中断楚江开，碧水东流至此回”；曹操：《观沧海》“水何澹澹，山岛竦峙”；杨万里：《小池》“泉眼无声惜细流，树阴照水爱晴柔”等等，不胜枚举。董仲舒在《春秋繁露·山川颂》云：“水则源泉混混沄沄，昼夜不竭，既似力者；盈科后行，既似持平者；循微赴下，不遗小间，既似察者；循溪谷不迷，或奏万里而必至，既似知者；鄣防止而能清净，既似知命者；不清而入，洁清而出，既似善化者；赴千仞之壑，入而不疑，既似勇者；物皆困于火，而水独胜之，既似武者；咸得之而生，失之而死，既似有德者。孔子在川上曰：‘逝者如斯夫，不舍昼夜。’此之谓也”[1]。水是自然界最壮观、最活跃的因素，也是中国园林中主要造景要素。从古代凿池布导，到现代的叠水喷泉，千百年来水有经久不衰的魅力。中国古代园林从汉朝在池中建岛后，到魏晋南北朝又沿着池岸布假山、花木及各种建筑。自此之后，以水池为中心处理园景成为一贯的传统方法。古代造园理论有“三分水、二分竹、一分屋”的说法。

· 水是城市的血脉，孕育了人类的文明

从宇宙空间回首观望地球会发现它是蓝色的，蓝得宛若一滴晶莹的水珠子。我们人类就居住在这伟大的水的星球里。遥至太古时代，人类就为水而欢呼、而痛苦，对水寄托以无限的梦。人与水的关系时而残酷，时而融洽、和谐，水孕育了人类的文明。水景是城市环境中最具生命力的场所。绝大多数城市都依水而建，都有条活水，也许是因为交通，也许是因为用水。如果，用艺术眼光去看，有水的城市更多几分诗情画意。平静清澈的湖面，蜿蜒轻快的小溪，奔腾跳跃的激流……牵动着多少人的心，给人以无限的遐想。神话离不开水，洗礼之水、诺亚方丹与水、哪吒闹海、水漫金山……，水与人类有着千丝万缕的关系。当你沿着灯光辉煌的外滩漫步在黄浦江畔；当日落时分，你斜依栏杆，凝视着珠江或者海河金光粼粼的波浪；或是你迎着曙光，走向南京、武汉或重庆长江大桥壮丽的桥头堡；或是你当风而立，俯瞰哈尔滨淡淡微笑的松花江，你都会感到，这水简直就是城市的血脉，它给城市以活力、给城市以精神。它的充沛，也就是城市的充沛；它的流畅，也就是城市的流畅。水体的态、声、光、色、质俱全，或流，或泻，或波，或漪，充满了动感，洋溢着生气。利用水体的流动、聚散、渗透、蒸发、折光、映影……能够获得奇妙的艺术景效，创造独特的审美价值。在形态上，水的柔和及滑润与建筑实体形成刚柔、虚实的直感对比。“竹露滴清响”、“山水有清音”，泉水叮咚，反衬得空间环境的幽静。曲池泛起涟漪，波光游动；景物倒影成景，“烛影摇红”；水面反射波光，晶莹闪烁。车尔尼雪夫

---

[1] 《春秋繁露·山川颂》

斯基说过："水，由于它的形状而显出美。辽阔、一平如镜、宁静的水在我们心中产生宏伟的形象。奔腾的瀑布，它的气势是令人震惊的，它的奇怪突出的形象也是令人神往的。水，还由于它的灿烂的透明，它的淡青色的光辉而令人迷恋。水把周围的一切如画地反映出来，把这一切屈曲地摇曳着，我们看到水是第一流的写生画家。水由于它的晶莹的透明而显得美。浪花所以美，是因为它顺着波涛飞跑疾驱，是因为它反映着太阳光，当波浪进散的时候，浪花就像尘雾一般飞溅开去"❶。水本身并无定形可言，却能与各式的器物相辅相生，展现出自己的姿态。水形善变，随器而方圆，它能与任何形态的器物相形相随而显示其特性，故可充分利用地形，取得"成雷"、"成雪"、"成练"和"非烟非雾、出入不定"的效果。水所拥有这种千变万化的特性，赋予了设计师无穷的想象。在环境空间的构成中，它不同于其他物质材料那样直截了当，它总是含蓄、可变的。因此，以水来做空间处理，往往能别出心裁，令人耳目一新，不少成功之作都与水的形象相联系。水更是创造优美环境所不可缺少的因素。袁中道在《游岳阳楼记》中说"楼之观，得水而壮，得山而妍也"。18 世纪末叶，法国传教士格罗赛曾把古城绍兴喻为东方威尼斯，实不为过——这江南著名的水乡泽国，一切都是水灵灵的，仿佛空气、泥土、草木都能挤捏出水来。不必说水是如何的清滢碧澈、妩媚多情，那载着客人载着笑声的乌篷船，更令人油然想及威尼斯的"刚朵拉"。然而，绍兴又有着与威尼斯不同的景致。"三山万户巷盘曲，百桥千街水纵横"；"垂虹玉带门前事，万古名桥出越州"；"亭台到处皆临水，屋宇虽多不碍山"；"几个楼台游不尽，一条流水乱相缠"，是"水乡"的生动写照。巴黎起源于塞纳河。她的美，在很大程度上归功于在城区缓缓流过的塞纳河。塞纳河是巴黎的生命线，它把城市分为南北两部分。两岸以同样速度发展起来，这在世界大城市不多见。两岸风光秀丽，楼房鳞次栉比，主要建筑大都集中在塞纳河沿岸。有的建筑已经历了几百年的风风雨雨；有的则是现代技术的杰作，它们完满地体现了巴黎古往今来各个历史时期不同的建筑艺术与风格，名胜古迹也密布在河道两旁，因此，乘船游览塞纳河总是参观者一项不可缺少的项目。塞纳河四周风景如画，岸上的座座建筑色彩分明，卢浮宫、奥赛博物馆、巴黎圣母院、埃菲尔铁塔等名胜一个个掠过，各具特色的桥梁也一座座迎面扑来，使人目不暇接。

· 桥梁水环境得天独厚

人与自然有着天然的默契，水是自然界生命的源泉；河道是桥梁最亲近的环境，因此水在桥梁环境中占有突出的地位。水千姿百态，其音韵、气势能陶冶人的神情；引起人们无穷的遐想；给人以美的享受。流动的水还有净化环境、净化心灵的能力。曲折多姿的流水还会给城市创造活泼多变的水环境、水空间。水体能使空间变得充满生气，唤起人们的关注。人与大自然有着一种天然的默契，人刻意于对自然的追求，总希望有更多的可能与自然的因素获得联系，不愿被四周的非自然因素所挤迫。桥梁的水环境应该充分利用河流的优美景观，将桥梁、河道及其沿岸地带作为一个整体，利用其特有的自然景观及广阔的空间，建立以河道为轴心的风景带。作家余光中在《桥跨黄金城》中是这样描述桥、河、水和河岸所构成的美景："河乃时间之隐喻，不舍昼夜，又为逝者之别名。然而逝去的是水，不是河。自其变者而观之，河乃时间。自其不变者而观之，河又似乎永恒。桥上人观之不厌的，也许就是这逝而犹在、常而恒迁的生命。而桥，两头抓住逃不走的岸，中间放

❶ 《论崇高与滑稽》.《车尔尼雪夫斯基论文学》. 中卷. 北京：人民文学出版社，1965

走抓不住的河，这件事的意义，形而上地可供玄学家去苦思，形而下地不妨任诗人来歌咏”。“说是过桥，其实是游桥。因为桥上不但可以俯观流水，还可以远眺两岸；凝望流水久了，会有点受它催眠，也就是出神吧；而从桥上看岸，不但左右逢源，而且因为够远，正是美感的距离。”

水是自然界最壮观、最活泼的因素。水体的形象可能千姿百态，但概括起来，不外是静态和动态两大类。静态的水美，动态的水更美。静态的水崇尚“清净”，它朴实、安详，别具魅力，往往暗含着一种神秘感。曲池碧液，水波不兴，若潭若渊，一派幽趣，有静态的美。清澈的水体还具有“净化心灵”的效果，寺庙园林常以水来“净化”凡心俗念，“洗心泉”、“洗心亭”尽抒“鱼乐人亦乐，泉清人共清”的情趣。水色高雅，故常令其于别的景物相映衬而成美景。平静的水面，能将突出在水面的桥梁在质地、色泽上产生对比，起到“基托”的作用。可根据需要从各方面，或作背景或作基托来衬托空间中的桥梁。它比较适合于创造一种恬静，能让人回味的环境气氛。与静态水相邻的桥梁形象宜较完整、细节处理较细腻，且注意与水环境的对比；“动”是水的典型性格，能引起游人的幽幽情思，或给人以强烈的视听感受。流水的可贵之处还在于音容兼备、声貌俱全。由于地心引力的作用，水势总是由高处往低处流，而借助于人工手段，则能使水逆地心引力而动。动态的水可分为顺水势而动和逆水势而动两类。流水不息，流淌与跌落更是水的灵动，水的流动及聚散与桥梁的静态实体空间形成动静、开合、对比的美感。喷与瀑是最典型的动态水的形象。只要在这顺与逆当中把握好分寸，或是借助各种器械工具或变化导引水流的形体，就会创造出力量悬殊、姿态各异、音响不同的动态水形象。流水潺潺，能激发起跳动欢快的情趣；跌水喧喧，平添了奔放、热烈的气息。流水给空间带来了音乐的美。喷泉与跌水同样表现一种动态美，但相比之下，喷泉由于逆重力方向而动，显示出力量悬殊、姿态各异的美感，使空间充满生机，在环境中更具魅力。喷泉不仅姿态动人，还能净化环境，带来实用效益。韩国首尔的盘浦喷泉大桥横跨汉江，在2008年的扩建工程中，在桥的两侧安装了9380个喷泉口，喷水量达到190t/min。每当入夜，在照明灯光的映衬下，大桥两侧五颜六色的喷泉使人仿佛穿越时空，步入梦幻境界，美不胜收，成为当地的主要观光景点（图7-5-10）。水，还有一个

图7-5-10
首尔盘浦喷泉大桥

特殊的环境功能，就是产生光影的效果。粼光荡漾、晶莹闪烁，产生了浮游、飘洒的情趣；波影游动，使人恍然游入蛟宫，给人梦幻浪漫的美感。水的“光”与“影”是一对孪生姊妹。在光影的无穷变幻之中，宛若身踞于潦濮之上，置身于沧浪之中，颇饶雅趣。

水体能使主体形象出现倒影，有着一种逆人们视觉习惯的作用，使很平常的主体形象出现一种难以料想的视觉效果，使人感觉到兴奋，烘托了主体，带来恍惚迷离、神秘莫测的环境气氛。水面犹如一面镜子，利用水中倒影可扩大空间感，达到小中见大的效果。人们不仅利用倒影来“仰借”天空景色，而且利用其虚幻性创造出诗一般的意境。倒影出现了正和反的对称形象，使画面丰富别致，唤起了梦幻浪漫的美感，从而引发人们的向往和追求。这现象吸引了多少画家无数次地描绘镜中的倩女；多少摄影师迷恋漓江中的两岸群山。想象一下一座座石拱桥，在月夜与穿林而过的月亮倒影连在一起，所出现一溪多月的奇景多么引人入胜。桥在水中的倒影不属于水，而属于桥。水中的光影变化，更增添桥的扑朔迷离、神秘莫测的气氛。温庭筠《陪河中节度使游河亭》：“鸟飞天外斜阳尽，人过桥心倒影来。添得五湖多少恨，柳花飘荡似寒梅”。“上下影摇波底月，往来人渡镜中梯”，桥梁常常跨水而建，它的倒影就是如此奇妙素、迷人（图 7-5-11）。

图 7-5-11
颐和园玉带桥倒影

现代先进的技术冲击并改变着人们传统的生活方式。经济起飞、人口剧增、机动车充塞街道，噪声、废气、交通阻塞，甚至危及生命，这一切都构成对环境，对居民工作、生活的严重威胁，使许多古城陷入困境。许多人认为，到城市拥挤的街道去是一件不愉快、令人厌倦的事情。因此，人们渴望着能避免繁华所带来的烦恼，给城市创造一些轻松的气氛，在繁忙而紧张的工作之余能享受一下安宁、幽静的愉快，恢复身心的劳累。人们常常向往着能沿着河边悠闲地散步，在充满诗情画意、没有交通危险的地方缓和一下情绪。桥头、河边，无疑是满足这些愿望最理想的场所。现代水景设计强调主体的参与，在人工水景诸多构成要素中，亲水性问题是体现“水”特性的关键。水对于人有一种无法形容的感染力，人喜欢和水保持着亲近的距离。当人距离水面较远时，通过视觉感受到水面的存在，人们就会被吸引到水边，实现近距离的接触。当人和水距离较近时，可以接触到水，用身体的各个部位感受它的气味、迷雾、湿润。桥梁可利用其近水的优势，创造一些亲水设施，供人们观赏水景。杭州湾大桥所建造的“海天一洲”（图 7-5-12），就收到很好的效果。在“海天一洲”上，前看海天一线、后望车流滚滚，左右看，皆放眼看不尽，无边无际，真不失陈子昂《登幽州台歌》所写：“前不见古人，后不见来者，念天地之悠悠，独怆然而涕下”。在水面比较开阔的桥址，利用浅水区做桥梁匝道（图 7-5-13）可以丰富水环境，还可节省陆地，一举两得。水蒸发时散发的水分子，具有吸热、降温、改变湿度的作用。水在环境中拥有一种调节温度、湿度、净化空气的作用；水还能吸附尘埃，减少空气流通中飞扬的灰尘，因此，水边常常聚集着依依不舍的人群，形成城市环境所特有的气氛。古人说，“非必丝与竹，山水有清音”。确实，水声能给人以清新的音乐美感。人们在欣赏音乐喷泉时，由于使用两种感觉器官，获得了比单一感觉强烈得多的美感。其实，水对当代人类生存环境的贡献已远远超出了视听并用的效应。它对城市环境的特殊意义，还

图 7-5-12
杭州湾大桥“海天一洲”

图 7-5-13
水中匝道

在于能起到压盖噪声、模糊人们对噪声听觉的作用。古人早就知道“鸟鸣山更幽，蝉噪林愈静”的道理，水声可以消除噪声的危害，还是当代的新发现。由于水可以随着喷、瀑等不同的动态发出轻重不同的音响，在多噪声的声环境下，可将动态水的音响设计得略大于噪声，起到压盖噪声的效果。水声还能有效地陶冶人的心理情操；消除人们的疲劳和苦闷；引起人们无穷的遐想，水声对于现代人的生活，就是如此地可贵。

（三）桥梁绿化

· 创造绿化环境是现代城市的迫切需要

绿化，不仅是生态的需要，也给城市带来整洁、宁静、生机盎然的气氛，是城市美的标志之一。人们生活在高技术的社会中，在享受着技术成就的同时，也抱怨技术带来的弊病。人们需要绿化，就像需要阳光一样。在需要技术美的同时，必不可少地需要自然美的调剂。绿化的生态学功利是多方面的：城市绿化的首要意义是生态，是为居民提供充足的氧气，同时不断吸收消耗二氧化碳。绿色植物具有利用太阳光进行光合作用的机能，能将从周围环境中摄取的无机物变成有机物，以维持其他生物的生命。地球上空60%的氧气是靠植物光合作用产生的，同时吸收了大量的二氧化碳和其他有害气体，从而为人类提供了新鲜的空气。据计算，每公顷的阔叶林，在生长季节每天吸收消耗约1t二氧化碳，释放出0.75t氧气。如果以成年人每天呼吸需要消耗0.75kg氧气，排出0.9kg二氧化碳来计算，对城市居民来说，平均每人有10m^2的林木面积，就能得到充足的氧气供应，并足以消除二氧化碳的危害。或者平均每人有25m^2的草地，也能达到上述效果。但是考虑到城市汽车以及其他生产、生活设施排放的二氧化碳，所需要的绿化面积则应当更大些，应在前述基础上提高2～3倍。有的文献认为，城市绿化覆盖率必须达到30%以上，才能起到改善环境的作用；植物枝叶对吸滞烟尘和粉尘的作用也是显著的，除了叶面吸附尘埃之外，还可以将粉尘截留在绿化带之中，发挥了藏灰、纳尘的作用，使空气变得干净、清新；绿色植物还具有良好的杀菌作用，有许多林木在生长过程中，能挥发出柠檬油、肉桂油和天竺葵油等多种杀菌物质，杀死一些病原菌。有人做过监测，在百货大楼内，每立方米空气含细菌达4百万个，在林荫道上有58万个，在公园内只有1000个；植物还有蒸发或吸收水分的特点，可以在干燥季节增加环境的湿度，在雨季降低环境湿度，起到调节湿度的双向作用；植物蒸发水分并以枝叶遮挡阳光，使气温凉爽，能调节环境温度；植物遮挡直射的阳光，有效吸收辐射热、阻隔紫外线，起到过滤日光的作用；植物繁密的枝叶对声波的漫反射，像一种柔质隔声器，能够降低环境噪声、阻碍噪声传播，有静化环境的作用。

绿化系统在城市的人工环境中成功地保留了自然的连续性。人得益于植物绿化的，不仅仅是生态学意义上的功利，更有其充满活力的形象唤起人们对美的追求、对精神世界的慰藉，起到很好的美化环境的作用。花草藤树，四季滋长、吐故纳新、生意盎然。每当人们见到绿色植物，心中便会泛起清新、舒畅的感受和无限的遐想；绿色有机体以其富有生命的自然美、形态各异的形象、丰富斑斓的色彩、千变万化的质地，使环境拥有了生命，富有了人情乐趣；绿化发自于有机体的生命力，显示了自己生长、变化的形态特性，增强了环境的感染力，突出了绿化的装饰性及表现力，使环境充满生机，成为现代城市环境不可缺少的因素。

创造绿化环境是现代城市的迫切需要，也和我们民族的传统相吻合。中国人特别喜欢栽花养草、弄盆置景，没有大山水，搞点小山水、假山水也好。绿化的审美意义在中国人的长期生活中，已被赋予了人格特征，使植物拥有了超生物的审美价值。人们通过花草树木的形象，寄托自己的感情和意志，从而创造出特定的氛围和意境。例如，松柏使人想到刚劲、毅力；荷花使人想到高洁、无瑕；君子兰使人想到高雅、长寿；牡丹使人想到富贵、华丽等等。我国文人雅士对梅、兰、竹、菊的颂咏，便是最好的例证。在配置植物品种时，不仅从形态、质地、色泽等方面入手，也要在品格上作取舍。

· 桥梁绿化包括桥体绿化和周围环境绿化

随着城市的飞速发展，一座座高架横空出世，车辆的噪声、排放有害气体等污染越来越严重，影响着人民的生活。而绿色植物不仅有净化空气、调节气温等作用，且它对环境的美化影响到城市的面貌和市民的精神生活质量。各种植物，或形美，或色艳，或味香，其自然美恰好与环境中的桥梁实体规矩、呆板的形态，形成了趣味盎然的对比。桥梁实体洗练、简洁、棱角分明，质地光洁、平滑、细腻，配以植物绿化的起伏变化、粗糙、繁茂、疏落、含蓄不定，这不仅丰富了环境中不同的层次变化，而且构成彼此间形态、色泽、质地上的矛盾、冲突的美。绿化能使桥梁很好地融入城市的绿色环境中，是桥梁与城市环境协调的纽带。桥梁绿化包括桥体本身的绿化和桥梁周围环境绿化。桥头以及立交桥空地广场绿化是桥梁环境绿化的重点。可采用楔形绿地等多样化形式，种植绿树、木本花卉和草坪，必要时点缀些山石、假山。树种宜选用常绿阔叶树，以达到保持常年景观，并提高调节空气的效果。

桥身绿化对跨河桥来说，主要是桥两侧和中央隔离带的绿化。对于长度比较长的桥，一般不做中央隔离带的绿化，因为隔离带绿化要占用桥面面积，不经济；而且在跨河桥上一般有很好的水面，可以供行人观赏。大多数行人走在桥上都愿意眺望水面，而不去关顾绿化带。这是因为，对行人来说，水环境要比绿化难得得多，更能引起他们的兴趣。但是对于长度比较短的桥梁，为了与道路取得一致，一般延续道路断面做连续的中央隔离带绿化。在桥上做绿化，无论是桥两侧还是中央隔离带，都以采用绿化箱为宜。这样，便于植物的养护和种植。一般在苗圃进行种植和养护，成形后再搬到桥上摆设，定期更换。城市高架桥一般处于视觉的明显位置，对城市环境影响较大，因此绿化显得格外重要。高架桥的立体绿化，在立柱上攀爬藤蔓植物，可以掩盖单调、枯燥的混凝土表面，还可弥补地面绿化的不足，在不增加用地的情况下扩大绿化面积，提高绿化覆盖率，起到降温、缓解城市热岛效应、吸收大气污染物的功能，把高架桥妆点成色彩缤纷的空中花境（图 7-5-14）。高架桥绿化也可在桥体两侧设置植物箱，对阻挡尘埃和噪声有很好的效果。植物箱先前都采用挂钩悬挂在防撞护栏上（图 7-5-15①），容易锈蚀、掉落，不安全。对于新建桥梁，可结合防撞护栏做成固定的植物箱（图 7-5-15②）。也可在桥下种植耐阴植物（图 7-5-16①），创造绿色景观。有条件的地方，在高架桥两侧设置一定宽度的绿化隔离带(图 7-5-16②)，可有效克服高架桥给城市带来的弊病。高架桥上品种单一的绿化，容易造成驾驶员视觉疲劳，影响安全行车，要丰富高架桥绿化的植物品种。高架桥立柱上攀爬的蔓藤植物以及桥下种植植物，都可以分段配置不同的品种或造型，形成标志，起到识别路段的作用，增加空间的导向性和序列性。在进行植物种植时，应充分了解其生长环境，尤其是光照条件。在种植前应对光照进行测试，看其是否满足植物生长所需的光照补偿点，并与全日照数值

图 7-5-14　高架桥梁立体绿化

图 7-5-15
桥体两侧植物箱

图 7-5-16　桥下绿化及隔离带

进行比较，选择合理的绿化品种和布局。光照好的位置可栽种抗污性强的喜阳植物，如海桐、黄杨、鸢尾等；光照适中的位置可种植抗污性强的常绿耐阴植物或阴生植物，如八角金盘、洒金桃、叶珊瑚、常春藤、爬山虎、扶芳藤或麦冬等，起到降低高架区域污染并美化景观的作用。高架桥上绿化所处的环境比较恶劣，日常养护格外重要，特别是浇水，可设自动浇灌设施（图 7-5-17）。

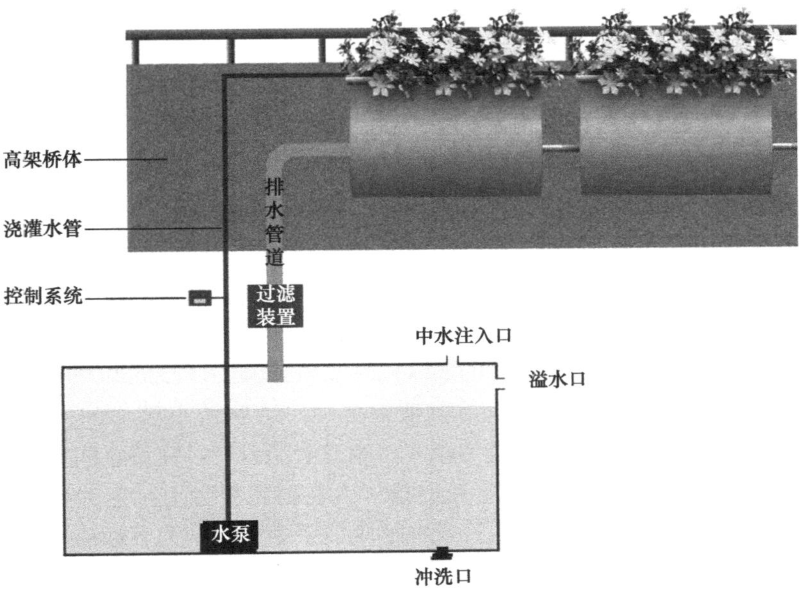

图 7-5-17
高架桥自动浇灌系统

四、心理行为环境

· 人类环境除了物理环境，还有心理行为环境

人类对环境的最基本的需求就是满足生理和心理需要。环境可分为两类：一类称“物理环境”，又称“地理环境”。另一类称“心理环境”，也称“行为环境”。行为心理研究表明：人们首先从来自物质环境的印象和感受中得到某种信息，然后在心理上做出反应，形成心理环境，引起行为活动。随着文明的发展和社会的进步，人的心理活动越来越复杂，对环境的要求也就越来越多样，所以对包括桥梁在内的环境心理的研究也就更有必要了。任何物质环境给予人的视觉印象和感受，都会在情感上、心理上或在潜意识里做出反应。心理反应是由客观到主观，然后又由主观到客观的过程。因此，情与物存在着辩证的关系。人们对形式感的评语：“魄力”、“神韵”、“雄伟”、“气势”、“肃穆”、“冷峻”、“酣畅”“柔弱”“刚健”……都是各种心理感觉，而物质本身并不存在这些概念，但人们心目中的这些感受又都是从客观形式中的某种“基因”转化升华而来的。环境提供给人的不仅仅是视觉和触觉的生理体验，而应通过生理体验提供一种全方位、具有引导性的心理体验，一种全身心、令人无法抗拒的心理感化。人的心理境界和情绪意识将在这种体验和感化中，受到一种美好、合理的调节，并有可能被完全征服。因此，需要从环境与行为的关系出发，去研究外部空间环境的构成。完整的环境设计，除了传统的知觉（视觉、听觉和嗅觉）环境外，还有心理行为环境。研究环境的心理行为，把人与环境视为一个统一系统。“建筑、环境和人”把其中对“人”的探讨再深入一步，就进入了“心理”的领域。人的心理活动介于人的动机和行为之间，它起因于某种需要，而落实在具体的行动上。在人的需要、动机、目的和行为之间，存在一种线性关系。人们为了满足某种需要、达到某种目的，总会采取相应的行动。人的基础心理活动由感觉到知觉，以及记忆、表象、认知、判断和注意等一系列心理活动构成。高级的心理活动，则是深一层的心理活动，诸如心境、情绪、意志和审美等活动。人的反应和行为根据心理学环境做出，而心理学环境则根据外界存在的物理环境形成。人从所处的环境中选择信息，根据这些信息形成了心理学环境。当人们身处某种环境时，往往会产生各种各样的感受和联想，以致影响人们的情绪、心境乃至志趣。这些情绪、心境又决定人的行为。柯甫卡关于康斯坦斯湖上游客的比喻，通俗地说明了这种影响，他说：由于湖上积满雪，游客以为连在草原上，如果他们知道自己是走在湖面上，就不会走了。我国武汉长江大桥在通车典礼时，桥面上满载人群，出现了桥梁的横向晃动。当时未做详细研究，由于晃动问题没有得到令人信服的解释，后来设计南长江大桥时，为了确保万无一失，把钢梁加宽 4m，多用了 4000t 钢。2000 年世纪之交，英国人为了迎接千禧年，花了 1820 万英镑，在相隔百年后，又在泰晤士河上架起一座人行桥，千禧桥。这座桥造型简洁、明快，加上材质代表未来的科技，深受市民喜爱。开通时，一下子涌进成千上万的民众，导致桥梁发生严重的剧烈横向摇晃。剧烈摇晃的惊恐取代了原本的惊喜，第三天桥梁被迫关闭。这座桥也被伦敦人称为“Wobbly Bridge”，摇摆的桥。随后，开始寻找问题的原因。经过全面研究，发现这些横向摇晃就是心理行为作的怪。设计单位在大学的试验室里进行了人在摇晃平台上行走的行为观察。结果发现，人在行走时都会有横向摆动。当人行走在摇晃的平面上时，为了保持身体平衡，会下意识地加大步伐，朝反方向摆动身体。这个动作与摇晃同步，因此更扩大了晃动的效应，这与人在船上的行为是一样的。他们还组织了不同数量行人过千禧桥的实测试验。试验发现，当桥上的行人超过一定数量时，就会引起横向可感的摆动。人们为适应这种摆动会调整身体与步伐，改变行走方式去适应桥的晃动。这样又加剧了这种摆动，以致摆动越来越大，直到行走困难、扶持栏杆为止。

心理行为环境研究的核心内容是环境形态对人的心理行为的影响。人们较多地研究行为功能，其实在功能中就含有心理需求内容。一个完美的建筑，功能与心理必定统一。利用超人尺度表达皇权、神权之强大。佛教寺庙常常塑造巨大的佛像，并给人极近的视距，从而产生神灵威严之势，使人油然而生顶礼膜拜的心理。皇城宫宇也通常筑于高台，其尺度远远超出庶民之上，从而使环境赋予压倒一切之势。一些道观、寺庙、陵墓巧妙地利用了人们的生理约定，将主殿筑建于高坡之上，殿前设置一跑陡直的台阶。它不但利用与人的正常尺度感相差较大的坡度，而且还利用上坡时，生理节律（心跳和呼吸）的加快，使人在朝拜之前产生一种谦卑心理。现代城市的一些重要机关，烈士墓园也可以看到建筑师利用同样的原理，通过冗长的轴线以及大量的台阶使人产生生理疲劳，激发心理期待感，达到应有的环境气氛。

人的高级心理活动，是人的社会化的产物，研究环境如何满足这些心理活动的需求，必须把个人的高级心理活动与社会心理结合起来。社会心理是指在社会生活中人与人交往的心理活动。社会心理学研究对象是社会心理、个人在心理上的相互影响。在某种意义上说，心理行为环境设计是传统物质环境设计的同归，但它已远远超出环境美化的范畴而特别注重于环境构成要素的相互关系及人们在其中的行为和感知。西方建筑师意识到摩天大楼阴影下人们的失重心理，他们敏感的触觉将注意力导向环境空间的丰富性上，生动地再造一个与现代人心灵相互沟通的空间，形成一个活泼自由、会通物我的文化氛围，成了他们设计的主旨。莱特的“草原屋”、勒·柯布西埃的功能主义设计，就带有解脱人们心理困境的意向。这些设计之所以为西方人所津津乐道，正在于他们具有类似的心理感应。物我会通既是官能空间的刺激，也是心理空间的发散。20世纪初，欧美的一些建筑师和艺术家提出“环境的意识化”的概念。他们不满足于将空间只理解为实在物质的三度空间的传统观念，而把在空间中的建筑物、雕刻、绘画等作用于人的感情，产生一种气氛，因而丰富和延伸了的空间，称为第四度空间，也就是意识化的空间。对环境心理和行为的分析，在实质上也是对人与环境的一种约定关系的研究。一旦明确了这种约定，建筑环境就能以其四度空间来传达设计者的意图。当这种约定实现时，人们经过自然的适应、接受并理解以后，就会发生预料的行为方式；否则，就会感到迷惑，甚至回避。

1968年，环境设计协会（EDRA）在美国成立，次年召开了第一次大会。1969年，国际建筑心理学讨论会（IAPC）在英国召开首次讨论会。1981年，欧洲成立国际人间环境交流协会（IAPS）。1980年，日本成立了人间环境学会（MERA）。这些活动对于心理行为环境的深入研究，都起了卓有成效的推动作用。

· 设计桥梁环境实际上是设计人的心理行为

环境与人的行为存在着依存关系，环境有制约、规范、引导人行为的作用。现代城市应具备良好的行为环境，这种环境的建立能增加市民对城市的亲切感，增强市民精神上的凝聚力，对团结人民、发扬爱国主义精神起着积极作用。各行各业都要互相了解，主动适应、互为方便、减少冲突、克服困难，为人类创造更富有意义、丰富多彩的城市环境，从而稳定社会秩序，提高工作效率。城市是人们共享人类创造的物质文明和精神文明的场所。环境设计就是要根据人的行为心理特征，为人们提供舒适的城市环境，提供适应不同要求的场所和舞台。环境设计需要对人在公共空间中的行为方式、心理特征进行调查分析，使得空间的设计能够适应人的各种活动和行为心理方面的要求。以前，只有艺术才是道德价值的体现者；当今，科学和艺术一起承担这一重负。科学家也看到有一个科学和艺术交织在一起的领域，这个领域过去并不存在，只是近几十年始方出现，这个领域就是人类行为的准则。因此，各行各业都要重视对心理环境的研究，研究人对环境、环境对人的影响。桥梁作为环境的一个部分，往往也担负同样的任务。人和形体环境是桥梁环境的两大要素。桥梁环境的研究对象应是人和形体环境并重，既要研究形体环境的诸多方面；更要研究人的心理、行为和社会问题。桥梁环境设计需要分析和理解人的行为心理，有意识地使环境构成顺应人的需要，使环境构成形态更趋合理，为使用者提供较为理想的生存环境。桥梁环境设计应该重视人们在使用桥梁及其所处的空间环境中的精神感受。不同的环境形象引发人们不同的直觉（认识），产生不同的情感（反映）和不同的意志（行动）。人们希望并要求他们的环境支持他们的行为、欲望和情感，使人们心理上得到满足，产生愉悦和美感。我们应当将桥梁环境设计意识推向一个更高的层次。当我们为桥梁的环境设计而工作的时候，实际上却是为生活在这个环境之中的人而工作；当我们在设计桥梁环境的时候，实际上却是在有意、无意地设计着人的生活秩序、生活方式和生活情调。现代桥梁设计最重要的是“为人”，因此要了解人的活动模式，生理、心理、承受能力及期待价值等等。桥梁环境不仅由桥梁、河道及其周围的环境构成，而且由人及人的活动构成，必须把环境作为一个整体来规划设计。环境的主导者是人，人的行为活动影响和主宰着环境的形成和改变。因此，讨论桥梁环境不能离开人的行为活动、社会心理现象、人造环境与自然环境的结合以及创造美好的桥梁形象与环境气氛等问题。从对桥梁的审美设计到对人的活动的设计、对人的生存环境的设计，这是一个飞跃。

要想创造一个理想的桥梁环境，除了创造桥梁的实体外，还要对桥梁以外的空间进行研究。这与中国绘画“计白当黑”的道理是一样的。对于桥梁的空间主要研究其向外的扩张，即“意到笔不到”的心理空间。这种心理空间实际上就是实体形态所限定的空间的“场”。它是在占有的环境中，各实体之间互相关联所产生的相互吸引的联想环境，是一种随着形态的空间位置而变化的心理上的量。这里所指的实体，除了人和桥外，还包括“场”内的建筑物、雕塑、树木以及各种环境设施。由于人总是生活在一定的家庭和社会之中，因而个体的活动也就会受到家庭、社会生活范围的限制，造成个体和人与人之间的心理距离。这种心理距离反过来又强化了个人或人群为了满足某种需要时，对一定空间范围和空间所有物的占有欲。这种称之为“领域感”的心理现象，会在任何一个有人参与的活动空间里表露出来。桥梁环境设计要注重对人的领域感的认识和研究，因为设计的宗旨是为人的各种活动创造合理的空间。根据不同的情况，人对空间范围所拥有的不同的领域感，创造环境的公共空间和私密空间，使人在环境中有自己对活动空间的选择性。环境设计必须根据人的各种不同心理要求，提供层次丰富多样的空间场所。桥头河边是人们休憩的好去处，因此桥梁环境应该充分满足这种需要，给人们提供一个既能参与公共活动，获取广泛信息，又能有自我不受干扰领地的良好环境。那里往往是年轻伴侣谈情说爱的场所，环境所产生的心理影响不仅关系着这一代的年轻人的心理素质，还会影响后代的身心健康。因此，休息设施，如座椅等设计，必须充分满足他们的需要。功能良好、景观优美的环境能够支持和引导人们积极健康的行为。因此，环境设计归根结底是通过创造行为活动的载体来创造人的行为方式，设计了环境也就设计了人的行为。行为心理学告诉我们：人在脏乱的环境中会有信手抛扔废物、随地吐痰等劣习；而当人们处于整洁、美观的环境时，就会爱护环境、不会乱丢废物、不会随地吐痰，这就是环境对行为心理的影响。此外，还应该保持桥梁周边环境的整洁、干净。对比较隐蔽之处，特别应该造成优良的环境，并有足够明亮的照明，避免人们作为应急厕所。再者，在现代社会中，由于科学技术飞速发展和社会状况的迅速变化，给人们的精神生活造成巨大的压力；人际关系的淡薄和精神寄托的匮乏，也严重地影响着人们的身心健康。有些人对世界、对生活、对工作或学习的认知产生偏差，用完全灰暗的眼光来看待周围事物，或者没有勇气面对所遇到的困难或挫折，别无选择，想要了结生命，大桥往往成为轻生的去处。美国旧金山大桥成为轻生第二多的场所，被称为“死亡大桥”，至今已有 1400 多人在那里结束宝贵的生命。据说，自杀者 70%存在忧郁心理，因此，在这些场所应注意创造良好的环境氛围，多采用一些明亮的暖色调，诱导他们的情绪，减轻心理冲突所引起的负性情绪，使压抑的情绪得以缓解，从而产生积极、乐观的情绪，激励生活的勇气和信心。

五、桥梁环境保护

1. 自然环境保护

· **桥梁关注对生态环境的保护**

环境总是相对于某一中心事物而言的。人类社会以自身为中心，人类环境可以理解为人类生活的外在载体或围绕着人类的外部世界，是人类赖以生存和发展的物质条件的综合体。人类环境一般可以分为自然环境和社会环境。自然环境就是人类周围的自然界，包括大气、水、土壤和生物等；社会环境是人类在自然环境的基础上，为不断提高物质和精神文明水平，在生存和发展的基础上逐步形成的人工环境，如城市、乡村、工矿区等。《中华人民共和国环境保护法》对环境所做的定义为：“环境是指影响人类生存和发展的各种天然的和经过人工改造的自然因素的总体，包括大气、水、海洋、土地、矿藏、森林、草原、野生生物、自然遗迹，人文遗迹、风景名胜区、自然保护区、城市和乡村等。”因此，桥梁环境的保护主要包括对自然环境的保护和对文化环境的保护。自然环境保护主要指桥梁所在地域内，与人类生存和发展有关的一切外界条件的保护，包括生物因素，如植物、动物等和非生物因素，如光、水分、大气、土壤等的保护。随着全球环境的恶化，生态问题日趋严重，人们越来越关注人类自身的生存方式，绿色建筑的理念应运而生。绿色建筑是指在不破坏环境基本生态平衡条件下建造，在建筑的全寿命周期内，对环境无害、能充分利用环境自然资源、最大限度地节约资源（节能、节地、节水、节材）、保护环境和减少污染，为人类提供健康、适用和高效的使用空间，与自然和谐共生的建筑。作为大型人工设施的桥梁，发展绿色桥梁也势在必行。绿色桥梁对保护生态环境表示了极大关注。绿色桥梁最初是指为被桥梁阻隔的自然地域建立生物联系通道。在一些栖息有动物的自然环境中，修路、建桥时应注意保护好它们正常的生活通道和空间。这对自然保护地、生态敏感地区的生物免受桥梁建设的破坏，起过重要作用。加拿大一号公路通过洛基山脉时，为保护野生动物，专门修建了4座动物跨线桥作为动物的通道（图7-5-18）。20世纪70年代，为保护山体的自然环境，对于处在山坡上的道路，避免进行大开挖和大填方，发达国家开始将高架桥用来保护陆地生态系统。勃伦纳高速公路经由奥地利连接德国与意大利，在穿越阿尔卑斯山区的生态敏感地段时，用全程高架桥梁，使阿尔卑斯山地的自然形态完整、生态连续，并消除道路对自然物种资源的分离。日本多多罗大桥从桥梁结构本身考虑选用悬索桥方案比所采用的890m斜拉桥可能更经济，施工难度也小。但是，由于悬索桥的锚碇要开挖桥头整个山坡，造成自然环境的很大破坏，因此最后还是采用斜拉桥方案。

图 7-5-18　动物跨线桥

桥梁环境的保护包括施工期和运营期的环境保护。施工期间将会产生噪声和扬尘，灌注桩基础施工产生的泥浆，施工营地垃圾、污水等都应加以控制；运营期间车辆的噪声污染应通过设置加装隔声窗和绿化等措施，造成漫反射的效果加以治理。还可以利用水声、动物叫声等压盖，或模糊听觉对噪声直接感受，转移人对噪声的注意力，避免或减弱噪声对生活环境的侵扰。汽车尾气的排放造成的大气污染，可以采取植树绿化来缓解。桥梁环境的保护还应注意对水体的保护，避免将桥面带有许多汽车尾气所产生的尘埃的雨水直接排入河中，而应该把它引到桥头，进行集中处理。此外，还应关心视觉污染问题，密切关注桥上和桥头的雕塑以及辅助建筑，如桥头堡等对视觉环境的影响，避免使用笨重的构造。

· **工程环境影响评价**

环境影响评价（EIA，Environmental Impact Assessment）是一项控制环境影响的制度，旨在减少项目开发导致的污染、维护人类健康与生态平衡。目前，在许多国家已经执行，是工程规划设计阶段进行可行性论证的主要组成部分。环境影响评价，是指对规划和新建设的工程项目实施后可能造成的周围将来的环境质量变化情况进行分析、预测和评估，以便了解工程兴建后实际的环境变化情况、环境影响的范围和深度；针对实际出现的不利影响提出需要采取的预防或者减轻、改善不良环境影响的对策和措施；进行跟踪监测的方法与制度并征求工程所在地居民和地方政府的意见，对原计划进行修改，直到取得一致意见。日本北九州跨海大桥原设计为钢梁结构，当地居民和地方政府认为影响海滨公园的景观，最后改为悬索结构。有时，各方面的意见不容易取得一致，特别是对于视觉环境会有不同看法。这种情况下，应该尽可能多考虑当地居民的意见。因为，桥梁使用者大部分是市民大众，其外观会引起市民的特别关注。所以，他们的意见十分重要，他们是真正的业主。

我国的环境影响评价制度起源于20世纪80年代初期，但执行时过于重视专家的意见，直到20世纪90年代，才开始执行征求当地公众意见的制度。我国目前的《环境影响评价法》自2003年9月1日起施行。该《评价法》规定：环境影响报告书是对建设项目进行环境影响评价后形成的书面文件。由建设项目承担单位委托评价单位编写，环境保护行政主管部门审批。该评价法第17条又规定：建设项目的环境影响报告书应当包括下列内容：①建设项目概况；②建设项目周围环境现状；③建设项目对环境可能造成影响的分析、预测和评估；④建设项目环境保护措施及其技术、经济论证；⑤建设项目对环境影响的经济损益分析；⑥对建设项目实施环境监测的建议；⑦环境影响评价的结论。该评价法还规定：对环境可能造成重大影响，应当编制环境影响报告书的建设项目，建设单位应当在报批建设项目环境影响报告书前，举行论证会、听证会，或者采取其他形式，征求有关单位、专家和公众的意见；建设单位报批的环境影响报告书应当附具对有关单位、专家和公众的意见采纳或者不采纳的说明。投资超700亿元的港珠澳大桥，由于香港东涌一位66岁的朱老太认为工程没有评估臭氧、二氧化硫及悬浮微粒的影响，因而不合理、不合法。于2010年通过申请法律援助入禀香港高等法院，就大桥香港段环评报告申请司法复核，要求推翻环保署2009年10月通过的港珠澳大桥香港口岸段及香港接线段的两份环评报告。最终，香港高院裁定港珠澳大桥香港段环评报告不合规格，要求环保署撤销环境许可证，再做评价，致使工期延误近1年，可见环境影响评价的重要性。

2. 人文环境保护

环境保护除了自然环境的保护以外，还有社会环境的保护。“人文”指人类社会的各种文化现象，人文环境是社会环境的一种。桥梁所在地域的人文条件，民族和乡土文化、历史文脉、民情、风俗以至神话传说等，都会融化在总体环境中。有人说：城市是高层次的自然与人文结合的产物，一座城市仅有蓝天、白云、青山、绿水是不够的，和谐的文化环境才是城市的灵魂。桥梁是新的，然而它又是属于环境的。它对原有环境的协调除了外观外，还在于环境的精神特征。对个性的追求，与对文脉的追求同时成为桥梁环境创造的内容。江河之滨从来就是人类活动的场所，因此留有许多文物古迹和人文景观，应注意加以保护。虎门大桥连接虎门、番禺两地，刚好从威远山上面越过，地处鸦片战争所在的珠江口。这里100多年前曾是鸦片战争的一个重要战场，桥下就是威远炮台，刻录着中国面临强敌永不低头的脊梁。在这样的地方建桥，在建桥和保护文物问题上有过许多“冲突”。这里是最为理想的桥址，但是，许多人又放不下心中的那份沉重。当时，有88个政协委员联名阻止大桥动工。如果重新选址，不仅耽搁工期，而且线路也要改变，增加造价和运营成本。这个问题当年曾经惊动过国家主席和国务院总理等国家领导人。后经多次协商，最后确定，既要建桥也要保护文物。由虎门大桥公司出资就近建造一座海战博物馆，把施工中挖出的炮台、炮筒、弹药等鸦片战争的遗留文物复制或转移过去。问题得以和谐处理，大桥与博物馆共存，使建桥与文物保护两者之间相互统一、相得益彰。今天站在虎门大桥桥头，望着茫茫江面，云卷神舒、历史如梦，好似身处于一个历史与现实的交接点上。

布拉格一度曾是中世纪以后欧洲最大的城市，市中心横卧在优尔塔瓦河上的查理桥，在团结市民、发扬爱国精神上曾经和继续起着伟大的作用。这座桥是架设在捷克的母亲河——伏尔塔瓦河上的17座桥梁中最著名的1座，它是一座14世纪最具艺术价值的桥梁。奠基时间是1357年9月7日5点31分，因为布拉格人认为135797531这串数字正念、反念都一样，会保佑查理桥牢不可破。那时正是捷克历史上的黄金时代，捷克国王查理四世还兼任神圣罗马帝国的皇帝，帝国就定都在布拉格。17世纪以来，两侧的石栏上不断加供圣徒的雕像，或为独像，例如圣奥古斯丁；或为群像，例如圣母怀抱耶稣，或为本地的守护神，例如圣温塞斯拉斯，等距对峙，共有31组之多，像座高达两丈，简直是露天的天主教雕刻大展。其中，承载着一段国王残暴专权的悲惨历史故事的圣约翰雕像格外受人关注。传说，当年的波希米亚国王瓦茨拉夫四世的王后来到大主教圣约翰那里告解忏悔，诉说心中的秘密。这位国王却找圣约翰打听王后的心声，被这位虔诚的教士拒绝。恼羞成怒的国王因此将圣约翰割去舌头，从桥上投入沃尔塔瓦河，就此成就了圣约翰一代圣徒的美名。为纪念圣约翰，在圣维特大教堂塑了一个银质的舌头，并在桥上设置圣约翰雕像（图7-5-19)，并在当年圣约翰从桥上被扔下的位置，刻一个金色十字架。从此，圣约翰雕像成为查理桥的守护者。不管这个传说的真实性如何，实际上可能掺杂着瓦茨拉夫四世同布拉格大主教以及贵族之间的矛盾，最终瓦茨拉夫四世被废黜，圣约翰雕像至少反映了这段历史。

图 7-5-19
圣约翰雕像

造桥本身就是一种善事，同时也是要经过艰辛努力才能办成的事。在造桥过程中会留下许多感动人心的事迹。这些事迹能激励人们参与公益事业的善举，鼓舞人们征服自然的斗志和信心，因此许多古桥都在桥头建亭立碑，教育后代。文人墨客、历代官员还为古桥留下了无数的诗、词、联、赋、摩崖石刻等，成为桥梁文化的珍贵遗产，应加以保护。洛阳桥原名万安桥，是中国古代五大名桥之一，也是我国现存最早的跨海梁式石桥。不仅规模宏伟，而且建造方式奇特，堪称是世界建桥史上的一个奇迹。由于泉州东部洛阳江临近入海口，江宽潮急、风大浪猛，当年建造难度可想而知。为纪念泉州知府蔡襄主持建造桥梁的功德，桥旁建有蔡公祠，祠内还按传说塑造手中捧着“醋”字的夏德海像，中殿两旁有蔡襄手书《万安桥记》石碑两座，记载筑桥经过，文辞简约，书法端庄。宋碑、书法、雕刻人称“三绝”。桥头屹立一座高大的蔡襄全身石雕像（图 7-5-20），神情肃穆，仿佛仍在聆听百姓心声。伴以一桥如虹，飞架两岸，桥头广场绿树环阴、景色宜人、游人如织。在洛阳桥上赏蔡公书法，观潮涨潮落，遂为雅事。兰州黄河铁桥竣工后，当时陕甘总督升允在北桥头立一石碑，镌刻着《创建兰州黄河铁桥碑记》。桥头南北两侧各有牌坊一座，上悬升允手书“第一桥”匾额。另外，还有“九曲安澜”、“三边利济”匾各一块。

图 7-5-20
洛阳桥上蔡襄石像

现代的桥梁也同样应该沿袭这种做法，为后代留下宝贵的精神财富。许多大桥都留有人文遗迹。布鲁克林大桥横跨东河连接纽约市的曼哈顿与布鲁克林，是第一座使用钢丝建成的悬索建成的桥梁，是现代悬索桥的鼻祖，被认为工业时代世界七个划时代的建筑工程奇迹之一，被誉为继世界古代七大奇迹后的第八大奇迹。工程历时 16 年，耗资 2500 万美元。施工人员历尽千辛万苦，造成包括工程总负责人约翰·罗布林在内的 20 多名工程人员牺牲。为了悼念他们，在桥塔上设置了一块标志板。金门大桥的悬索桥方案出自芝加哥建筑师斯特劳斯之手。斯特劳斯在大桥的整个规划、设计、建设过程中呕心沥血，倾注了全部的精力，终于积劳成疾，在大桥建成一年后因病去世。旧金山人民为了纪念他，专门在大桥的入口处为他建起了一座铜像，永远纪念他的贡献。许多大桥都在桥头设立桥梁展览馆，展出该桥建设过程和有关细部构造，给参观者以桥梁科学知识和人类征服自然的聪明、才智、勇气和毅力的教育。江阴大桥、苏通大桥等都有这种展览馆。英国福斯铁路桥施工历时 7 年，动用了 4 千多名工人，施工中 98 人遇难，并造成数百名人员伤残。为了纪念这些为桥梁事业做出贡献的工人，桥址处修建了纪念馆。大桥竣工时，威尔斯七世国王将一枚金铆钉钉在桥上作为纪念。日本在南备赞濑户大桥桥头纪念公园中，东京湾联络桥的锚碇内，明石大桥旁均设有大型展览馆。馆内通过图表、照片、模型、实物以及录像，完整地介绍该桥的结构构造和施工过程，使观众能够反顾在当前已无法看到的水下基础、桥梁内部构造以及施工等情景，在普及桥梁科技的同时，从更深一层了解桥梁事业的伟大。更值得一提的是，明石大桥的展览馆。这座设施完善的展览馆在大桥刚刚开工不久，即已向公众开放，人们在展品中，即可了解未来大桥的情况以及如何实施这座举世瞩目的桥梁之最。

第六节　桥梁环境美设计实例

一、博山城区孝妇河桥梁环境设计

· 把桥梁设计扩展到城市的整体环境设计

桥梁设计应考虑内部和外部两方面的因素。内部因素包括使用功能、结构受力等要求、材料和施工技术所提供的可能性；外部因素即环境的要求，包括视觉环境、心理行为环境等。一般桥梁设计考虑内部因素较多，而比较容易忽视外部环境因素。有些桥梁虽然注意到造型美观，但也多囿于单体本身的造型设计，只涉及视觉的一部分，没有顾及整体的视觉环境，更没有注意到心理和行为环境。1987 年，作者在主持山东博山城区桥梁的规划与设计时，着重进行了环境设计的探索。一方面，从桥梁造型设计的角度来考虑改善城市环境问题；另一方面，又从环境设计的高度，来探索如何把桥梁看作水景中的建筑物，把水环境作为桥梁环境的重要组成部分。把桥梁设计从单纯的功能设计推进到造型设计，从单体的造型设计扩展到整段河道的水景以至城市的整体环境设计。

山东博山是胶东半岛中部，鲁山山脉的北麓的一座美丽的山城。这里雨量充沛，资源丰富，市场繁荣，文化发达，山明水秀，环境宜人。早在 2000 多年前，这里曾是齐鲁边界。博山城区三面青山环抱，山脚下冒着一股清泉。传说，有一位善良妇女用孝心感动了仙人而得到了一条神鞭。鞭一提，水缸就冒出泉水。人们为了纪念她，把由这股泉水和支流汇合而成的河取名为“孝妇河”。这道河水世世代代滋润着这一片肥沃的土地，养育着勤劳、勇敢、善良、热情、豪爽的胶东儿女。人们在这里建城市、造房屋、修铁路、开矿山、办工厂。许多的名特产品远销国内外。博山城傍山、沿河而建，孝妇河穿城而过，构成了城市环境的主干。流经博山城区的孝妇河长达 5km，起点和终点的高度差 25m。河道宽约 30 多米，两岸建有石砌驳岸，岸边设 5～9m 的绿化带和人行道。外侧是东西沿河路，行车道宽 14m 左右，构成南北单行线。沿河路两侧正逐渐发展为博山主城区。这段城区环境优美、人口稠密、市面繁荣，是博山精华所在。美中不足的就是这条河。首先，河上的桥梁太少，不能满足交通的需要。为了城市发展，有人曾经提议，这样的河流不如将其填没。如果不是考虑到洪水难于排放，人们可能早就下了这个狠心。在仅有的几座桥中，有的因桥面太窄而不能适应交通要求；有的因为桥下净空不足而通不过洪水的流量，不得不在汛期拆卸栏杆，让洪水在桥上漫过。桥梁和栏杆的形式也极其单调、冷漠，而使得整个环境缺乏人情味。博山城区孝妇河桥梁工程本来只是为了解决市区交通问题，想在河上建几座美观的桥梁。经过实地勘察，作者发觉这条河是一条季节性山前河流，雨量都集中在七八月份，而且多暴雨，下雨时间极短，仅几天，甚至几小时，使得河道中的水流量迅速猛增。因河道的坡度大雨水很快流失掉，加之上游生态环境和水源的破坏，雨季一过，主要靠工矿和生活排水补给水量，河床大部分呈干涸状态。由于上游的植被破坏，水土流失严重，洪水带来的大量泥沙淤塞了河道。河道杂草丛生、垃圾成堆，未经处理的工业和生活污水任意向河中排放，使已经很有限的河水惨遭污染，秽气四溢、生灵涂炭，严重影响了城市的环境（图 7-6-1）。在这样的环境中，再美的桥梁犹如鲜花插在牛粪上，不会使人产生美感。为彻底改变这种状况，创造功能完善、景观优美的城市环境，必须综合治理这条河道。为此，建议业主结合桥梁修建，进行河道及周围环境的全面整治，得到了政府和市民全力支持。由四套班子联合召开各行各业代表大会进行动员，并将该工程宣布为当年政府重点工程，因此成了城市桥梁的环境设计的典型工程。

图 7-6-1　博山孝妇河整治前环境状况

桥梁与环境相辅相成。功能完善、造型优美的桥梁对改善环境起着重要作用；反过来，桥梁本身又需要周围环境的衬托与配合。只有形成完备的综合环境，才能显示出环境的整体效果。在桥梁周围，与桥梁关系最为密切的可算是水了。既然楼可“得水而壮”，常作为跨水建筑的桥梁就更加“因水得佳景”了，水成为美化桥梁环境的一个重要因素。要创造优美的城市环境，必需充分利用好水景。而要利用好水景，就必须在设计桥梁时重视水景与桥梁的配合。跨河桥梁应该发挥其得天独厚的条件，从单纯作为交通的构造物，发展为组成水景的重要建筑物，为改善城市环境做出独特贡献。为了创造优美的整体环境，配合桥梁修建，对河道进行了全面整治，从根本上解决河水污染、河道淤塞、河床干枯等问题（图 7-6-2）。

- **水环境为城市带来勃勃生机**

随着人类文明的发展，水已从单纯的物质功能逐渐发展为兼具审美功能的水景。人们

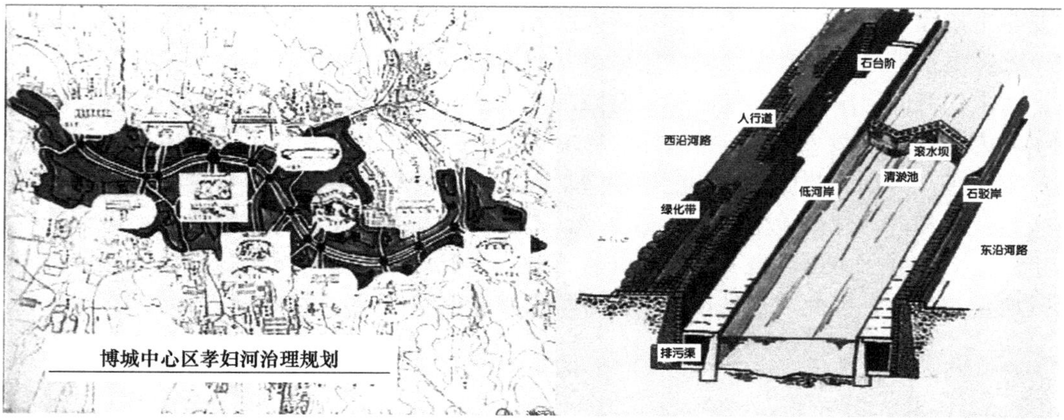

图 7-6-2　河道整治总体布置

利用水来改善、美化城市环境，水景已成为组成城市环境的重要因素。我国江南水乡由于水源充足，地形高差小，水便于储留，因而水环境的创造比较容易。而北方的山城，则因年降雨量分布不均匀，河床的落差较大，水不易积蓄，要创造优美的水环境就比较困难。为此，因地制宜地研究出了一套清淤建坝蓄水，创造山城水环境的办法：首先对整段长5km 的河道进行全面清淤。为避免新的淤积，采取了标与本兼治的措施：长远规划，从根本上逐渐恢复上游植被，以保持水土。在长远措施生效前，采取了治标的权宜之计：在清淤的基础上，将河道分成 26 段，每段长约 200m，平均落差约 1m。再将各段河道的河底挖平，形成台阶形河床，各段之间设滚水坝一座，用以拦蓄河水，使每河段均保持一定的水深。水本身虽无定形，却可随器而方圆，它那含蓄可变的性格，常能做成别出心裁、令人耳目一新的形态。这里采用了直线形、折线形、圆弧形、三角形、成垛形的平面，与直立式、台阶式、悬出式的立面组成千姿百态的滚水坝。多余水量越过滚水坝，形成多层次、各种形态的跌水瀑布（图 7-6-3）。跌水瀑布不仅以其形态美使人悦目，而且，它所发

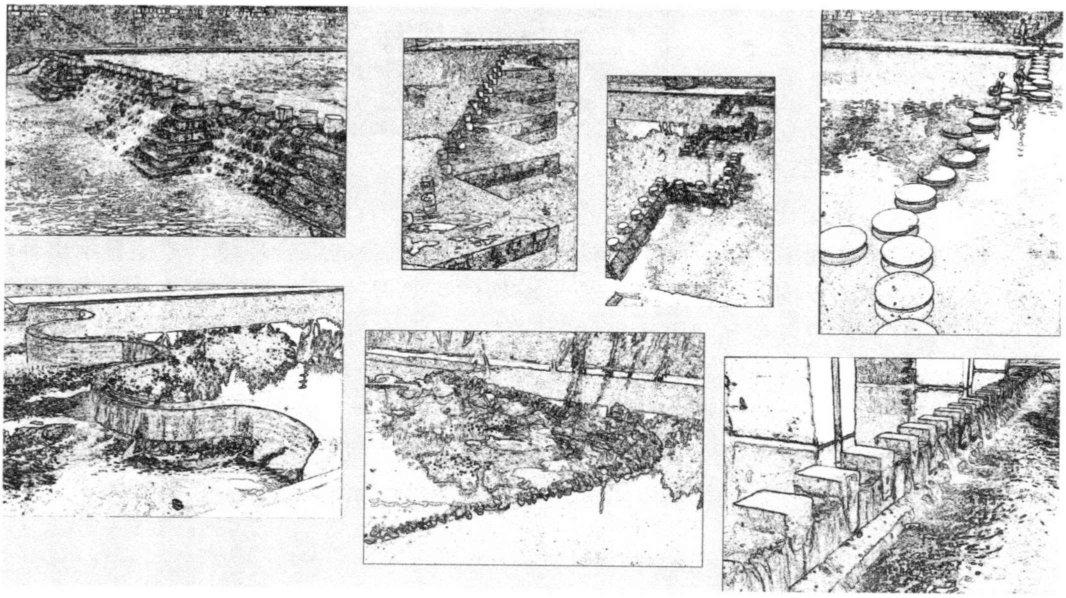

图 7-6-3　滚水低坝

出的水声更令人心爽。利用流水落差所形成的音韵和气势，还能创造活泼气氛，增加城市动感。在各河段的滚水坝下游以及支流入口处设蓄沙池，使泥沙沉入池中。每年洪水过后进行一次清理，以保持河床不受淤塞。在河道两侧建造排污暗渠，分流排泄污水。对于排入河中的工业污水，污染严重的限期进行处理；暂时难以处理的工业污水和生活污水，则排入暗渠中。渠顶铺盖板形成低层河岸，做步行通道与滚水坝坝顶设置的步石、低板桥等相连，再用石阶连接上下层河岸，在河上建立起一套步行系统，供游人濒临水面，享受流水的欢乐。既增加行人过河点，又形成优美的自然景观。

要创造优美的水环境，桥梁的布局应符合水景的整体要求，形式也宜活泼多姿，以创造水景气氛。结合博山道路和河道的具体情况，在一些主要横向道路与沿河道路交叉点的交通路口，设置由桥梁组成的“交通池”（图 7-6-4），形成平面环形道路交叉。车辆绕“池”行驶，自动进出，互不干扰，行车不受约束、方便省时。“池”中设置喷泉及建筑小品，既满足交通需要，又增加河道景观；既作为活动场所供人们游览，又作为城市的一个景点供人观赏，成为一种多功能的城市环境设施，体现出一种功能美。功能并不能排斥形式，环境设计的任务就在于为完美实现功能，寻求合理的结构形式。有的人行桥设计成上、下两层的阁式桥梁（图 7-6-5），上层直接提供两层河岸间的交通；下层设亲水平台，流水从桥下涌出，整座桥梁犹如漂流水上。人类生活在大自然中，具有向往自然的天性和返璞归真的心理需求。城市桥梁有条件时，应适当引入郊野桥梁的自然形式，以改善城市过分整齐、严肃、呆板的气氛，调节人们紧张、烦躁的心情。

图 7-6-4
“交通池”

· **桥梁造型应与周围环境相协调**

创造环境景观最重要的是使新的构造物与原有的环境求得协调。贝聿铭先生曾把在城市中建造比作织补挂毯。其实，整个大自然何尝不是一块大挂毯？人们的活动又何尝不是在织补着这块大挂毯？桥梁应融合于周围的自然景观与建筑群体之中。桥梁的造型既应作为一座独立的建筑物来设计，又要看作是整条道路、整段河流、整个街区环境的一个组成部分，使其与周围的自然环境、建筑环境和人文景观相协调。

博山城区沿山谷伸延，整个城区由南向北发展。城区环境基本上可分为两段：北段地形较为平坦开阔，是进入城区的大门。这里有商业街区、厂矿和火车站、长途汽车站等，

图 7-6-5
阁式桥梁

还将兴建一些商业大厦。在这样的环境中，桥梁宜采用比较现代的形式。因此，配置了斜拉桥、单片系杆拱桥、刚架桥等桥型。汽车站前面的青龙桥采用斜腿刚构，结构简练、形式轻捷。拔地突起的斜拉桥格外潇洒。青龙桥和人民桥两桥咫尺相望，采用统一的语素，以求意境连贯。对几座原有板桥，也按所在环境特点采用不同的装修形式。白虎桥是一座旧桥，附近河底滩石外露、岩缝流水潺潺，在改造时保留了原有石桥墩的天然外貌。龙水桥是城区最南端的一座桥梁，是进入城区的门户。道路从此离开河边，深入郊野，因此把桥墩做成门框的外形，能引起门户的联想；南段是以红门庙、永济桥为中心的古建筑和风景游览区。这里双山紧锁、山岩壁立，不少地段山岩紧靠路旁，一泓河水劈山而出，山间和山头分布着许多古建筑和公园，青灰色石灰岩与古庙、古街一样古朴、典雅。因此，这段桥梁多配以古式石桥。在神头，建造了一组葵花形式的圬工拱桥，既粗犷雄伟，又显得古色古香。三座统一形式的多跨拱桥，显示出强烈的韵律感。这种韵律又与起伏的群山相协调。这里，还有一座很有特色的古庙。这座庙依据山势，采用了古建筑中罕见的不对称造型，一改寺庙通常所有的严肃、呆板的气氛。庙前有一座古老的石拱桥。将这座石拱桥加以整修，把桥头堤岸挑出。为把庙与桥连成整体，在庙的对岸增建了一座小碑亭，使庙与桥又构成了一组不对称的布局。整个环境统一在一个多层次的不对称的格局之中。陶然桥处于通往老城的步行街的出口。桥头建有多层的办公楼和商业建筑。这座桥的栏杆采用瓷砖贴面的实体栏板，与周围建筑融成一体。同乐桥原是一座石墩钢筋混凝土板梁桥，附近山头亭台齐布，因此装修成精致的古石桥外形。协调不仅仅限于物与物之间，物与人之间的协调是更高层次的协调。玉带桥位于公园门前，采用现代钢筋混凝土建造民族形式的玉带形拱桥（图 7-6-6），既体现了时代特征与民族风格的统一。婆娑飘拂的垂柳丛中透出娇娆的反弯曲线，适应了游人要求轻松、幽雅的心理。曲桥、曲坝、曲流水，一系列的弯曲交揉，成了这里环境的主调。这座桥有意挖去拱腹，获得虚实相生，无笔墨处皆成妙境的效果。桥梁造型除要求与周围环境协调外，还应与附近地形、地貌相协调。在比较宽广开阔地带，采用斜拉桥等高度较大的桥梁，可更显示其崇高；在起伏多变、山水相间的地段，则宜配置线条流畅、形状娇柔的拱桥。

图 7-6-6
玉带形空腹拱桥

在交叉路口设置的四座行车桥，除作为横向道路的过河交通外，还供作单行的东西沿河路车辆掉头使用。这些桥梁的形式相对都比较简单，这由于它们的性质和所处的环境所决定。环境设计必须考虑整体优化。个别的因素必须从整体出发来考虑。有的桥梁必须处理得比较平淡，以便突出主体，形成完整的统一体。在行车中，不可能也不允许对这些桥梁的细节作详细欣赏。它们的审美不在于视觉形象，而主要是在于实用中使人产生美感。

由于河道两岸都是街面或者住宅，因此行人过河特别地频繁。除了上面几座车行桥的行人道之外，还设置了五座人行桥来供人群通行。这些桥梁的情况和上面的行车桥有些不同。行人过桥观赏的角度比较多，经历时间也比较长，因此对人行桥的形象要求比较高，也比较细腻。这些桥梁形式各异、结构奇特，不仅可视，而且可思。

为了增加环境的空间层次，人行桥多采用拱桥、斜拉桥等高度较大的桥型。这些桥梁与平坦的行车桥、贴近水面的低桥与步石组成三种不同的空间高度层次。连同周围高低相间的建筑、远处连绵起伏的群山，构成了生动多姿的城市空间轮廓。

- **一段河道上桥梁造型既统一又变化**

在城市中，为了交通需要，一段河道上桥梁往往鳞次栉比、举目皆是，即所谓“东西南北桥相望”。这些桥梁既是交通纽带，又点缀和划分河道空间，起着起伏和敞聚、增加景深、丰富景观的作用。因此，桥梁的造型一定要处理好统一和变化的关系，既不能千篇一律、没有变化，也不能对比过于强烈，显得杂乱无章。统一能产生完整、流畅的感觉；变化则使人感到新鲜、活泼。统一和变化是辩证的关系，有统一而无变化则刻板、呆滞、单调；仅变化而不统一则产生混乱、繁杂、使人不安。

桥梁的统一和变化表现在形态、高度、体量和色调上。一段河道上的桥梁可以多彩多姿，形态、色彩各异。博山城区孝妇河全长 5km，新建和改造 15 座各种形式的桥梁，有板拱桥、系杆拱桥、板桥、斜拉桥和刚构桥等。对于相距很近的桥梁，采用相似甚至完全相同的形式。例如：火车站附近新建一座形似飞鸟式刚构桥，并把相距 120 米处，原有一座石墩板桥改装成类似的形式。神头有三条河道，五条道路相交，交通复杂。为形成环形平面交叉，设置了三座桥梁。三座桥梁围城一座“交通池”，原有两座均为葵花拱桥，新建一座也采用了相同的外形。

为使桥梁在高度上也能富有变化，除适当采用一些斜拉桥、中承式和下承式拱桥等形体高度较大的桥形外，还利用人行桥允许桥面坡度较大的特点，使人行桥与行车桥桥面高程错开，有的拱起于地面之上，有的则降至临近水面，以形成错落有致的城市空间层次。相近桥梁在体量上也不宜相差过于悬殊。例如：公园附近的一座桥梁原设计采用三孔实腹式钢筋混凝土板拱桥，由于其前后两座桥梁均为小跨板桥，体量较小，因此将这座桥的拱上建筑全部挖空，既减小体量、显得轻巧，又有利泄洪（见图 7-6-6）。

在桥梁材质和色彩上，也应注意统一和变化。对南段一些古式桥梁，采用古朴、典雅的石料或混凝土原色；而对于需要特别突出强调的结构或线条，则采用醒目、鲜艳的色彩，产生强调效果。

· **创造良好的行为环境**

环境设计归根结底是创造人的行为方式，功能良好的环境还应该能够支持和引导人们积极健康的行为。桥梁是陆路与陆路，或者陆路与水路交通的交汇点，是人们最容易聚集的地方，尤其是跨河桥梁的桥头、河边，更是纳凉、欣赏水景的最佳去处，历来是人们流连驻足的最好场所。如今，高科技、高效率给人们带来精神上的紧张烦恼，城市人口集中、住房拥挤，在工作之余，人们更加迫切地需要安静地休息散步、亲切交往、传递信息。桥梁设计必须考虑满足人们憩息和交际的需要，成为城市居民的“客厅”，人流的集中区域。人们汇集在这里，可以交流工作和生活信息、经验；可以缓解现代闹市的紧张和拥挤给人们带来的精神上的烦恼；也能促进城市文化的发展；引导市民的行为。

博山城区孝妇河中段是城市中心区，这里是新老城区的交汇点，人口密集、市面繁华、道路交错、周围正在兴建许多高层的商业和公共建筑。河道两侧多商店、公共建筑和民居，行人过河频繁。为方便行人，在河上建造了 16 座桥梁。这些桥梁有高出地面的拱桥、斜拉桥，有平坦的梁桥；也有接近水面的漫水低桥，形成了高低错落的空间层次，不仅为水环境增添了景色，也解决了人流交通的问题。为了充分利用水环境，还在河中建立一整套安静、舒适的步行设施。这些设施可供行人过河，增加两岸间的过河点，也可供人们散步、休息。人们在这个水环境中，跨越河道、沿河步行、在水边、水上观赏水景、休息以及进行各种娱乐活动。在这里，可以避开一般道路上机动车辆噪声和废气的威胁，求得宁静愉快。由于它们贴近水面、亲切宜人，使人心旷神怡，享受水阔天高的无限乐趣。水上环境设施建成后，吸引了不同年龄、各个层次的人到这里散步、养鸟、戏水、划船，人们各行其所，享尽回归自然的欢乐。与纯艺术的美感不同，纯艺术依靠摆脱实用功利的束缚势浩大，来追求精神上的人格自由；而环境美感的产生，则在于使人从生存的困扰中解脱出来，使物质不再成为精神上的束缚；在心理上引起如释重负的满足。这些行为活动本身又构成环境中动态的艺术客体，人既作为水环境的使用者，又是水环境中的动态要素。

广场是城市居民的起居室。它能增进市民对城市的亲切感，增强市民精神上的凝聚力。福门地处新老城区的交汇点。这里原来建有一座憩园，由于有多条道路和步行街，从新老城区汇集到这里，因此，人流密度大，憩园远远不能满足市民需要，人们更希望临近河边观赏水景。为满足这种欲望，把广场扩大，使河道纳入广场的范围，也使憩园成为河道风景带中的一个景点。人们可以在憩园里闲坐，也可以去河边散步。这里的桥梁除了交通功能之外，还成为人们活动的场所，与憩园组成整个城市空间的集中点，形成了环境的审美高潮。这里建造了两座相同的宽桥，两桥间距 40m，形成 30m×40m 的水池，水池四周设有临水走廊，形成上、下两层的游览系统。将来必要的时候，走廊可以与道路下面的地道连接成过街的行人立交通道。池中布置大型喷泉，与原有的憩园连成一体，形成城市中心区的核心景点。

出于相同的构思，许多人行桥的桥面或桥头还设置了凉亭、座椅、石桌等等，供行人避风雨、遮烈日、乘凉和驻留憩坐、观赏四周景色，每到傍晚、假日，亭中依栏并坐的男女，河边通道旁散步、养鸟的老人，水边山石平台上戏水的儿童，加上岸边飘拂的绿柳、坝上滚滚不息的流水、河中穿行的游船，组成多彩多姿的动态景观，给城市带来蓬勃生机。环境中的桥梁就是应这样去达到物质与精神兼备、生理与心理兼顾。实际上，人们很难分清楚它们到底是交通建筑、景观建筑，还是休息和活动的场所。

· 桥梁环境塑造人类的心灵

桥梁美是人类在创造性的征服自然活动中所复现出来的本质力量—聪明、智慧和力量；理想、情感和愿望。环境美在桥梁美中居显赫地位，她最容易震撼观赏者的心灵，从而感化他们，实现他们的理想，认识他们的才智。因此，桥梁工程师的一举、一动、一笔、一线，都在影响和改变着人类的生存环境；而环境又反过来塑造着人类的心灵。人类就是这样不断地反复，迈向自己的理想天堂。在这条道路上，工程师和艺术家、教育家肩负着同样神圣的历史使命。博山城区桥梁造型新颖、结构独特，有挖去拱上建筑，轻巧别致、线形流畅的三跨玉带形空腹拱桥（见图 7-6-6）；有单片系杆拱桥；有首创的单索面无背索斜拉桥。这座桥称柳杭桥，1988 年建成，比著名的西班牙阿拉米罗桥还早 4 年，只是跨度和荷载都小得多。这些由结构工程师亲手缔造的功能完善、结构巧妙、能与当时当地环境相协调的优美结构，改善了人间的生存环境；又塑造着人类的美好心灵。在这个意义上，桥梁就像艺术品，桥梁设计就是一种艺术创作。在改善人类生存环境的共同目标下，各行各业都在这个目标的指引下进行空前规模的合作，为人类创造一个优美、宁静、舒适、方便、安全、卫生、能陶冶人情操、激发人灵性、净化人类心灵、引导人的行为、改善人类素质的环境。

博山城区桥梁的规划与造型设计，把桥梁看作城市环境的重要组成部分，从整个城市的环境设计出发来进行桥梁造型设计。这些创造性的设计，无不显现出设计者卓越的智慧和才能。经过综合治理后，改善了整个城市环境；为居民提供了良好的生活休息场所，博山的城市面貌大为改观。一条整洁、雅致的河道贯通城区，河上那多姿多彩的桥梁、千姿百态水坝，无不以其特有的神韵，和谐、深刻地体现着人与水、景的关系。岸边的垂柳、河旁的林荫大道、路边的梧桐，山头的亭台、山间的古庙、街边拔地而起的高楼大厦，伴随着一泓流水，衬托在连绵起伏的群山的背景里，把博山城区点缀得美不胜收，构成一幅以水景为核心、独特的十里山水长卷。工程竣工那年，博山获得环境综合整治奖。为纪念工程的成就，博山政府特地在河边建造了一座孝妇河整治纪念碑（图 7-6-7），由前国家副主席，时任人大副委员长的乌兰夫题写碑文，这是对这个工程的充分肯定。碑文中记载着这个包括 16 座桥梁、26 座水坝、20 多万方土方，全程 5km 多的综合环境工程，只花了 179 天的时间建成。这篇碑文当事者读后会感到自豪，后来人见到会深受鼓舞。

图 7-6-7
孝妇河整治纪念碑

环境改造的每一次进展，都是实现人类崇高目标与理想的一部分；都成为人类文明进步的一个标志；也是对人类创造力的一次检验。从中，人们享受着在他所创造的对象世界中直观自身的无限喜悦。我们直接创造了物质世界，又间接塑造着人类的心灵。今天，我们从自己的创作中，因看到自己的力量而豪情满怀；明天，人们在享用我们成果中，使心态和情趣得到了调整，从而引导他们的行为、孕育他们的气质。一种情操的陶冶、一种灵性的升华，将在生活在我们今天所建造的环境中的下一代得到实现。这就是我们的成就，这个成就大大超过了几座桥梁的价值，它远非一个工程可以比拟，也不是一座城市所能包容。这就是当今环境工程的全部价值，就是各行各业为人类之城向天堂迈进而进行的文明合作的根本目的所在。

二、苏州太湖大桥设计

太湖是我国东部近海区域最大的湖泊，也是中国的第二大淡水湖；又是长江中下游五大淡水湖之一；还是长三角人民的母亲湖；乃是镶嵌在大地上的灿烂明珠。太湖隽秀天下，万顷碧波，烟雾茫然，湖光山色，相映生辉，具有不带雕琢的自然美，具有“太湖天下秀”的美誉（图 7-6-8）。有一首赞美太湖的歌曲《太湖美》唱道：“美就美在太湖水，水上有白帆哪，啊水下有红菱哪，啊水边芦苇青，水底鱼虾肥，湖水织出灌溉网，稻香、果香绕湖飞。……红旗映绿波哪，啊春风湖面吹哪”。太湖中有一座西山岛又称洞庭山，系太湖第一大岛，也是我国淡水湖泊中最大的岛屿。西山景区是太湖风景名胜区的精华所在。岛上山峦起伏、奇石嶙峋、峰回路转、曲径通幽。它以群岛风光、花果丛林、吴越以来的古迹见长，拥有湖中群岛、湖湾山水、山中坞谷、山顶峰峦四个风景层次。西山主峰，缥缈峰海拔 336.6m，为太湖 72 峰之首。登巅俯视太湖，沐日浴月、烟雾无际，美不胜收。西山因太湖而妩媚多姿；太湖因西山而丰富多彩，自古就形成了以地带景、以景抒情的八大美景和七大名胜。

图 7-6-8
太湖天下秀

为方便旅游和岛上居民交通，决定建造连接苏州胥口渔洋山与西山大庭山之间的跨太湖大桥。作者当时正好做完汕头海湾大桥的方案设计，准备接手江阴大桥设计。在间隙期间，做了这座桥的方案设计。在这样特级风景区造桥，最重要的问题就是如何保持风景区的环境少受干扰。作者在讲授桥梁美学课环境美的时候，总是举桂林漓江大桥的例子。当年，大桥局设计院在设计这座桥的方案时，找了同济大学的一位著名的建筑教授咨询，他说了一句话：桂林风景太美了，桥梁无论如何都比不过她，在那里造桥只能“悄悄地过去”。作者深深记着这“悄悄地过去”的妙处，把这句话应用在太湖大桥的方案设计中，作为设计的主导思想。设计方案经过由建筑、风景园林、水利、桥梁等专业专家组成的评标小组评审，获全票通过。

太湖大桥全长 4308m，共 181 孔，桥面宽 12m，其中车行道 9m 设双车道，两侧人行道各 1.50m。中间经过长沙岛和叶山岛，全桥被分为三段。渔洋山至长沙岛的 1 号桥，长 1768m，73 孔；长沙岛至叶山岛的 2 号桥，长 1621m，68 孔；叶山岛至大庭山的 3 号桥，长 919m，40 孔。上部结构非通航孔采用 22m 空心板梁；通航孔采用三跨连续梁；桥墩为大悬臂缩腰实体墩，倒 T 形隐式盖梁（图 7-6-9）。薄结构、低照明、白栏板，与太湖融为一体（图 7-6-10）。桥体贴水而浮，简洁、明快、轻巧、新颖、富有时代感。桥岛绵绵 10 余里，直抵太湖湖心。如一条飞舞的银链，飘落在太湖群岛之间；蜿蜒起伏，与湖山相得益彰；做到俏而不争景。建成后，受到各方好评。

三、苏州龙桥方案设计

• 综合考虑城建、交通和旅游要求

道路和河流是城市的骨架，桥梁是这种骨架的结点。它是构成城市景观的重要因素。

图 7-6-9
大悬臂缩腰实体墩

图 7-6-10
桥体贴水而浮

因此，桥梁不仅是一个重要的交通设施，而且也是一个主要的城市环境因素。成功的桥梁设计应该融会城市建设、交通、旅游于一体，使城市环境更加优美；使市民的生活更加安宁、幸福。由于桥梁具有较大的体量和独特的造型，特别引人注目，往往成为城市的重要景点，甚至作为城市的象征和标志。城市桥梁的设计必须为城市创造优美的景观，为市民提供美好的生活和工作环境。苏州由于城市的发展，结合京杭大运河的拓宽、改道工程，拟建造跨越澹台湖的龙桥。龙桥设计是作者“下海”做设计接手的第一个项目。带领几位毕业生，与桥梁美学教学工作并行，因此，在设计中倾尽了美学心力。尽管由于种种原因，这个设计没有实施，但是，作为设计美学的实例还是具有很好的参考价值。

龙桥位于苏州城市中轴线南端，离城市中心 5km，建成后将与中轴线北端的北寺塔遥相呼应，形成“南桥北塔”的格局。龙桥桥下将穿过京杭大运河新线。由于苏州风景点游客已处于饱和状态。有关部门正积极开辟新旅游点。运河新线自寒山寺至宝带桥一段，通过苏州市西面和南面的许多风景点。将来形成枫桥——龙桥——宝带桥水上旅游线，龙桥将成为这条线上的重要景点之一。原苏嘉公路出苏州城后往南跨过宝带桥。为保护宝带桥古迹，20 世纪 70 年代初有关部门曾在老桥侧建造一座新宝带桥。这座桥虽使宝带桥免受车辆损害，但也挡住宝带桥的视线，大煞风景。龙桥建成后拟拆除新宝带桥，将苏嘉公路改道，从龙桥通过。龙桥将成为苏州的南大门。因此，龙桥的建造不仅在水陆交通线上增添新的旅游点，而且理顺了苏州市的出口交通；同时，也为城市向南发展创造条件。

· **桥梁造型与城市基本格调相一致**

要使城市景观优美，最主要应使建筑物协调。桥梁要求协调的范围更广，城市的主要桥梁不仅应与河段、路段和周围的建筑环境相协调，而且还应与整个城市的基本格调相一致。苏州自春秋吴国建立都城时，就建造了八座水陆城门，把水引进城内。后来，历代均以水为核心进行布局。到唐代就已形成以河道为骨架、水陆相邻、河街并行、河与路相辅相成的“双棋盘”式城市格局。这种独特形式的交通体系，形成了“绿浪东西南北水，红栏三百九十桥”；桃柳夹相辉；“人家尽枕河”的水城景色。龙桥充分结合桥址的地形和环境特点，采用人行道与车行道分层的独特桥型，将边孔人行道放到临近水面的低堤上。这样不仅节省桥面面积，而且保持了“水陆相邻”的城市基本格调，使行人可以亲水，充分领略水阔天高的情趣。

苏州是一座以园林艺术称著于世的花园城市，城中有园、园在宅中、宅院建筑造型轻巧、幽静整洁、清秀典雅，水巷空间构图自由活泼，比例、尺度宜人，色调素雅，环境优美亲切。龙桥造型运用体量、跨度等对比手法，突出主体，恰当处理主从关系，使主孔与边孔既统一、不杂乱，又有变化、不单调。将人行道部分做成江南水乡石桥的传统外形，使立面具有浓郁的“小桥、流水、人家”的古城风貌，与古塔、古街、粉墙黛瓦的古建筑融成一体（图 7-6-11）。方案设计时做了两种方案，下面一种方案桥的立面犹如出水蛟龙，更加符合龙桥题意，受到欢迎。

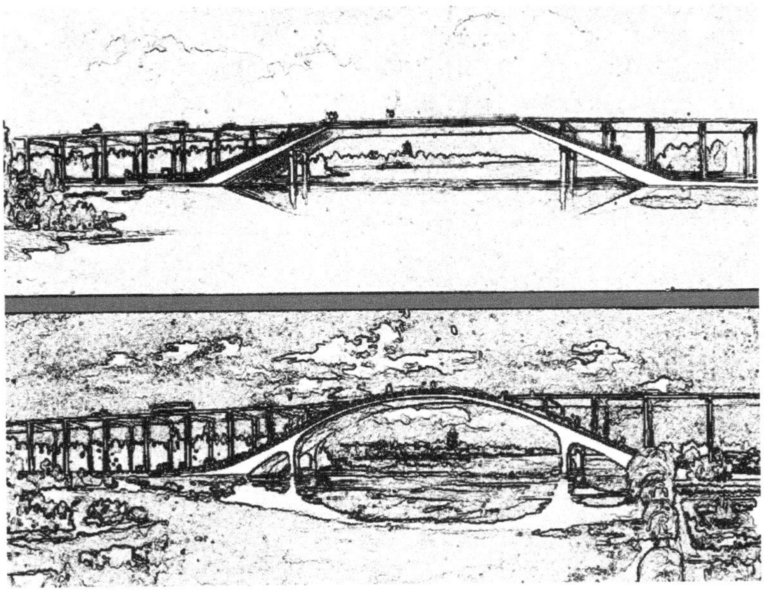

图 7-6-11
江南石桥的传统外形

苏州古城有一环、二线、三横、三直的河道网系。城区面积中，有 3％是河面，平均每平方公里有河 2.43km。河道总长达 35km，共有大小桥梁 175 座。许多古桥已成为重要风景点，枫桥、宝带桥早已驰名中外。龙桥与这些名桥同处一条旅游线上，应力求整个河段的桥梁造型协调。龙桥采用拱形的主孔，两边配以与拱上结构统一的边孔。其外形既带枫桥的雄姿，又含宝带桥的韵律。

· 改善桥头环境，提高桥梁的通过能力

老子曰：“埏埴以为器，当其无，有器之用。”城市的精华在于空，在于建筑实体所围成的人们赖以活动和驻息的空间。城市环境状况在很大程度上取决于对空间的合理安排。

水的流动是城市景观中的一个宝贵因素，流动的水有相对自我净化的能力，因此，如何保护和利用好水景是桥梁设计美学中需要特别重视的问题。龙桥设计充分利用边孔桥下空间，创造了 5600m^2，伸入水域的场地。在这里布置着与错落有致的民居建筑、滨河的绿化带、码头的石栏、踏步相一致的花岛、座椅、灯柱、石栏杆、石台阶等建筑小品。在此，人们可以避开机动车的干扰，在充满水和绿色的天地里，尽情地欣赏由流水、行船所组成、动静结合、幽静美丽的水乡景色。迎着晨曦，人们可以在这里进行体育锻炼；披着晚霞，人们可以在这里休憩和进行各种社会交往；炎热的夏夜，更是纳凉的好击处。

城市主要桥梁一般跨越较大河流，需要满足通航要求，跨度和高度都较大。但是，要照顾非机动车辆的要求，纵坡又不能太大，这样就带来很长的引道路堤。习惯上的做法是把人行道设在引道路堤上，再靠扶梯与街面连接。这样不仅使桥头交通混乱、桥上存在人车干扰，降低车辆通过能力，而且由于人行道路堤占据了街道空间，使两旁的街道变成狭窄的小巷，严重破坏桥头环境。桥梁是水陆交通线的交汇点，桥头往往是工农业产品的集散地，是城市中最繁华、人们活动最频繁的地段。桥头空间的合理布置，对市容美观和交通顺畅都有重大影响。近年来，由于经济开放、第三产业蓬勃发展，众多的个体商贩充斥街道，使本来已很拥挤的桥头变得更如繁乱。因此，拓宽街面、创造和谐亲切的空间，是改善城市环境的重要问题。龙桥设计把人行道放在地面上，从而扩展了街面空间、改善桥头交通、避免人车干扰，提高桥梁的通过能力（图 7-6-12）。

图 7-6-12
扩展了街面空间

第八章　桥梁结构美及其创造

第一节　桥梁的结构美

一、结构美的定义和发展

本书第二章第三节对美的定义是：美是人的本质力量在对象世界中的感性显现。因此，结构美就是人的本质力量在结构中的感性显现。人类创造了桥梁结构，在结构上观照到人类的智慧、勇敢、毅力等本质力量。桥梁的结构美就是在桥梁中以结构为手段，来表现人类的本质力量。结构越是新颖、越是巧妙，表现出的人类的本质力量就越多，结构美感也就越强烈。桥梁是一种结构物，因此，结构美是现代桥梁美的主要形态之一。桥梁美的创造，重要的不是装饰或色彩，而是结构。这同人一样，只要身段好、举止文雅，穿任何服装都会显得很大方。桥梁设计的美学动机与清晰的结构概念间的连接是分不开的，因为只有在结构上清晰、明了，设计才能开出鲜艳、美丽的花朵。密斯凡德罗说："当清晰的结构得到精确的表现时，它就升华为建筑艺术"。

建筑与结构美的发展历史在时间上是同步的。只是随着各个历史阶段的不同，发展和被重视的程度有所不同。结构和审美的统一是中国古代建筑的特点之一。中国古代主要是由儒学规范形成的审美观，表现出平稳、冷静、自持、静穆、壮阔和伟大。建筑从整个形体到各部分构件，利用组合和各构件的形状及材料本身的质感进行工艺加工，达到结构功能与审美的统一。西方的建筑师们从中世纪的石工那里继承的思想认为：建筑物的形式本质上就是结构形式，而不论最后怎样精加工和装扮这些基本的结构形式。

随着人类工业文明的发展，受到工业革命的影响，对结构美的重视达到了空前的程度。随着社会生产、生活、文化、教育、科技的迅猛发展，科学、社会和艺术的关系日益密切，出现了三者互相渗透的趋势。艺术性越来越多地建立在科学的基础上，就越揭示出更高的理想；科学技术越来越多地关注艺术，就越具美的力量。三者融合协调构成整体统一的建筑物，结构始终是备受关注和青睐的焦点问题。工业革命引起科学技术的新发展，所以它给新的建筑技术，包括建筑材料、结构和施工技术带来了可能性，促使新的建筑形态的产生。科学发展的成就为建筑技术满足结构构成和使用功能奠定了坚实的基础，因此建筑理论关注的焦点转向结构。科学家们认为，现代建筑的特点应该是艺术和技术的统一。科学技术的飞速发展给结构带来了巨大的突破。在空间结构方面，出现了新型的壳体结构、悬索结构和网络结构，这些结构大多构思新颖、奇特、耐人寻味，有的整体感强，浑然天成；有的旋律起伏大，张弛有致；有的线条细腻，矜持蕴蓄；有的立意深远，虚实相宜；有的出人意外，奇峰突起。在建筑史上，20 世纪 20 年代和 30 年代初属于结构主义时期。在建筑师和建筑业有关的专家中间，存在一种使建筑服从于结构和纯理性主义的倾向。有人甚至提出了“结构艺术”的思想，认为以埃菲尔铁塔和布鲁克林桥为代表的大型结构工程体现了一种新的艺术形式，即结构艺术。它平行于建筑并完全独立。

二、桥梁结构美的条件

（一）桥梁结构美的必要条件

力线简洁、没有多余构件以及断面恰如其分，是创造桥梁结构美的必要条件。桥梁的美就在于象征人类力量的力，力线越简洁，桥梁也就越美。莱昂哈特说过：“结构必须使本身表示出单纯、简洁的形式，并给人以稳定的感觉。我们必须寻求简单。基本结构的形式也必须和所用的材料相称”❶。桥梁的结构美其实也是力的美，力的紧张感是创造结构美的最为基本条件之一。苏姗·朗格认为：“一个舞蹈的构成材料就是这个非物质的力，只有在这种力的收缩和放松、保持和成形中，舞蹈才具有了生命。而那个作为它的基础的真正的物理力反倒消失了”❷。从这个意义上说，舞蹈与建筑给人所感受到的“力”有许多相似之处。我们看巴黎的埃菲尔铁塔的形状，能产生某种向上拉伸的“力”。西安的小雁塔、云南大理的千寻塔等的形状，能产生某种向下的稳定的“力”。在桥梁中，力是由直接承受荷载的构件逐渐传递到其他构件的，因此，配置构件应能形成力易于传递的通道；构件的配置不能过于复杂；在力的传递路径上，宜用最少的材料，以构成最有效的传力通道。正如直达道路的效率要比一进去就会迷路的道路高的情况一样，桥梁也不宜过多地配置构件。构件数量多的桥梁，从外观上就显得烦琐，而导致视觉上的混乱，使人看得眼花缭乱。过桥的人不仅被在头顶上和左右的那些繁杂而互相重叠的构件扰乱了视觉，还会产生压抑感；驾驶员则难于确定视线，在驾驶心理上也会感到不愉快，这就是杂乱无章的心理引诱力对视觉的扰乱。同时，还要有规则地配置构件，以求得在整体上的视觉平衡。正如道路的宽度由交通量决定，干线道路的宽度应比支线道路更宽些那样，桥梁构件的断面也应使通过该断面的力得以合理传递。由于主干构件必须传递直接作用于该构件的荷载以及由分支构件所传来的力，因此，主干构件的断面一般比分支物件的断面大。断面合理的桥梁，富于力的紧张感；而具有过大断面的桥梁，显得笨重。总之，在力学上合理，保持着力的平衡，能直观而明确地辨认出力的传递，并以简单、明确的几何形状和合理断面的构件所组成，每一个构件都不多余，也不过分，所有构件协同抵抗外力的桥梁，在外观上就会显得紧凑而漂亮。

（二）桥梁结构美的充分条件

桥梁结构本来无所谓美不美，只因它体现着人类的智慧和能力。从结构中可以反映出

❶ （德）弗瑞兹·莱昂哈特著，徐兴玉等译.《桥梁建筑艺术与造型》（中文版）. 北京：人民交通出版社，1988

❷ 苏珊．朗格（美）．《艺术问题》．滕守尧等译．南京：南京出版社，2006

人的聪明与才智，表现出人类的本质力量，才使人感到美。因为巧妙需要智慧；艰难体现力量和勇敢，结构越是新颖、巧妙、艰难、惊奇，所表现出的人类的本质力量就越多，因此就越美。新颖、巧妙和惊奇是创造桥梁结构美的充分条件。人们对于“朝夕所见者”，在惯常感受中已形成了一种机械的自动化感应。这些习见之物已成为了一堆干枯、毫无生气的符号，不会再引起人们的关注。如果老是在前人的套板符号模式中绕圈子，只会是一堆了无生气、陈旧的复制品，丝毫也不会引起人们的任何惊赞。因此，唯有破旧立新、推陈出新、去除陈旧，将习闻熟见之物进行加工处理，使之以一种迥然不同的新貌呈现于人们面前，让他们“睹其怪”、“觉其异”，才能激发观赏者强烈的欣赏欲望，使他们不至陷入机械化的泥潭中而不可自拔，给他们带来奇特、与众不同的“变异”之美。古时候对匠人的本领，总是以制作的巧妙论高低。一个奇特的木构架，要是能真正做得出来，才被认为是“巧匠”，而这个建筑当然也就被人们所欣赏。这种审美是在“惊叹”、“钦佩”中产生的。“新奇”的东西能打破观赏者的期待视野，使人不能对所表现的事物一览无遗。新颖和巧妙还使人产生神秘感，神秘是一种美。神秘的深层结构是求知，神秘感之所以能成为一种艺术的审美心态，是由于在人类的艺术需求系统中，求知欲占据着一个十分突出的位置。惊奇带有恐怖感，德国诗人里尔克认为：“美不是别的，只是我们尚能忍受的恐怖”。中国古代造园学的“屋宜借、亭宜补、桥宜危”的原则，正是出于这种美感的追求。

三、中外美学家、文艺家对新奇美感的论述

亚里士多德在《诗学》与《修辞学》中说：“给平常的事物赋予一种不平常的气氛，这是很好的；人们喜欢被不平常的东西所打动。”亚里士多德强调语言与情节的“惊奇”、“不平常”和“奇异”，认为通过这些艺术手法，将平常熟悉的事物变得“不寻常”、变得“奇异”，才能使“风格不致流于平凡与平淡”，使观众有“惊奇”的快感。观众也正是在这种“惊奇”的“发现”之中，得以超越日常的习以为常的知觉经验，产生出乎意外的新颖美感。古罗马美学家朗吉弩斯从“崇高”的角度出发，对亚里士多德的“惊奇”诗论进行了补充。他说：“诗的形象以使人惊心动魄为目的”，“凡是使人惊心动魄的总是那些奇特的东西”❶。所谓“奇特的东西”，就是陌生的东西。在朗吉弩斯看来，这种“奇特”的陌生东西是崇高感得以产生的重要因素。观众对美的欣赏也是以获得陌生、奇特的感受为旨归。因为“一切日用必需的事物，人们视为平淡无奇，他们真正欣赏的，却永远是惊心动魄的事物”❷。黑格尔在《美学》和《精神现象学》中，多次论及“惊奇感”问题。他说：“艺术观照，宗教观照（毋宁说是‘两者的统一’）乃至科学研究，一般都起于惊奇感。人如果没有惊奇感，他就还是处于蒙昧状态，对事物不发生兴趣，没有什么事物是为他而存在的，因为他还不能把自己和客观世界及其中事物分别开来。从另一个极端来说，人如果已不再有惊奇感受，就说明他已把客观世界看得一目了然。他或是凭抽象的知解力对这客观世界做出一般人的常识的解释，或是凭更高深的意识而认识到绝对精神的自由和

---

❶ 西学基本经典委员会编．《西方基本经典·哲学类·论崇高》（英文版）．北京：中国社会科学出版社影印，1999

❷ 同上

普遍性。……客观事物对人既有吸引力，又有抗拒力。正是在克服这种矛盾的努力中所获得的对矛盾的认识，才产生了惊奇感”[1]。钱德拉萨克曾引用过一句话：“没有一个极美的东西，不是在匀称中存在着某种奇异”。凡是新的、不平常的东西都能在想象中引起一种乐趣。因为，它使心灵感到一种愉快的惊奇，能满足好奇心，使之回到它原来不曾有过的一种观念。

“惊人”本是中国古典诗人与文艺家们追求的一种至高境地和最佳效果。在他们的审美观念里，“惊人”是一个非常普遍而且重要的价值尺度。好诗、佳句应该是能引起审美欣赏者的“惊赞”的。刘勰在《文心雕龙·隐秀》中说：“言之秀矣，万虑一交。动心惊耳，逸响笙匏”。认为诗的效果在于“动心惊耳”。在《丽辞》中又说：“若气无奇类，文乏异采，碌碌丽辞，则昏睡耳目”。在《八哀诗》中，杜甫对严武诗进行评价时说：“阅书百氏尽，落笔四座惊”。《水浒传》第三十六回写宋江在浔江遇险，金圣叹有一段批语：“此篇节节生奇，层层追险。节节生奇，奇不尽不止；层层追险，险不绝必追”。该回还有这样一个夹批：“上文险极，此句快极。不险则不快，险极则快极也”。毛宗岗在评点《三国演义》也多处谈到制险与审美欣赏的关系，如“文不险不奇，事不急不快。急绝险绝之时，忽翻出奇绝快绝之事，可惊可喜！”

四、桥梁结构美的表现层次

桥梁结构美有四个表现层次。拿系杆拱桥来说，力线简洁，没有多余构件，利用系杆平衡拱圈的推力，使笨重的桥台变得轻巧、纤薄，满足结构美的必要条件，具有结构的基本功能，是桥梁结构美表现的第一层次；系杆拱桥那弯弯的拱圈，与直直的系杆形成对比；一根根吊杆整齐而有规律地排列，表现出韵律感，这些是形式美在结构上的表现，结构的形式美是桥梁结构美表现的第二层次；在桥梁结构发展中，可以看到许多新的结构很有创造性，结构性能有所改善，同时很新颖，也很美。系杆拱桥的两片拱圈本来是平行的，莱昂哈特把两个拱圈往里靠，变成了提篮式系杆拱（图 8-1-1），结构上增加了稳定性；外观上以前没有见过，看起来形式很新颖；对结构来说，也是合理的，两种目的都能

图 8-1-1
提篮式系杆拱

[1] 黑格尔.《美学》(第二卷). 北京：商务印书馆，1979，第 22 页

达到。形式创新、结构合理，是桥梁结构美表现的第三层次；人在创造结构美的时候，往往有一种对新奇的追求，因此就出现了形式新奇、结构难度很高的桥梁。拱是一种富有创造潜力的结构，可以变化出各种新颖的形式。系杆拱的两片拱圈可以向内倾斜，还可以往外倾斜，变成蝴蝶拱。2003 年，作者为大连市数字湖做的金蝉桥设计就采用这种桥型（图 8-1-2）。这种桥由两片向两侧倾斜、互为夹角的变形弧线组成，远远望去，犹如正在飞舞的蝴蝶翅膀，充满了力的动感。后来，天津市大沽桥的“日月拱”（图 8-1-3）也采用这种形式，还进一步把两个拱圈高度做成不对称。大拱圈拱高 39m，向东方倾斜，象征太阳；小拱圈拱高 19m，向西方倾斜，象征月亮，颇具创意。该桥力摘世界著名桥梁大奖——尤金·菲戈奖。颁奖词这样评价这座桥：“中国天津的大沽桥以想象和创新，在桥梁工程界取得了杰出的成就，并成了当地标志性建筑”。拱是一种很有创造潜能的结构，

图 8-1-2
金蝉桥蝴蝶拱

图 8-1-3
大沽桥“日月拱”

两个拱圈可以顺桥纵向布置；也可以旋转 90°横桥向布置，作为斜拉桥的“拱塔”。2003 年，作者受贝聿铭设计的日本美秀美术馆桥的启发，为常州市某大桥设计了蝴蝶式拱塔斜拉桥方案，造型新颖、独特（图 8-1-4）。两座向外倾斜的拱形索塔，犹如一只蝴蝶的两片张开的翅膀，巧妙又优美。联系两片拱圈之间，拱塔与桥面之间的 5 片扭曲空间索面支承桥面荷载，又对拱塔起到稳定作用。这些空间索面，内看像一片片神秘的纱幔；外看又像一张张张紧的渔网，在静态中蕴含动态形象，不是雕塑胜似雕塑。整座结构如同一架大古琴映入人们的脑海，孕育出了一个凝固的运动瞬间，使人难以分清，这是一座结构独特的实用桥梁，还是一尊颇具想象力的城市雕塑。这样的例子还很多，比如无背索斜拉桥（图 8-1-5），虽然不如常规斜拉桥经济、合理，但是很美。这些桥梁在结构上不是很合理，只不过表现出一种更高的结构难度，形式更加新颖、结构更为巧妙。桥梁结构表现着人的智慧，人们从桥梁结构中欣赏自己的本质力量，因此结构难度越高，越是巧妙所表现的本质力量就越多，有的时候尽管超出了结构功能的需要，但是会更美。前人形容写诗有：“一句三年得，吟成两泪流”，可见，得句越艰苦，快意也就越深。这是一种新颖、巧妙的美，是桥梁结构美表现的第四层次，最高的表现层次。这就好比杂技演员走钢丝，在钢丝上还能骑自行车，难度很高，表现出人类高度的智慧、勇敢和毅力。在实际生活中，人是不可能在钢丝上走的，但是杂技演员通过勤学苦练，具备了超乎寻常的技能，从中人们看

图 8-1-4
蝴蝶式拱塔斜拉桥

图 8-1-5
无背索斜拉桥

到人的这种超乎寻常的本质力量，就觉得格外地美。

由于现代主义更加侧重于结构功能的追求，因此，桥梁结构美表现的前三个层次，像提篮式系杆拱桥这样的结构，比较符合现代主义追求功能和经济的审美观念，它满足了力学上的理性要求；在造价上又经济。但是对于桥梁结构美表现的第四层次，像蝴蝶拱、无背索斜拉桥那种结构，就超出了现代主义所提倡的审美观念了，因为它在结构上不完全合理，超出了理性的需要；造价也比较高，但是它却更多、更强烈地表现出人类的智慧和能力，更符合后现代主义以人为本的思想观念。这类高超、惊险的结构，无疑是在技术进步和创新的基础上实现的。人们在这种结构中更加体会到技术进步和创新所显现出来的自己的智慧和能力，看到自身的本质力量，得到强烈的感染、鼓舞和鞭策。这种作用往往是潜移默化的，对人类、对子子孙孙的心灵都有很好的作用，因此，对人类发展的影响是深远的。

至于，还有一类桥梁，外形上比较怪，结构上既不合理，技术上又没有多少难度，并不巧妙，这种桥梁不能算作结构美，是一种结构丑，将在下面章节专题讨论。

第二节　桥梁结构的创新美

一、审美心理的“喜新厌旧”现象

人在对美的不断追求中，总是喜新厌旧的，审美心理的“喜新厌旧”是正常现象，是由于“审美疲劳”引起的。审美心理学认为，当刺激反复以同样的方式、强度和频率呈现的时候，反应就开始变弱，产生厌倦心理。人对审美对象所产生的兴奋会随着观赏的频度而减弱，不再产生较强的美感，甚至对对象感到厌弃、失去兴趣，产生厌烦、厌倦或麻木不仁的感觉，这就是“审美疲劳”。心理上的好奇感是心理认知和感知的原动力，如果一件事物长期地体现在眼前，就会出现审美疲劳，在心理上失去好奇感，潜意识就会让意识转而去发现可以重新唤起好奇感的事物。《老子》有“天下皆知美为美，斯恶矣”。美和丑可以转化，原来认为是美的，而大量模仿就会变为不美。吃多的美食会变腻；看多的美色会变丑。科学定理、数学公式可以一直不变化或很少变化，而人们却有千变万化的时装。人与机器不一样，人的感性认识与理性认识也不一样，感性认识需要变异和休息，需要新鲜、活泼和刺激，才能不断地得到满足，获得继续生存、活动的生命力。新的刺激使感知得到延长，甚至紧张，从而使知觉专注于对象，不至于因“习以为常”而“视而不见”。文学创作不应蹈袭前人，而应在前人的基础上去陈出新、有所创意。避易求难、避熟求生、避平求险、力求独树一帜、发前人之未发、语前人之未语、道前人之未道，中外文学中有着大量关于“惊”、“变”、“奇”、“异”、“新”、“僻”等的审美思想。杜甫所谓：“为人性僻耽佳句，语不惊人死不休”；韩愈《答李翊书》说：“当其取于心而注于手也，惟陈言之务去，戛戛乎其难哉!”，在《答刘正夫书》又说：“夫百物朝夕所见者，人皆不注视也；及睹其异者，则共观而言之”。他们都因为在创作上刻意求新，才终于成为一代诗圣和宗师。清·叶燮《与友有论文书》说：“前人未曾言之，后人不知言之，而我能开发言之，故贵乎其有是言也”。曹雪芹正是因为能破“千人一腔、千人一面”的陈旧模式，才创造了奇迹般的《红楼梦》。追“新”崇“变”，不仅表现在诗歌艺术中，而且也表现在中国的戏曲艺术中。李渔从多方面对戏曲艺术中的

“新奇”作了深入的阐发，在《闲情偶寄·脱窠臼》中说：“人惟求旧，物惟求新。新也者，天下事物之美称也。而文章一道，较之他物，尤加倍焉。戛戛乎陈言务去，求新之谓也。……若此等情节，业已见之戏场，则千人共见，万人共见，绝无奇矣，焉用传之!”在《闲情偶寄·意取尖新》中又说：“白有‘尖新’之文，文有‘尖新’之句，句有‘尖新’之字，则列于案头，不观则已，观则欲罢不能；奏之场上，不听则已，听则求归不得。尤物足以移人。‘尖新’二字，即文之尤物也”。在《闲情偶寄·变调第二》中还说：“变则新，不变则腐。变则活，不变则板。至于传奇一道，尤是新人耳目之事，与玩花、赏月同一致辞也。使今日看此花，明日复看此花，昨夜对此月，今夜复对此月，则不特我厌其旧，而花与月亦自愧其不新矣”。17 世纪，意大利美学家缪越陀里从对诗歌美学的研究出发，提出了“新奇”这一概念，认为：“美感产生于新奇”，“诗人所描绘的事物或真实之所以能引起愉快，或是由于它们本身新奇，或是由于经过诗人的点染而显得新奇。这种（发见新奇或制造新奇的）功能同时属于理智和想象”[1]。17 世纪，英国文学评论家爱迪生从审美趣味方面对“新奇”也进行了论述。他在《论洛克的巧智的定义》中说：“凡是新的不平常的东西都能在想象中引起一种乐趣，因为这种东西使心灵感到一种愉快的惊奇，满足它的好奇心，使它得到它原来不曾有过的一种观念。……就是这个因素要求事物应变化多彩”[2]。英国美学家荷迦兹曾把“变化”作为美的原则之一，他说：“人的各种感官都喜欢变化，同样地，也都讨厌千篇一律”，美的生命在常新。当然，新的东西未必都美，但美与新却有着必然联系。当人们接触到他们每日每时都能够见到的事物，习以为常，便会一掠而过，引不起他们的注意和兴趣。人们欣赏艺术作品，也总是喜爱那新颖脱俗的；人们的审美心理总是“喜新厌旧”的。

二、桥梁结构美的生命力在于创新

时代的思潮导致了特定的社会心理。社会的进步需要发现，社会的进步需要创新，社会的进步需要个性。社会的进步要的是百花齐放、百家争鸣，这是社会进步的必然要求。清初著名文学家赵翼《论诗》五首说：“满眼生机转化钧，天工人巧日争新。预支五百年新意，到了千年又觉陈”。在古代社会的稳定系统里尚且如此，现代社会求新、求变的心理可想而知。人们处在日新月异的“时髦”时代里，从居住环境、公共活动环境乃至整个城市环境，都要求能不断变化、不断创新。只有这样，才能与现代社会的动态平衡相协调，否则就是“过时”。

桥梁形式的存在和变化与社会、时代发展同步。人们不欢迎没有个性、复旧的桥梁形式，而是希望不断翻新。只要在物质功能上行得通，桥梁形式越奇特越好。为此，唯一的出路只有求救于结构技术。像西班牙的圣地亚哥·卡拉楚瓦那样，通晓结构技术的“结构诗人”毕竟不多。许多工程师往往只会运用既有的结构形式，而与新的结构形式无缘，因此，出现了创作危机。随着时代科技的进步，桥梁工程师在不断试验、发展、创造新的材料和新的结构形式。人们对桥梁结构的关注也越来越多，从结构中获得美感也成了桥梁美的一种重要特征。设计就是将人们取得的科学技术成就，转化为新的物

---

[1] 北京大学哲学系美学教研室.《西方美学家论美与美感》. 北京：商务印书馆，1982，第 49 页

[2] 同上，第 97 页

质产品的过程。因此，作为桥梁设计美学重要手段的桥梁结构美的本质在于创新。创新可以克服审美疲劳。创新是创造前人所做不到、前所未有的新事物。桥梁的创新主要是结构的创新，是创造前所未有、新的桥梁结构。创新是人类文明进步的原动力，创新对人类科学、艺术的发展产生巨大的影响，使科学、艺术等成为推动社会进步和社会变革的有力杠杆。创新为建立现代科学、艺术体系奠定了知识基础，也使人类视野得到前所未有的拓展。在当今的知识经济时代，创新是一个民族进步的灵魂，是国家兴旺发达的标志。人们的审美心理蕴含着求新、求异、求美的特征。创新不但是审美的要求，更是设计美学的基本要求，设计就是创新。独创性是设计美学区别于其他学科门类的主要特征。设计美学的核心是一种创造行为，桥梁结构美的创造，探讨的就是一种创造性地进行桥梁设计的方法。

在入选 20 世纪世界最美桥梁的 15 座桥梁中，有 12 座都具有结构上比较重要的创新。日本唯一入选的桥梁就是多多罗大桥。这座桥正符合当今以结构美和环境美为特色的审美思想。结构美不等于结构，也不等于跨度大就是结构美。跨度大固然难度高，表现出人的智慧和力量，因而从中观照到人类的本质力量。但是，如果没有结构创新，也就不会引起人们的特别喜爱。当今最大的一座桥梁明石大桥也在日本，日本还有一座经过精心设计的东京湾大桥，这两座大桥都没有入选，而入选了多多罗大桥就是很好的说明。桥梁结构美的生命力在于创新，结构创新给桥梁的结构美带来了强盛的生命力。结构创新是桥梁美的灵魂，创新最能表现人的本质力量，给人强烈的感染、鼓舞和鞭策，从而对人类的心灵产生潜移默化的作用。

三、技术创新造就结构美的桥梁

古代，中国的能工巧匠凭借其聪明才智和丰富的实践经验，创造出许多桥梁新技术，例如，春秋战国时代的折边拱技术、晋代的半圆拱技术、隋代的圆弧敞肩拱桥技术、宋代的链锁纵联并列拱桥技术和贯木拱桥技术、明代的悬链线拱桥技术等等，这些桥梁技术在当时都处于世界领先地位，创造出像安济桥、汴京虹桥那样极具结构美的古代桥梁。近代，欧洲依托工业革命创造的材料、设备和设计理论，创新了许多桥梁技术，包括：法国的预应力技术、德国的现代斜拉桥技术、美国的组合桥梁技术、法国和德国的悬臂建桥技术、英国和日本的现代悬索桥技术、丹麦的桥梁防撞和抗风技术、瑞士的部分斜拉桥和 FRP 复合材料技术。使用这些创新技术，创造出许多结构美的桥梁。这些桥梁使人耳目一新，从中充分感受到人类自身的本质力量。许多现代桥梁都极富新意，渗透出浓烈的时代气息。常规的斜拉桥在桥塔两侧均有斜拉索，恒载作用下利用边跨主梁的重量平衡主跨，使得桥塔两侧斜拉索水平力保持平衡，桥塔仅在活载及附加荷载作用下承受一定的水平力及弯矩。与常规斜拉桥不同，无背索斜拉桥把边跨主梁与桥塔结合在一起，来平衡主跨，组成了梁塔结构的平衡体系，这是对常规斜拉桥造型的突破（图 8-2-1）。后倾的无背索塔身表现出对相对纤细的主跨、主梁强大稳固支撑的力量感，给人深刻、醒目、新颖的审美感受。最著名的无背索斜拉桥是由西班牙圣地亚哥·卡拉特拉瓦设计的阿拉米罗桥。该桥是为 1992 年世博会和巴塞罗拉奥运会而建造的景观桥，跨度 200m，使人精神为之一振。卡拉特拉瓦本人也因设计了这座桥和另外一些有特色的桥梁，被国际桥协评为杰出青年工程师。伦敦渴望之桥（图 8-2-2）连接皇家芭蕾舞学院与皇家歌剧院，虽然只是一座连接两栋楼宇的桥梁，但非常轻盈、巧妙，很有创意，得到英国皇家建筑师协会的设计大奖。该桥利用 23 个轻型铝合金方框作为骨架，每一个相邻的方框旋转 4°，由一端到另一端，正好将骨架旋转了 90°，形成螺旋形，而且逐渐增加高度以连接不同楼层。世纪之交，许多地方做的“千禧桥”都希望能够表现出人类 20 世纪智慧的发展水平，因此都很有特色。盖茨黑德千禧桥（图 8-2-3）跨越英国泰恩河。虽然是一座人行桥，长度只有 126m，规模不算大，但是由于想出了利用平面弧形竖转后拱起的办法来满足通航需要，前所未见、智慧很高，因此受到称赞。双曲拱桥曾在我国曾风靡一时，但都是上承式的。马德里的一所公园里造了一座下承式的双曲拱桥，远远看去如同鲸鱼骨架，很有创意。不仅如同我国南方的风雨桥，可以为行人避风雨，遮烈日；同时，过桥的人们还可以欣赏穹顶内侧所绘的西班牙著名艺术家丹尼尔·卡努格的作品，使情操得以陶冶（图 8-2-4）。

图 8-2-1
无背索斜拉桥的变化

图 8-2-2
渴望之桥

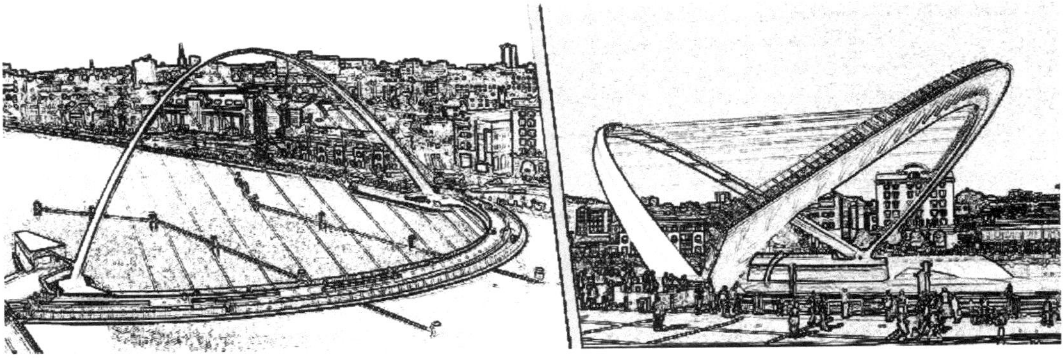

图 8-2-3　盖茨黑德千禧桥

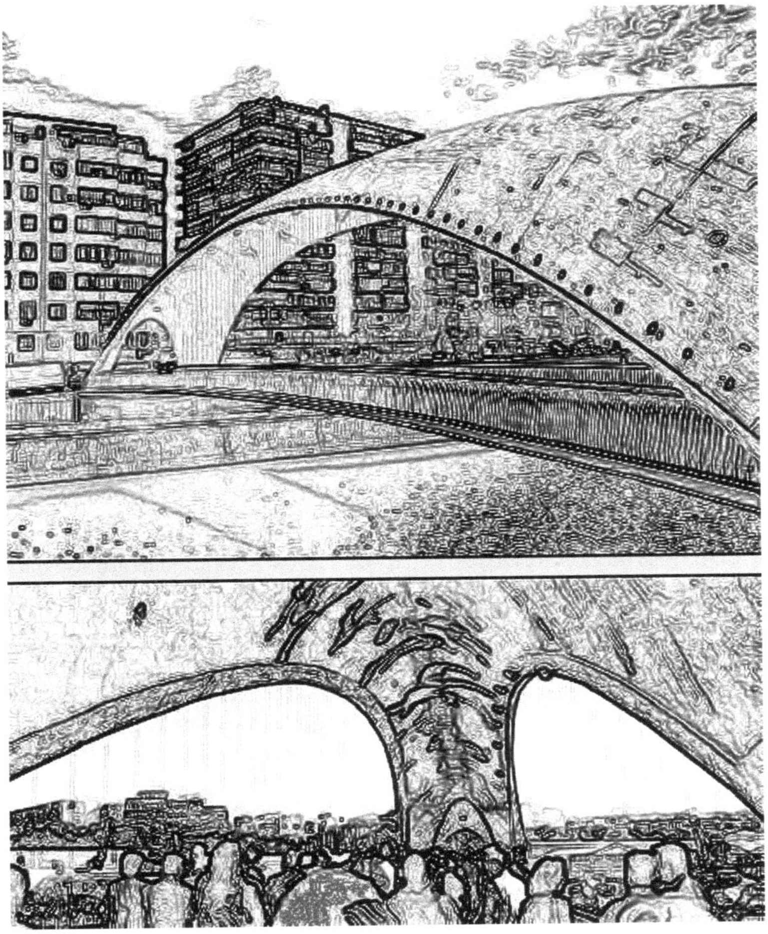

图 8-2-4
下承式的双曲拱桥

第三节　现代斜拉桥的结构美

一、现代斜拉桥的时代审美魅力

有人陶醉于悬索桥那“悦目的抛物线形”，认为“……悬索桥无疑比斜拉桥更加美丽，它往往使人倾倒。……今后，斜拉桥会逐步取代悬索桥，这一点从美学观点来说，是非常可惜的。”其实，这种担心完全是多余的，斜拉桥与悬索桥是两种不同状态的美。现代斜拉桥产生在20世纪60年代，这个时期科学技术蓬勃发展，桥梁审美观念经历了第二次变革，人们对桥梁的审美观念已从古典桥梁工艺、装饰美，演变为现代桥梁的功能、结构美、技术美。因此，斜拉桥的美充分表现出桥梁的现代美。斜拉桥的力从梁、索传至主塔，再经主塔传至大地，传递途径直接、明确，结构简洁、明了，构成了轻松、流畅的整体形态，具有得天独厚的时代审美魅力。如果纵观人类审美观念的变革的历程，就会感到现代斜拉桥最富有时代的审美特性；最迎合现代人的审美观念和心理情感；最易于与现代城市人工环境相适应，是一种很有魅力的桥型，是桥梁结构美的代表作。特别是，发展到密索斜拉桥后，它那极度纤柔、简洁、明确、轻巧、刚强的结构，正好迎合现代设计美学注重功能美、结构美、技术美的审美观念，如能注意各部分的审美设计，以及与整体环境的协调和配合，完全能够与悬索桥相比美。斜拉桥的索塔是审美关注的中心，可以作许多变化和创新，给人以新奇的美感。20世纪世界最美桥梁评选选出的15座美丽桥梁中，斜拉桥就有5座：布鲁东纳大桥、诺曼底大桥、多多罗大桥、塞弗林大桥和汀九桥。20世纪是这样，当今则更甚。香港昂船洲大桥设计竞赛的27个参赛作品中，有22个为斜拉桥，占81%，而且入围第二轮比赛的全部都是斜拉桥方案。

现代斜拉桥的审美特征具体表现为：

(1) 现代科学技术带来桥梁结构理论、材料和施工技术的进步，使斜拉桥结构更加雄伟、挺拔、轻巧、典雅，更加显示出现代的结构美；

(2) 现代交通频繁，路网如织，斜拉桥以其轻巧、刚直的造型，跨江河、越险阻，充分显示出人类气吞山河的决心与意志；

(3) 工业社会给人类造成了深刻的心理影响，要求结构表现出更多的现代科技成就，斜拉桥充分展现这种成就，启发人类的聪明才智，孕育人类的进步；

(4) 现代环境意识，要求结构物能为人类创造一个生动、美满、理性与情感交织的生存空间；舒适、宜人的生活环境，斜拉桥很好地适应了这种环境的要求；

(5) 斜拉桥独具简洁明快、刚劲有力、线条流畅的优美外形。它的塔、索和梁在发展中不断创新，充分显现出人类的本质力量。

二、现代斜拉桥的崇高感

斜拉桥的美与悬索桥不同，在同等跨径下，斜拉桥的索塔比悬索桥高一倍。斜拉桥刚直的索塔和拉索把人的视线引向塔顶，这种形态给人以神奇、敬仰之感，它的美更多地表现为崇高；而悬索桥柔顺的主缆则主要是优美。崇高和优美是两种不同状态的美，从审美形态的基本内涵出发，优美与崇高是人在社会实践中呈现出的两种存在状态。优美作为审美实践发展中的形态，主要展示了人的存在中的统一、平衡、和谐的状态。也就是说，在人的实践中，人与自然、人与社会、人与自身所呈现的一种和合化一的境界。而崇高则不然，它主要体现的是人生实践中，由于主体的巨大力量，更多地展示着主体在实践中的冲突和对立状态，并且在这一对立冲突中，显示出作为主体的人对自然、社会以及人自身的超越。正因为如此，优美和崇高体现的是互相对立而又互相补充的两种人生境界。那么，这种内在的冲突与和谐，其实在不同的发展阶段表现各不相同，也就形成了优美与崇高的不同的审美意象和审美体验的形式。现代心理学认为，高直的视觉对象能在心理上产生神奇而崇敬的感受。英国哲学家博克在《论崇高与美两种观念的根源》中，最早提出崇高不属于优美，而把它作为与优美并列的范畴。他认为："当一个对象以美打动我们的感官，使我们产生一种满足感而不是占有欲时，我们就沉浸在真正的美的享受里；当一个对象使我们联想到危险和痛苦，但不是真正面临危险欲痛苦的威胁时，我们所体验到的便是崇高的感情"。"自然界的伟大和崇高……所引起的情绪是惊惧。在惊恐这种心情中，心的一切活动都由某种程度的恐怖而停顿。这时，心完全被对象占领住，不能同时注意到其他对象，因此不能就占领它的那个对象进行推理。所以，崇高具有那样巨大的力量，不但不由推理产生，而且还使人来不及推理，就用它不可抗拒的力量把人卷走。惊惧是崇高的最高度效果，次要的效果是欣羡和崇敬"❶。

三、斜拉桥结构美的创造

1. 总体布置

斜拉桥是一种高度很大的桥型，在环境中占有突出之地位，因此，斜拉桥的总体布置对环境有很大影响。大多数斜拉桥为了充分利用悬出的长度跨越主孔，都要用双塔对称布置的形式。其实，这种布置比较呆板、主体不突出。除非跨越能力需要，不如采用独塔不对称的布置方式美观。边孔的后锚索，当跨度较小时，宜集中锚固在桥台附近的梁端。当跨度较大，集中锚固有困难时，也以集中锚固在各辅助墩墩顶为妙。这样布置，无论从审美方面还是结构受力方面考虑，都比锚固在边孔跨间好，桥的整体刚度也较大。这说明审美与结构合理性往往是一致的。

边孔辅助墩的设置应尽可能使得边孔桥下净空的高跨比与中孔相近，当边孔桥下净空较低时，宜多设辅助墩；反之，应减少辅助墩；这同经济上的考虑也一致。当边孔桥下地面比较平坦时，辅助墩宜取等间距布置，不宜采用逐渐加大跨度来与主孔协调。要知道，边孔与主孔的协调主要是桥下净空的形状，而不是跨度。

2. 索塔

斜拉桥的索塔处于明显的视觉位置，对全桥的造型具有决定性的影响，并构成环境的空间轮廓。索塔审美设计的原则应力求挺拔、高崇，切忌矮胖或不连续。为此：

（1）宜把塔腿置于加劲梁的外侧，尽可能避免人行道从塔腿外侧绕过，破坏塔的连续感；

（2）采用塔和墩分离的做法，从审美的角度是不可取的。单索面斜拉桥也应避免将索塔穿过加劲梁，宁可采用 A 形塔或八字塔，既稳定又挺拔；

（3）为增强崇高感，应尽量减少横梁，尤其是在桥面以上的横梁。忌讳在桥面之上使用交叉式的剪刀撑，使人产生"此路不通"的联想，影响心理上的顺畅感；

（4）塔顶是审美设计的关键部位。必要时可接长塔顶，以增高崇感。原则上不应增大塔顶，产生压抑感，在塔顶设置观光平台之类一般不可取。某些桥梁的塔顶设置类似屋顶

❶ 博克．《关于崇高与美的观念的根源的哲学探讨》．郭飞译．郑州：大象出版社，2010

挑檐的塔帽，这是房屋建筑师对桥梁的误解；

（5）塔的截面可自下而上逐渐少量缩小，也可自上而下缩小，但斜率宜一致，不宜有突变，更不宜缩小后再增大，造成不连续感；

（6）对于跨度不大的宽桥，塔所围成的横向空间比例很差，宜用稳定柱取代横梁；或做三索面，三柱塔；或用分离式桥面，两座并列的索塔。

3. 斜拉索

斜拉索能使人们产生特殊的空间感觉。斜拉索最富力感，犹如绷紧的琴弦、张满风的帆，坚韧、刚强。各种类型的斜拉索具有不同的造型特点。当采用较稀的粗索时，宜采用竖琴式索面，产生统一的美感，避免杂乱。对于密索体系，则应力求纤细，色彩宜淡不宜艳，远远望去，好似一张轻薄，透彻的纱幔飘浮于空中。从塔顶中线放射出去的双索面空间斜拉索，犹如一顶帐篷覆盖于桥面上空，使人产生特殊的空间感觉（图 8-3-1）。

图 8-3-1
双索面空间斜拉索

4. 加劲梁

加劲梁是体现桥梁使用功能的最直接的构件，应给人以流畅、通达的功能美感。加劲梁应力求连续、顺畅、轻巧、单薄，避免笨重。流线形或三角形的边箱、风嘴以及外伸的人行道挑臂，都有助于减轻如劲梁的笨重感。

栏杆和外露的加劲肋以及斜拉索的锚体，都会产生韵律感，应该很好地加以利用，避免将其覆盖。

第四节　异化结构桥梁

· 异化显现出扭曲的人性

“异化”是德国古典哲学中的一个术语，德文为 Entfremdungg，指的是主体经过转化，离开了自己的本质，走向反面，成为外在、异己的东西，人成非人；文学成反文学；艺术成非艺术、反艺术；结构成非结构等等。在社会转型期中，科技发达而精神孤独、生活富裕而心灵空虚，有些人，对畸形、病态的社会看不到前途，心情空虚、苦闷，所以指望从艺术上去寻求刺激，聊以自慰，使抽象派、荒诞派、野兽派等等在现代资本主义的艺术中，以种种丑陋、扭曲、骚乱、变态、畸形的形象、图像、音响、情节、场面，来强烈地刺激人们，引起某种复杂的心理感受，使他们在这种复杂并不愉快的感受中，得到某种心灵的满足和情感的安慰，这是西方社会腐朽、没落的反映。当今艺术中的刺激性大大压倒了文化性，因而，资本主义的“现代派艺术”恰好就是资本主义社会的一种异化现象，是对这个资本主义异化世界的反映。现代派最早的产生，与艺术家们对现实的不满有关。现代派艺术活动家，不是都拥护资本主义制度或思想反动的人，里面有相当一部分人是痛恨资本主义的；另一部分人，则是对科学侵犯艺术的反抗。由于消费主义的扩散和受短期表现主义思潮的影响，设计工程师传统的技术思维方式被冲击和异化，有人开始玩弄符号的时尚，追求所谓的视觉冲击。在商品经济高度发达的西方社会，追新求异、以“怪”取胜，历来是老板们的生财之道。在建筑上表现为“无规律的建筑”、“非理性的建筑”。结构的正常受力形态被异化，将怪塔、异拱、扭梁等怪异结构作为“创新”去迎合社会上非理性的需求。“异化”的结构显现出的是扭曲的人性。列宁说：为什么我们要对真正的美背过脸去，拒绝拿它作为发展的出发点，仅仅因为它是“旧的”呢？为什么应该在新的面前低头拜服，好像在上帝面前似的，仅仅因为他是“新的”呢？这没有意思，完全没有意思！这些有多虚伪，自然是对于在西方统治美的时髦的一种不自觉的崇拜。

· **异化结构桥梁的共同特点是不能表现出人的本质力量**

追求创新、新颖、新奇应该排斥怪异、异化。众所周知，秦桧夫妇作为历史的罪人，其塑像都是跪着的。据说，有一家艺术馆却为秦桧夫妇塑造了站像，引来观众的围观。作者却振振有词地解释说：“当代艺术越来越讲究与社会融合，为秦桧夫妇塑站像不是为他平反，而是为了呼吁现代社会要重视人权和女权”。不管艺术怎么高于生活，也不能违背历史而求创新，这种创新只能是怪异。当然，现在有许多桥梁设计，当事者并不像那位作者那样明知故犯。那些桥往往以美的动机来设计，而效果不理想，成为丑的。一些怪异的结构，从结构上来说不合理；从美观上来说也是丑的，而且造价特别昂贵。这个情况的发生，主要是审美思想水平的限制以及对创新的曲解。某市郊区有一座奇形怪状的桁架桥（图 8-4-1），很繁杂又很怪异，无论形状还是结构都是多余的；阿姆斯特丹步行桥设计方案以多个不同层次的表皮与环形的钢结构互相缠绕，在互相缠绕的过程中，提供开口和能源机械构件的连接点。步行桥的功能区，人行道、咖啡店、自行车停泊区和办公室，被这些环形的层次包裹其中（图 8-4-2）；2012 年，法国塞纳河上架起一座“蹦床桥”（图 8-4-3）。该桥位于德比尔哈克姆大桥附近，由三个直径为 30m 的可充气组件接合而成，里面灌入了 3700m^3 空气，充气组件中间是蹦床。桥梁成了游乐场。据说，设计旨在让人们用更新颖的方式横穿河流。设计师们还表示：“它建立在快乐、愉快和洒脱的理念上，与紧张的巴黎形成对照。”设计公司的网站上写道：“在我们看来，巴黎已经有许多供行人和车辆穿越本地水路的桥梁和通道。我们的目的是让游客和居民在通过同一条河流时选择一条更新奇、更愉快的道路。”上述这些桥梁多是工业设计师所设计，说明工业设计师与桥梁工程师对桥梁美的理解存在差异。由于设计者对桥梁结构缺乏了解，所谓“创新”只是一种对怪异的追求，不符合结构思维，因而不能表现出人的聪明才智、本质力量。不仅不会给人美感，反而使人觉得很怪异，缺乏美的本质，因此不美，是否显现人的本质力量是区分桥

图 8-4-1　奇形怪状的桁架桥

梁美丑的金标准。桥梁是一种实用结构，它首先应该是真实。巴金在回答写小说的“秘诀”时，说：“艺术的最高境界，是真实、是自然、是无技巧”。玩弄技巧，露出斧凿痕迹往往会弄巧成拙。

图 8-4-2
阿姆斯特丹步行桥

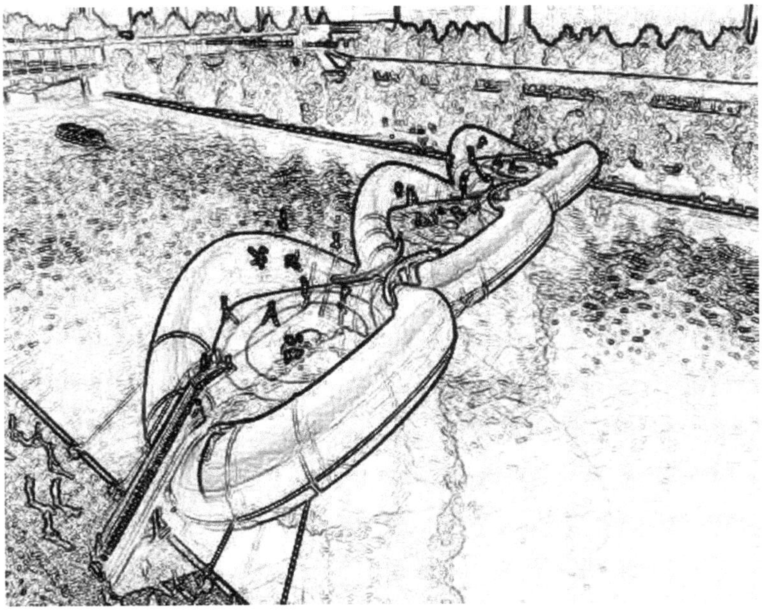

图 8-4-3
“蹦床桥”

第五节　各类桥梁构造美创造技巧集锦

一、梁式桥梁

1. 变截面斜腹板连续箱梁变高部分处理

变截面斜腹板连续箱梁桥由于支点处箱梁加高，会使得箱梁底面宽度由跨中向支点逐渐减小，不符合支点处应该加大截面的视觉习惯，因此会感到较为别扭。有一种办法是将整根箱梁做成与跨中相同的截面，其余加高部分做成等宽度，箱壁不再沿着斜腹板方向继续倾斜，使底板保持等宽，从主跨到边跨斜腹板部分都是等高度的（图 8-5-1）。为避免箱

图 8-5-1
变截面斜腹板连续箱梁变高部分处理

壁受力弯折，箱壁内表面仍然倾斜到底。

2. 钢梁表面的竖向线条

利用钢梁侧腹板外表面的竖向加劲肋，形成竖向线条（图 8-5-2），不仅有很好的韵律感，而且会使梁体过于纤长的比例得以纠正，看起来更舒服。

图 8-5-2
钢梁表面竖向线条

3. 改善刚构桥梁墩交接处侧表面的单调

刚构桥梁墩交接处，往往有一片很大的侧表面，显得单调（图 8-5-3 下）。可将墩柱加宽，突出于侧表面加以改善（图 8-5-3 上）。

图 8-5-3
刚构桥梁墩交接处处理

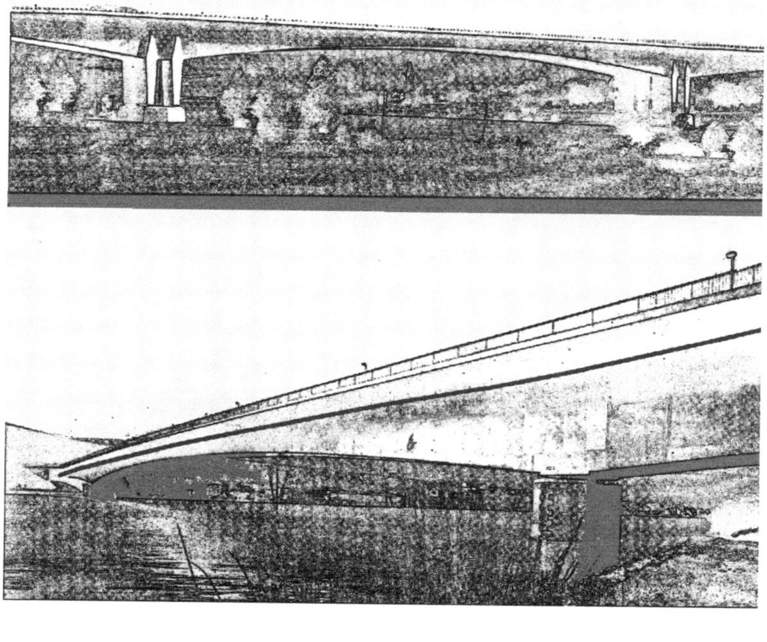

二、拱式桥梁

(一) 拱上建筑与桥梁边跨的连续

有边跨的上承式拱桥如果在拱脚处设置大桥台与边跨隔开，拱上建筑的跨度又与边跨不同，就会破坏桥梁的连续性和韵律感（图 8-5-4 上）。如果拱上建筑与桥梁边跨跨度做成一致，立柱厚度基本相同，在拱脚处避免使用很大的桥台，这样能保持整个桥梁的连续性和韵律感（图 8-5-4 下）。

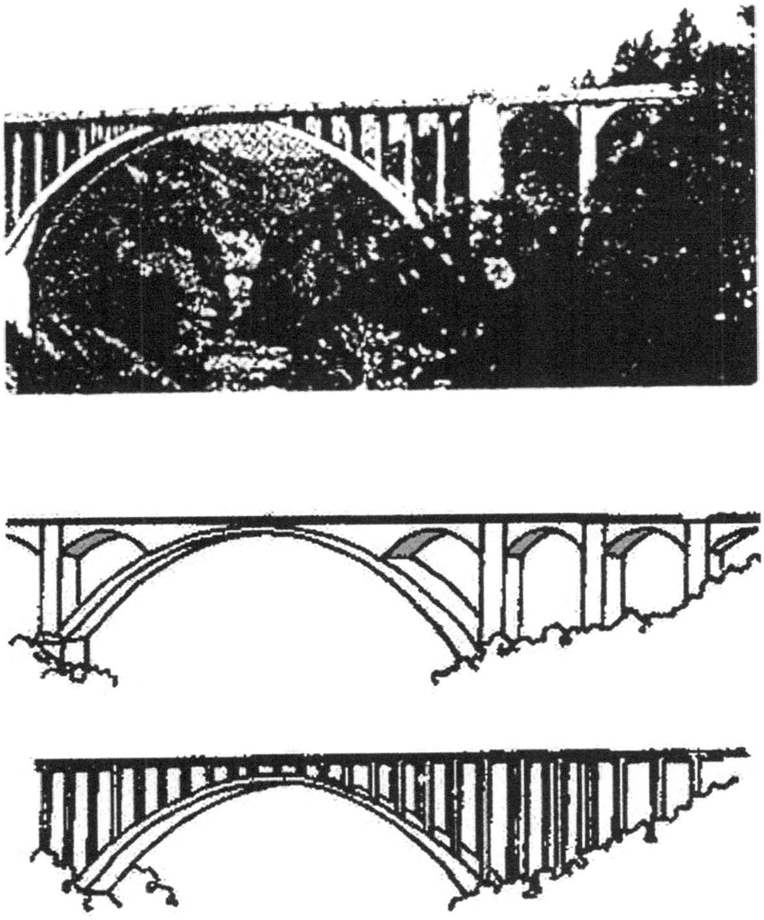

图 8-5-4
拱上建筑与桥梁边跨的连续

(二) 克服实腹式多跨拱桥侧表面的单调

实腹式多跨拱桥在两跨之间，往往有一片很大的侧表面，显得臃肿、单调。可将墩柱突出于拱体侧表面；或做些装饰点缀加以改善；还可把桥墩的分水嘴升高（图 8-5-5）。

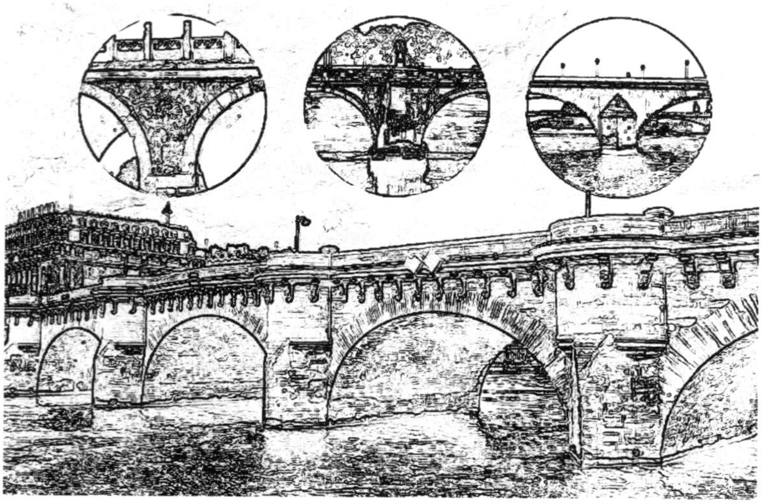

图 8-5-5
实腹式多跨拱桥侧表面装饰

（三）增强吊索锚点的韵律感

下承式拱桥或斜拉桥让横梁挑出桥面之外，吊索或拉索锚在挑出的横梁上，吊点锚头最好外露，以增加结构的韵律感（图 8-5-6）。

图 8-5-6
吊索锚点的韵律感

三、缆索承重桥梁

1. 索塔的挺拔和高耸

无论在东方或西方塔都是高贵、神圣的象征。“塔势如涌出，孤高耸天宫。……突兀压神州，峥嵘如鬼工”。塔常给人以崇高、神秘的美感。在我国古代，塔除具有装点河山、美化景观的审美功能外，由于塔的高度，还兼有登高眺览、导航引渡、指示津梁、标明大道等实用功能。许多桥头、渡口都建有高塔，以作标志。在平川旷野中，人们远远望见高塔，就知道那里可以过河，不致绕道❶。缆索承重桥梁都具有挺拔、高耸的索塔、张紧的拉索，力线极为明确，因此成为此类桥梁结构美的精华所在。这类桥梁的索塔除本身的结构功能外，还兼具一般高塔的审美和实用功能，因此应精心设计。为了表现索塔的高耸，往往将横梁减少到最少，这样使塔柱极其简洁。为保持塔柱的连续性，宜把塔腿置于加劲梁的外侧，避免人行道从塔腿外侧绕过，破坏塔的连续感。悬索桥塔顶都设有索鞍等构造，显得繁杂，日本的因岛大桥、下津井濑户大桥和南、北备赞濑户大桥等桥梁，均把鞍罩做成塔柱的延伸，呈 H 形，看上去就像是塔顶的一部分（图 8-5-7）。大岛大桥和东京湾联络桥等则将鞍罩做成塔顶横梁的一部分，外表看去只有两竖一横，呈 Π 形，非常简洁（图 8-5-8）。实际上，只是将鞍罩的侧板延续至横梁部分，在那里不做顶盖，侧板还可作为横梁顶面通道的护栏。

图 8-5-7
鞍罩做成塔柱的延伸

❶ 罗哲文．中国古塔．北京：中国青年出版社，1985

图 8-5-8
鞍罩做成塔顶横梁的一部分

2. 索塔横梁的高度应比立柱的宽度大

由于整个索塔的外轮廓形状呈竖立的长方形，而横梁却是横卧的长方形，比例不能协调。加高横梁的高度，有助于改善这种情况（图 8-5-9），同时也便于设置桥名。这种做法犹如书画的装裱，长方向的留边总是较阔。如果一样阔，就会觉得与画幅比例失调，很难看（图 8-5-10）。出于同样的道理，钢索塔横梁侧板外表面的加劲肋宜平行于短边设置，形成竖向线条，增加横梁高度感；立柱的加劲肋则宜平行于长边设置，增加竖向尺度感，使塔柱更加挺拔（图 8-5-11）。

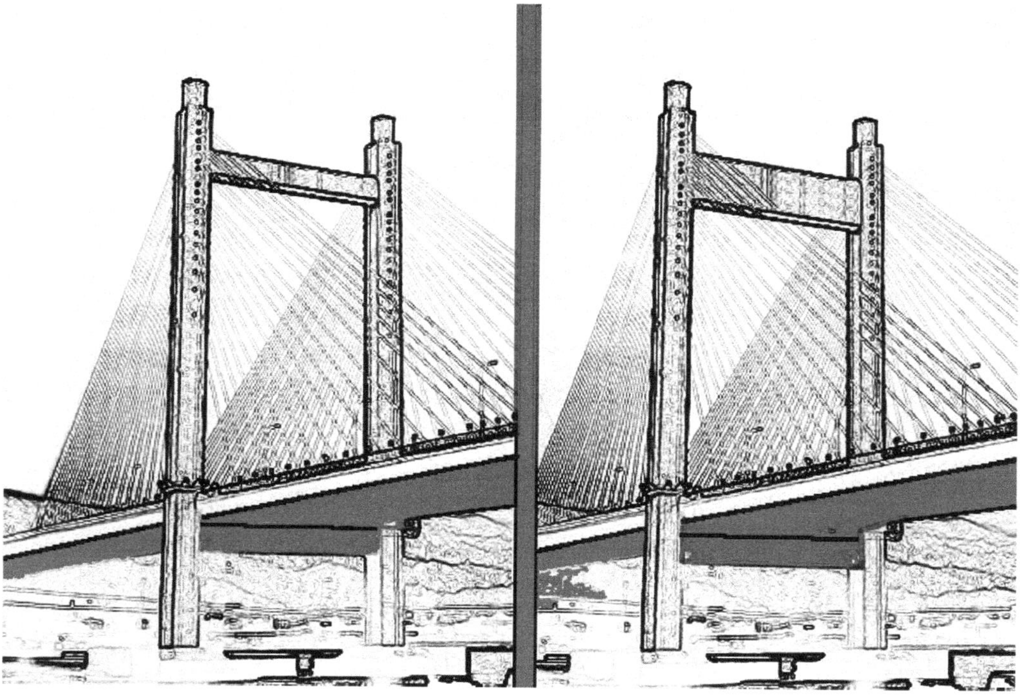

图 8-5-9　加高横梁的高度

图 8-5-10
横梁高度与书画装裱

图 8-5-11
钢索塔线条设置

3. 索塔造型的创新

下津井濑户大桥索塔的造型很别致。由于结构上需加宽塔柱上段，为了保持塔柱的挺拔、避免上重下轻的感觉，将加宽部分作类似加腋的处理，塔顶鞍罩也与此相一致，造型极其成功（图 8-5-12 左）。斜拉桥索塔也有类似的做法（图 8-5-12 右）。斜拉桥的索塔过去多用 H 形，近来有的采用 A 形索塔，使斜拉索汇集于塔顶中央，避免杂乱，加强力感，抗风稳定也好，并给人安全感和神秘感。当桥面较高时，为避免做两个推力基础，将基础收进，成为钻石形或花瓶形索塔，结构合理、造型美观。最早采用这类索塔的应该是 1984 年，墨西哥建成的哥查哥科斯桥（图 8-5-13）。后来，1987 年开工的日本鹤见路桥也采用这种索塔，亭亭玉立，确实动人（图 8-5-14），很受欢迎。

图 8-5-12　塔柱上段加宽作加腋的处理

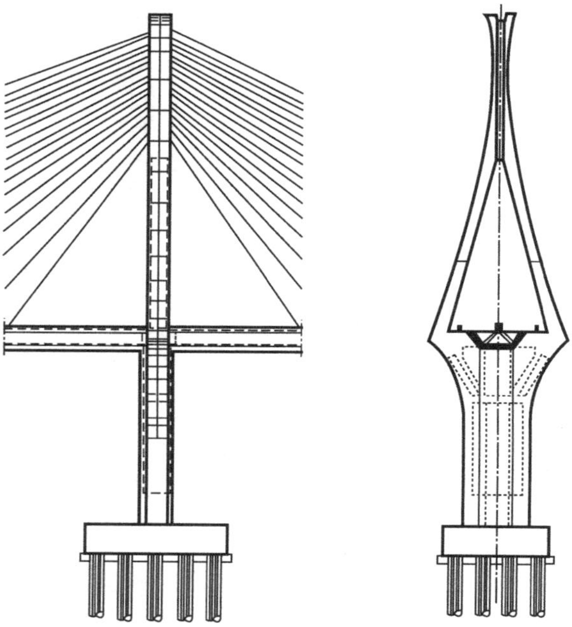

图 8-5-13
哥查哥科斯桥索塔

图 8-5-14
鹤见路桥索塔

4. 宽桥矮塔的稳定柱构造

缆索承重桥梁的塔柱是受压构件。在索平面内，由于有缆索的作用不易失稳；而在索面外，则不然。为此，常规的做法是将两个塔柱用横梁连起来，形成门式框架。对于跨度较小的桥梁，如果桥面又较宽，当门式框架的高宽比小于 1.5 时，就会比例失调，显得矮胖，无论在受力上还是造型上，都不合适。为了解决这类桥梁塔柱的稳定问题，20 世纪末，作者在江苏常州广化桥设计中，首创了塔柱加稳定柱的构造（图 8-5-15），人行道从塔柱与稳定柱之间穿过。利用稳定柱对塔柱侧向的扶持作用，解决了塔柱的整体稳定性问题，塔顶不设横梁。计算表明，加设稳定柱以后，塔柱的稳定安全系数增加了近 3 倍，又能很好地起到改善比例失调的效果，审美和技术的巧妙结合正是结构的美。后来，许多桥梁相继推广（图 8-5-16）。

5. 单吊跨悬索桥边中跨比

弗瑞兹·莱昂哈特认为，悬索桥“边跨跨径应小于主跨跨径的一半，甚至可为 $0.2L$

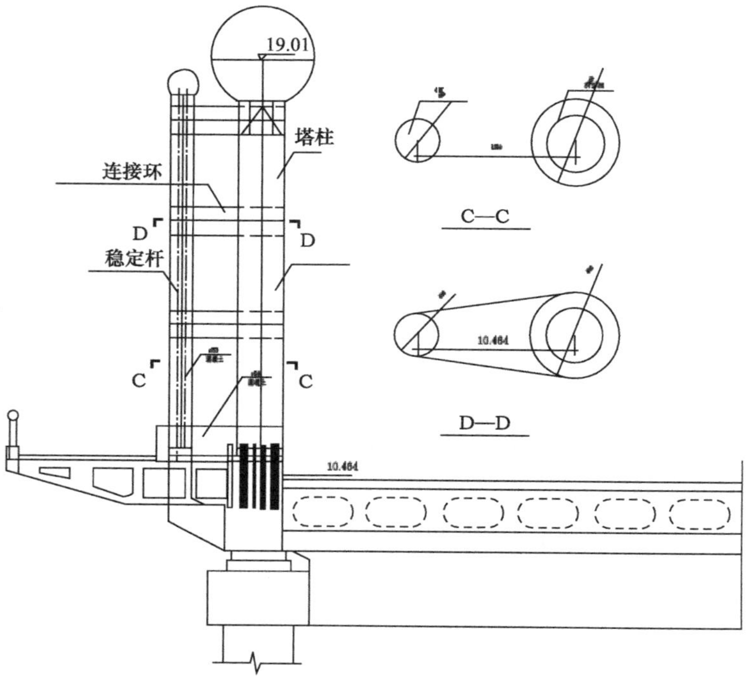

图 8-5-15
广化桥塔柱稳定柱

图 8-5-16　塔柱稳定柱推广

或 0.3L。边跨跨径的比率越小，则主跨越是引人注目”❶。由于单吊跨悬索桥边跨不设吊索，跨度过大，边缆就显得空旷无力，也不利于整桥刚度，美感与结构受力常常是一致

❶　弗瑞兹·莱昂哈特.《桥梁建筑艺术与造型》(中译本).北京：人民交通出版社，1988

的。因此，在地形条件允许的情况下，宜尽可能减小边跨跨度。为节省材料，可采取边缆增加索股的办法。博斯普鲁斯海峡的两座桥由于锚碇的位置受地形制约较少，都采用了0.2*L*左右，较小的边中跨比，获得很好的美学和结构效益（见图5-5-6）。二桥还进一步采取边缆增加索股的办法，得到了经济上的好处。

6. 避免锚碇笨重感

悬索桥的锚碇是力线的着地点。为平衡巨大的拉力，需要有很大的体量，与纤细的桥体往往难以协调。锚碇的造型也必须突出其力线，使其表现出强壮、有力，还要避免给人笨重的感觉。这一点，丹麦的大贝尔特桥有很好的创新。这座桥的锚碇力线明确，既给人顶得住巨大拉力的信念，又不使人觉得笨重（图8-5-17）。维拉扎诺大桥的三角形锚碇也有类似的效果（图8-5-18）。应该指出，重力式锚碇比较难处理。处理得不好，就很难避免笨重感。日本东京湾联络桥的锚碇就出现这种情况。这座锚碇体积巨大，像一座巨大的粮仓屹立岸边（图8-5-19）。由于透视的关系，悬索桥本身与其相比，就更显得格外渺小。

图8-5-17
大贝尔特桥锚碇

图8-5-18
维拉扎诺大桥三角形锚碇

尽管设计者为其做了许多修饰，将顶面和转角都做成流线形；增加表面光洁度，减轻重量感；还设置许多线条，以减少体量感，但由于体积过于巨大，又处于观赏的显要位置，因此所收到的成效极微。这也说明，桥梁的美应该主要靠结构本身，而不能依靠装饰。如果结构本身处理不好，装饰很难加以纠正。

图 8-5-19
东京湾联络桥锚碇

四、城市高架桥梁

1. 在城市边缘地带造高架环线

城市高架桥会严重影响城市景观和环境。高架行车，车辆带来尾气和噪声，造成环境污染；把外围车辆吸引到中心区，产生交通积聚，造成地面交通紊乱、堵塞；中心区道路交通量大，不利于高架路的交通疏散；高架桥还会带来市中心市面萎缩；如遭地震破坏，将使城市瘫痪，不利救灾等。因此，高架桥应尽量避免穿越城市核心区，尽可能造在城市边缘地带，形成环线，将车辆引向外周。但是，由于城市的发展，建造高架时处于城市的边缘地带，过了几年就会变成闹市区。因此，建造城市高架一定要注意构造的处理，尽量降低对城市环境的影响。

2. 避免高架桥梁的压抑感

城市高架桥梁处于城市上空的显眼位置，压在人们头顶，首要的问题就是避免压抑感。某市高架桥有一段穿过城市核心地带，设计时格外谨慎。作者在做环境设计方案时，曾经考虑几种弱化压抑感的方案，采取了几个措施：①使立柱支点以外的梁体与悬臂的下缘在一条弧线上，形似一张大悬臂（图 8-5-20①），简洁轻盈；②大悬臂中段采用肋板结构（图 8-5-20②），形成强烈的韵律感，打破梁下大块平板的单调；③肋板所围成的空格，饰以较浅淡的灰色，形成类似飞机机舱舱顶的轻柔空间（图 8-5-20③），减轻大悬臂板的压抑。入夜，在晃光灯照射下，空格几乎是透明的，使这一效果更加明显。上海中环线高架首先采用的流线形方案（图 8-5-21），也能造成较为轻盈的视觉效果，在一定程度上减少压抑感。

3. 立柱下段深颜色

城市高架桥为了美观，往往进行涂装。由于高架桥上下部体量悬殊，把立柱下段涂装

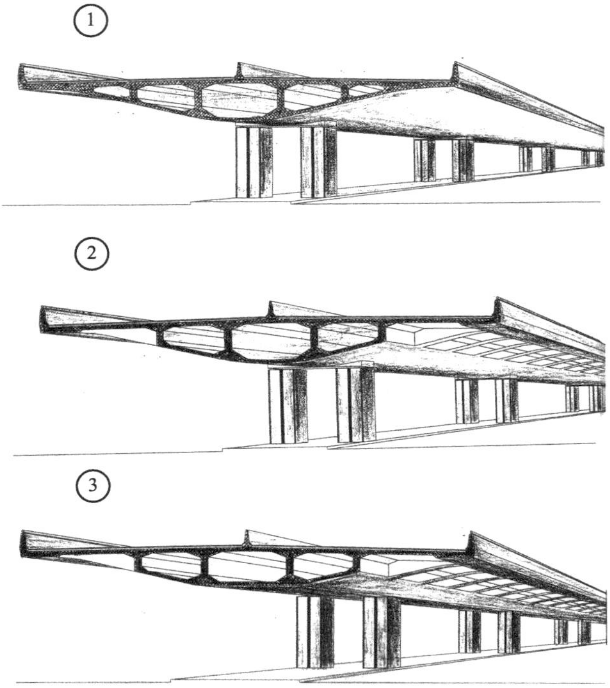

图 8-5-20
弱化高架桥压抑感方案

图 8-5-21
流线形高架桥

成深颜色（图 8-5-22），形成深色“基座”，有助于减少上重、下轻，增加稳定感。同时，立柱下段易受脏污，深色也较为耐污。

4. 避免立柱单调

高架立柱最大的问题是单调，统一有余而变化不足。作者在为某市高架桥做环境设计方案时，以街口为界，分段采用不同立柱造型并尽量使其与该段建筑相协调，还使立柱成为路段的标志物，使路人看到立柱形式，即可知道所处的街区（图 8-5-23）。采用不同颜色的“基座”，也可达到同样的目的。对一些重点路段，在部分立柱柱壁和基部设落水台阶，依附于规则的实体上，形成跌水，以增加环境的活泼气氛、净化空气，还能利用水声陶冶路人的情操。在跌水的下盘饰以山石盘景，以添加环境中自然景色。应该说，喷泉也

图 8-5-22
立柱下段深颜色

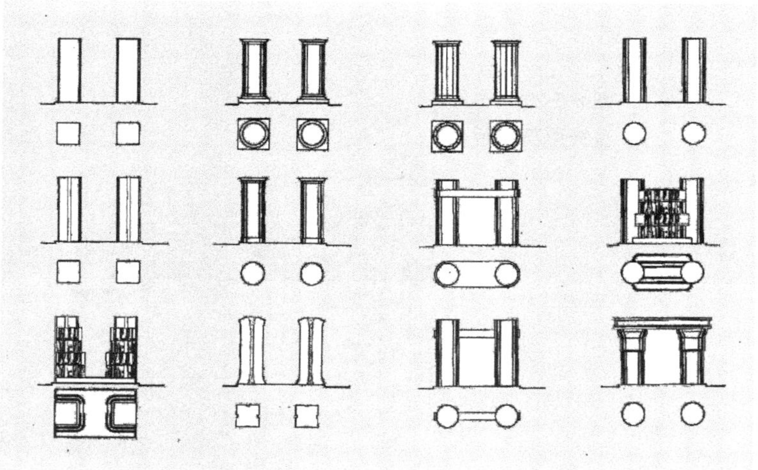

图 8-5-23
高架桥立柱美化处理

有同样的效果，但喷泉的水花易被风吹至地面道路，酿成车祸，故需谨慎使用。

五、道路跨线桥

（一）避免桥台挡住视线

公路跨线桥处于旅客视线的显著位置，因此要尽量保持视线的通畅。桥梁跨度宜大些，不要仅仅满足行车净空要求。采用埋置式桥台，使其退到边坡后面，避免桥台挡住视线，缩小桥台的外露表面，避免笨重感（图 8-5-24）。

图 8-5-24　桥台退到边坡后面

(二）桥台立面的简洁处理

桥台立面可设置挡板，挡住梁端和支座复杂的构造，使桥台立面简洁（图 8-5-25）。

图 8-5-25　桥台立面挡板

挡板侧边可做成反向倾斜，使其与梁底及锥坡交角更接近（图 8-5-26）。这些构造处理办法也适用于其他梁式桥桥台。

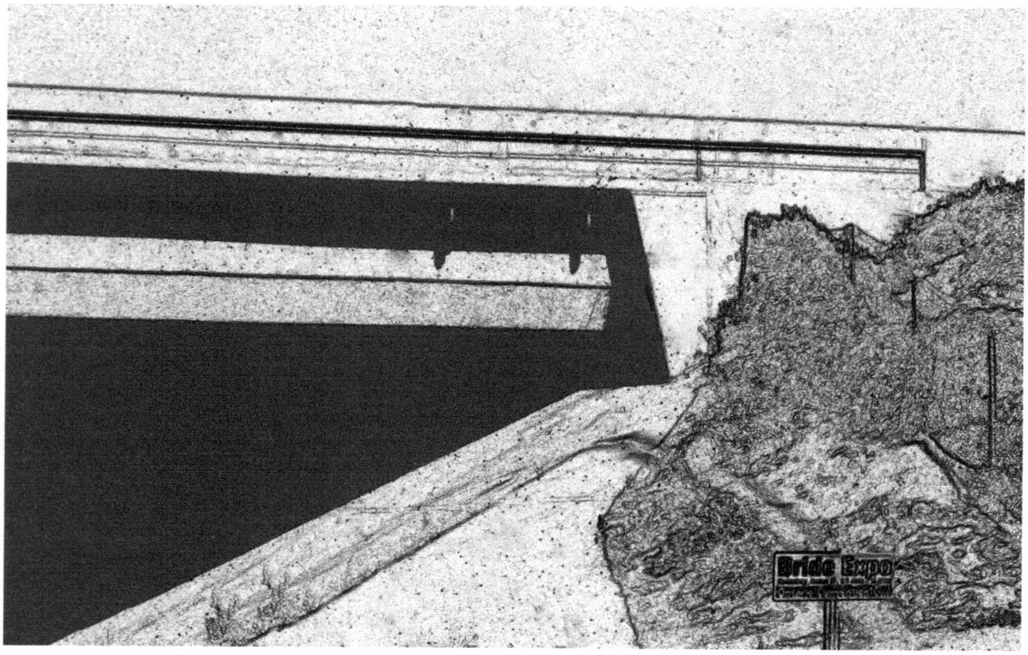

图 8-5-26　桥台挡板侧边反向倾斜

第六节　桥梁结构美的范例

一、汴水虹桥

虹桥是一种具有独特结构的中国古代桥梁。虹桥以其结构上的成就为我国桥梁史增添了光辉的一页，成为桥梁结构美的典范。这种桥梁在中国古代曾盛极一时，由于木材容易遭受风雨侵蚀、不易保存，而今已实物无存，人们只能在宋朝画家张择端《清明上河图》的真切描绘中一睹风采（图 8-6-1）。据记载，北宋东京汴河上建有 13 座桥梁，虹桥是其中之一。它是一座单跨木拱桥。结构巧妙、机智，形式优美、独特，宛如飞虹，故得名。据《东京梦华录》记载：“自东水门外七里曰虹桥，其桥无柱，皆以巨木虚架，饰以丹雘，宛如飞虹”。它那纤薄的拱体，显得轻盈苗条；桥端培土压拱，形成了桥面平缓、和顺的反弯曲线，使桥身波浪起伏。配以精致、结实的石砌台岸，衬托着圆弧形的拱身，突出了整个桥梁立面。这些处理，体现了功能与美观的巧妙结合，达到了完美和统一。

从《清明上河图》所取的透视角度，可以看出桥的结构。从桥底看去，在桥的宽度内并列有 21 组拱骨，每组 6 节，末节拱骨的一段，作为桥端培土垫拱而埋置于河岸中。拱骨为大圆木，径约 40cm，上下两面均刨出平面，上横铺桥面板。由图可以估算，跨径约 25m，净跨 20m 左右，拱矢约 5m，桥下净空 5.5～6m，桥宽足有 8m。矢跨比约 1/5。桥

图 8-6-1
清明上河图虹桥

垅和拱背培土垫层，减小了桥面坡度，便于车马通行，顺拱势接地面成反弯曲线，使道路和顺，也增加了桥的顺畅、美观。北桥端拱下，桥台至水边间设有通道，以方便船工牵船过往。结构由两组木梁系统、交叉搭置的拱骨系统，通过插入横木而形成超静定体系。

虹桥结构创造于宋明道年间（1032～1033 年）。据宋人王辟之《渑水燕谈录》记载，青州城西南山区有一河，洋水，跨河桥梁原是多跨梁桥。每年雨季山洪暴涨，冲击桥柱，使桥梁一毁再毁，地方官束手无策。青州牢城的一位废卒带人“累巨石固其岸，取大木数十相贯，架为飞桥，无柱。至今五十载，桥不复坏”。《宋史·陈希亮传》说“自畿邑至于泗流，皆为飞桥”。至今，在闽东北、浙西南山区还能见到的“贯木拱廊桥”，可认为是虹桥结构的推广。它在虹桥的基础上加盖桥屋，以适应当地的气候，因此使这种桥梁得以保存至今。该地现有完整的贯木拱廊桥 86 座，仅寿宁县就有 19 座。寿宁县地处偏僻山区，“地僻人难到、山多云易生”，鲜受中原文化辐射，由此可反映出当年虹桥影响之盛。据说，文艺复兴时期，达·芬奇也研究过互承结构，其中有一种与虹桥结构极其类似。

虹桥属于互承结构体系，或称编木结构体系（图 8-6-2）。其结构很像北方的柳条箩筐或南方的竹篮子，有可能受其启发。从力学上分析，上端的纵梁压在横梁上，横梁又压在相对的一根纵梁上，上、下两根纵梁夹住一根横梁。利用受压产生的摩擦力，构件之间越

图 8-6-2
互承结构体系

压越紧，摩擦力使得横梁不能滑动，结构简单而奇妙。这种结构不用钉铆，只需用相同规格的杆件，别压穿插，搭接而成。整体形成拱形结构，就每一根杆件来说，又是最简单的简支梁，跨中承受集中荷载。桥的构件统一，无特殊、异形的构件；伐下的树木只需经少量加工即可制成合格构件，取材方便；便于运输、安装；用小构件形成大跨度，经济合理。2007 年中国廊桥申遗寿宁宣言指出："木拱廊桥是中国传统木构中技术含量最高的一类结构形式，在世界建筑发展史上唯中国独有。它是中国古代劳动人民创造的一个伟大奇迹，显示了中国古代桥梁工程技术领先于世界的卓越成就，是中国古代工匠留给世界人民的珍贵物质和文化财富，是山地人居历史传承的重要人类遗产。"

这种桥梁作为一种独特结构，现代有不少仿造。作者在山东博山孝妇河上，用钢管也编过一座（图 8-6-3）。

图 8-6-3　编管结构桥

二、伦敦千禧桥

为迎接 21 世纪到来，世界各地开展了各种各样的活动，修建了许多纪念性的建筑物。在伦敦，除建造了伦敦东南的"千禧大棚"和市中心的"摩天转轮"之外，在泰晤士河上也架起了一条醒目的"银带"——千禧桥（图 8-6-4）。这座桥在圣保罗与班克塞之间跨越泰晤士河，是连接泰特现代美术馆与圣保罗大教堂的人行桥。它也是 1894 年伦敦塔桥之后，一百年来第一座横跨泰晤士河的新桥梁。这座桥虽然是由一位建筑师主持设计，但是由于诺曼·福斯特是当今国际上最杰出的建筑大师之一，被誉为“高技派”的代表人物。所谓高技派是指20世纪60年代以来，采用高技术手段，在形式上极力表现高技术的结构、材料、设备、工艺等美感的建筑设计倾向。他们对技术十分重视，把现代科学技术作为设计创新的一种手段，执着地在设计作品中实践着新技术、新材料、新结构。诺曼认为：“技术是人类文明的部分，反技术如同向建筑，即文明本身宣战一样站不住脚”，因此，作品充满着时代的结构美感。他的设计事务所的设计遍及全球，获得190余项评奖；赢得50个国内及国际设计竞赛。诺曼·福斯特本人因其建筑方面的杰出成就，于1983年获得皇家金质奖章；1990年被册封为爵士；1994年获得AIA金奖；1997年被女皇列入杰出人士名册；1999年获终身贵族荣誉，并成为泰晤士河岸的领主；1999年被授予第21届普利兹克建筑奖，即诺贝尔建筑奖；2009年被授予艺术类王子阿斯图里亚斯奖。

图8-6-4
伦敦千禧桥

伦敦千禧桥1996年由英国金融时报和SouthwarkCouncil组织设计竞赛，共有227个参赛者。最后由英国的阿鲁勃工程咨询公司、福斯特建筑师事务所以及雕塑家安东尼卡罗的联合体提出的小垂跨比悬索桥方案胜出。获胜方案为81＋144＋108m坦悬索结构，桥长325m。悬链向内倾斜，角度异常平坦，中跨的垂度仅2.3m，垂跨比1/63。设计理念是“光之刀”。建筑师利用高强度封闭钢绞线，创造出一座空前通透、超薄的悬索桥，将高技派风格发挥得淋漓尽致。千禧桥比起泰晤士河上已有的其他28座桥梁“前辈”，那些巨大、凝重的石头、水泥或钢铁的桥墩来，要轻巧、苗条得多。充分显示了一个世纪桥梁科学技术的进步和人类审美观念的变化。这座“悬索桥”没有索塔，只有一对“Y”形金属桥墩支撑着。桥跨之上也没有刚性大梁，只有8根，分成两组的钢缆挂在“Y”形桥墩的两臂上。每隔8m设一根的钢箱横梁，两端与索夹连成整体，支撑于两组钢缆之上。圆钢管纵梁焊接于横梁上，上铺4m宽的蜂窝状铝板作为桥面。形成一根纤细的“银带”。结构简明、轻巧、纤细，造型流畅、鲜活、飘逸，显得格外与众不同。桥梁全部采用金属结构，尤其是大面积铝材桥面板的采用，以其轻质高强和在航空航天的广泛应用，给人高科技的感觉，加上不锈钢栏杆特有的金属质感以及桥身轻巧而优雅，使人耳目一新，给人们以引领未来桥梁新材料的印象。尽管2000年6月开通时，发生过横向晃动的小插曲。在装置了90个避震器之后，2002年2月，一座富有时代特征和结构美感的新颖桥梁又重新开放，回到市民的怀抱。这座桥，白天在游移变换的日光照耀下，发出特有的金属光泽，轻盈的桥身似一条银色的飘带飘浮在泰晤士河上。夜晚，在灯光的照射下，似一道剑刃发出的青光，轻轻划过河面。从游船上看，在伦敦低空云团背景的衬托下，桥上的行人仿佛处于云端，如梦如幻。在电影哈利波特6中，食死徒袭击千禧桥一幕视为最大亮点。整座千禧桥遭魔法袭击而被摧毁的震撼场面，令人印象深刻。

三、九龙山通天桥

通天桥（图8-6-5）位于浙江乍浦九龙山旅游度假区，跨越小龟山与外蒲山岛之间海峡。该桥使用现代高强度材料，创造出独特、轻盈、优美、舒展、安全的空间多缆预应力索桥，充满着结构美感。整座桥梁由承重索、背索、桥面索及抗风索等组成。全桥除4根撑杆外，均由拉索组成，充分发挥高强度钢丝强度大、结构效率高的特点，具有结构新颖、自重较轻、风阻力小、抗风性能好、跨越能力强等特点。

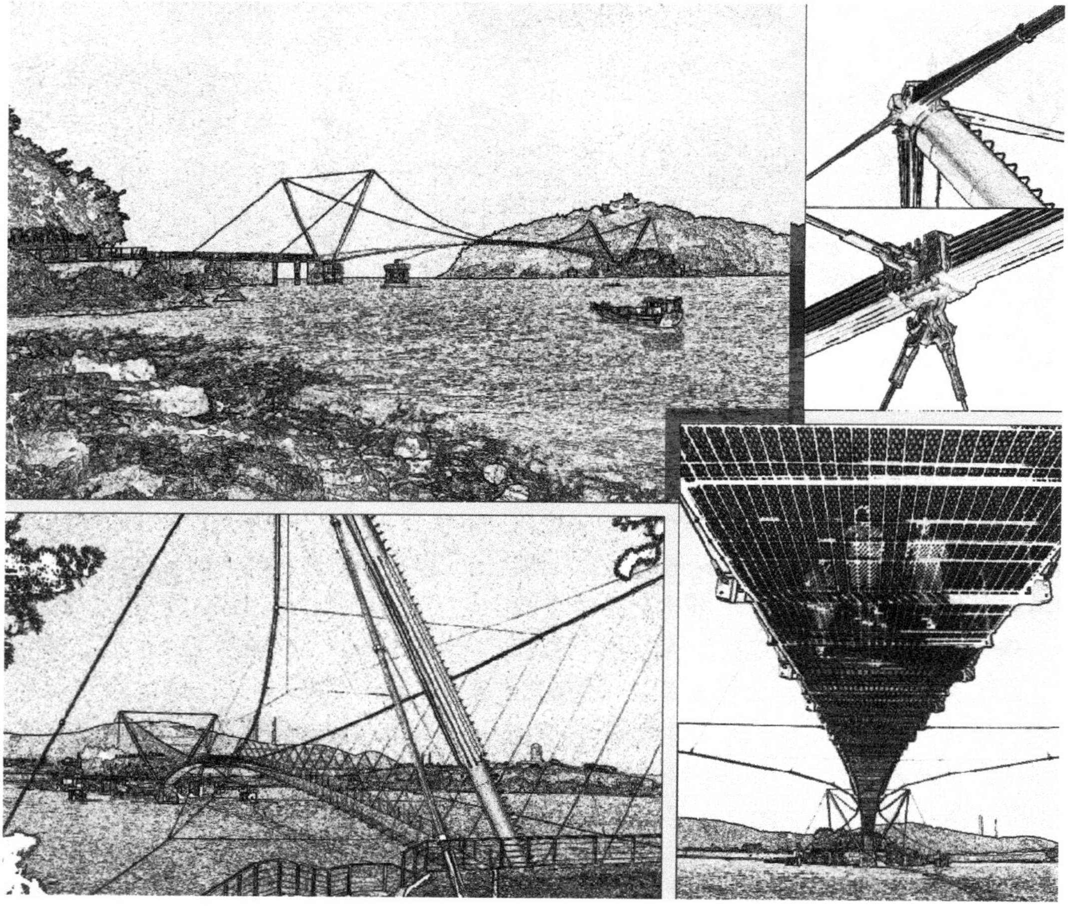

图8-6-5　九龙山通天桥

这座桥梁结构有三个重要创新：一是，采用“拉拉结构”。桥梁结构中，“拉、压、弯”可排列组合出9种结构，其他8种都已应用，独缺拉拉结构。该桥填补了这个空白；

二是，在缆索中施加预应力，以“拉力刚度”来弥补小跨度索桥“重力刚度”的不足，提高了结构刚度；三是，实践了以空间多缆系统解决索桥的抗风问题的新思路，提高抗风效果，简化加劲梁构造。除结构创新外，这座桥梁的构造也有许多创新，例如采用矩阵排列的钢绞线缆索、由钢板及螺栓组成钢板式索夹及结点、由预制框架叠层而成，中间现浇填心混凝土，并兼作钻孔灌注桩施工平台及护筒的装配式基础以及用于低应力拉索锚固又能满足索长调节的需要的拉索双锚锚固体系等。

由于上述创新，使该桥打破了传统桥梁形式，创造出构思奇特、结构特殊、与以往迥然不同的桥梁。通天桥跨度 208m，宽仅 3m，中间不设桥墩，也没有加劲梁。结构通透、明快，由钢缆连接各结构部件以支持桥面。桥面用钢索和钢丝网铺成，中间铺着一条长长的红地毯，像一条彩带悬在半空，透明的桥面让人更强烈地感受到下面湍急的海流，使人充分感受到了大自然的美和人类的智慧和勇敢。清晨，太阳从东方升起，照在海面上，通过海水的反射，波光粼粼。走在桥上，脚下就是大海，水那样蓝又那样凉，时而升起一阵阵雾气、时而荡起一朵朵浪花，犹如腾空飞翔，真有通天的气氛，是名副其实的通天桥。

该桥是作者在世纪之交精心设计的一座桥梁。作者把在此之前十来年间，设计大跨度悬索桥中所得到的，关于索结构的知识和美感全部消化在这座桥中。桥梁开工之时，正值伦敦千禧桥建成，施工人员将两座桥梁进行对比，感到在结构上有异曲同工之妙，跨度比千禧桥大 44%，造价只是千禧桥的 2%，因此备受鼓舞。他们带着这种鼓舞克服了施工中的种种困难和险阻。桥梁建成只比千禧桥第二次开通晚半年。只可惜，由于业主变更致使桥梁疏于维修、养护，结构锈蚀，影响耐久性。但是，就像患有胃病并没有影响西施成为中国四大美女一样，并不会因此损害这座桥的美。

第九章　桥梁功能美及其创造

第一节　功能主义和形式主义的片面性

对于功能和形式，历来有不同的理解，在历史上曾经出现过割裂两者偏执一方的片面现象。对功能最常见的一种理解是，只强调实用，忽视形式美观，这种理解是片面的。格罗庇乌斯在《艺术家与技术家在何处相会》一文中的一段话很有代表性："物体是由它的性质决定的，如果它的形象很适合于它的工作，它的本质就能被人看得清楚、明确。一件东西必须在各个方面都同它的目的性相配合。就是说，在实际上能完成它的功能，是可用的、可信赖的，并且是便宜的"。无可否认，实用的确是一种功能，或者说是功能极为本质和重要的方面。但是，如果把功能仅仅归结为实用，就可能忽略实用品的另外一些重要的方面，如经济和美观，因而导致片面的功能追求，成为功能主义。在近代、现代，功能主义在审美设计中逐渐占了上风，在反对追求表面豪华的巴洛克风格中，出现过矫枉过正的现象。一些功能主义者把功能与形式割裂，只求功能，而不问形式。在美国20世纪30年代，有许多人宣扬审美设计的功能主义。他们认为，一切机器或产品只要在使用中合乎理想，该产品的设计就是合理的。设计美学的任务就是去寻找、发现产品内在的柏拉图式的"形式"，这形式不是制造的，也不是附加的，而是从产品的功能中必然生发出来的。蒂格认为：无论一件产品多么复杂或关系重大，总是要求有"一个完美的形式"，而这个形式就隐藏在客体自身中，隐藏在客体功能的完善上。设计师在对与功能有关的每个问题的完善解决之中，就能得到它，而一旦得到它，就会获得一种奖赏，即"作为成功的设计的可见的证明——美"❶。设计的审美价值就在功能的完善中。这种片面的功能主义，使得他们设计的产品显得缺乏情趣、呆板，很难令人赏心悦目。在现代，功能主义影响颇为广泛，对于桥梁设计也经常会听到"只要满足功能要求、结构合理就是美"的片面主张。以功利的观点对待事物，固然在人类的历史上先于用审美的观点对待事物，但是当人类进入到文明社会，在物质需要基本满足的基础上，必然会产生不同程度的审美需要，而且这种要求会随着社会的进步与日俱增。

与功能主义相反，另外一些人则沉湎于形式的美化，忽略实用功能成了形式主义。这两种倾向的共同错误，是把功能与审美割裂。随着社会生产力的发展、人们生活水平的提高，前一种倾向比较容易得到克服；要想克服后一种倾向，就不那么容易。问题主要在于对这种倾向的实质，即把实用产品的审美价值完全归结为形式的片面性缺乏认识。这与20世纪文学艺术领域流行的"形式主义"思潮影响是分不开的。在纯艺术中，形式可以作为内容的载体而成为艺术的主体；但是，在实用领域内，形式显然不可能有这样的殊荣，因为一旦形式超越了内容、超越了实用功能、它同时也就超越了实用领域而成为纯艺术了。

❶ 转引自《技术美学与工业设计》第一辑．德尼·于斯曼．《工业美学及其在法国的影响》．天津：南开大学出版社

当然，对一件具体的实用品而言，还是存在着外部形式美观的问题，甚至外部装饰也能增加它们的审美价值。但是，这种外部的形式美终究只是实用品审美价值的一个比较肤浅的层次，深层的美还在于实用品的功能之中。实用功能与审美功能互相渗透、影响和制约。就人的全面需要来说，最理想的则是实用、经济与美观的高度统一和结合。

第二节　实用品功能美的三个要素

实用品的美与纯艺术品不同，它是真、善、美的统一，是合规律性与合目的性的统一。真、善、美都是客观的，它们之间的相互关系是为人们改造世界的实践活动所历史地规定了的。真、善、美是客观对象对于人和社会的三大价值。作为客观的对象来看，真、善、美是同一客观对象的密不可分地联系在一起的三个方面。真、善、美各有自身独特的内容，不能互相取代，但三者在实践中却可以且应该得到统一。作为人类的社会实践的成果，就它体现客观规律或符合于客观规律的方面去看，是真；就它符合于一定时代、一定人群的利益、需要和目的的方面去看，是善；就它是人能动的创造力量的客观具体表现方面去看，是美。真是美的基础，善是美的灵魂。如果把这种符合客观规律的真和有利于社会发展的善，通过具体而光辉的形象表现出来，这个形象就是美的了。

实用、经济和美观三者是构成一切实用品功能美的要素，也是设计美学要达到的三个目标。从理论上阐明功能美，并探讨在实践中创造功能美的途径，这就是设计美学的重要任务。“实用、经济、美观”涉及设计的三个方面。三个方面的结合与统一，是矛盾的统一这条普遍原理在设计美学上的体现。它们分别包含着不同的内容，又相互制约和联系着。功能指的是有利的作用，是实用、经济、美观整体的有利作用。审美经验是复杂和奇特的，它不同于生理感受，但又离不开生理感受；它不同于逻辑判断，但又离不开理性认识。因此，实用—经济—美观三条原则不可分割，它们构成了实用品的整体美。片面强调其中的一项，而排斥另外两项，都必然有损于产品的整体美。实用品的美是一种实用、经济与美观三位一体的整体美，是由各种构成因素在使用中产生出来的美。设计美学把这种三位一体的整体美，概括为功能美。有人把技术功能，物理、化学方面的标准以 T 表示；经济功能，成本和效能方面的指标以 W 表示；与人相关的功能，使用舒适和美观的要求以 M 表示。归纳为功能美的 TWM 系统。1904 年，保尔·苏利约在《理性的美》一书中，最先勇敢地突破了欧洲哲学家、艺术家所固守的康德信条：美是一种无目的的合目的性，是一种完全没有利害关系的满足的对象。他把实用与审美的矛盾关系用内容与形式来描述和说明，并用“功能”一词把两者有机地统一起来，主张设计的审美价值就在功能的完善中。他没有概括出“功能美”的范畴，但他提出的实用与审美应相互吻合而产生实用物品的“理性的美”，实质上就是功能美。功能美不是简单的实用加美观，而是实用、经济、美观的全面实现，和谐统一。

由功能美所引发的美感具有多层次。在这种美感的最低层次上，确实具有直接的功利性。经过审美设计的产品和环境，实用、经济、美观，有利于人的生存，充实了人的生命，给人以舒适、便利和物质的满足，从而使人感到愉快。这是和人的生理结构相联系的快感，是一种最低层次上的美感。在这一层次上，由功能美所引发的美感与由艺术和自然风景引发的美感不同。但是，由功能美所引发的美感在其比较高的层次上，恰恰是对功利和实用的超越，是精神享受对生理快感的超越。超越不是替代，而是在实用功利基础上的升华。功能美的核心目标是获得人的物质和精神的自由。一切符合功能美的东西——实用的、经济的、美观的，必定是看起来顺眼、舒心，用起来得心应手，在心理上和生理上都使人感到轻松、愉快、自由的东西，也就是美的东西。由功能美引发的美感的最高层次，就是这种使人摆脱了物质束缚、如释重负而获得的精神自由。很显然，在这个层次上，功能美引发的美感本质上也涵盖了由艺术及自然风景所引发的美感，在心理的意义上没有区别。

第三节　建筑和桥梁的功能美

功能美是技术美学的中心范畴。功能美的特征是物体具有合规律性和合目的性的形式。早在公元前一世纪，古罗马奥古斯都时期的建筑大师、建筑理论家、军事工程师马可·维特鲁威所著的《建筑十书》就归纳出建筑的三大要素：适用、坚固、美观，成了影响深远的优秀建筑标准。这里，适用指实用功能；坚固指技术结构；美观指审美价值。两千多年来的各种建筑，都没有脱离这三项基本要求。文艺复兴时期的阿尔伯蒂继承了维特鲁威的观点，认为建筑美是实用、经济和美观的统一，提出了"实用、经济、美观"的建筑原则。瓦雷里曾把建筑拟人，认为建筑有三种：一是哑巴，不能说话；二是会说话的；三是能唱歌的。这是一个很好的比喻。不能说话的建筑使我们感到冷漠与疏离；只会说话的建筑也不能引起我们的感性愉悦；我们需要的是会"唱歌"的建筑，它优美的音调和旋律使我们终日沉浸在欢愉之中，这正是功能美的最佳体现。建筑是一门科学，它的基本目标是结构牢固、使用方便，并组成最优美的形式。因此，建筑术被定义为以适当的经济，制造坚固、实用、美观房屋的技术。功能美中的实用、经济、美观，在整个建筑中所占的比例随着具体工程的性质而变化，在建筑上有许多极端的例子，例如：悉尼歌剧院设计方案是 1957 年国际设计竞赛获奖方案。施工历时 17 年，耗资 5000 万英镑，比原预算超出 14 倍。因悉尼市高楼林立，应考虑俯视效果，以屋面为"第五立面"。由 10 个高低大小方向均不同的壳体结构组成独特的形象，最高 54.6m。形态各异不利预制；倾斜度所产生的力矩也不符合壳体结构准则。建筑师认为，这样可以保持明快、飘扬的特点，成为令人瞩目的雕塑性建筑。形式重于一切，主要不是适用、经济而是美观，获得了 1969 年英国女皇工业奖、1972 年澳大利亚土木工程师学会优秀奖和 1973 年国际结构工程师协会特别奖。类似的情况还有：罗马圣彼得大教堂，圆拱顶施工历时 26 年，由三位建筑师相继主持。

桥梁的主要作用是功能活动，在构成桥梁美的主要因素中，功能美占据重要位置，而形式美则与其密切结合，并给功能美带来了生气。无论外观形式如何完整，如果它没有充满着生气勃勃的功能力量的功能美，则感动人的力量就很微弱，而令人觉得烦闷、无聊。只有做到实用、经济、美观，从功能出发，达到功能、结构与形式的统一。也就是说，要围绕目的和功能进行审美创造，才能全面实现桥梁的功能美。桥梁除了外在品质的美，使用因素，如车辆行驶的稳定感、安全感和舒适感以及通畅感所引发的喜悦，技术的先进性，结构的创新性、安全度、耐久性，设计和施工的质量，造价的合理性等因素所产生的满足，都体现着桥梁的内在品质美。桥梁的功能美是内、外品质的全面实现，是实用、经济和美观相互关系的最优化。美国戴维·P·比林顿在《塔和桥——结构工程的新艺术》一书中总结了托马斯·特尔福德、布津内尔、斯蒂芬森、古斯塔夫·埃菲尔、约翰·罗布林以及罗伯特·马亚尔等桥梁和结构大师的作品和审美思想，指出："他们都高度重视轻巧和安全、经济和功能以及优美的外观"。现代桥梁的构造处理已走上了科学的轨道。同时，结构分析也已由感性和经验走向理性、由定性走向定量。在这个基础上，施工技术和建造的经济性同样也是理性的。一个不经济的建筑，无论如何都会有损于在现代桥梁的品评。适用、坚固、舒适、经济和安全，是现代桥梁的理性要素，构成了现代桥梁审美必不可少的特征，加上美观，才是全面和充分的特征。

第四节　桥梁的实用性

美是真与善的统一，是合规律性与合目的性的统一。美以善为前提，并且归根到底，应符合和服从于善。其所以如此，是因为人类改造世界的实践活动，最终都是为了实现和满足一定需求，一定的利益。与人类的实践需要无关的东西，与人类维持自己的生存和发展无关的东西，不可能是实用品的美。古时，美与善同义。汉字"美"最早就从"羊人为美"、"羊大为美"而来。希腊文"美"这个词的原意是投枪之类的武器；拉丁文表示"美德"一词的原意是指力量与勇敢。早期的"美"字都直接与动物和猎取动物有关，表现了明显的社会功利目的。历史的事实告诉我们，人类最初所认识的美同时也就是善，两者不能分离。只是随着历史的发展，美与善才逐渐被区分开来。美虽然并不就是善，但美是以善为前提的。"人最初是从功利观点来观察事物和现象。只是后来，才站到审美的观点来看待它们"[1]。到了文明时代，艺术生产逐步脱离了直接实用、功利的目的而取得了相对独立的地位，美感就从生理快感中分化出来，获得了自己独特的本质，人类完全意义上的美感也就随之诞生了。这时，美就有了两种不同的衡量标准：纯艺术的和技术美学的。纯艺术排斥实用功利；而技术美是工业时代的产物，因此，美是以有用性为前提的，是与实用联系在一起的。以纯艺术的审美标准衡量，希腊陶瓶作为艺术品的存在是美的；以技术美学的审美标准衡量，希腊陶瓶作为陶瓶的存在则是丑的，而中国陶瓶却是美的。文艺复兴时期的阿尔伯蒂说："所有的建筑物，如果你们认为它很好的话，都产生于'需要'，受'适用'的调养，被'功效'润色，'赏心悦目'在最后考虑"。"我希望，在任何时候、任何场合，建筑师都表现出把实用和节俭放到第一位的愿望。甚至当作装饰的时候，也应该把它们做得像是首先为实用而做的"[2]。实用原则以人的需求为基础，一个物品的实用不实用，根本上决定于人的需要不需要，决定于满足人的需要的程度，这就是效率。效率越高，实用性就越强。这又牵涉了技术问题，效率的高低与技术水平的高低成正比。因此，这是一个复杂的系统工程。

桥梁不同于一幅美丽的图画，虽然它需要美，但是，人们要在其中生存和活动，所以它的物质功能是第一性的。桥梁的美是人类为了生存的目的，在征服天堑的自然阻隔的劳动中观照到自身的本质力量所感到的美。它们物化了主体的活动形态；表现了主体对于对象的必然性的自由支配；凝结着人的创造性智慧、才能和力量；积淀着人的社会性情感、理想和愿望，因此离不开本来的实用目的。桥梁的基本功能是使各种荷载（汽车、火车、轻轨、非机动车、人行或电信线路、管道等）跨越障碍。除这些基本使用功能外，还有一些附加功能，

[1] 普列汉诺夫.《没有地址的信》.《普列汉诺夫美学论文集》、第 395 页

[2] 阿尔伯蒂.《论建筑》

以达到政治、军事、宗教、商业、纪念、旅游、地区文化和标志等目的。基本功能确定了桥梁的基本形式，这种形式本身就是美感的源泉，附加功能不能损害基本功能。因此，要求桥梁设计最佳地满足使用目的，使其形象的审美特征寓于使用目的的形式中。只有在发挥实用目的的基础上，同时给人以审美感受，才有构成桥梁美的实际意义。马克思在《资本论》中关于劳动过程的分析已经告诉我们，作为劳动产品，它的使用价值同审美价值是同时形成的，无法区分先后。桥梁审美不能像纯艺术那样，把直接的实用功利撇在一边，去追求纯粹的精神享受；相反，它必须把物质与精神、实用与审美摆在平等的地位上，在它们的矛盾中去把握、调整和规范两者的关系。一座美的桥梁，不完全在于它的视觉形象，而主要在于它在使用中能否使人产生美感，符合“愉快原则”。这里的“愉快原则”不同于艺术原则，它建立在实用基础之上。这种愉快不只是精神的愉悦，而首先是物质、生理的快感。桥梁应该先取得物质上的需求，再达到精神上的愉悦。桥梁美始终不脱离实用功利，把实用、经济、美观的有机统一视为美的必要条件，桥梁的审美价值在具体使用中显示出来。

第五节　桥梁的经济性

功能美的审美实质在于对产品功能所表现的合目的性形式的观照。它表现了人类创造的历史进步，成为人的自由的确证。功能的合目的性表现了人类活动的经济原则，即以最小的人力和时间消耗，取得最大的成效。人类按照自己的意愿改造自然，使环境与人的关系达到和谐的程度，取决于人类对支配自然的客观规律所能掌握和利用的程度。发达的科学技术使人有可能以较少的投入换取更多的产出，即以较少的材料、能源和人力消耗，取得更多的功能。在这样一种合规律性与合目的性统一的情况下，人在创造性的劳动中才感到自由，他的产品才表现为一种自由形式。这种自由形式就是充分体现合规律性与合目的性的典型形式，也就是美的形式。《国语·楚语》“伍举论美”说：楚灵王建了一座章华台，竭国库之力，数年方成，雕梁画栋，巍峨壮观。台成之日，灵王率群臣登台，望眼前美景，接众人恭贺，不禁志得意满，脱口即曰：“台美夫!”独有大臣伍举不以为然。他批评说：“夫美也者，上下、内外、小大、远近皆无害焉，故曰美。今君为此台也，国民罢焉，财用尽焉，年谷败焉，百官烦焉，举国留之，数年乃成。若于目观则美，缩于财用则匮，是聚民利以自封而瘠民也，胡美之为?”意思是说：所谓美，是对上下、内外、小大、远近等各方面的利益都相宜无害，这才叫美。现在君王您为筑建章华台，劳了民、伤了财、败了谷、烦了官，全国动员都干这事，好几年才成。台子看来确实华丽，但君王您是否想过：如果因为满足目观之美，却把国家资财用尽了，搜刮民财而炫耀，却使百姓贫困，算得什么美？他所说上下、内外、小大、远近皆相宜无害，才是美。指的就是社会之美、社会之利。目观的美，乃个人之美，非大美；而天下之利，才是大利，大美。

桥梁，如果把它看作为一种产品，那么它的社会存在意义与其他工业产品也就没有什么两样。而产品的审美，从经济学角度来分析，就不能不与它的经济效益和生产速率相联系。一种产品，在功能合理的基础上，能够做到生产成本（包括材料、生产费用等）最低、生产周期最短、社会需求最及时，那么按照价值工程理论来说，它也就最能打开销路，最受人们欢迎，从而也就对社会产生最大的影响。德尼·于斯曼在论技术美学的“经济原则”时说：“使用的手段和材料的经济（最低限度的成本），至少不损害相应制成品的功能价值和质量，这是实用美的起码条件”。经济作为审美设计优化标准之一，一方面是要求设计的产品非常简洁、灵巧、恰当和耐用，以最小的物质消耗获得最大的效益，尽可能避免一切不必要的浪费，在产品的形式和结构上排除一切多余的部分，以突出最能发挥实用效果的部分。500 多年前，米开朗琪罗曾说：“美，是一切多余之物的泻物”。这一精神在设计美学的经济原则中得到了继承和发扬；另一方面，是要求产品和环境的设计必须尽可能符合人体工程学的要求。使人在使用中，以最小的能量消耗去解决最大的问题，尽量减少疲惫、增多舒适。相对于产品的物质消耗的节省来说，人的能量消耗的节省是最大的经济。符合经济原则的产品所产生出来的美与繁复、缺乏内容的形式所产生的美，在性质上不一样。前者包含着深刻的生命内容，后者则仅仅是一时愉悦而已。

桥梁方案的被选取，很大程度上取决于经济性。许多新的桥梁形式，都更多地牵连到经济价值问题。造价和技术、使用上的经济等，对桥梁方案的品评标准所占的比重越来越大。经济原则表面上看起来没有审美地位，但如果把它推到构成审美的因果关系的更深层次时，那么它就成了一个重要因素。因为现代社会的现实，桥梁的品种已达到了一定的数量，那么体现在价值上的品评原则，必然会引向审美。经济的观念，在桥梁的发展中有着重要的地位。在桥梁发展的历程中，已充分证明这一点。最为明显的例子就是现代斜拉桥。这种桥梁不仅形式美观，而且经济、实用，施工方便，因此一出现就很快推广使用，在不少场合取代了悬索桥和拱桥。桥梁设计的经济原则除了桥梁结构使用的材料用量少、施工费用低、造价节省以外，很重要的还在于桥梁使用中能够使人感到舒适，减少人的体力损耗和车辆的油料消耗，从而获得良好的社会整体经济效益。不过，应该指出，经济因素的重要性绝对不等于经济的唯一性。经济性也不等于造价的绝对值，应该考虑的是性价比。一座精心设计的桥梁会创造良好的社会效益，促进社会经济的增长。它不仅能满足交通功能需求，促进社会交流和融合，还能成为文化的载体，折射社会精神文明的发展程度，反映一个城市的特色、地域风貌和时代精神，甚至成为一个地域的象征和标识。桥梁的美好形象还可能为旅游者所向往，促进旅游业的发展。经济性还应该从全面、长远考虑，一座形式新颖、形象的鲜明的桥梁可能会吸引投资者的特别关注，产生良好的印象，带来经济效益。如果考虑对人类未来潜移默化的影响，则不是一般经济价值可以计算。同时，研究经济因素是在全面实现功能美的三个要素的前提下考虑的，不能片面追求经济因素而牺牲其他因素。而且，功能美的三个要素并不是均等和不变的。随着时间和客观条件的变化，三个要素的侧重点也会改变。

第六节　桥梁功能美的范例

一、安济桥

安济桥坐落在赵县城南门外五里的洨河上。赵县古时曾称赵州，因此又名赵州桥，俗称大石桥。安济桥建造于隋朝大业六年（公元 610 年），由石匠李春主持建造。歌谣《小放牛》中有几句脍炙人口的唱词：“安济桥，鲁班爷修；玉石栏杆圣人留；张果老骑驴桥上走；柴王爷推车轧了一道沟，……”，把这座桥与神仙联系在一起。

安济桥是一座单孔石拱桥（见图 6-2-3），全长 50.82m，净跨 37.02m，高 7.23m，宽 9m。石拱券身由 28 道各自独立的石拱券采用纵向并列砌筑法砌成，每券各自独立，这可能受到木结构的影响。拱的净跨 37.7m。采取这样大的跨度，在当时是空前的创举。更为高明的是大石拱的两肩上，各砌两个小石拱，净跨分别为 3.8m 和 2.85m，名为敞肩空撞券（图 9-6-1）。从而改变了拱圈上用砂石料填充的实腹拱桥的传统形式，是一个了不起的创新。中国的敞肩式石拱桥在相当长的时间里，都是世界上独一无二的。安济桥不仅首创了敞肩式拱桥，而且采用较低的矢高，跨度 37.2m，矢高仅为 7.23m，矢跨比还不到 1/5，扁平率 0.39。券身弧线仅为 60°角的圆弧，是世界上最早的割圆弧拱。如此平缓的拱桥在当时也绝无仅有。西方直到 13 世纪，跨度在 24m 以上的大跨度圆弧拱桥，扁平率都在 0.70～0.83 之间，基本上属于半圆拱桥。扁平的大跨度圆弧拱桥在 14 世纪初在欧洲始露端倪。此外，为了保证各道券身的稳定，除了在券背砌上一层伏石，设置钩石钩住大券外表面以及券间加设连系铁条外，还将券身两端做得略大，逐渐向拱顶略微收小，拱脚宽 9.6m、拱顶宽 9m，形成细腰状，使得靠外边的弧形石券在重力下产生向内倾斜的分力，使弧形石券相互靠拢、压紧。这些细节充分显示出这座桥的周密设计和巧妙构思。

图 9-6-1
敞肩空撞券

这座桥梁的结构所采取的两项举世无双的创举，敞肩和平坦，带来了经济、实用和美观。在同等跨度的情况下，1/4 圆弧拱的弧长，比半圆弧拱短 43%。安济桥桥身所用石料，要比同跨度的半圆拱桥节省 40%以上，既减轻了桥身 1/5 的重量，又节省了约石料 200 多立方米，收到了良好的经济效益。发大水时，敞肩拱还能增大泄洪能力，起到分洪作用，减轻了洪水对桥身的冲击力。由于安济桥采取了上述结构措施，所以经历了 10 次大洪水、8 场战争和多次地震，依然能保留至今；平坦拱连接南北桥堍，在平原地区，使桥两头靠近地面，桥面坡度比较平坦，避免了引道高路堤带来行人上、下坡的不便，便利了过桥的交通，达到了实用的效果。安济桥不仅技术水平高、实用、经济，而且造型十分优美，具有我国独特的民族风格，是我国古代桥梁的杰作。它的弧形平拱和敞肩小拱的造型，比实肩拱桥显得更空灵、秀丽，造型特别轻巧、美观。桥身线条柔和、雄伟秀逸、稳重轻盈，寓宏伟于秀逸。远眺犹如苍龙飞架、初月出云；近观宛若长虹卧涧、玉环半沉。桥上雕刻栩栩如生，注视着车水马龙的过客。主拱拱顶雕有龙头形龙门石一块；八瓣莲花的仰天石点缀于桥两侧。以造型逼真的石雕群像，运用浪漫手法，塑造出想象中的吸水兽，寄托人们大桥永不遭受水灾的期望、长存永安的愿望。桥两边的栏板和望柱上，雕刻有各种蛟龙、兽面、竹节、花饰等。蟠龙汪洋戏水、苍龙意欲腾空，龙兽之状，若腾若飞，神采飞扬。石雕的刀法苍劲古朴，制作精良；艺术风格豪放而新颖；刻工精细、意境深远，显示了隋代浑厚、严整、矫健、俊逸的石雕风貌。整座桥梁堪称是精湛的艺术珍品、隋唐艺术的精华，给人留下了诗画般的意境和无限的遐想。安济桥是实用、经济、美观，真、善、美统一的典范。

二、辅拱式系杆拱桥

辅拱式系杆拱桥最早出现在西班牙巴塞罗那。1987 年，为迎接第 25 届奥运会，建成的菲利普二桥首先采用这种桥型（图 9-6-2）。该桥由西班牙圣地亚哥·卡拉特拉瓦设计。他是一位杰出的建筑师或设计师，作品常常以追求对文化的表现取胜，博得“结构诗人”的美誉。该桥净跨 52m，桥面宽 25.8m。向内倾斜的辅拱圈由短肋与主拱圈连接，以增强主拱圈面外稳定和桥梁抗扭转、抗倾覆能力（图 9-6-3）。辅拱圈还承担人行道、观光平台和阶梯的荷载。辅拱圈顺着拱脚切线延伸至地面，阶梯就附于这段延伸线上，浑然天成。以致有人将其误称为“提篮式中承式拱桥”。其实，它的主要承重结构仍然是地地道道的系杆拱，具有一般系杆拱桥结构简单、受力合理的特点。其构思的巧妙之处就在于，用辅拱圈来打破常规系杆拱桥两主拱圈通过横向连接系解决其稳定性的传统做法，避免了主拱圈连接系的繁杂和压抑感，使桥面更为宽敞，并在整体桥梁中体现了构件的主从关系。这一点与作者在悬索桥和斜拉桥的索塔中所采用的“稳定柱”构造有着异曲同工之妙。这座桥虽然形式新颖、别致，但是，该桥的所有构件在结构上都是有用的，没有任何多余。只

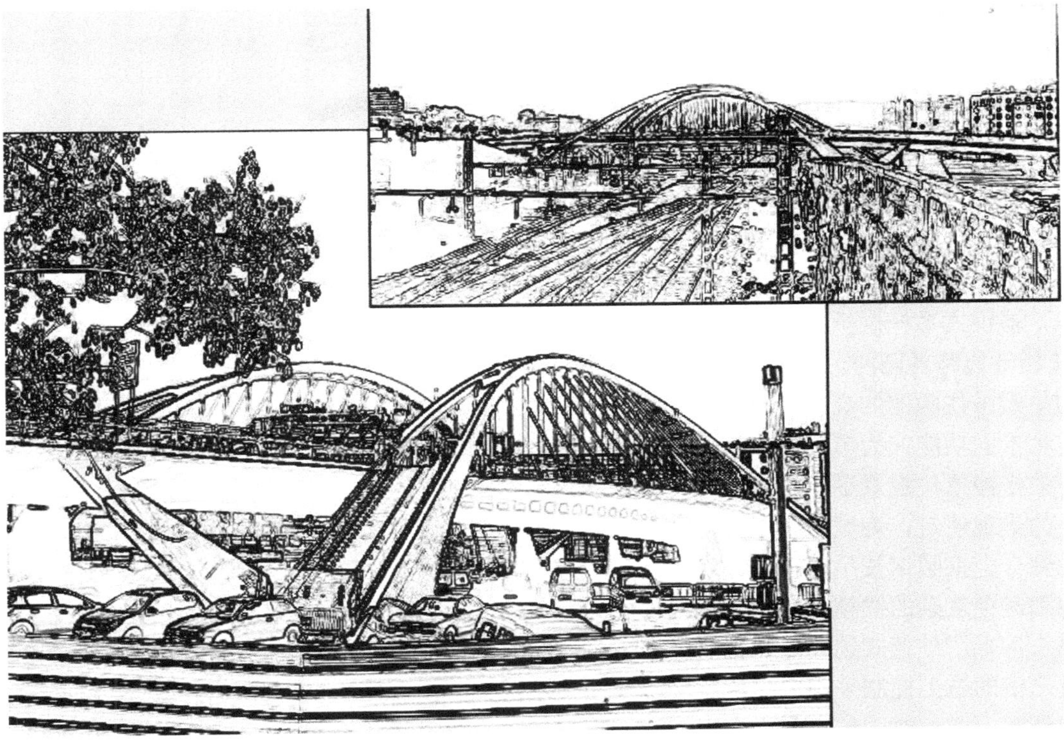

图 9-6-2　菲利普二桥

是将其安排得更加恰到好处，使人耳目一新，达到美观的目的。因此，设计并没有超越“实用、经济、美观”功能美的范围。只是，这三者所占的分量不是三等分的，对于具体的桥梁来说，会根据实际情况而改变。这座桥由于奥运会工程的需要，美观成分多于经济，在这个基础上达到新的统一。只可惜这座桥是铁路跨线桥，桥下环境实在太差（见图 9-6-2）。

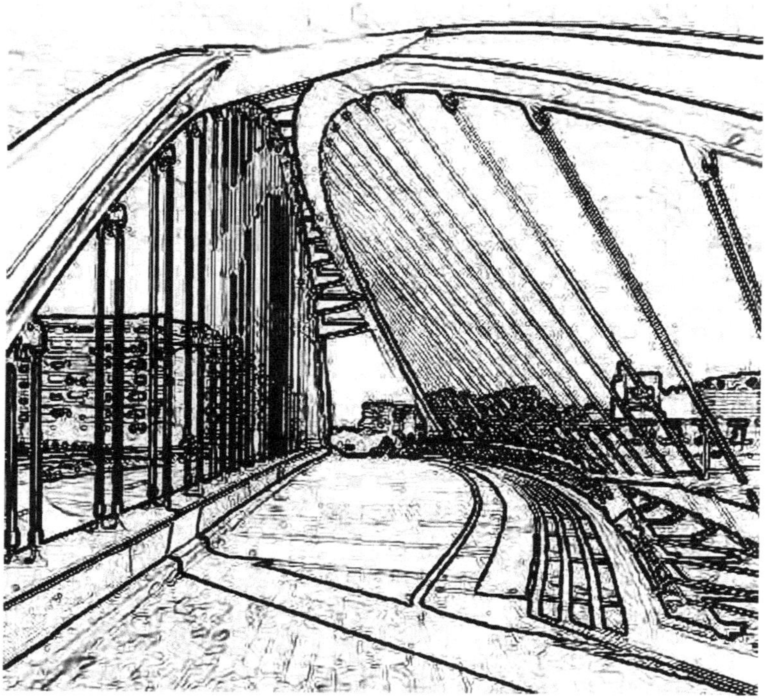

图 9-6-3
辅拱圈与主拱圈连接

2002 年，作者也遇到一座“美观成分多于经济”的桥梁设计。浙江义乌市随着城区向西扩展，丹溪路成为城市中轴线，要求道路向江南延伸，需要重建丹溪大桥。随着义乌小商品经济蓬勃发展，国内外客商云集，该桥除满足交通功能外，还要求有较好的造型，满足城市景观要求。方案设计阶段，拟定了 6 种桥型方案，初选 3 种。最后，经市民投票，辅拱式系杆拱桥方案被选用。该桥（图 9-6-4）全长 260m，主跨 88m，两边各设 25m 和 18m 边跨各两跨。桥全宽 28m，主跨由于主拱圈结构占位，加宽 2m。在这之外，辅拱的吊索吊住两侧的观景平台，宽度为 2.65～9.6m。广阔的水上观景平台，增加了桥梁观赏水景的功能，为市民提供亲水、休憩的好场所。辅拱吊索所形成的弧形曲面，如一片轻薄的帐幔罩住观景平台，更增添了结构的神秘感（图 9-6-5）。整座主跨形成漂浮于水面之上的景观建筑，为城市增添一处景点。原西班牙菲利普二桥采用圆钢吊杆，螺旋锚头，考虑到合金钢圆钢长吊杆现场连接有难度，改用高强度钢丝预制索股。但是，为了增强结构感和避免复杂的锚箱构造；避免在低应力下使用夹片锚容易滑丝的弊病，预制索股上、下锚头均采用外置式销接热铸锚（图 9-6-6）。考虑到钢结构重量准确、加工精度高，可以通过严格的施工控制来确定吊索长度，使用了不可调节的固定式锚头，以避免锚头臃肿、影响外观；增加锚固的可靠性和耐久性。事实证明，这种设计是成功的。为了使栏杆能够与现代的桥体相匹配，设计了不锈钢栏板（图 9-6-7）。

图 9-6-4
丹溪大桥

图 9-6-5
辅拱吊索形成的帐幔

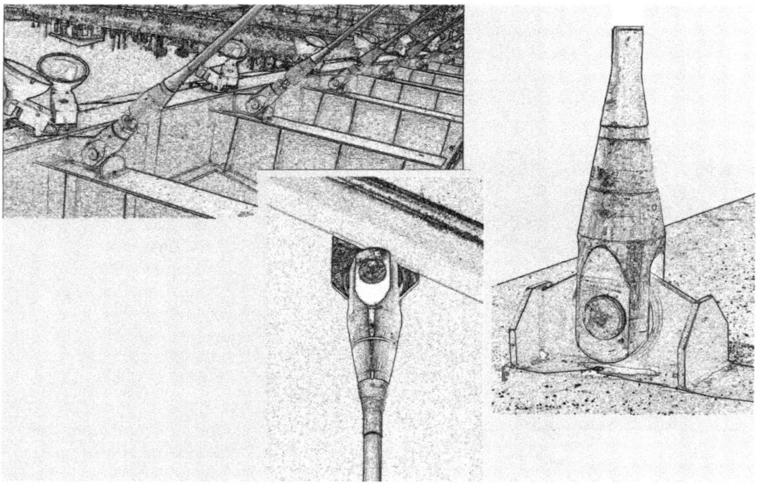

图 9-6-6
外置式销接热铸锚

图 9-6-7　不锈钢栏板

第十章　桥梁形式美及其创造

第一节　形式及形式美的产生和发展

一、形式和形式美

形式就是事物的结构方式和外部表现形态。“形”，原形，即自然形；“式”，《说文解字》说：“法也”，即“法则”、“法制”、“法度”，有“用法”格律的含义，中国古典建筑形式就称为“法式”。“形”是自然的；“式”是人为的。“形式”是将自然的形态经过人为改造而成为一种新的形式。一个存在于空间的物体，它的视觉形体称为形状。形状并不带有高级心理特征，更无任何人文含义或审美特性。判断一个物体的形状，它的最终的评价标准只能是正确或不正确。但是，人们对外界的认识是从感觉和知觉开始的，人的眼、耳、鼻、肤、舌分别能对各种物体的形状、颜色、声响、味道、软硬、冷热及其相互之间的关系以及直觉的方式做出反应，人对一个陌生物体的感知，首先是从这种直觉中得来的。因此，物体提供给人的关于形、色、声、质等的感知量的多少、优劣，便成了衡量这个物体好坏的基础。通过对象的各部分之间的内部联系而形成的一个综合、有概念语义的“形象”，它所反映的是特定事物的整体特征。这种视觉形象对人来说，只是视知觉阶段的反映。审美直觉的对象不是物质实在，而是形象。在审美直觉面前，物体的形象指的是形状、各部分的排列，具有可见性，包括整体形状、线条、图案、色彩、材质肌理等等，以及它们的组合。“形式”是指构成同类事物的内部结构或共同特征。形式无疑是通过形象而得到的，但形式是从其同类具体形象中提取出来的共同结构特征，所以形式是形象的抽象。形象和形式既区分又联系，没有形象则谈不上形式。物体的形象可以看作是形式存在于实际物体中的具体特征，也可以说，就是其内容。工艺的流传，无论是早期的原始传艺方式或后来通过文字、图纸以及原理和理论等方式，都是把形象上升、抽象为形式来实现的。

形式美是环境中的形体、线条、色彩或音响等形式因素所具有的审美属性及其组合规律，是人类实践的一种特殊形态，是从具体的美的形式中抽象出来，由自然因素及其组合规律构成、具有独立审美价值的符号体系。一定事物的形状、外表、色彩等，经过抽象成为合乎规律的现象的美，就是形式美。人类由于生存物质条件的需要，必须从事生产劳动，在实践中认识世界、改造世界，因此同自然界发生了关系。经过人化了的自然事物的形状、声音、色彩等，有着令人心旷神怡的作用和魅力，能够捕捉情感、引起愉悦、产生美感，并寄寓人的气质、情感和理想，表现人的本质力量。在视觉上，人们对形状和色彩等等都会寄以感情，如对圆的形状，会有圆润、完美之感；对方的形状，会有正直、肯定之感；对色彩的感情更为丰富，如红色的激情、黄色的神启、绿色的平和、蓝色的幽远等等。人对呈现在面前的事物的形状、外表与色彩做出反应，引起人的快感，这种起于愉悦关系的快感就是形式美感。这种美感开始时只是具体的美的形式，经过抽象才成为形式美，美的形式和形式美既有联系又有区别。一方面，形式美总是从各个具体的美的形式中概括出来的共同特征和组合法则；另一方面，形式美又总是渗透在各个具体的美的形式中，通过它们体现出来。

二、形式美的产生和发展

把事物的美归结为形式因素，并不是凭空产生的，而是人类长期生产实践，包括审美实践的产物。形式美是从美的形式发展而来的。它同美的内容的联系是间接、朦胧的，甚至可以脱离美的内容，而成为一种具有独立审美价值的美。形式美的产生是一个极其复杂的历史过程。“艺术是情感的符号”，艺术符号唤起的肯定的情感体验使艺术品具有艺术美；而非艺术符号所唤起的肯定的情感体验使人工环境或产品具有功能美。与纯艺术品不同，实用品的美是有功利性的。最先是物质的功利，经过长期的历史过程，物质功利积淀为精神的功利。人们最先从实用品的外观形式体验到功能美，随着材料和结构的改变，原有的那些具有典型性的形式逐渐脱离开物品的功能，功能美才转化为形式美。美的事物不是以其给人带来物质利益而得到人们的欣赏，而是以其形式的美观能给人带来精神上的愉悦，而为人所喜爱。开始是事物的自然形式获得某种社会生活及观念的内容，成为一种有意义的形式。正像起源于劳动和巫术的音乐、舞蹈，只有在失去它们作为劳动和巫术的本来意义后，才能成为独立的艺术一样，实用品也是如此。据考古发现，半坡彩陶的几何花纹就是由鱼纹演变而来的；庙底沟彩陶的几何纹饰是由鸟的外形变化而来。所以，前者是单纯的直线；后者是起伏的曲线。这种由动物形象的写实演化为含有原始宗教意义的几何纹样，正是一个从具象到抽象、从再现到表现的发展过程，也是一个从内容到形式的积淀过程。从具象到抽象的过程，也是美的形式脱离具体的内容走向独立的过程。普列汉诺夫在《论艺术——没有地址的信》的第四封信中说：“当狩猎的胜利品开始以它的样子引起愉快的感觉，而与有意识地想到它的装饰的那个猎人的力量或灵巧完全无关的时候，它就成为审美快感的对象。于是，他的颜色和形式也就具有巨大和独立的意义”❶。经过漫长的岁月，人们逐渐“摆脱”了观念内容的制约，以至于“遗忘”了原来的观念性意义，逐渐“摆脱”形式所标志的观念内容，成为一种具有相对独立性的形式。观念内容与形式因素之间的联系变得越来越疏远、间接、模糊，以至于在欣赏者看来，某种形式因素本身就是美的，与它所标志的内容无关。实际上，这种内容经过人类长期的实践，包括工艺实践，已无声无息地积淀于诸如色彩、线条、形状等形式因素之中，只是人们难以从理性上加以把握而已。这时，形式美才获得了相对独立的审美价值，成为人类的一种特殊的审美对象。形体和颜色所以具有审美意义，是从与社会生活的客观联系中取得的，而且这种联系不是停留在个别、直接、有限的关系中，只有当个别性在一定条件下被扬弃，事物的形体和颜色等才成为更带普遍性、更有广泛适应性的审美对象，才能转化为形式美。所以，形式美是人们从客观事物的形象、美的形式抽象、概括、整理出来的，是形象的高度概括。

---

❶ 普列汉诺夫.《论艺术》. 曹葆华译. 北京：三联书店，1973

形式美的感性质料及其构成规律，是从具体的事物美的形式中抽象概括出来的，是人类社会历史实践经验，包括审美经验不断积淀的产物。因此，不能仅仅从物体的自然属性方面去探讨形式美的根源。物体的某一种形式之所以被人们认为是美的，总是由于其形式的自然属性同人类的社会生活，特别是人们的观念发生某种联系的结果。形式美并不是自然事物或社会事物的自然自在的属性，而是在社会实践中生成出来的社会属性和社会价值。具体地说，形式美是以对象的形象所引发的情感为中介，在社会实践中生成的意识形态性质或价值，因此，作为美的一个具体表现形态的形式美，同样也是在以劳动为中心的社会实践中，对象的形式方面通过情感的中介而逐步生成的，而且是在恒新、恒异的创造之中。今天的形式美与古典的不一样，很重要的原因就是因为时代的生产力、技术工艺，以及社会生活的韵律、节奏不相同。当今，人们对于形式的要求，是快节奏、简洁、明朗、平等、亲切，而不再是古典式所表现出的严肃、对称等尊卑秩序了。随着近代流体力学的建立，汽车、飞机和火箭制造工业的发展，人们发现在空气或水中高速运动的物体所承受的阻力，只有采取流线形的结构才能达到最小，逐渐流线形也就成为一种形式美，甚至被运用到一些非高速运动的物体上去，影响到某些建筑物的局部处理。流线形是从功能美转化来的，是现代才会有的，古希腊的先哲们是不可能把它作为形式美的。

第二节　桥梁的形式与内容

一、形式和内容的统一

事物总是内容与形式的辩证统一。在这种统一中，内容决定形式，形式为内容服务；同时，形式又反作用于内容，对内容的表达具有积极意义。正如黑格尔所说：“美的要素可分为两种：一种是内在的，即内容；另一种是外在的，即内容借以现出意蕴和特征的东西”[1]。形式与内容“两者都同等重要，因为没有无形式的内容”，“内容所以成为内容是由于它包括有成熟的形式在内”[2]。尽管形式美已从具体事物中独立出来，成为一种美，但是，它的存在仍然要有具体内容作为载体，形式与内容统一在同一个物体中。物体表现为形式和内容，内容是事物的本质，内容表现为形式，形式反映内容。没有无内容的形式，亦没有无形式的内容，因为形式在外，故为表；内容在内，故为里。形和质、表和里，都是相对的概念。在设计美学中，这两者合二而一。没有功能的形式设计是累赘的装饰品，而没有形式的功能设计是粗陋物件。把实用产品的完美完全归结于外观形式是肤浅的；如果完全无视外观形式的作用，也是片面的。形式与内容相辅相成，相得益彰。孔子《论语·雍也》说：“质胜文则野，文胜质则史。文质彬彬，然后君子”。“野”就是粗野，缺乏文采；“史”就是华丽，流为虚夸。所以，他主张“文质彬彬”，两者要配合恰当。刘勰在《文心雕龙·情采》篇中说：“夫水性虚而沦漪结，木体实而花萼振，文附质也。虎豹无文，则革郭同犬羊，犀兕有皮，而色资丹漆，质待文也”。指出形式依附于内容，“文附

---

[1] 黑格尔.《美学》. 第一卷. 朱光潜译. 北京：商务印书馆，1982

[2] 黑格尔.《小逻辑》. 贺麟译. 北京：商务印书馆，1980，第 279 页

质也”；内容靠形式来表达，“质待文也”。内容固然是灵魂，是起决定作用的，但形式也不可或缺，不能对它有任何的忽略或轻视。“木体实”方有“花萼振”。如果思想内容空虚、腐朽，徒有美的形式，那就好比把漂亮的衣服套在一架骷髅上，哪里会有艺术的形象美呢？离开了内容，形式就不可能是具体生动、有生命力的，当然也谈不上美。黑格尔曾指出：“内容之为内容，即由于它包括有成熟的形式在内”。设计美学应该讲求形式美，即讲求表现内容的形式美。否定形式美，就是否定了设计中的审美特征；不讲求形式美，必然影响到美的内容发挥。只有精妙的形式美，才能完美体现设计主题，达到构成完美形象的目的。形式美本身具有相对独立的意义，但不能片面追求脱离内容的所谓形式美，不然会流于形式主义。形式与内容并不互相排斥，它们可以相辅相成。经验告诉我们，一些外观形式很顺眼的产品，使用起来也往往很方便、很顺手。这类产品，它们的功能正是依附在合理的形式结构上。这可以分两个层次：一是内在的形式结构；一是表层的外观。设计美学不应该忽视表层外观这个层次，外观的美能为设计的整体美增添不少光彩。构成这种外观美的因素很多，材料质地本身，以及精密加工形成的精工度，如光洁、平滑、均匀、齐整等，就可形成一种外观美，给人一种直接的感官愉悦。设计美学的任务是为对象的功能寻找合适的形式结构，达到形式和内容的统一、造型和功能的一致。形式主义的错误并不在于看重形式，而只在于让功能服从形式，它们把功能和形式的关系颠倒了。《韩非子》中的寓言故事有不少哲理是与工艺品有关的。《外储说右上篇》说：堂溪公谓昭侯曰：“今有千金之玉卮，通而无当（底），可以盛水乎？”昭侯曰：“不可”。“有瓦器而不漏，可以盛酒乎？”昭侯曰：“可”。对曰：“夫瓦器至贱也，不漏，可以盛酒。虽有千金之玉卮，至贵，而无当，漏，不可盛水，则人孰注浆哉？”又说：“楚人有卖其珠于郑者，为木兰之柜（盒），薰以桂椒，缀以珠玉，饰以玫瑰，辑以翡翠。郑人买其椟（盒），而还其珠。此可谓善卖椟矣，未可谓善鬻（卖）珠也。”韩非指出：这是“怀其文而忘其直（质），以文害用也。文与质是事物美的两个重要因素。两者辩证统一，都应统一到一个“用”字。“以文害用”对于实用品，尤应引以为戒。形式应该服从于内容的需要，两者必须配合得当，取得统一，不能喧宾夺主，美在于内容与形式的辩证统一。当美的形式适合于美的内容时，就可以充分表达出内容的意蕴和特征；反之，则会影响甚或有损于内容的表达。正是通过具体感性的美的形式，事物美的内容才能够表现出来。

二、内容决定形式

一座建筑物、一座桥梁或一座城市的内部组织，是其外部形象的来源。设计是从内向外进行的，外部是内部的结果。建筑设计的主要目的是以漂亮、如画的形体组合，创作出令人愉快的感觉。建筑设计的构思是一个由内向外、再由外向内的反复思考过程。由内向外表现为建筑物内部的使用功能，对设计中的建筑物的造型要求和限制；而由外向内，则表现为建筑物的外部环境，包括社会文化环境、建筑空间环境对于设计中的建筑物的要求和限制。只讲形式美，就会失去建筑这一特定范畴，这时建筑的形式美也就无从谈起；而一旦属于建筑，则又必然与具体的建筑中的许多观念形态和功能联系起来。这两者与设计者主观意向的结合，决定了建筑设计的构思。桥梁设计也是一个由内向外、再由外向内的过程。桥梁的“内”主要指受力和使用功能要求。桥梁的形式主要由“内”部的受力和使用功能要求所决定。桥梁的“外”主要指外部环境，包括自然环境、建筑环境、社会文化环境以及使用者对于桥梁形式的要求和限制，达到形式和内容的统一。桥梁形式的塑造也不应只求外观，而不考虑桥梁承受荷载的效应。同时，桥梁形式的塑造不应只求荷载效应，而不考虑其外观。两个主要目标——功能和外观，不可摆脱地紧密结合在一起。桥梁美不可能从牺牲功能中得到，是体现出功能合理性的美；它也不会违背技术的合理性来迁就形式美。因而，具体桥梁的特定形式的选择，应在设计过程演进而来，设计过程交替和连续地考虑功能和外观两个方面的效应。

形式变化的唯一原因在于内容，即在社会结构、经济形态、人的生活方式和观念形态等等。辩证地看，应当认为形式的存在与变化总是与内容同构的。古代交通主要是步行、骑马或坐轿，可以用坡度很大的拱桥，因此桥多曲线；现代桥梁用以通行高速车辆，需要求平坦，因此桥多平直。从哲学的因果关系上看，事物应该是内容决定形式。而且，只有内容才是决定事物属性的因素。列夫·托尔斯泰有句名言：“姑娘不是因为美丽才可爱，而是因为可爱才美丽”。“斑”尽管是“豹”的外表，但不一定是“豹”。通过“斑”我们只能知道豹子的皮毛，绝不可能知道豹子的习性。要想深入了解豹子的习性，我们还得直接从整体豹子入手。自然界，形同质异是普遍存在的，例如，两只形态完全相同的蛋，孵化的结果却是有的要飞上天，有的要游下水。

三、形式对内容的反馈作用

形式一旦形成，却不可避免地要对内容起反馈作用，影响内容的演变、增强内容的发挥。传统的中国建筑形式强烈地影响到功能，影响到人的活动和意识形态，甚至社会结构。随着设计理论的成熟和实践的丰富，人们逐步认识到功能与形式互相依存、互相制约、互相映照。不仅应强调内容对形式的决定作用，而且应当认识形式对于内容的反作用。形式设计应该服从于整体功能；外观美、装饰美应该有助于增强整体功能，这是形式设计的最重要的原则。在这方面，《考工记》为我们提供了一个最古老而又最完美的形式对功能反馈作用的范例。“梓人为筍虡”讲的就是乐器架上的装饰物，不是孤立的，而是与乐器融为一体的。应根据各种不同乐器所发出声响，选择不同的动物形象来装饰乐器的支架，从而使乐器的声响就像是不同的动物发出的吼叫、啼鸣，能更好衬托和表现这种乐器的声响，增加音乐的感染力，使支架的功能得到大大地加强；使形式和功能达到完美的统一。《考工记》说，天下五种大兽，脂、膏、裸、羽、鳞，后三者适合用来做乐器的支架上的装饰物。其中，虎、豹等属于裸者，它们体态较大、有力量、声音洪亮、不能飞跑，用来装饰钟的支架的立柱最适合。敲起来，那洪亮的钟声就像是从它们口中发出的吼声；而鸟等羽类，形体轻盈，声音清脆幽远，宜于用来装饰磬的支架的立柱；而蛟龙等水生动物属于鳞属，修长而浑圆，它们的形象可用来制作乐器支架的横梁。

在桥梁上也有类似的例子。桥梁最怕的是水害，特别是浮桥。浮桥锚碇需要与水抗争，它的形式应该有助于这个内容。《易经》说；“牛象坤，坤为土，土胜水”。明·汤显祖《邯郸记·铁牛颂》：“牛，其春物之始乎……其为制也，寓精奇特，壮趾贞坚，首有如山之正，角有不崩之容。”古人认为牛能克水，以牛治水，可使怒潮不再成为祸害。因此，利用牛力大，能克水；铁坚实，能镇重的形象，常铸铁牛来做浮桥的锚碇。茅以升说：

“浮桥地锚中，以蒲津桥的铁牛锚最为有名”。《唐书》载：“李唐王观李冰为蜀守，寻江刻石为三牛于岸侧，盖牛之足以胜水怪，而镇其患者允矣”。唐岑参《岑嘉州集》：“江水初蕩潏，蜀人幾為魚。向無爾石犀，安得有邑居。始知李太守，伯禹亦不如”。舜继承了禹的王位，把国都定于蒲。《帝王世纪》：“舜都蒲坂”。蒲州自古地处秦晋交通要冲，为兵家重地。《春秋左传》记载，昭公元年（公元前541年），秦公子咸奔晋，造舟于河。开创了蒲津渡建蒲津桥的先河。此桥历代王朝均在此重修、重建。唐初，古蒲州是京都长安与河东府地区联系的枢纽，被称为“六大雄城”之一。开元12年（724年），唐玄宗在对蒲津桥进行大规模改建时，效仿先例，铸铁牛置于河岸，“夹岸以维浮梁”并震慑肆意泛滥的黄河水患。东西两岸各有铁牛4尊，甚为壮巨，前蹲后踞，腹没入地，臀后有横轴，为拴系铁索用（图10-2-1）。每只铁牛的腹下各有6根地锚杆，成45°角斜插入地下丈余，有如现代的斜桩，承受铁牛的重力和锚索的水平力。古人讲究阴阳相对，在铸造铁牛的同时，也铸造了4个铁人和7根七星铁柱。每只铁牛各有一个铁人策之。铁人都作策牛状，衣着神态各不相同，分别是维、蒙、藏、汉4个民族的形象。铁人和七星铁柱与铁牛融为一体，充作舟桥索桩；七星柱仿天上北斗七星，作勺形布局，立于铁牛身后，代表天；铁牛为土，亦即地。这样天、地、人全有，囊括整个宇宙。四牛之间，还有铁山和铁墩，都是地锚总重量的组成部分，地锚总重量约160余万斤，为当时全国年铁产量的80%。由铁牛、铁山、铁人、铁柱组成的地锚，使浮桥得以维系，固如磐石。铁牛、铁人形态硕壮、栩栩如生、比例适度、搭配和谐，造型之美、工艺之精实属千古佳作。清·周景柱《开元铁牛铭》曰：“蒲西郭外黄河之岸侧，有铁牛四，自唐开元中所铸凡八。其四在秦之朝邑，东西分向，用以维河桥。及金元世，桥废渡绝。而牛之存者如故，阅千有余岁矣。牛之壮硕厥状雄特，所谓‘一元大武’，此实称之。观其矫角，昂首、体蹲而力屃，足以任重，足以励猛，坚足以觝，强足以距。其目似怒，其耳如耳吾。其处有度，其伏甚固。……牛之壮兮若山峙，角矫矫兮触苍兕。河流安兮天吴逝，牛戢戢兮载闲。怒浪息兮无凌湍，东静魏壤兮西晏秦关，不奔不斗从尔友，万岁千秋尔斯守”。

图10-2-1
蒲津桥铁牛

第三节　形式要素及特性

一、形式要素及其美感

形式要素包括形、色、质、声、味。形还包括点、线、面和体；味还包括气味和味道；物体表面除颜色外还有质，即材质肌理，形式要素本身也能表现形式美。

人通过感觉器官，包括眼、耳、鼻、舌、身感受形式要素，通过这些感觉器官产生视觉、听觉、嗅觉、味觉和触觉，来感受形式要素的美感（图 10-3-1）。心理学发现，视觉比其他感觉器官都要发达；听觉次之。来自环境中的信息大部分是通过视觉和听觉传达而来。据统计，通过眼睛传递给大脑的信息量约占人脑全部信息量的 80%以上，因而眼睛是最主要的感觉接收器官。由此可以看出，视觉在现代审美设计中的重要作用。它所提供的信息主要是光与色、量与质。

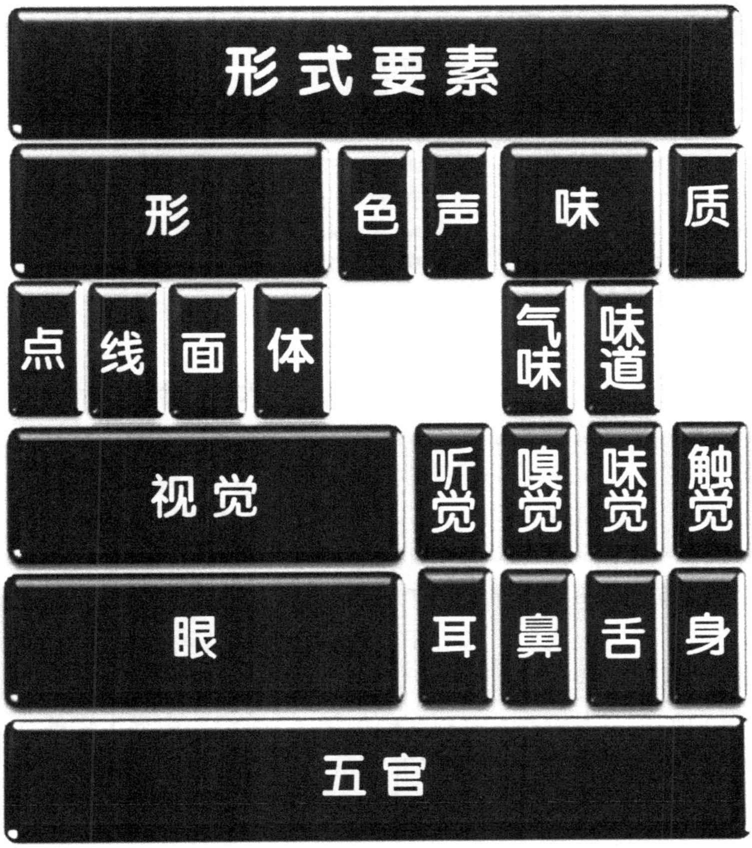

图 10-3-1
形式要素类别

二、形体

1. 点

几何学上的点存在于两线相交叉处，无大小，只在空间中起标明位置的作用，表示位置的所在。形态学上的点是相比较而言的，较小的形态都称作点。点的存在会使注意力集中在这点上；有两个点时，则两点之间有线的感觉。两个点有大小时，注意力会从大点移向小点，产生流动感。多个点会有面的感觉，多个点大小相同时，表现出一个静止的面；多个点大小不同时，会使注意力从大点移向小点，产生动的感觉。

2. 线

线是构成各种形体的最基本的因素，形式离不开线条。中国古代书画都强调线条的形态，这些构成书画基本形态的线条，能够唤起人们的判断、欣赏和愉悦感。几何学上的线是没有粗细的；与几何学不同，形态学上的线在空间中起贯穿空间的作用，有长短、粗细和各种不同的形态。线的排列可构成面。线可分为直线和曲线。直线又可分为竖直线、水平线和斜线；曲线又可分为几何曲线和自由曲线，几何曲线又有弧线、抛物线、双曲线等等（图 10-3-2）。

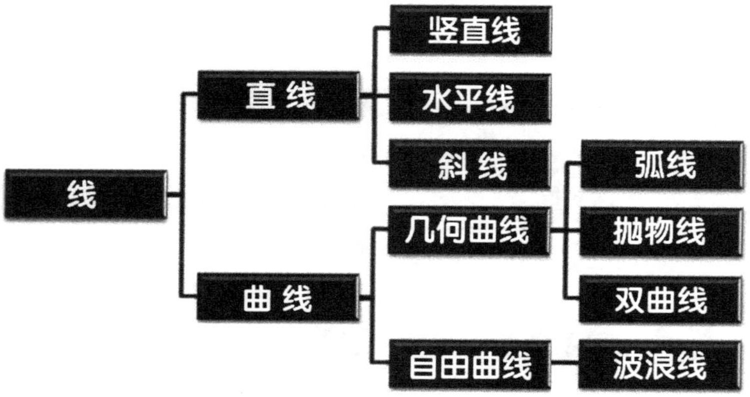

图 10-3-2
线的类别

（1）直线

直线又可分为竖直线、水平线和斜线。在视觉环境中，竖直与水平两个方向的线具有特别的意义。竖直是重力的方向，人们借助于身体的平衡感，能很快感觉出来。从看到无风时雨滴的降落，飞泻的瀑布能验证这一知觉的正确性；水平是与竖直正交的，由湖面、海面，以及它们同天空的交界线、辽远空阔的地平线可以显示出来。人对于竖直和水平的失常都会很敏感，所以，竖直线和水平线必须尽可能地做得准确。

直线一般使人感到严格、坚硬、明快。粗直线有厚重、强壮之感；细直线有锐敏之感。不同的直线具有不同的表情。竖直线表明升起和下落，自古以来就被认为是神圣的。它表明了通向高于或低于日常生活的路径。古人把向上，超越日常生活，描绘成天堂；而把向下，低于日常生活，看成地狱。向上表明人对现实的超越，《圣经》中通天塔的描述正是体现了这种向上的意象。竖直线使人联想到高耸的山岳、挺拔的大树，使人产生向上、端正、崇高的感觉，给人以庄重、严肃、坚固、挺拔、上升、敬仰之感。造型中常用加强竖直线的手法，以取得刚直、挺拔有力、高大庄重的效果。与竖直向相对，水平向则表明了人的生活现实。水平线使人联想到辽阔的平原、无边无际的海洋，使人感到稳定、平静、开阔。水平线有稳定、庄重、静止之感。出于视感知的生理和心理效应的作用，人的双眼水平对称，所以对竖直形状的物体容易进行明确的定位，产生凝注作用，从而产生肯定、静止的效果；相反，水平线的形态，特别是水平的曲线或波纹形，在双眼的视网膜上的视像位置容易产生水平方向的位移，引起视对象的运动感，从而形成心理感受上活泼、轻快的感觉。同样是塔，由于信仰不同，佛寺与基督教堂的塔所强调的线就不一样。由于耶稣教徒的永生意志和升天志向，耶稣教堂的尖塔笔直向上，强调其竖直线条；而由于佛教希望安定的意志，志向和平清静，佛教的宝塔一层、一层，强调塔的水平线条。斜线有不安定、动势、倾倒之感，使人联想到滑雪、飞翔、投射等，具有不稳定和动力流向的感觉。

桥梁水平方向的尺度显著长于竖直方向，导致比例失调。因而，对桥梁来说，竖直线比水平线显得更加可贵。加强竖直方向的线条是防止桥梁竖向、纵向比例失调的有效办法。由于竖直线是直观地体现地心引力方向的线，以一种向上伸展的“力”来显示出崇高感，因而竖直线比水平线更能给人产生强烈的印象。使用远比水平线为短的竖直线，就能起到缓和竖向、纵向不平衡的作用。桥墩和桥面上的栏杆立柱、灯柱等是竖直的；拱桥的吊杆也是竖向的；悬索桥则有竖直的索塔和下垂的吊索；斜拉桥具有高耸的索塔，对于在水平方向上与其他方向相比，显得特别长的桥梁来说，这些竖直线的存在是很重要的。如果缆索承重桥梁的宽度很宽，则索塔的间距也将随之增大，因而索塔所构成的空间的形状就变得矮、胖，使上伸运动的力遭到削弱。这种情况下，强调竖向线条就成为一种有效的手段。采用十字形或 T 形塔柱断面，在塔柱表面产生阶梯的折角，形成竖向线条，可使索塔的崇高感得到有效加强。但是，因为竖直线会阻止向水平方向的移动，对竖直线的处理须要格外谨慎。如果过分强调了竖直线，就会产生减少轻快感的倾向，有碍于顺畅感。从这个意义上说，除特殊需要外，要求桥梁的竖直线在视觉上成为次要的。特别是当竖直线较多时，例如，小跨度、多柱式桥墩的高架桥，应以强调水平线为宜。

（2）曲线

曲线可分为几何曲线和自由曲线。前者有理智的明快之感；后者有奔放和丰富之感。几何曲线又可分为圆弧线、抛物线和双曲线。圆弧线有规整的和顺之感；抛物线有流动的速度之感；双曲线有对称的活泼之感。自由曲线又有波浪线、蛇形线等，能给人以含情脉脉或明朗畅快的感觉。

曲线具有审美价值，主要是因为它表现动感、节奏和谐、错落有致、多样统一等形式美的规律。曲线之美是形式美的重要形态之一，其本质是“柔”，是一种阴柔之美。曲线由于长度、粗细、形态不同，而给人的感觉亦不同，一般有温和、缓慢、丰满、柔软、轻松、柔和、优雅、流动之感。曲线给人一种变化的动感，起伏回荡，富有装饰性，对视觉有一种奇妙的魅力，并使人感到一种节奏美和旋律美。18 世纪英国著名的画家和美学家威廉・荷迦斯在《美的分析》、《论线条》中指出：蛇形线是最美的线条，“它引导着眼睛作一种变化无常的追逐，由于它给予心灵以快乐，所以给它冠以美的称号”，“如果从一座优秀的古代雕塑像上也照此除去它弯弯曲曲的蛇形线，它就会从精美的艺术作品变成一个轮廓呆板、内容单调的形体”[1]。

曲线是自然万物外观的典型特征，能够体现大自然的属性。人类很早就体验到大自然的美，并以曲线的形式表现出来。波特曼曾经说过：“人们对曲线形式感到更有吸引力，因为他们更富有生活气息、更自然。无论你观看海洋的波涛、起伏的山岳或天上朵朵云

---

[1] ［英］荷迦兹.《美的分析》. 杨成寅译. 北京：人民美术出版社，1984

彩，那里都没有生硬、笔直的线条，在未经人们改造过的大自然你看不到直线”。又说：“人们的才智与直线有关系，但感情却与大自然的曲线形式相维系”❶。自然的曲线很早就被人们发现和欣赏了。舒卷飘动的云霞、碧波荡漾的湖面、澎湃起伏的海浪、摇曳生姿的垂柳、回旋翩飞的春燕、曲折通幽的小径、蜿蜒明亮的小溪、连绵起伏的山峦等等，显示的都是变幻流动的风景曲线美。这些曾被多少文人墨客颂诗、赋辞的景色，就是对于“曲”最直接的赞美。古时，人们推崇“文贵曲折、诗尚委曲”。唐·李德裕在《文章论》中提出，为文“如川流迅激，必有洄洑逶迤，观之者不厌”。中国园林的轩榭、走廊、桥梁、池岸，都不用长直的体形，而是采取曲折起伏。明·计成《园冶》说：“……古之曲廊，俱曲尺曲。今予所构曲廊，之字曲者，随形而弯，依势而曲。或蟠山腰，或穷水际，通花渡壑，蜿蜒无尽，……”。中国古代建筑的大屋顶，其基本造型就在于曲线形，无论品位最高的垂脊四面坡的宫殿式，还是歇山式、攒尖式等等，莫不如此。民居往往不做硬山墙，而做“悬山”，即屋顶在山墙处出挑。而且屋脊上做 2～4 只翘角，翘起很高，又很细瘦，曲线形态很美。顶部水平线压顶的两个端部还做翘角，也很优美。尤其是反宇飞檐，有一种轻盈俏丽之美。《诗歌·小雅斯干》：“如跂斯翼，如矢斯棘，如鸟斯革，如翚斯飞”。这里跂，多生的脚趾，亦可释为踮起脚往远处观望；棘，急，一说屋角；革，翼，翅；翚，读辉，野鸡，古书上指五彩之雉。这些著名诗句，是以鸟的飞势形容中国古代飞檐飞动之曲线美。敦煌壁画中的飞天，柔丽的女体与精美的饰带常用曲线来勾描；奔流的江海与起伏的山峦，可用波状线来象征；飘动的云彩与巨大的树冠，可用蛇形线来表示。一条蜿蜒伸展的高速道路，其路面上的白色交通标线在大自然中连绵不绝，鲜明地勾画出美丽的连续曲线，使人得到轻快、舒适、流畅、优美的感受。北京是一个文化古城，有着严谨、规整的中轴线和棋盘格式结构的街道。但是为了强调其中某些重要部分，常常在许多关键部位用一些曲线，来打破方整单调的布局，取得丰富多变的效果。例如，故宫太和门广场前的金水桥，天坛上圆下方的外轮廓以及内部各殿、坛间圆形、弧形与方形的对比都是如此。

3. 面

面在空间中起分割空间的作用，切断立体可得到面，由于切的方法不同，而可得到各种不同的面。面的表情主要依据面的边缘线来呈现。

面可分为平面和曲面。平面按其方向可分为竖直面、水平面和斜面；曲面又分为几何曲面和自由曲面。几何曲面又有直线曲面、旋转曲面等（图 10-3-3）。

圆形显得丰满、充实、规整。圆形的美是一种柔性的美。椭圆在统一中有变化，更富动态感，因此更美。圆形的美来自太阳、月亮、星星及其运行轨迹，还与成熟的果实、供食的动物相似。这些功利价值使圆形成了人类的审美对象。

4. 体

体是由面包围而成并占据一定空间的实体。体根据其形状，可分为立方体、长方体、球体、柱体、椎体、台体等。柱体、椎体和台体分别都有圆和棱两种。

体的表情除了以外轮廓面的表情而定之外，还常以体量来表达。厚的体量有庄重、结实之感；薄的体量有轻盈、飘逸之感。毕达哥拉斯学派认为：“一切立体图形中最美的是

---

❶ 转引自王振复.《建筑美学笔记》. 上海：上海百花文艺出版社

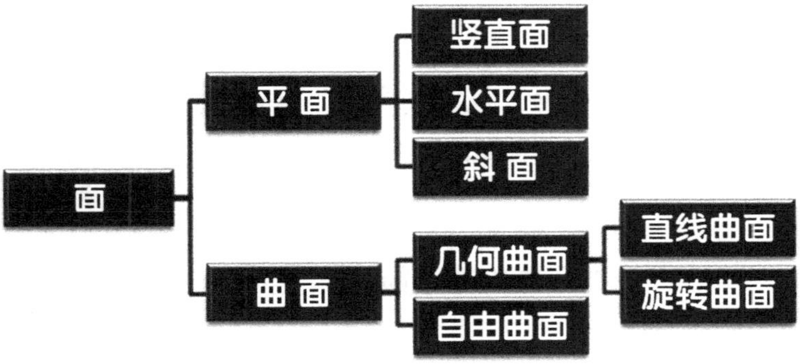

图 10-3-3
面的类别

球形，一切平面图形中最美的是圆形”。

桥梁的外形都由各种形状的实体组合而成，因此，体对于桥梁形式美关系比较密切。

三、色彩

1. 色彩的作用

形式不仅包括形体，而且包括色泽和质感。色彩是视觉的基本要素之一，形和色存在着相互协调、配合的关系。色彩必须借助和依附于形体才能存在，必须通过形状的体现才具有具体的意义。但色彩一经与具体的形体相结合，便具有极强的感情和表现特征，具有强大的精神影响力。人生活在色彩的世界中，视觉心理对色彩的感受最敏锐，它能引起人们的联想和情感，成为创作富有性格、做出层次和美感环境的重要一环。当代美国视觉艺术心理学家布鲁墨说："色彩唤起各种情绪，表达感情，甚至影响我们正常的生理感受"。色彩是很微妙的东西，它本身的独特表现力能够产生出一种刺激人们大脑的共鸣；展现出对待生活的新看法与态度；扩大创作的想象空间；赋予创作的新的不定性。色彩直接影响心灵，能在人心中唤起永恒的慰藉与欢乐；可与观赏者建立情感上的联系；引起相互的共鸣；震撼灵魂的喜悦。马克思曾写道："色彩的感觉是一般美感最大众化的形式"。色彩无处不在，它是审美中最普遍的形式。色彩本身原本没有美丑之分，色彩所谓美丽或难看，是在它与物体结合时才显示出来。所谓美丽的色，是能与该物体相适应的颜色。和谐、质朴、简洁的色彩，总是给人带来愉悦的视觉感。

色彩包围着人的生活，人从清晨睁开眼睛，就开始同周围的各种色彩打交道。物体呈现不同的颜色通过光反射到人眼中，没有光也就看不到色，或者说没有光就没有色。所谓"无色令人目盲，无音令人耳聋"，人眼只有通过光在物体上造成色彩，才能得到印象。在一个漆黑的环境里，无从谈论色彩、色调。色彩依赖光的反射，在地球上，太阳是唯一造福人类的暖色直射自然光。科学技术的发展已能制造出各种光色的人工光源。新技术、新材料为创造新的光、色环境提供了广阔的天地，不仅满足人的照明需要，使人们不至于在夜晚处于一片黑暗之中；而且创造了千变万化的光色环境，带给人们以视觉的享受。在我们的生活环境里，每种物体都有各自的形状和色彩。人的视觉对色彩的反应最敏感，色彩的丰富表情不仅能引起人们心理上的反应，根据近代科学测定，它还能引起人们生理上的反应。色彩的强大感染力是因为它有一种机能，这种机能作用于人的视觉，从而产生一定的联想，如冷暖感、轻重感、距离感、软硬感等。不同色彩给人不同的轻重、宽窄、远近、大小、厚薄、虚实感觉。法国国旗用红白蓝相间，本来三色同宽，但总使人觉得蓝色较宽、红色较窄，后来改为37：33：30就匀称了。在心理生理学方面，颜色对人体会产生一定的影响，例如，看到红色，能使人联想到太阳、火焰和鲜花，因而产生温暖、热情、欢乐的情绪；而蓝色则易使人联想到天空、海洋和冰雪，因而产生宁静、清爽、高雅的感觉。面对红色，血液循环相对地加速；而面对蓝色，则血液循环减慢。光和色是影响人类行为的最直接因素，所以，要创造一个优美舒适的环境，色彩至关重要。人们常常利用颜色的各种特性来弥补环境中的缺陷。歌德曾经提到："一个俏皮的法国人，自称由于夫人把内室里家具的颜色从蓝色改变成深红色，他对夫人谈话的声调也改变了"。有一家工厂，车间的墙面原为冷灰色，工人的生产情绪低落，后来改成暖黄色，工人的情绪倍增，产量大大提高，环境色彩竟有如此大的魅力！人们经常应用颜色并享受着颜色变化带来的乐趣。一个好的桥梁设计，应在满足功能需要的同时，又以色调烘托、创造气氛，为环境增添情趣。色彩的选择是塑造桥梁美的重要环节，是实现桥梁与环境共生、给人良好视觉感受的重要手段。桥梁与环境相协调的方法并不是仅靠桥梁的形态就能实现；而作为环境色的色彩，发挥着很大的表现效果。

2. 色彩的基本知识

(1) 色彩三属性

色相、明度和纯度，是色彩三属性或称色彩的三大要素。色彩像音乐一样，是一种感觉，音乐依赖音阶来保持秩序，形成体系；色彩的三属性也可以用来维持众多色彩之间的秩序，形成一个容易理解又方便使用的体系。根据色彩的三属性画成的"色立体"（图10-3-4），能把所有色彩的色相、明度和纯度，有规则地排列出来。色立体以竖轴表示明度，称"明度轴"。在明度轴上，白色置于最上端，黑色置于最下端；在其间，则将灰色按明度的顺序排列，由此即得单色的排列；色立体以围绕明度轴的环表示色相，称色相环。在色相环上，按色相的顺序配置。色相环上，某色相点与明度轴所构成的半竖直面，称为该色相的"等色相面"。在等色相面上色相相同，只有明度和纯度的差别；色立体以在色相环水平面内，距离明度轴的远近来表示纯度。距离明度轴越远，纯度越高。

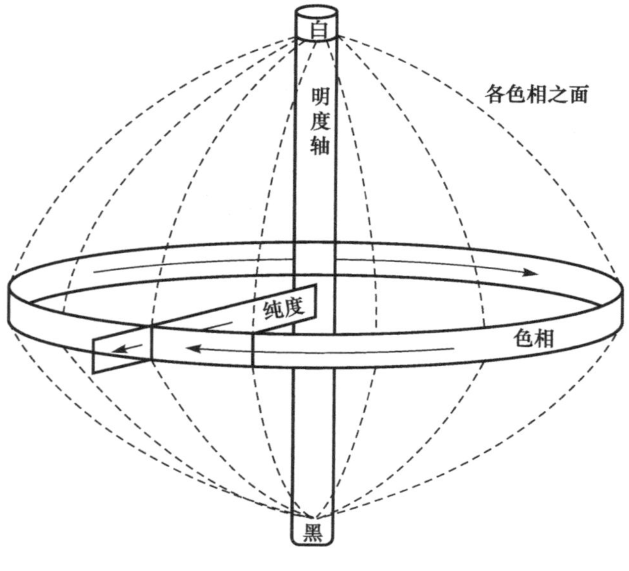

图10-3-4
色立体

（2）色相

色相又称色别。色相可分为原色、间色、复色，还有互补色、相似色。色相可以在色立体上排列成色相环。井然有序的色相环是非常方便的配色工具，让使用者能清楚地看出色彩平衡、调和后的结果；可以了解两种色相间有多少间隔。常用的有 12 色相环和 24 色相环。

12 色相环（图 10-3-5）是由 3 个原色、3 个间色（二次色）和它们之间的 6 个复色（三次色）组合而成。色相环中的三原色是红色、黄色和蓝色，在色相环中形成一个正等边三角形的三个顶点。间色是橙色、绿色和紫色，处在三原色之间，形成倒等边三角形的三个顶点。红橙、黄橙、黄绿、蓝绿、蓝紫和红紫 6 色为复色。复色是由原色和相邻的间色混合而成。色相环直径两端为互补色；内割线为相似色，因此两两相似色合成为复色。如果对一个绿色方块注视一会儿，然后闭起眼睛，就会看到一种作为视觉残像的红色方块；如果注视一个红色方块，那么视觉残像就会是一个绿色方块。可以用任何色彩来重复这种试验，而产生的视觉残像总是它的互补色。眼睛所以会产生出互补色，是因为它总是寻求恢复自己的平衡，这种现象被称为连续对比。在一个纯色色域内嵌进一个同样亮度的灰色方块，如果纯色色域是绿色，灰色方块看上去略带红色；如果纯色色域是红色，灰色则略带绿色；如果纯色色域是紫色，则略带黄色；如果纯色色域是黄色，就会呈紫灰色，每种色彩都会是灰色略带自己的互补色。各种纯色也倾向于把其他色彩改为它们自己的互补色。这种现象被称作同时对比。连续对比与同时对比，说明了人类的眼睛只有在互补关系建立时才会处于平衡，得到满足。

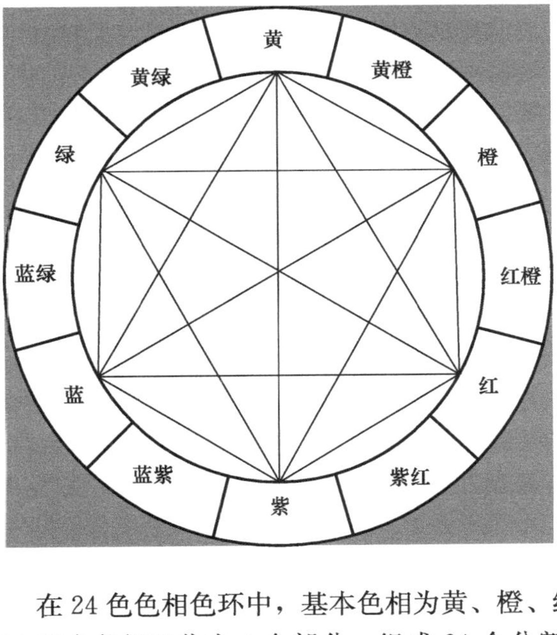

图 10-3-5
色相环

在 24 色色相色环中，基本色相为黄、橙、红、紫、蓝、蓝绿、绿、黄绿 8 个主色相，每个基本色相又分为 3 个部分，组成 24 个分割的色相环。彼此相隔 12 个数位或者相距 180°的两个色相，均是互补色关系。互补色结合的色组，是对比最强的色组，使人的视觉产生刺激性、不安定性。相隔 15°的两个色相，均是同色对比，色相感单纯、柔和、统一、调和。

（3）明度

色彩明度又称亮度，是色彩的三要素之一。明度是指色彩的明暗程度，也即深浅差别。各种有色物体由于它们反射光量的不同，而产生颜色的明暗、强弱、深浅的变化。在强光照射下显得明亮；弱光照射下显得较灰暗、模糊。比如，黄色由于明度上的变化，产生深黄、中黄、淡黄、柠檬黄等；红色在明度上的变化，出现紫红、深红、玫瑰红、大红、朱红、橘红等。

实际上，不同色相之间也存在明度的变化。例如，白比黄亮、黄比橙亮、橙比红亮、红比紫亮、紫比黑亮。色彩的明度变化往往会影响到纯度，如红色加入黑色以后明度降低了，同时纯度也降低了；如果红色加白则明度提高了，纯度也降低了。

（4）纯度

纯度又称色度、艳度、彩度或饱和度。它是指色彩饱和或纯净的程度。纯度用来表现色彩的鲜艳程度，也就是色彩中所含原色成分的比例，比例越大，则色彩越纯；比例越低，纯度就越低。纯度最高的色彩就是原色，随着纯度的降低，就会变为暗淡、没有色相的色彩。纯度降到最低时，就会失去色相，变为无彩色，即灰色。同一色相的色彩，不掺杂白色或者黑色，则被称为纯色。在纯色中加入不同明度的无彩色，会出现不同的纯度。以蓝色为例，向纯蓝色中加入一点白色，纯度下降而明度上升，变为淡蓝色。继续加入白色，颜色会越来越淡，纯度下降，而明度持续上升。加入黑色或灰色，则相应的纯度和明度同时下降。

（5）色调

色调是色彩的基调。色彩除色相、明度和纯度三属性外，还有表示色彩整体情调的色调。色调不是指色彩的性质，而是对整体色彩的概括性评价。色调是指物体的主要色彩倾向，是大的色彩效果，能给人们总的色彩印象。在大自然中，我们经常见到这样一种现象：不同颜色的物体或被笼罩在一片金色的阳光之中；或被笼罩在一片轻纱薄雾似的、淡蓝色的月色之中；或被秋天迷人的金黄色所笼罩；或被统一在冬季银白色的世界之中。这种在不同颜色的物体上，笼罩着某一种色彩，使不同颜色的物体都带有同一色彩倾向，这样的色彩现象就是色调。色调由物体占优势的反射光线的波长来决定，不同波长产生不同颜色的感觉。一件物体虽然有多种颜色，但在总体上会有一种倾向，是偏蓝或偏红、是偏暖或偏冷等等。这种总体上的颜色倾向，就是这个物体的色调。色调在冷暖方面，分为暖色调与冷色调。红色、橙色、黄色为暖色调，象征着太阳、火焰；蓝色为冷色调，象征着森林、大海、蓝天；黑色、紫色、绿色、白色为中间色调。暖色调的亮度越高，其整体感觉越偏暖；冷色调的亮度越高，其整体感觉越偏冷。冷暖色调是相对而言的，譬如，红色系当中，大红与玫红在一起的时候，大红就是暖色，而玫红就被看作是冷色；而玫红与紫罗兰同时出现时，玫红就是暖色。

3. 色彩的象征

（1）红色

红色代表太阳、火、血，象征豪华、热烈、辉煌、振奋、热情、喜庆、幸福、革命、危险，给人以温暖、兴奋、动感强烈的心理感觉。鲜丽的朱红使人猛生兴奋昂扬之情。红有热闹的感觉，宋祈词：“红杏枝头春意闹”；粉红产生甜味；橙红象征富有、令人亢奋或烦躁。

（2）黄色

黄色代表阳光，象征明朗、华贵、欢愉、光明、希望，给人以高尚、辉煌、神秘、高贵、愉快的心理感受。耀眼的柠檬黄给人以强烈的刺激，如同震耳欲聋的喇叭的尖叫声一样，令人仓促不安，渴望能够尽早沉浸于绿色的宁静处。黄色，在我国漫长的封建社会里被用来表示尊贵，即所谓帝王之色；而在西方却往往表示羞辱。柠檬黄产生酸味感。

（3）绿色

绿色代表植物、青山、绿水，象征和平、生命、生长、青春。有凉快、宁静、安全、环保之意。

（4）蓝色

蓝色代表天空、海洋，象征沉静、幽凉、退缩，给人以优雅、平和、安静或者忧郁、冷淡，甚至悲哀的感觉。

（5）紫色

紫色象征高贵、丰富，给人以优美、尊严、神秘、冷峭之感。

（6）黑色

黑色代表黑夜，象征无限、肃穆、死亡，给人宁静、温厚、悲哀、严肃、沉寂、恐惧之感。看到黑色可以联想到乌金、墨玉、钢铁、黑铅、煤炭，因而产生沉重、坚强乃至高贵等感觉。

（7）白色

白色代表冰、雪，象征寒冷、纯洁、干净、朴素、高雅、冷峻、空虚、恐怖。白色给人以纯洁之感。看到白色，则易联想到白云、飞絮、白莲，从而感到轻快、爽朗和圣洁。白色有“君子之交淡如水”的味道。在繁杂的色调中，白色能给人以安定、和平的感觉。

（8）灰色

灰色象征平和、质朴、永恒。色彩易退，唯猪皮永存。对立的互补色，调合后会产生灰色，因此灰色是和谐的。

（9）深色

深色使人联想到钢铁、煤块，有坚硬的感觉。

（10）浅色

浅色使人联想到雪花、流水、花瓣、棉花、鸭绒等，有柔软的感觉。

4. 用色要领

（1）色彩的统一与对比

色彩要求鲜明、丰富、和谐统一，和谐统一是色彩美的最高要求，要恰当地组织色彩的冷暖、明度和纯度的对比。孤立的色相没有意义，只有相映生辉，才能构成一个优美的色彩环境。要想做到这一点，要注意设置一种基调，各种色彩服从统一的基调。相似色有秩序地排列，可以得到和谐效果。紫与红、黄与绿等有秩序地排列，都服从于一个基调比较容易成功。如以一种色相为主，配以小部分对比色，则在统一中有对比，气氛比较活跃。强调色彩的对比效果时，色彩的种类不要太多，以免纷乱刺目。必要时，还可以使用黑色、白色起到协调作用。在民间画诀中，有这样一句话：“要想俏，带点孝”，意思是说在历史小说、袍带故事画中，人物衣装五颜六色，显得色彩繁闹，主角不突出，若将主要人物的袍带改为白色，就会有很好的效果。

（2）色彩对比的规律

1）亮色与暗色相邻，亮者更亮，暗者更暗；灰色与艳色并置，艳者更艳、灰者更灰；冷色与暖色并置，冷者更冷、暖者更暖。桥梁往往处在高亮度区域，不宜使用高明度色彩，形成强烈反射，造成过分刺激。桥梁还应避免强烈的明暗对比，减少表面由于光线反射所引起的眩目现象，防止驾驶者的视觉疲劳；

2）对比作用只有在色彩相邻时才能产生。不同色相相邻时，都倾向于将对方推向自己的补色；

3）互补色可增强对方色彩的强度。互补色相邻时，由于对比作用强烈，各自都增加了补色光，色彩的鲜明度也同时增加。红与绿并置，红更觉其红，绿更觉其绿。农民长期生活在绿色环境中，特别欢喜红色，也是出于这种互补的需求。中国古典诗歌都很注意色彩的搭配，所谓“江碧鸟愈白，山青花欲燃”；“接天莲花无穷碧，映日荷花别样红”；“看万山红遍，层林尽染，漫江碧透”；“雨后复斜阳，关山阵阵苍”说的都是互补色之间的增强作用。对比效果随着纯度增加而增加，以相邻交界之处即边缘部分最为明显；

4）在色彩搭配中，还需注意纯度的对比。例如，深绿和深蓝搭配，就不如浅绿和深蓝搭配的效果好。这一配色规律，早已被我国民间艺人所重视，有句画诀：“软靠硬，色不楞”。软色指的是纯度较低的加了粉的天蓝、粉红、粉绿、淡黄等；硬色指的是大红、深绿、深蓝等纯度高的色。不能把大绿和深蓝或大红靠近，而最好配以软色；

5）使对比之色建立互补色关系；扩大对比色彩的面积关系或提高对比色彩的纯度，都可强化对比作用。色彩对比以一色包围另一色时，效果最为醒目；

6）改变纯度、提高明度；采用间隔、渐变的方法；缩小面积对比关系；建立面积平衡关系，都可缓和对比作用。

（3）主色与辅助色的搭配

在设计中往往存在主色和辅助色，要注意主色和辅助色的搭配。主色存在于视觉冲击的中心，是整个画面的重心点。它的明度、纯度、面积大小，都直接影响到辅助色的存在形式及整体视觉效果。辅助色在整体画面中，应起到平衡主色的冲击效果和减轻其对观赏者产生的视觉疲劳，起到一定量的视觉分散效果。要减轻人们的视力负担，协调人和色彩的相互关系。为了增加环境的柔软、舒适感，要使浅色多于深色。在纯度的搭配中，纯度低的颜色面积应大于纯度高的颜色面积。如果颠倒过来，让纯度高的颜色为主色，纯度低的为辅助色，其效果往往使人感到压抑。

（4）多种主色的平衡

在两种或多种对比强烈的色彩为主色时，必须找到平衡它们之间关系的一种色彩，比如黑色、灰色、白色等。但需要注意他们之间的亮度、对比度和具体占据的空间的比例，在此基础上再选择辅助色。同时，还必须注意整体画面色彩的统一和平衡感，不要让主色之间的比例严重失调，以免对整体效果造成负面的影响。有的颜色鲜艳、明亮，对人的刺激性强；有的色彩则柔和乃至灰暗，要善于通过辅助元素，在寻求整体画面统一的同时创造出色彩辅助点，来分散主色调对观赏者所产生的视觉上的疲劳感和刺激感。

无论多少种颜色搭配，在色相、明度和纯度这三个要素中，只要给予它们同一性质，也就是说只要赋予这些颜色同一个要素，就可以得到协调的效果。选择明度相近的浅灰与淡黄，有柔和的效果；黑色与褐色，有厚重的感觉。如果用色相相近的几种色彩搭配，远比采用其他两个要素配色更容易取得和谐。比如，红色与橙色相配可以显得热烈；黄色与绿色相配可以显得生机勃勃。但是，并非所有色彩构图都要求和谐，有时需要单一、着重地使用了某一特定色彩的表现力，从而取得了动人、排他性的效果。

（5）灰色的应用

现代设计多以白、灰、黑等中性色彩为表达语言，体现出冷静、理性的特征。学过色彩的人都知道，色彩中的黑、白、灰并不是无色。当物体对阳光中的红、橙、黄、绿、蓝、紫六种颜色全吸收时，物体为黑色；如果对阳光中的红、橙、黄、绿、蓝、紫都反射时，则物体是白色；而部分吸收、部分反射时，就是灰色。灰色既非黑色，也非白色，而是一种中间色。它包含了全部色彩的色调，又不是毫无遮掩地暴露出来；它洋溢着色彩的功能和激情，又体现着“绚烂之极，归于平淡”的哲学思想。易经的贲卦“上九，白贲，无咎。”贲是指斑纹华彩，是绚丽的美。然而，这里追求“白贲”，也就是由绚烂复归于平淡，由有色达到无色。“极饰反素也”正是灰色之美的真谛。

如果两种或更多的色彩混合后产生一种中性灰色，那么它们就是互相和谐的。有人做过试验，将名画的色彩按比例调出，摆放到能旋转的圆盘上，通过旋转后产生混合，结果发现这些复杂的色彩变成了灰色。这说明，虽然有些绘画色彩极为复杂，有强烈的对比，但是它们的对比关系是均衡的，这些对比最终达到的就是灰色关系。人的眼睛和大脑需要中灰色，缺少了它就会显得不安定。北京的四合院，灰色的土青砖外墙，土瓦的卷棚顶；江南的居民，白墙黛瓦，远远地就让人看到它依着山、傍着水，或藏或露在茂林修竹之间，几百年至今还叫人百看不厌，国外有提倡“灰色派万岁”，许或道理就在其中。

（6）白色在现代环境中的使用

如果说结构形体给人形象，色彩则能创造环境气氛。由于现代人经常处于快节奏的紧张生活中，因此要求有幽静的环境来消除心身的劳累。过去许多大跨度钢桥为突出主体，多漆成橘红色，甚至红色。近来则更多使用浅灰色或白色，可能也是出于上述考虑。白色在自然环境中使用很容易成功。它本身高雅、明快、亲切、宜人，无论对青山、绿水，还是蓝天的背景都能产生鲜明对比的功效。在配色中，常将主体的色彩与环境构成互补色。桥梁常以青山、绿水为伴，使用白色或黄色能得到很好的效果。杜甫诗曰：“两个黄鹂鸣翠柳，一行白鹭上青天”。黄鹂与翠柳，黄、绿是相似色；白鹭与青天，白、青为互补色。

（7）黑色的新价值

过去人们对黑色多有忌讳，因而黑色材料的使用价值不高。而现代环境纷繁、嘈杂，干扰视觉与听觉，人们特别需要宁静，于是对黑色产生了另一种好感。尤其在强烈对比情况下，更能显示出一种力度感和神秘感。但是，由于黑色过于沉重，在桥梁上，只宜小面积使用。在运用黑、白的同时，由于它们的特性使它们在视觉的辨别中，比其他色彩更容易成为视觉的中心。

四、材质肌理

1. 材质的天然美感

过去，人们总是忽视物质自身的美，而依靠外加的装饰来得到美感。充分利用材料本身质感的美，是现代审美设计的重要手法之一。材料肌理体现着时代的审美观念，现代审美设计常常利用自然材料的美，通过材料的调整和改变，以增加自然情趣或温情脉脉的情调，使人产生强烈的情感共鸣。物体除体量的感觉之外，尚有由材质的粗、细，光泽的暗、亮，色彩的深、淡等形成心理上的轻重、大小、强弱等心理上的量感。材质粗、色彩深、光泽暗的形态感觉重、强；反之，则感觉轻、弱。处理得好，可以使得由于功能和结构所决定的显得笨重的形态变得轻巧。材料中的天然质感具有一种自然的美，应该尽量使其裸露，而不要加以掩饰。童话家安徒生说过："镀的金套磨掉，而猪皮却永存"。环境中多一些天然的色彩，会使人有返璞归真之感，亲切而富有朝气。我国江南白粉墙与黑砖瓦的组合，创造了朴素、秀丽的江南特色，就是很好的例子。

2. 材质肌理及其作用

材质肌理是材料的表面的组织构造和特征，任何自然材料都有自己的肌理。无论是粗糙的或光滑的、透明的或半透明的、软的或硬的、有花纹或无花纹的，均可以给我们以不同的视觉感受。肌理有平面的视觉肌理和起伏的触觉肌理。视觉肌理只能用眼睛去感知，而不能用身体去感受；触觉肌理有着浅浮雕式的效果，能用手指触摸感知。借助一定的物质材料，以不同材料的组合来构成材质的对比，是设计美学的重要课题。设计美学对于材料的应用，一方面是对材料本身具备的质地美的利用和组合；另一方面则是对材料表面进行特殊的加工和改造。建筑物的表面材料的对比，有时可以使那些本来流于呆板的外形变得玲珑、生动起来。可以预料，随着新材料及新结构的发展，它还将得到更为广泛的应用。

3. 材质肌理的表情

材质肌理本身具有美感，在心理上造成不同于实际的轻重、大小、强弱的感觉，借以调节由功能和结构所决定的形态。不同的材质肌理可表达出不同的表情：

(1) 金属

具有沉着、锐利、轻巧、机械性和现代感。

(2) 木材

具有温和、雅致、亲切，呈现大自然的延伸感。木纹是大自然赐给的装饰。

(3) 石料

剁斧花岗石给人粗狂、厚重、坚实的感觉；水墨石表现华丽的高贵。

(4) 混凝土

混凝土本身也具有粗拙、结实、朴素、稳重、自然的质感。混凝土的灰色具有与自然环境易于融合的特点。

(5) 粗

表现沉着、厚重、刚强、天然。"粗野主义"流行于欧洲，从材料的不修边幅的毛糙、沉重与粗野中，寻求形式美感。其美学根源是战前"现代建筑"中对材料与结构的"真实"表现。

(6) 细

表现轻巧、优美、舒适、软弱。"典雅主义"形成在美国，致力于运用传统的美学法则来使现代的材料与结构产生规整、端庄与典雅的庄严感。它同"粗野主义"并进，从设计思想上来说，都比较"重理"，而审美表达方式却完全相反。

第四节　形式组合法则

一、形式组合法则及其应用

形式组合法则或称形式美的法则，是创造形式美的规律。形式美法则就是形体、色彩、质地等，按一定规律的组合和安排。形式美的规律来自人的实践。原始人用的石斧经过磨制后，大小厚薄适当、对称、光滑，更加好用。在天长日久的劳动中，经过长期的历史积淀，这些为人们所认识和掌握的多样统一、节奏、对称、均衡、比例等规律，也就转化为美的规律，就是形式美的法则。面的比例、体的尺度、色彩的谐调与互补，以及序列组合中的闭敞、对比、韵律、穿插等等，都存在着一定的客观法则。19 世纪，德国浪漫主义艺术家中间流行所谓“建筑是凝固的音乐，音乐是流动的建筑”的说法，形象地说出了建筑的形式美是有法则可循的。形式美法则也是建筑的艺术语言，经过长期的创作实践，这种艺术语言日渐完善。它基本上可分为两大类：第一类是符号形式，是具象的；第二类是空间形式，是一些抽象的法则，通过具体的式样表现出来。符号形式是一些具体的式样、风格，但它们中有一些也具有某些公认的文化性质，也可以构成表达某种情感的符号；空间形式过去大多数人就称它们是形式美的法则，有时也称作构图原理。对它们的研究已有了很长历史，所以成果很多，分析得很细。相当长的时间里，人们认为建筑美学就是研究形式美法则的。桥梁美学在我国发展初期，也有人以为桥梁美主要就是形式美，认为“桥梁建筑如失掉形式美，也就没有什么鉴赏功能可谈的”❶。实际上，在当代，这种表现形态在人们的审美观念中，已经越来越被其他表现形态所弱化。在现代桥梁美学中，形式美只是桥梁美创造中一种不主要的表现形态。

无论什么样的美学法则，都仅仅给出了一个基本的原则，运用这些法则于具体的创作，处理成怎样的样式才是美的，永远也离不开设计工程师的自我审美感受。英国 Holden 早就告诫我们“一个准则可以是好的仆人，但在任何时候都是坏的主人”。设计工程师在创作的实践中，不但要用理性去掌握和运用一些美学法则，同时也要借助于自我的直观审美感觉进行工作。靠自我的直观感觉去创作自己的作品和判断别人的作品。弗瑞兹·莱昂哈特在“诸规则的总评”中说：“我们不要认为简单地应用这些规则自己就会得出美丽的建筑和桥梁。设计者还必须具有想象力、直觉、对形式和美的感觉”。“当然，规则为我们提供了比较好的出发点，并且帮助我们评价自己的设计，尤其是在模型阶段，这样可使我们发现设计的错误”。“但是，有许多功能强加在今天的建筑和结构上，这就要求我们的工作必须包括有意识、合理和方法上的推论”❷。瑞士克里斯汀·梅恩也说：“无论如何，在采用桥梁美学设计准则时必须谨慎行事。美学准则不是绝对的，只能用作框架，工程师必须在框架上添加他自己的创造力和艺术感觉性。没有这些特性，所产生的桥梁看来像是无生命和枯燥无味的”。特别是在当代，桥梁的设计中更是如此。

---

❶ 樊凡.《桥梁美学》. 北京：人民交通出版社，1987

❷ 弗瑞兹·莱昂哈特.《桥梁建筑艺术与造型》(中译本). 北京：人民交通出版社，1988

二、统一与变化

美的第一个特性就是多样的统一或称对立统一、变化和统一、繁多的统一、寓变化于整齐等，也就是和谐。它是形式美法则的高级形式，是形式美中的一个普遍法则或者说是形式美的总法则。它贯串于其他派生的诸形式法则之中，其他形式法则是统一变化法则在各个方面、多种方式的具体运用。和谐是形式美表现事物整体对立统一关系的完美形式。多样统一法则告诉我们，单一不好，要多样，多样亦非杂乱无章，要求统一，统一便是使之协调、和谐。多样统一实际上是形式美的各种形式因素和法则的综合概括，既包含了整齐一律、对称、均衡等和谐统一的法则，也容纳了对比、比例、节奏、主次等富于变化的法则，并把这些对立的方面有机地结合起来，在丰富多彩的表现中保持某种一致性。整个宇宙是一个和谐的整体，多样的统一的法则具体体现了自然界和社会生活中，客观事物运动发展的对立统一的基本规律，是对立统一规律在美学中的辩证运用。所谓“多样”，是指整体中所包含的各个部分在形式上的区别和差异性；所谓“统一”，是指各个部分在形式上的某些共同特征以及它们之间的某种关联、呼应、衬托、彼此协调的关系。在多样的统一中，同中有异；异中求同，寓“多”于“一”；“一”中见‘多’，既不能为追求“一”而排斥“多”；也不能追求“多”而舍弃“一”。必须把两个相对立的方面有机地结合起来，各个部分都要服从整体的要求，为整体的和谐、一致服务，这样才能造成高度的形式美。

“变化与统一”这个形式美的法则，追求多种要素形成统一的美学效应。对立的因素统一在具体事物上面，形之大小、方圆、高低、长短、曲直、正斜；质之刚柔、粗细、强弱、润燥、轻重；势之徐疾、动静、聚散、抑扬、进退、升沉等，就形成了和谐。两个相互对立的因素和谐共存在统一体中。阴阳、有无、虚实、大小、左右、刚柔等等对立的因素，始终处于一个互相对峙、渗透、转化，周而复始、无限运动的关系之中。我们祖先以阴阳高度概括了大自然中各系统内存在的变化与统一的运动规律。黄帝曰：:“阴阳者天地之道也，万物之纲纪，变化之父母”。早在殷周时代，中国哲学家就在《易经》中把“变”看作是宇宙的普遍规律。他们从自然现象的日光向背、昼夜递承中，建立了“一阴一阳谓之道”的阴阳学说，认为世上万物来源于变化，而变化是对立的阴阳两极相互作用的结果。战国时期解说和发挥《易经》的论文集《易传》说：“是故易有太极，是生两仪”；“刚柔相推，变在其中”；“变动不居，周流六虚，上下无常，相柔相易，不可为典要，唯变所适”；“阴阳合德，而刚柔合体”。就是说，世间万象都存在于两种对立力量的相互作用、连接、转化、渗透、融合或统一之中。然而，这种统一是对立的统一、变化的统一，故具有无限的运动性，终而复始。道家创始人老子曰：“道生一，一生二，二生三，三生万物。万物负阴而抱阳，冲气以为和”；“天下皆知美之为美，斯恶已。皆知善之为善，斯不善已。故有无相生，难易相成，长短相较，高下相倾，音声相和，前后相随，恒也”。亚里士多德说：“心灵就是和谐”。“和谐的节奏中，仿佛存在着和人类心灵的契合或血缘关系”。古希腊毕达哥拉斯学派美学家斐安也说过：“和谐是杂多的统一，不协调因素的协调”[1]。

多样的统一，其实质是各种形式因素从差异、对立转化为协调、一致的问题。黑格尔

---

[1] 北京大学哲学系美学教研室.《西方美学家论美和美感》. 北京：商务印书馆，1980，第 14 页

对这一问题曾作过深刻的阐述。他说："和谐是从质上见出的差异面的一种关系，而且是这些差异面的一种整体，它是在事物本质中找到它的根据的"。又说："各因素之间的这种协调一致就是和谐。和谐一方面见出本质上的差异面的整体，另一方面也消除了这些差异面的纯然对立，因此它们的互相依存和内在联系，就显现为它们的统一"❶。和谐或多样的统一，就是要消除"这些差异面的纯然对立"，而在整体上体现出各种形式因素之间的协调性，以达到"不齐之齐"、"乱中见整"、于不平衡中见平衡、于无秩序中见秩序。变化与统一的法则是把杂多导致统一；把不协调导致协调；多样中求统一；异中求同。当变化为主的时候，这个法则使之统一；当统一为主的时候，这个法则使之变化。要着力处理桥梁中各种部件之间、桥梁与环境之间以及环境诸因素之间的相互关系和关联的问题，把各有关的多种因素组织成一个有序、整体、美好的环境形态。弗瑞兹·莱昂哈特在他的桥梁美学名著中说："美可以在变化和相似之间，复杂和有序之间展示从而得到加强"。金门大桥的主塔除了用竖向线条强调其上伸的动势以外，还使断面急剧地变化为几个台阶形，自下而上，依次构成更小的断面（图 10-4-1）。经过这样的处理，使得整座桥塔形成一层层

图 10-4-1
金门大桥桥塔

❶ 黑格尔.《美学》第一卷. 朱光潜译. 北京：商务印书馆，1982，第 180～181 页

的变化，又以相似的形状达到统一的效果，使之既不单调又不杂乱；既有变化又统一，是一个运用变化与统一法则的成功例子。

三、调和与对比

调和指对比中的统一，这种具有共相意义的统一因素，可以使环境取得和谐、安定、完整的感觉，使人视觉舒适、心理产生美感。调和与对比，是统一与变化的一种形态。形式如果由同质要素构成，就容易得到秩序，但有单调、呆板之感；如果由许多异质要素所构成，又容易零乱、不协调；假使，形式是由类似要素的许多部分所构成，在大部分调和中有小部分对比或不调和，就容易得到既有秩序又有变化的美，产生既调和又对比的效果。过分的调和会造成平庸、单调；过分的对比又会造成强烈、刺激。在设计应用中，要注意调和与对比的适度，求得鲜明而不刺激、和谐又不平淡。调和与对比是相对的，不是简单数值上的差异，而以人的视觉感受为依据。

调和就是协调、和谐。协调是手段、方法；和谐是目的、结果。调和是构成要素的一致和协调，是强调近似性，是使两种以上的要素相互具有共性，形成视觉上的统一效果。巧妙地构成要素的调和，能满足人们心理潜在的对秩序的追求。调和强调统一，非对立因素协调，是没有显著差异的形式因素之间的对立统一。它们只有量的区别，是一种渐变的调谐，并不构成强烈的对比。如果说，对比是在差异中趋向于"异"；那么，调和则是在差异中趋向于"同"。调和可以从类似性求得，包括大小、形状、轻重、色彩、位置、方向、速度等的类似性。譬如音乐，要调和五音，用清浊、大小、短长、高下、出入等相济；烹饪，要用水、火、醋、盐以烹鱼、肉、蔬菜，使其味道煮出来，调味的味煮进去，使咸淡可口，色、香、味俱全，成为美味。一首和谐的歌曲，要由很多不同的乐音来组成；一个和谐的画面，也会有很多不同的颜色。古希腊哲学家赫拉柯利特说："自然是由联合对立物造成最初的和谐，而不是联合同类的东西"。只有一种调门的曲调没有听头，只吃一种味道便不成美味。沙漠一片灰色，狂风呼啸一种声音，呆板、单调。大量江南民居运用素色和自然环境相协调，形成秀丽、淡雅的格调。画家王冕有两句很有名的诗，曰："不要人夸颜色好，只留清气满乾坤"。淡淡中有恬静、安详的美；有朦胧的美；有富于联想的美，美在于自然、朴素、单纯之中。

对比指的是具有显著差异的形式因素之间的对立统一，强调变化，对立因素的相反相成。对比是构成要素的差异和分离，是强调差异性，是利用各种因素的互比、互对来达到量感、虚实感和方向感的表现力。形的大小、方圆；线条的曲直、粗细、疏密；空间的大小；色彩的明暗、冷暖等对比，都能活跃画面、吸引视线。由对立因素造成的形式美，一般属于阳刚之美。由心理学知道，对比越突出、反差越明显，就越容易被人感知，更有利于生发空间的情趣感。因此，在整体基调统一的前提下，充分利用对比手段，在局部上富于变化，有助于克服空间单调、乏味的感觉。对比的手法多种多样，各种形式要素都存在对比，在诗歌中有许多描述："漠漠水田飞白鹭，阴阴夏木啭黄鹂"，属于色彩的对比；"水心云影闲相照"、"蛛网添丝屋角晴"，属于光影的对比；"穿花蛱蝶深深见，点水蜻蜓款款飞"属于动静的对比；"花板润沾红杏雨，彩绳斜挂绿杨烟"，属于质感的对比；"星垂平野阔，月涌大江流"，属于尺度的对比；"大漠孤烟直，长河落日圆"，蕴含着形状的对比。“万绿丛中一点红”，不仅在色调上采用了互补色的对比，而且在数量上也形成了“万”与“一”的对比，这样的对比既鲜明，又有主次。杜牧《江南春》曰：“千里莺啼绿映红，水村山郭酒旗风”，有山、有水；有绿、有红；有莺啼、有风声，形、色、声多种对比因素和谐共处在一个环境里，既调和又对比，因而整个景致美不待言。

桥梁在造型和结构上常常通过不同构件的刚柔、曲直、长短的组合形成对比，使桥梁更生动。缆索支承桥梁的缆索，施加与背景有鲜明对比的色彩，可使其不至于从视界中消失。以往，多强调桥梁与环境的和谐，较少注意对比。桥梁可以寻求与环境的一致，也可以寻求与环境的对比，关键在于认识环境要素的秩序性，划分对比与不和谐的界线。对比是有意识地选择环境要素的秩序；而不和谐是不识环境要素的秩序性。总体环境中要做到不仅没有让人感到不和谐；而且还使人感到不同环境要素有秩序地相互撞击，才是成功之作。

四、节奏与韵律

客观事物形式上有规则的反复，就形成节奏。最单纯的节奏是重复，节奏带有机械的美。在外在形式的连续层次之间，按一定规律出现间歇，可使节奏更加分明。韵律则是按一定规律变化的节奏，是情调在节奏中的融合，能增强设计作品的感情因素和感染力，开阔艺术的表现力，在整体中产生不寻常的美感。形式要素的不断再现，连续反复所造成的抑扬调子，具有感情的因素，会强化人的视觉并产生音乐感，给人以强烈的印象和视觉冲击。大自然中，从树的形态、花的花瓣、鸟兽的斑纹到池塘的水纹、海洋的潮汐变化，都能构成规律，产生节奏和韵律感。德国大诗人歌德就说过，他在圣彼得大教堂前广场的廊柱内散步时，感觉到了音乐的旋律，他说：“美丽属于韵律。”中国建筑大师梁思成还为北京天宁寺辽代砖塔的立面谱出了乐章，从颐和园的长廊内发现了和谐的节奏。结构工程师按职业，他本来应该一辈子与数据打交道，可是意大利有一位结构工程师竟用韵律编织出许许多多混凝土的花朵来。例如，罗马小体育宫周围的混凝土支柱，一个个向上分开，好像许多运动员手拉着手，支托着上方的圆顶，产生出一圈连续不断的韵律。韵律这个名字并不仅仅意味着相同的重复。有时候，它还可以使人产生那种渐变的快感。美国建筑师赖特的古根哈姆美术馆就是一座充满着渐变韵律的倒螺旋状壳体。在一个高约 30 米的圆筒周围布置盘旋而上、宽度自下而上逐渐扩大的螺旋形坡道。美术作品就陈列在坡道旁边的墙面上。观众边走边看，当整个韵律过程完毕时，观赏也就完成了。一排高度相同的桥墩具有简单的节奏感；而处在单向坡道上的桥梁桥墩，高度按等差级数变化就具有韵律感了；如果上凸或下凹曲线重复出现时，就给桥梁整体带来了轻松、活泼的韵律感。

韵律主要有连续性、渐变性、交错性和起伏性等多种形式。一排重复的形象，如房屋的门、窗、柱廊，桥梁的桥墩、栏杆、灯柱、桁架桥的腹杆等等，在建筑造型上称为排比。这种排比效果能给人节奏感和韵律感。但如果这种形象的数量少至 3 或 4 个，就不能产生这种效果。排比特征的产生是知觉心理问题。数的感知本领是人所特有的，属于意识的。人的一次性视觉的读数本领以 5 为极限。心理学家曾经做过试验，得出人对于数的一次性视觉读数，小于 5 时，准确性很高；大于 5 时，准确性陡然下降。这也许是由于人的认数是以自己的 5 个手指开始之故。因此，排比的特征总是在大于 5 时才显示出来。也因此，汉字输入法默认的候选项数一般都定为5。

五、对称与均衡

把一个图形沿着某一条直线折叠，如果它的一半能够与另一半相重合，称这个图形为轴对称，这条直线叫作对称轴。轴对称又称镜面对称。没有特指时，对称一般都指轴对称。轴对称又分为上下对称和左右对称。对称是同一和差异的结合，黑格尔指出："一致性与不一致性相结合，差异闯进这种单纯的同一里来破坏它，于是就产生平衡对称"❶。对称是一种极其常见的现象，普遍存在于宇宙之中，是人类早就发现的一条形式组合规律，从自然界到人类社会；从日常生活到科学技术；从宏观天体到微观粒子均可见到。对称成为形式美的规律之一，是人类长期实践经验的结晶，它最深刻的根源在于对象的形体特点。人类在人体自身以及鸟、兽、虫、鱼、树木、花草中得到了"对称"的意象，发现对称轴具有统帅整个构图的重要作用。人体和其他脊椎动物的形体，一般都以脊椎为轴线呈左右对称。希腊美学家曾指出："身体美确实在于身体各部分之间的比例和对称"。普列汉诺夫曾经探讨过为什么对称会被人们普遍认为美的问题。他分析原始民族产生对称感的根源认为，这是由于人身体的结构以及动物身体的结构常常是对称的缘故。他说，"只有残废者和畸形者的身体是不对称的，他们总使体格正常的人们产生一种不愉快的印象。因此，欣赏对称的能力也是自然赋予我们的"。这种能力由于原始人特有的生活方式被不断巩固和培养起来，由此形成了他们的形式美感。普列汉诺夫指出，原始人大都是狩猎者，这一点"就使得从动物界吸取的题材在他们的装饰艺术中占着统治的地位，这使原始艺术家从年纪很小的时候起就很注意对称的规律"❷。他又举野蛮人在装饰艺术中，重视横的对称甚于竖的对称这个事实说，这是因为人们第一次遇到的人或动物的形状，它们所固有的对称正是前一种而非后一种。对称观念积淀为人类审美的尺度，大多数人造物自觉或不自觉地都符合这个美的规则。同时，对称还有其生理学和心理学方面的依据。对称所呈现的完美、平衡、匀称，能够使欣赏者身体两半的神经网络系统感觉作用处于平衡状态，不会造成紧张和运动感觉，从而满足了眼球活动和意识注意活动对于平衡的需要，也产生一种安全的心理效应。对称性作为自然界普遍存在的一种性质，蕴含着平等与公正、平衡与匀称、和谐与完善、规范与秩序、差异与互补等基本含义。对称能够表达秩序、安定、宁静、沉着、庄重与威严等心理感觉。

以点为中心，把单位图形环绕着一点或一根中心轴旋转或辐射布置，称为辐射对称。也称旋转对称或动态对称。圆形、车轮、雪花等，都是辐射对称。大部分植物，如杉树、蘑菇等，或植物的某些部位，如花朵、果实等，都是辐射对称。这种生命形态在某些原始动物，如海星、海胆、水母等，也可见到。这些生物体的每一部分都由辐线组成，同时可以朝各个方向前进而无须转身，每一个方向都可以随自己的意愿成为前方。毕加索的"变形画"意味着现代艺术由两侧轴对称逐渐让位于辐射对称的开始。飞碟也是辐射对称的，据说，飞碟的设计者有着不同于地球人两侧对称的思维习惯，按照辐射对称规则设计的飞

---

❶ 黑格尔.《美学》. 第1卷

❷ 《论艺术》. 北京：生活·新知·读书三联书店，1964

行器，在旋转中能产生高出火箭、航天飞机许多倍的飞行速度，并且可以随意在空中悬停，朝任何方向飞行。

不以中轴来配置同形而相对形状的另一种形式格局就是均衡。大自然中的一切都是统一、均衡的。《道德经》第七十七章说："天之道，损有余而补不足"。天道最公平、自然的规则是拿有余而补不足，这是人与自然界均匀平衡的道理。均衡实质上是力的均衡。均衡可使形状、色彩、位置与面积达到视觉上的呼应与和谐一致。均衡与对称相比较更富有变化，在静中倾向于动，可以说是对称的一种变体。为求得有变化，需要突破对称的格局，但不能不顾及均衡，否则容易陷于形式上的失稳状态，看了不舒服。

进入现代社会生活以后，西方艺术的发展潮流越来越倾向于思维的缓解、放宽，甚至打破严格的对称性。多维空间的思维方式正在取代平面线性的思考，动感取代静观，"非对称"日益取代对称形式。然而，这并不意味着对称观念的过时，因为即使在这些艺术图案里，人们仍可觉察到对称性的存在。只不过在这里，精确的轴对称几何概念开始瓦解，成了模糊的布局和比例协调的概念，外观上严格的对称已为心理上的平衡体验所取代。这同现代艺术强调观赏者运用直觉去发现审美价值的观念有关，因为辐射对称比轴对称，"不对称"比对称，更有利于调动观赏者的审美"参与感"。这就导致"不对称"艺术的出现。甚至改变均衡状态，产生不均衡的布局，从而造成视线的流动，带来构成无限的变化，开阔表现的领域。不对称形式，较易于取得亲切、轻松和活泼的气氛。

中国园林与西方园林相比，最大的特点就是采用非对称式布局。不仅在园林中，在建筑中也有不对称的。中国的大型建筑，像皇家以及公共性建筑，往往是对称的；但是中国的离宫，占优势的几乎都是"美丽的自由与不对称"。在桥梁中，对称得到广泛应用。桥梁的横断面一般总是左右对称的；纵断面往往也是左右对称的，这样可以获得最佳的经济效果和对称的美感，使经济与美观兼得。有时，为了避免呆板、增加变化，也有做成不对称的。这时，均衡比对称往往更有价值。缆索承重桥梁的纵断面一般也左右对称。但是，跨度较小的缆索承重桥梁做成高低塔，能增加塔高，从而增加桥梁的崇高感。高低塔悬索桥往往会增加主缆缆力。作者发现，如果保持悬索桥主缆的垂度不变，尽可能把一个索塔拔高，另一个索塔压低，这样既得到高低塔悬索桥的美观效果，又使主缆缆力不改变，既经济又美观。作者将其称为"垂度不变的高低塔悬索桥"。

六、主体与从属

整体性的主从关系是设计美学的关键，主体与从属也是形式美的重要法则之一。设计必须突出一个主体，其他部分围绕着这个主体去谐调、呼应，起着衬托的作用。心理学试验证明，人的视觉或听觉在一个时间内只可能抓住一个重点，不可能同时注意几个重点，不然会造成注意力漂移不定，这就叫作"注意的中心化"。英国的美术史学家、美术评论家赫伯特·里德指出：人的"视网膜上的中央凹及其周围的黄点构成了一个非常敏感的焦点，落在视网膜边缘部分的每一个印象通过眼球肌的本能活动移到这个焦点上，在提请人们注意这个事实前，很少有人知道几乎不可能使一个显著可见的物体保持在视域的边缘。意志一旦松懈，我们的眼睛就会不知不觉地转动，把这个物体移到眼中央。这就是为什么绝大多数人无法使眼睛牢牢地盯在没有任何物体的空间中的一点上。如果我们审视着一面空墙或一张白纸，这时我们总是观察我们在上面直接看到的一些微点，它起初并没有使我们注意，最后却吸引住我们的眼睛”。懂得这一视觉心理的高明艺术家，在创作时总是用尽心思把人们的注意力引向最重要之点，而绝不喧宾夺主。法国雕塑家罗丹在完成巴尔扎克的雕像后，有意砍去这尊雕像双手的目的，就是为了将人们的注意力集中到最能揭示人物性格的那充满智慧和无穷创造力的面部表情上去。“注意”是人们最熟悉的心理活动现象之一，也是心理活动最重要的特点，它使人的认识活动和行动有一定的方向性。要看清一个物体须注目凝视；要听清一种声音需侧耳细听……。因此，“注意”使人的认识和行动能有效地进行。从心理学分析得知，注意是心理活动时，对一定对象的指向和集中，视觉中心也就是集中注意的对象。对由若干个单体组成的空间，应当有一个主要的集中点和审美高潮，以满足人心理活动中“注意”的指向性和选择性，这个集中点就是主体。

主体往往是视觉的第一个着眼点，是空间中最能引人注目的地方，即形象突出和对比强烈的地方。人的头部高高居于躯体之上，驻跸五官和大脑，成了人体的核心。看人时，第一眼往往就是先看到头部。体量高大、色彩鲜艳、光线明亮都能引人注目，因此都能形成主体。桥梁常常采用突出体量的办法来形成主体。体量从来就是桥梁美中一个至关重要的品质。桥梁美和其他艺术在感染方式上的一个重大不同，就是桥梁有其无可比拟的巨大体量。古代的人们更是从自然界的高山、大河、崇树、巨石中，体验到超人的体量所蕴含的崇高；从雷霆、闪电、狂涛、流火中，感受了超人的力量所包藏的恐惧。他们把这些感验移植到人造物中，于是巨大的体量就转化成了尊严和威力。马克思曾说过：“巨大的形象震撼人心，使人吃惊。……精神在物质的重量下感到压抑，而压抑之感正是崇拜的起始点”。体量会对视觉产生巨大的冲击，大的体量让人敬畏，很容易成为环境中的主体或地标。拱桥，特别是上承式或中承式拱桥体量庞大，容易成为环境的主体。但是大的体量又有削弱周边因素的效果，对于细腻、小巧的环境，甚至是破坏性的。大型桥梁的选型不当，会造成城市当中的一个庞大、长期存在的败笔，因此设计时需要反复推敲。桥梁之大，除了体量还有跨度。一座桥梁，各跨的跨度常常不相等，增大中跨的跨度也能增强其主体感。在流速、流量很大，通航要求高的河流的主河槽，增大中跨跨度也是功能上的需要。偶数跨不如奇数跨的桥梁容易形成主体。这是由于偶数跨的桥梁，在对称轴上的桥墩会使人感到桥梁分割为左右两部分，看不到中跨；而奇数跨桥梁对轴上不存在桥墩，可感觉到左右两部分是连续的，因此中跨就成了主体。悬索桥或斜拉桥的索塔与造型关系很大，它强烈地吸引着人们的视线，其特有的高度常常形成环境的主体。凡看到这类桥梁的人，视觉首先会注视到索塔。随着高度的上升而尺寸逐渐减小的索塔，具有一种刺破青天那样的运动力。因而，随着视线由下而上的移动，会在观赏者心中诱发起一种即使高塔已经到顶，似乎还欲继续上升的运动感，使人产生自己与索塔一起高大起来的特殊心情。因此，这类桥梁的形象在很大程度上是由索塔的造型所左右。

七、比例与匀称

比例是构成要素各部分之间的匀称性，是形式美的基础。美好的构图应该有适度的比例，各个部分之间、部分与整体之间的关系，要符合美的比例。最经典、最大众化的比例就是“黄金分割”。黄金分割符合统一与变化的规律，它可以无限收敛（或发散）分割为一个正方形和一个较小的黄金分割矩形。黄金分割在形体分为局部时，可得无穷相似形，相等或相似的图形在视觉上是和谐的。黄金分割是公元前6世纪末，古希腊的毕达哥拉斯学派所发现的一条美学规律。这个学派的教育家、物理学家和天文学家，以数学的观念去研究艺术中的美，从而得出了这个规律。此后，被广泛地应用于绘画、建筑、管理、工程设计和各种实用艺术领域，被视为进入艺术殿堂的金钥匙，人们经常将它奉若神明，一直为古希腊乃至于历代建筑师、艺术家和雕塑家所推崇。

毕达哥拉斯学派认为：一条线段的某一部分与另一部分之比，如果正好等于另一部分同整个线段的比，这个比就接近0.618，那么，这样的比例就会给人一种美感。后来，这一神奇的比例关系被古希腊著名哲学家、美学家柏拉图誉为“黄金分割律”。黄金分割用公式可表示为：

$$A/B=B/(A+B),\quad A/B\approx 0.618$$

数列0，1，1，2，3，5，8，13，21，34，55，89，144，233，377，610，987，1597，2584，4181，6765，10946，……称为费波那契数列。费波那契数列由0和1开始，之后的费波那契数就是前面的两个数之和。有趣的是，相邻的两个费波那契数比值越来越趋近黄金分割数0.618，因此又称为黄金分割数列。

黄金分割律在自然界里到处可见。人体上下身、叶的分脉、树的分枝、笋的分蘖，都接近黄金分割律。成年人躯干的宽和高之比接近1∶1.618。如果以肚脐为分割点，下半身与上半身之比，也是大约为8比5（即1.618）。很显然，这种比例关系反映人体的正常发育，因此是美的。人类推己及物，在长期的历史积淀中，对这种比例关系得到了确认，并自觉或不自觉地运用于物质生产和精神文化领域。据测定，人的两个眼球在不转动的情况下，垂直方向的视场范围小于15°，水平方向小于20°。也就是说，人眼的视场也是呈矩形，大约是3∶4。因而，无声电影胶片画格的高宽比采用1∶1.33，约是3∶4。早期显示器标准也是4∶3。电影有了声音之后，为了在画面旁安置声道，约占去2mm宽的窄条。银幕的比例改为16∶22（即1∶1.375），也是符合人眼的视场的。经过反复的测试表明，人在高宽比例为1∶1.375的银幕上看电影是最省力和最不容易疲劳的，其实，这就是“黄金分割率”。宽屏液晶显示器尺寸一般都是16∶9或16∶10比例，更加接近黄金分割。

符合黄金分割率的比例是美的，但不能绝对化，比例也不是一成不变的，抽象的比例是不存在的。形式应与内容、实用性、功能性以及结构构造的合理性相适应，这是形式美应该遵循的基本原则。机械地搬用比例，可能会导致形式主义。例如，考虑到人头的左右转动较上下容易，宽银幕电影的银幕的比例采用1∶2.2，垂直方向小于20°，水平方向小于40°。桥梁的比例具有特殊性，桥跨总体的尺寸往往比较宽，与高度之比往往不符合黄金比例。构件的尺寸，主梁、塔柱等也很难符合理想的比例要求，更多地注重匀称。即使这样，设计时还是千方百计注意比例。缆索承重桥梁的桥塔横向门式框架的比例常常受到设计的重视，遇到宽桥矮塔时，则应改用双幅桥或三索面，三塔柱，也可采用稳定柱，取消横梁。主梁、横梁等横向尺寸过大的构件，可以加竖向线条纠正。

八、体量与尺度

体量是形体的空间尺寸。体量合适能给人以健康、强壮、崇高、结实、秀丽、能抵抗外加压力的美感。但体量过大，也会产生沉闷感、压迫感和恐惧感。在艺术创作中，因为畏感效应能使人对体量高大的艺术品产生神秘、茫然、恐怖、雄伟、庄严等感觉。采用缩小体积量的办法，能够产生一种玩偶效应。桥梁体量过大，会显得笨拙、臃肿。实腹拱，刚构桥的梁、墩交接处，悬索桥的锚碇体量过大，往往会显得笨拙、臃肿，可以使用分色或线条来改善。斜拉桥的美在很大程度上是由于体量的轻快、明朗；主塔、主梁和拉索的线条互相交错，具有由直线构成的轻快而直截了当的形态。由于梁是由拉索拉着的，因而梁高可做得比连续梁桥更小，并可采用很大的跨径，这样就产生了轻快感。其承重构件是纤细钢索，因而这种轻快感无论从哪方面说，都具看清秀的气质。

尺度是建筑物所特有的审美法则，是对象的整体与局部、与人的生理或人所习见的某些特定标准之间的大小关系。建筑物中的有机单元，如栏杆、台级、门、窗等，都有一定的尺度要求。这种出于实用性和比例关系的尺度要求，都被升华为审美内容。把一个雕塑作品放大或缩小不一定会影响它的美，而建筑物则没有放大、缩小的任意性。尺度与尺寸有密切的关系，但又不是绝对的尺寸，它是一种由具体的尺寸与人的感知共同构成的比较关系。有的建筑尺寸不大，但可能尺度很大，如陵墓、纪念碑；而有的尺寸很大，但尺度却较小，如高层住宅；有些建筑尺寸相同，但由于处理手法不同，就可能产生两种尺度。比如，两座尺寸相等的高塔，一座用线条划分，另一座没有划分，则前者的尺度要比后者大。形成尺度感有多种因素。首先，人体是一把基本标尺，人是衡量一切事物的尺度。与人体活动直接相关的部分，如栏杆、坐凳、台阶、门、窗台等，应是真实、可靠的。建筑物可以无限高大，但这些基本尺度却不可任意改变。由它们就可以比较出真实的建筑物尺度。如果改变了这些尺度，整个建筑物尺度就会失真。中国古代建筑的适形而止，是以有“度”为基础的，这里所说的“度”不再是一个抽象的概念，而是建筑物的尺度、造型、体量，乃至施工过程中的重要参数。不同的建筑有不同的“度”，重要的建筑、大的堂殿，其度也大；附属的建筑、两厢的廊庑，其度也小。使一个建筑群体乃至整座城市，在统一中有变化；在变化中又能求得和谐、统一的，就是这种“度”。

感觉印象由对比的心理学规律所决定，根据这个对比规律，桥梁和它的每一个部分都是在与周围因素相比较中被人感知的。一切设计要从视觉上符合人的视觉心理。桥梁的主梁、桥墩、拱、塔，乃至栏杆、台阶，在人的心目中都是有“度”的。这种度以存在于材料对荷载的抵抗力与结构构件尺寸之间的联系为基础，以人所习见的视觉惯性为基础。改变这些构件的尺寸都会影响桥梁整体的尺度。栏杆由于处于最能引起注目、人们经常容易靠近的位置。人们对栏杆最亲近、最熟悉，因此栏杆往往成为衡量周围物体，特别是桥身的尺度。宽阔、粗犷的栏杆能减少临近物体的笨重感；灵巧、纤细的栏杆能使桥身更加高大、宏壮。利用这一点，减薄主梁、桥墩的厚度，降低拱、塔的高度，减小栏杆、台阶的尺寸，都会加大桥跨的尺度。色彩的色相、明度和纯度、材质肌理，也会影响桥梁的尺度。

九、虚实与层次

形态实体与外围空间以及各形态之间隙具有虚实的关系。此外，在实体上穿孔、凹陷以及利用透明体和反光体都是表现虚空的手段。透明体、反光体是制造心理上的虚空感而并非实在的虚空。利用虚空可起到轻巧的作用，并可加强形态的丰富、深入感。利用色彩的色相、明度和纯度及材质肌理等，可产生形体的层次。其实，虚实是形体的两个极端层次。形体中必须有虚有实，虚实呼应。“虚”是为了突出“实”，要大胆运用虚实对比，巧妙地使画面实中有虚、虚中有实，造成新颖的构成效果。虚实的关系是一对矛盾，实体增大，虚空减小；实体减小，虚空增大，不能平均主义地处理，更不能实在得让人透不过气来。虚空在设计中有着不可忽视的重要作用。它能缓和画面的紧张及复杂性，帮助组织紧密、突出主题，达到形体的均衡。要看到虚空在形体的虚实处理中的特殊作用。设计中常常在要强调、突出、给人强烈印象的实体周围留下空白，这样可以极大地提高视觉效果，同时有利于视线的流动，破除沉闷感。中国的诗词绘画书法里，表现着同样的意境结构，代表着中国人的宇宙意识。盛唐王孟派的诗词多空花水月的禅境，北宋人词空中荡漾，绵渺无际。国画很重视对物象形态与位置的经营，强调“虚实相生”。高日甫论画歌曰：“即其笔墨所未到，亦有灵气空中行”；笪重光说：“虚实相生，无画处皆成妙境”，都是注意到艺术境界里的虚空要素。书法艺术极讲究字体结构、讲求“布白”，认为字是由点、划连贯穿插而成。点、划之外的空白，也是字的组成部分，应当考虑在字的造型之内。空白分布适当，和笔画具同等的艺术价值。书法家邓石如说：“书法要计白当黑，无笔墨处皆成妙境”。建筑中的虚实，是指形象的物质感和空间感。例如，墙面、台基和立柱等单元，是建筑中的“实”；门、窗和廊的虚空部分，则是建筑中的“虚”。一个建筑形象讲究虚实，漏窗对于墙来说，也就能使一片太实的墙显得轻快。桥梁还常常将过大的实体挖空，以减轻笨重感，还可减轻重量、节省材料，空腹拱桥就是很好的例子。建筑常常使用杆件来勾画轮廓，以形成虚实空间，桁架就是一例。在讨论缆索承重桥梁的构造美时，曾提到：索塔横梁的高度应比立柱的宽度大，但是，索塔横梁的高度过大，往往会感觉笨重。采用虚实结合的组合圆杆做横梁（图 10-4-2），既可保持较高的轮廓，又避免笨重感，还能节省材料。这也可说是“虚实相生，无结构处皆成妙境”。桥梁还常常利用凹凸造成阴影，产生层次感，以克服大体量的笨重感。

十、过渡与呼应

当形式美要素变化时，为了避免过于突然，需要有渐变的过程，就是“过渡”。在形式要素中，无论形、色、质、声、味变化时，都需要有过渡。形体从高到矮，从大到小要有渐变；色彩的色相、明度和纯度的变化，也要有过渡。在色相变化时，无论什么色相间的过渡，黑、灰、白都能起到很好的过渡作用。但黑、白起到的大都是间断式过渡，灰度则能比较好地实现色相间的平稳过渡，但它们往往并不是最好的过渡色。在利用它们作为过渡色时，不要忽略了他们的过于稳定性所造成的影响，也可以使用间色作为过渡色。

桥梁的桥台处，由于从梁体到桥台、路堤乃至大地体量改变过大，梁体底面与桥台竖面又形成 90°转角，显得突然。因此，最好采用埋置式桥台，尽可能缩小桥台的外露表面（图 10-4-3①）。如果加一挡板，挡板侧边造成反向倾斜，做成反向斜面，增大梁体与桥台的交角（图 10-4-3②），也有利于过渡。斜腿刚架具有很好的过渡效果（图 10-4-3③）。日本樱桥在桥头做平面开叉（图 10-4-4），也有同样作用，还便于与横向道路的连接。

图 10-4-2
组合圆杆横梁

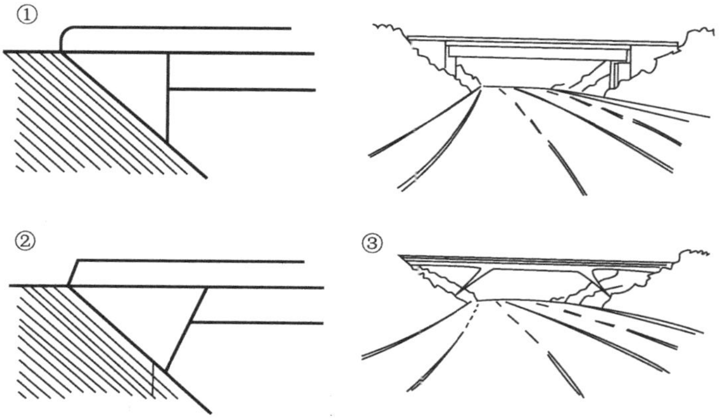

图 10-4-3
桥台到路堤的过渡

呼应如同形影相伴，是形式美常用的手法。一般运用形象对应、虚实气势等手法，求得呼应的效果。形体高低、大小，色彩色相的相似色、对比色的配置，都会起到呼应的作用。在桥梁设计中，中跨与边跨之间、桥墩与桥台之间、高低桥塔之间、大小拱圈之间常，采用呼应的手法。

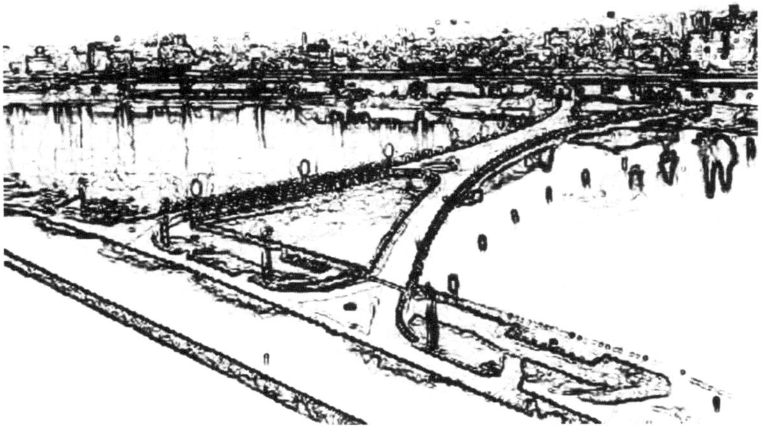

图 10-4-4
平面开叉

第五节　桥梁形式美的典范

十七孔桥是北京颐和园连接东堤与南湖岛的一座长桥。清乾隆时建，为园内最大的石桥。颐和园属皇家园林，始建于清乾隆十五年，原名清漪园。效法杭州西湖，园中广挖昆明湖，湖上筑西堤，又建南湖、团城、藻鉴堂三岛，隐喻海外仙境蓬莱、方丈、瀛洲三山。皇家园林中的建筑都严格按照建筑法规设计，十七孔桥也不例外，这样就使得这座桥成了桥梁形式美的典范（图 10-5-1）。

“桥梁不辨曲直，桥名内有乾坤”，乍看十七孔桥以为是以桥孔数目题名，其实不是这么简单。十七孔桥是一座不寻常的桥梁，名字也极不寻常。这个桥名按照严格的礼制命名。17 以 9 中分，即从桥东、西两端算起，第 9 孔都是中央的桥孔。按礼制文化，9 属天数，是最尊贵的数字，象征天、天子或帝王，常常被应用于礼制及皇家建筑之中，例如，在天坛和紫禁城内有 9 级台阶、9 环石砖、9 只角兽，9、9、81 颗门钉等等；中央则是最尊贵的方位，属于帝王的位置。《荀子》曰：“故王者必居天下之中，礼也”。颐和园为皇家园林，专供皇帝游乐，将长桥的中央桥孔设计为第 9 孔，目的在于突显桥的尊贵，所以十七孔桥意即天子之桥。以 9 所代表的天子为中心，是主体，其他都是从属，桥名本身就是按照形式美的法则制定的。

十七孔桥状若长虹卧波。它不但是颐和园最大型的一座桥，而且也是我国园林中最长的联拱石桥。其造型兼有北京卢沟桥、苏州宝带桥的特点，是乾隆年间我国园林建筑中最大的石桥佳作。该桥有桥孔 17 个，全长约 150m，宽约 8m，皆以汉白玉石精工砌成，桥面略呈弧形，美不胜收。从远处看，桥身像一条的玉带，桥孔像一串珍珠，漂浮在碧波之上，光彩夺目。整座桥梁表现出严格的对称与均衡、节奏与韵律。两桥头刻有石雕异兽，十分生动。每个桥栏的望柱上都雕有神态各异的狮子，大小共 544 个，统一中有变化。

桥中孔上方的桥额处，南北两侧分别刻着“修阒凌波”和“灵鼍偃月”横批。桥两侧各有一副对联：“虹卧石梁，岸引长风吹不断；波回兰浆，影翻明月照还望。”写出晚风朔朔、湖光粼粼、西堤柳影、万寿山色、若隐若现的情景；“烟景学潇湘，细雨轻航暮屿；

图 10-5-1
十七孔桥

晴光总明圣，软风新柳春堤”。借用“潇湘八景”与“西湖十景”中的相似景致，匠心独具，浑然一幅妩媚动人的春景，令人向往。据说都是乾隆的手迹，其布置都具有对称的形式美。这些匾额、对联对工严谨，具有“呼应”的形式美。

后　记

用 3 年的时间，终于把 30 年学习、研究和实践桥梁设计美学的心得写成这本书。这个心得的基本点是认识到在这场由工业革命所引发的，人类审美观念根本性的变革中，美学从艺术的殿堂走向人类的整个生活领域，美学的视野扩展到了整个现实世界，也扩展到与人类交往息息相关的桥梁。在这个过程中，技术美学以及作为技术美学核心的设计美学起着关键的作用。由于这场变革起源于欧洲，在那里设计美学，也就是现代审美设计思想根深蒂固，深入人心；而由于历史上的种种原因，中国迟迟未能接受这场变革的熏陶。特别是桥梁领域，至今尚未接触设计美学，以致产生桥梁审美设计思想的差距。这本书的初衷是想把设计美学介绍给中国桥梁界，唤起对桥梁设计美学的重视，以期填补中国桥梁在现代审美设计上的不足。成书过程中，笔者深感自己学识有限，力不从心，离这本书的初衷有不少差距。这个领域涉及哲学、美学、技术美学、桥梁美学、桥梁工程学以及设计学等多种学科，是众多学科的交叉。美学、技术美学，特别是桥梁美学都是新兴的学科，本身就存在着许多盲点和争议。作为一个桥梁工程师很难通晓这许多领域，越俎代庖，必然留下许多片面和瑕疵。正如弗瑞兹·莱昂哈特所说："作为工程师的我竟敢对美学发表在专家们看来似乎是外行的意见。不过我想试一试"。笔者怀着同样的心情，"想试一试"。笔者的最大心愿只是在于以自己最大的努力，再做一次对祖国和人民培育之恩的报效，这个目的应该是达到的。本书把桥梁美学作为技术美学的一个分支，按照美、美感和美的创造，公认的美学体系，把桥梁设计美学作为桥梁美学的一部分，纳入桥梁美的创造，作为桥梁美学的一部分，从而建立起一套科学、完整的桥梁美学学科体系。这本书如能为这个学科体系搭起一个初步的构架，已心满意足。众人拾柴火焰高，希望读过本书的读者，相关学科的能者、来者一起来斧正、充实、修改和完善。为此，在作者简介后面留有笔者的邮箱，欢迎交流。希望像牛顿所说："朋友之间的私人信件往来与其说是争论，不如说是互相指导，相信我们就是个例子"。如果健康情况允许，笔者还希望有机会与在岗的和未来的桥梁设计师一起探讨桥梁设计美学，推动中国桥梁审美设计思想的发展。

今天正好是笔者到达南平大桥工地，开始桥梁生涯 60 周年。人生好比一台戏，我唱罢，你登场。整整一个甲子的时间里，笔者在祖国和人民所提供的舞台上，曾认认真真唱过三出戏：桥梁技术的发展和创新；缆索结构的设计和施工；桥梁美学的理论和实践。每出戏既是人生的展示，也是对祖国和人民的报答。这本书的问世将意味着笔者职业生涯的谢幕。此时此刻五味杂陈，百感交集，自己虽然生在苦难中，却成长在一个欣欣向荣的新时代。参加工作时，适逢祖国步入建设年代，加入了新中国第一代桥梁建设者的行列。在成长中得到祖国和人民的良好关怀和培育，给予优越的发展机遇。回顾整个桥梁生涯，个人的前途和命运与国家发展息息相关，每当个人的追求与社会发展的脉搏相合拍时，自己的事业就发展了，个人的一切成就都是祖国和人民给的。回想起 60 年，乃至 78 年来，生我、育我、帮我、助我的祖国、人民、父母、亲人以及老师、同学、同事和朋友，愿把这本书献给他们，作为养育之恩的报效，并向他们深深鞠躬，敬礼！祝大家幸福！平安！祝祖国繁荣！富强！特别应该提出，与这本书直接有关的，是我的老伴王苡静和小女儿林清，老伴承担了全部家务，使我能够潜心自己的事业；小女儿为我提供电子技术支持并为这本书做了大量电子文书工作。

2013 年 8 月 18 日于同济大学

主要参考书目

【1】 蔡仪主编. 美学原理. 长沙：湖南人民出版社
【2】 王朝闻主编. 美学概论. 北京：人民出版社
【3】 王德胜主编. 美学原理. 北京：人民教育出版社
【4】 曹利华主编，王世仁等编著. 建筑美学. 北京：科学普及出版社
【5】 [美] 戴维·P·比林顿著，钟吉秀译. 塔和桥. 北京：科学普及出版社
【6】 叶朗主编. 现代美学体系. 北京：北京大学出版社
【7】 沈福煦编著. 建筑美学（第 2 版）. 北京：中国建筑工业出版社
【8】 [日] 山本宏著，姜维龙等译. 桥梁美学. 北京：人民交通出版社
【9】 朱立元主编. 美学大辞典. 上海：上海辞书出版社
【10】 朱增华，陈文化著. 技术美学概论. 长沙：中南工业大学出版社
【11】 徐恒醇. 设计美学. 北京：清华大学出版社
【12】 王应良等编著. 欧美桥梁设计思想. 北京：中国铁道出版社